国家社科基金
后期资助项目

近代日本在华领事制度
以华中地区为中心

The Study of Japanese Consular System in Mid-China Areas

曹大臣 著

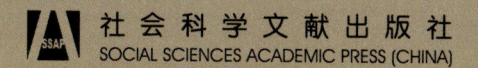

社会科学文献出版社
SOCIAL SCIENCES ACADEMIC PRESS (CHINA)

明治末年至1923年间的日本外务省（正面铜像为陆奥外务大臣）
图片来源：〔日〕外务省百年史编纂委员会编《外务省百年》（上卷），东京原书房，1969。

1942年设置的大东亚省
图片来源：〔日〕外务省百年史编纂委员会编《外务省百年》（下卷），东京原书房，1969。

日本驻南京大使馆

图片来源：〔日〕日本外务省外交史料馆藏《外务省警察史（解题-总目次-写真）》，东京不二出版社，2001。

石射猪太郎
(历任上海总领事馆总领事、外务省东亚局局长等职)

图片来源：〔日〕石射猪太郎著、伊藤隆解说《外交官的一生》，中公文库，1986。

上海总领事馆警察署吴淞分署（1939年5月20日摄影）

图片来源：〔日〕日本外务省外交史料馆藏《外务省警察史（解题-总目次-写真）》，东京不二出版社，2001。

南京总领事馆及警察署

图片来源：〔日〕日本外务省外交史料馆藏《外务省警察史（解题-总目次-写真）》，东京不二出版社，2001。

南京总领事日高信六郎
图片来源：〔日〕庄司得二著《日本居留民志》，南京居留民团发行，1940。

南京总领事须磨弥吉郎
图片来源：〔日〕庄司得二著《日本居留民志》，南京居留民团发行，1940。

杭州领事馆警察署

图片来源:〔日〕日本外务省外交史料馆藏《外务省警察史(解题-总目次-写真)》,东京不二出版社,2001。

杭州领事馆馆长道明辉领事(1938年摄)

图片来源:〔日〕日本外务省外交史料馆藏《外务省警察史(解题-总目次-写真)》,东京不二出版社,2001。

杭州领事馆警察署嘉兴分署(1940年5月10日摄)

图片来源:〔日〕日本外务省外交史料馆藏《外务省警察史(解题-总目次-写真)》,东京不二出版社,2001。

苏州领事馆

苏州领事馆警察署

图片来源:〔日〕日本外务省外交史料馆藏《外务省警察史(解题-总目次-写真)》,东京不二出版社,2001。

苏州领事馆无锡警察分署开设仪式（1939年5月15日摄）

图片来源：〔日〕日本外务省外交史料馆藏《外务省警察史（解题-总目次-写真）》，东京不二出版社，2001。

汉口总领事馆警察署（1941年8月10日摄）

图片来源：〔日〕日本外务省外交史料馆藏《外务省警察史（解题-总目次-写真）》，东京不二出版社，2001。

汉口总领事馆警察署大冶分署（1941年7月25日摄）

图片来源：〔日〕日本外务省外交史料馆藏《外务省警察史（解题-总目次-写真）》，东京不二出版社，2001。

目录

导论 ·· 1
  一 领事制度的起源与发展 ································ 1
  二 中外领事关系的确立 ···································· 3
  三 研究框架及方法 ·· 6

第一章 日本在华领事制度的确立与发展 ··············· 9
  一 中日互等领事制度的建立 ····························· 9
  二 日本在华片面领事制度的确立 ···················· 16

第二章 华中领事馆的开设及沿革 ························ 21
  一 上海等领事馆的开设及沿革 ························ 21
  二 汉口等领事馆的开设及沿革 ························ 24
  三 领事馆警察署的设立 ································· 28

第三章 领事与华中居留民 ································· 33
  一 华中居留民的人口与职业构成 ···················· 33
  二 居留民组织及其活动 ································· 42
  三 领事对不法居留民的庇护 ··························· 50

第四章 领事与华中日租界 ································· 55
  一 租界的开辟和扩展 ···································· 55
  二 领事——"国中之国"的最高统治者 ············ 60
  三 租界——日本侵略华中地区的据点 ············· 65

第五章 领事裁判权（上） ……………………………… 72
一 领事裁判权与治外法权 ……………………………… 72
二 日领与治外法权 ……………………………………… 77
三 日本在华领事裁判权体系 …………………………… 82
四 领事裁判权实施情形 ………………………………… 86

第六章 领事裁判权（下） ……………………………… 94
一 领事裁判权案例分析：华告日案例
　　——上海苏佑泰案 ………………………………… 94
二 领事裁判权案例分析：日告华案例
　　——以商标纠葛为中心 …………………………… 106
三 领事裁判权案例分析：混合案件
　　——上海美日中商标案 …………………………… 113
四 领事裁判权案例分析：非讼案件
　　——汉口田种香案 ………………………………… 118
五 领事裁判权的弊害 …………………………………… 121

第七章 领事与"条约权益"的维护 …………………… 126
一 内河航行权 …………………………………………… 126
二 关税协定权 …………………………………………… 135
三 居住营业权 …………………………………………… 141
四 内地旅行权及测绘 …………………………………… 146

第八章 领事与情报 ……………………………………… 152
一 领事的情报机构 ……………………………………… 152
二 领事的情报调查 ……………………………………… 157
三 领事报告的报知体制 ………………………………… 163

第九章 战时中日领事关系 ……………………………… 168
一 战时中日领事关系的性质 …………………………… 168
二 中华民国驻日使领的撤退 …………………………… 170
三 日满领事关系 ………………………………………… 179
四 汪满领事关系 ………………………………………… 186

第十章 伪政权驻日使领的外交 … 192
一 伪政权驻日使领机构及其法律地位 … 192
二 汪伪使领馆的对日"外交" … 199
三 汪伪大使馆与欧亚诸国驻日使馆的往来 … 209

第十一章 日领在汪伪辖区内的活动 … 216
一 居留民及领事馆的撤退与复归 … 216
二 居留民"被害"调查 … 221
三 领事馆警察事务 … 227
四 占领地的宣抚工作 … 235

第十二章 日本在华领事裁判权的撤废 … 241
一 清末民初中日法权的交涉（1902~1927） … 241
二 南京国民政府初期中日法权的交涉（1928~1931） … 255
三 伪满治外法权的撤废（1931~1937） … 262
四 汪伪政府治外法权的撤废（1937~1945） … 272

第十三章 日本在华领事群体分析 … 279
一 领事群体的数量及地域分布 … 279
二 领事群体的教育背景及中国观 … 286
三 领事群体的外交行为模式 … 292
四 领事群体的协调机制 … 303

结语 … 315

附录一 日本外务卿、外务大臣历任表 … 318

附录二 近代日本驻华大公使表（含汪伪） … 321

附录三 大正年间（1913~1926）日本驻华领事官表 … 324
一 大正年间日本驻华领事官高等官表
（1913~1926） … 324
二 大正年间日本驻华领事官判任官表
（1913~1926） … 345

附录四　日本驻中国各地总领事表（华中地区除外） …………… 368
  一　广州总领事馆（1909 年 10 月升格）…………… 368
  二　间岛总领事馆…………… 369
  三　吉林总领事馆（1919 年 5 月升格）…………… 369
  四　济南总领事馆（1919 年 5 月升格）…………… 370
  五　青岛总领事馆…………… 371
  六　天津总领事馆（1902 年 1 月升格）…………… 372
  七　哈尔滨总领事馆…………… 374
  八　福州总领事馆（1919 年 5 月升格）…………… 375
  九　奉天总领事馆…………… 376
  十　香港总领事馆（1909 年 10 月升格）…………… 378

附录五　日本驻华中领事馆警察署长历任表 …………… 379
  一　上海总领事馆警察署长历任表…………… 379
  二　杭州领事馆警察署长历任表…………… 379
  三　苏州领事馆警察署长历任表…………… 380
  四　芜湖领事馆警察署长历任表…………… 381
  五　南京领事馆警察署长历任表…………… 382
  六　汉口总领事馆警察署长历任表…………… 382
  七　九江领事馆警察署长历任表…………… 383
  八　宜昌领事馆警察署长历任表…………… 383
  九　沙市领事馆警察署长历任表…………… 384
  十　重庆领事馆警察署长历任表…………… 384
  十一　长沙领事馆警察署长历任表…………… 385

参考书目 …………… 386

后记 …………… 390

Contents

Preface / 1
1. The origin and the development of consulate system / 1
2. The establishment of Sino-foreign relations / 3
3. The study frame and method / 6

Chapter 1   The establishment of Japanese consulate system in China / 9
1. The establishment of reciprocal consulate system between China and Japan / 9
2. The establishment of unilateral consulate system between China and Japan / 16

Chapter 2   The fondation and the development of Japanese consulate in mid-China / 21
1. The fondation and the development of Japanese consulate in Shanghai / 21
2. The fondation and the development of Japanese consulate in Hankou / 24
3. The fondation of police office in Japanese consulate / 28

Chapter 3   The consuls and the Japanese residents in mid-China areas / 33
1. The Japanese residents and their occupations in mid-China / 33

  2. The organizations and activities of the Japanese residents   / 42
  3. The shields to criminals from the consulates   / 50

Chapter 4 The consuls and the Japanese concessions in mid-China regions   / 55
  1. The establishment and enlargement of Japanese concessions   / 55
  2. The consuls: the "king" of the concessions   / 60
  3. The concessions: the beachhead for Japanese invasion in mid-China regions   / 65

Chapter 5 The consular jurisdiction I   / 72
  1. The consular jurisdiction and extraterritoriality   / 72
  2. The Japanese consuls and extraterritoriality   / 77
  3. The system of Japanese consular jurisdiction in China   / 82
  4. The operation of Japanese consular jurisdiction   / 86

Chapter 6 The consular jurisdiction II   / 94
  1. Studying case on consular jurisdiction: the Chinese accused Japanese——the Shanghai Suyoutai's case   / 94
  2. Studying case on consular jurisdiction: the Japanese accused Chinese—— the brand conflict   / 106
  3. Studying case on consular jurisdiction: commingled one——the brand conflict involved American、Chinese and Japanese in Shanghai   / 113
  4. Studying case on consular jurisdiction: non-accused case —— the Hankou Tianzhongxiang's case   / 118
  5. The abuses of consular jurisdiction   / 121

Chapter 7 The consuls and the protections of "the interest of treaty"   / 126
  1. The navigation right on inland rivers   / 126
  2. The right of negotiating tariffs   / 135
  3. The right of living and doing business   / 141
  4. The right of travelling and mapping   / 146

Contents

Chapter 8 The consuls and the informations / 152
1. The intelligence agency of the consuls / 152
2. The information-collecting of the consuls / 157
3. The reporting system of the consuls / 163

Chapter 9 The consular relationships between China and Japan during the war / 168
1. The nature of the consular relationships during the war / 168
2. The withdrawals of the Chinese consuls in Japan / 170
3. The consular relationships between Japan and 'Manchuguo' / 179
4. The consular relationships between Wang's puppet government and 'Manchuguo' / 186

Chapter 10 The diplomacy of Wang's puppet government in Japan / 192
1. The diplomatic agency of Wang's puppet government in Japan and its legal status / 192
2. The diplomacy of Wang's puppet government with Japan / 199
3. The intercourses between Wang's puppet government's diplomat agency and other countries' diplomatic agencies in Japan / 209

Chapter 11 The activities of Japanese consuls in the regions under Wang's puppet government / 216
1. The withdrawals and returns of Japanese residents and consuls / 216
2. Investigations on the murders of the residents / 221
3. The police affairs in the Japanese consulates / 227
4. Propagandist activities in the occupied territories / 235

Chapter 12 The abrogation of Japanese consular jurisdiction in China / 241
1. The negotiations between China and Japan upon the entraterritoriality (1902 – 1927) / 241
2. The negotiations between China and Japan upon the entraterritoriality (1928 – 1931) / 255
3. The abrogation of Japanese entraterritoriality in the puppet Manchuguo (1931 – 1937) / 262

4. The abrogation of Japanese entraterritoriality in Wang's puppet
government (1937 – 1945)   / 272

Chapter 13 Group study on Japanese consuls in China   / 279
1. Quantities and distributions of Japanese consuls in China   / 279
2. Education backgrounds of Japanese consuls and their attitudes
   towards China   / 286
3. Patterns of the consuls' behavior   / 292
4. Consulting mechanism of Japanese consuls   / 303

Conclusion   / 315

Appendix 1   The list of Japanese minister of foreign affairs   / 318

**Appendix 2   The list of Japanese ambassadors in China during
               modern times**   / 321

**Appendix 3   The list of Japanese consuls in China in Dazheng
               period (1913 – 1926)**   / 324
(1) The list of Japanese superior consuls in China   / 324
(2) The list of Japanese judges in China   / 345

**Appendix 4   The list of Japanese consuls general in China
               (except mid-China areas)**   / 368
(1) The consuls general in Canton (upgraded in Oct, 1909)   / 368
(2) The consuls general in Jiandao   / 369
(3) The consuls general in Jilin (upgraded in 1919)   / 369
(4) The consuls general in Jinan (upgraded in May, 1919)   / 370
(5) The consuls general in Qingdao   / 371
(6) The consuls general in Tianjin (upgraded in Jan, 1902)   / 372
(7) The consuls general in Harbin   / 374
(8) The consuls general in Fuzhou (upgraded in May, 1919)   / 375
(9) The consuls general in Fengtian (upgraded in Oct, 1909)   / 376
(10) The consuls general in Hongkong (upgraded in Oct, 1909)   / 378

Appendix 5　The list of police chievies in Japanese consulate
　　　　　　in mid-China area　　　　　　　　　　　　　　　／ 379
　　(1) The list of police chievies in Shanghai consulate　　／ 379
　　(2) The list of police chievies in Hangzhou consulate　　／ 379
　　(3) The list of police chievies in Suzhou consulate　　　／ 380
　　(4) The list of police chievies in Wuhu consulate　　　　／ 381
　　(5) The list of police chievies in Nanjing consulate　　　／ 382
　　(6) The list of police chievies in Hankou consulate　　　／ 382
　　(7) The list of police chievies in Jiujiang consulate　　　／ 383
　　(8) The list of police chievies in Yichang consulate　　　／ 383
　　(9) The list of police chievies in Shashi consulate　　　 ／ 384
　　(10) The list of police chievies in Chongqing consulate　／ 384
　　(11) The list of police chievies in Changsha consulate　 ／ 385

Bibliography　　　　　　　　　　　　　　　　　　　　　／ 386

Postscript　　　　　　　　　　　　　　　　　　　　　　／ 390

导　　论

一　领事制度的起源与发展

　　领事是一国根据有关协议，派驻他国城市，在一定区域内，保护本国政府和商民权利及利益的代表。因领事可以在另一国领土内行使职务，由此形成两国间的关系。领事制度同其他诸种制度一样，受政治经济文化等因素的影响，不同时期，各国的实践有所不同。国际法学家奥本海认为，领事是"各国为了各种目的，但主要是为了本国商务和航海的利益，而派驻外国的代理人"。①《韦伯斯特辞典》称，领事是"一国政府所委派或授权在某一外国居住的官员，使照管派遣国公民的商业利益并保护该国的海员"。② 根据近代国际实践，领事作为一国的"代理人"或"官员"，不仅要由派遣国正式任命，还须得到接受国的认可。领事的职务是多方面的，最初为保护贸易和航海，随着国际往来的日益频繁，在外交、政治乃至军事领域也经常可以看到他们的身影。

　　像外交官有大使、公使、参赞、一等秘书、二等秘书等级别一样，领事官也有总领事、领事、副领事和领事代理等级别。近代一些国家还使用过诸如无任所总领事、副总领事、代理总领事、代理领事、特派员、商务代理、助理领事、私人领事、领事官员、次级副领事和领事随员等称号。③ 通常，总领事对一个大的区域有管辖权，而领事则对一个较小的区域有管辖权。为便于领事执行职务，经接受国同意，派遣国得在接受国内设立领事馆。领事馆由馆长、馆员和雇员组成。按照领事馆馆长的等级划分，领事馆分为总领事馆、领事馆、副领事馆和领事代理处几个等级。领事馆的所在地、等级和辖区，以及与此有关的任何变动，须经有关国家协商确定。由于职务需要，被委任为领事的人，有时可以主管总领事馆，而被委任为总领事的人，也可以分配在领事馆。领事与外交官的地位和职务虽有区别，但事实上，领事也能享受一定程度的特权和豁免。因为，在行

---

① 《奥本海国际法》第1卷第2分册，石蒂、陈健译，商务印书馆，1972，第277页。
② 转引自〔美〕L. T. 李著《领事法和领事实践》，傅铸译，商务印书馆，1975，第10页。
③ 参见〔美〕L. T. 李著《领事法和领事实践》，傅铸译，商务印书馆，1975，第14页。

政关系上，领事一般属于外交系统，受外交大臣和大（公）使的指挥监督，在尚未建立外交关系的国家，领事还可代表派遣国执行外交事务。

按地位及职务差别，领事可分为职业领事和名誉领事。职业领事又称派任领事，是奉命执行领事职务的专职官员，一般为派遣国国民，不得因私从事商业或其他有偿职业，可享受全部的领事特权和豁免。名誉领事又称选任领事，由一国政府从接受国当地居民中选任，一般不领取薪俸，可从领事业务规费中提取报酬，也可在职务以外从事某种有偿职业。名誉领事可以是派遣国国民，也可以是接受国国民或第三国国民，不能享受全部的领事特权和豁免，其地位次于职业领事。

领事是国际贸易发展的产物，它比外交使团的历史更为悠久，并变化多端。公元前一千年，"外国代表人"出现于希腊的一些城邦，他们从居民中甚至是从接受国的国民中被推举出来，为自己所代表的国家执行各种任务，如提供保护、出具证明、协助外交官处理公务、参与谈判或仲裁争端等。公元前6世纪，埃及准许境内的希腊居留民推选"前导者"，依希腊法律管辖希腊人；同一时期，印度的某些地区也实行类似的制度。公元前3世纪中期，罗马共和国开始设置"外国人执政官"，以裁判外国人之间或外国人与罗马公民之间的争端。"外国代表人"、"前导者"及"外国人执政官"即近代领事的先驱。①

十字军东征以后，东西方贸易增长，领事制度进入新的发展阶段。时意、法、西班牙等国商人推举代表，作为驻在东方国家的领事，以保护本国人利益和裁判商人之间的争讼。15世纪，基督教国家同土耳其（伊斯兰教君主）缔结"领事裁判权"条约，取得对居住在土耳其境内的本国商民的民刑管辖权，而土耳其却无此项权利，此即片面领事裁判权制度的起源。而此时西方国家之间的领事裁判，"尚为相互的制度"，②而非一国对另一国的不平等权利，如意大利驻在荷兰和伦敦的领事，英国驻在荷兰、瑞典、挪威、丹麦和意大利的领事，在属人法律思想的支配下，对本国侨民均享有完全的民事、刑事和商事管辖权。这是一个领事的时代，领事有很高的地位，权限宽广，他们不仅可以维护本国商民利益，可以依本国的法律，行使裁判权，"而且如同今天的外交使节，还有权就政治上的

---

① 参见〔美〕L. T. 李著《领事法和领事实践》，傅铸译，商务印书馆，1975，第5~6页。
② 梁敬錞著《在华领事裁判权论》，商务印书馆，1930，第2页。

重要问题同驻在国的政府进行交涉"。①

17世纪初,属地法律思想流行,在一国领土之内,无论何国人,都要服从所在国的法律管辖。世界各国也都将外侨置于己国的民法、刑法及商法管辖之下,领事的裁判权随之丧失,其职权仍限于保护本国商务、航务以及侨民的利益。再者,派遣外交使节已成为各国通行的做法,在一些重大问题上,领事失去了昔日的作用,其存在已不引人注目,甚至被视为"外国私人"。②到18世纪中期以前,领事机构在西方一些国家已不受欢迎,如1739年荷法《凡尔赛条约》第四十条就规定:"今后,双方都不接纳领事。"③到了18世纪后半叶,这种情况因商业和航务的快速发展而有所改观,西方各国再次认识到领事关系的重要性,在一些通商条约中,领事的职务、特权和豁免又被提起,有的国家还专门制定本国驻外领事的法律,如1786年荷兰的《领事条例》、1825年英国的《领事法》、1856年美国的《领事业务法》等。对此,法国政治家夏多白利安感叹道:"大使的时代已成过去,领事的时代又回来了。"④

19世纪中期,西方列强向远东地区扩张,强迫中国、泰国和日本等国开放通商口岸,并借口这些国家司法制度存在缺陷,以东西方文明程度不同为由,推行土耳其式的领事裁判权制度。⑤此后,横行于东方国家的西方领事,不仅在事实上享有治外法权,而且可以行使裁判权,庇护己国商民的种种不法之举。

二 中外领事关系的确立

外国正式向中国派驻领事,始于鸦片战争以后。1842年中英《江宁条约》规定:"自今以后,大皇帝恩准英国人民带同所属家眷,寄居大清沿海之广州、福州、厦门、宁波、上海等五处港口,贸易通商无碍;且大英国君主派设领事、管事等官住该五处城邑,专理商贾事宜,与各该地方

---

① 参见〔日〕日本国际法学会编《国际法辞典》,外交学院国际法教研室校订,世界知识出版社,1985,第798页。
② 参见〔日〕日本国际法学会编《国际法辞典》,外交学院国际法教研室校订,世界知识出版社,1985,第798页。
③ 〔美〕L. T. 李著《领事法和领事实践》,傅铸译,商务印书馆,1975,第8页。
④ 参见〔美〕L. T. 李著《领事法和领事实践》,傅铸译,商务印书馆,1975,第9页。
⑤ 在1855~1856年间,英法美等国分别与泰国签订条约,在泰国取得领事裁判权;1858年,美荷俄英法等国分别与日本签订条约,取得在日本的领事裁判权。

官公文往来"。① 1843年中英《五口通商章程》进一步规定英国领事享有领事裁判权，该条约规定：英人在中国境内同华民发生诉讼案件，"其英人如何科罪，由英国议定章程、法律发给管事官照办"。② 1843年7月，英国派李太郭（G. T. Lay）为驻广州首任领事，成为外国向中国派遣的第一位领事官。③ 随之，美国、俄国、法国、德国、奥匈、荷兰、比利时、意大利、葡萄牙、西班牙、瑞典、挪威、丹麦、墨西哥、巴西等十余国分别根据不平等条约，在中国各通商口岸派驻了领事。④

由于清政府长期闭关自守，对西方设领并未做出积极对等的反应。中国向外派驻领事，最初规定于1860年中俄《北京条约》，其后中美1868年《天津条约》续增条款、⑤ 1869年中英《新定条约》内均有规定。⑥ 但此仅为纸上的权利，并未付诸实施。1877年，驻英公使郭嵩焘奏称，新加坡有侨民数十万，"请设领事，以资统辖"。⑦ 清政府据此任命当地侨商胡璇泽为驻新加坡领事，这是中国向外派驻领事之始。⑧ 截至1894年甲午战争前，清政府先后在新加坡、横滨、大阪、长崎、檀香山、古巴、旧金山、纽约、加里约等地派驻了领事。⑨ 尽管如此，清廷对领事的重要性仍未有足够的认识。郭嵩焘甚至断定："设立领事，取从民愿而已，毫无当于国计。"⑩ 关于领馆经费，郭主张仅发给开办经费，薪水则听任自筹。至领事人选，更无特别要求，建议推举当地侨领或驻外使馆的随员

---

① 1842年8月29日中英《江宁条约》，王铁崖编《中外旧约章汇编》第1册，三联书店，1957，第31页。
② 1843年10月8日中英《五口通商章程：海关税则》，王铁崖著《中外旧约章汇编》第1册，三联书店，1957，第42页。
③ 沈云龙主编《近代中国史料丛刊第16辑——清季中外使领年表》，文海出版社，1974年影印版，第93页。
④ 列国早期在五个通商口岸派驻领事情形，参见沈云龙主编《近代中国史料丛刊第16辑——清季中外使领年表》，文海出版社，1974年影印版，第93~193页。另，截至1949年，有33个国家在中国的47个城市设立了196个领事机构。参见《新中国领事实践》编写组编著《新中国领事实践》，世界知识出版社，1991，第11页。
⑤ 王铁崖编《中外旧约章汇编》第1册，三联书店，1957，第262页。
⑥ 王铁崖编《中外旧约章汇编》第1册，三联书店，1957，第308页。
⑦ 转引自沈云龙主编《近代中国史料丛刊第16辑——清季中外使领年表》，文海出版社，1974年影印版，例言第1页。
⑧ 同年，胡兼任俄国驻新加坡领事；1879年，胡又兼任日本驻新加坡领事。
⑨ 截至1949年，中国在外国设立领事机构共85个。转引自《新中国领事实践》编写组编著《新中国领事实践》，世界知识出版社，1991，第11页。
⑩ 《使英郭嵩焘奏新加坡设立领事片》，《清季外交史料》，文海出版社，1974年影印版，第211页。

充任。

甲午战争前，清政府海外设领动作迟缓，固然囿于对领事作用认识的不足，但与列强的阻挠也不无关系。时英国反对在香港设领，西班牙反对在菲律宾设领，此点引起有识者的警觉。1887年10月，张之洞在派人赴南洋考察后奏称，南洋各地"倘蒙朝廷设立领事，加以抚循，则人心自然固结，为南洋之无形保障，所益非浅"。① 张之洞积极主张设领的思想，显然源于自强求富的洋务运动。他认为在外设领，便于组织华侨捐资购船，有利于中国海防。薛福成则认为在外设领，遇中外交涉时，以领事官所报为凭，可使洋官有所顾忌，有利于中国外交。经过张、薛等人的努力，清廷终将新加坡领事馆升格为总领事馆，并在槟榔屿添设副领事。1894年3月，清政府又与英国签订《续议滇缅界、商务条款》，获得在仰光"派领事官一员"的权利。②

甲午战争后到1900年，以汉城设领为始，清政府先后在仁川、釜山、小吕宋、海参崴及镇南浦等地设立了领事。"新政"之后，清政府设领态度渐趋积极。1906~1907年，清廷颁布实施《变通出使设立员缺及薪俸章程》，将领事官定为实官，总领事官四品，领事及副领事官五品，并根据事务繁简，规定了各领事馆的编制以及薪俸总额。③ 截至1911年，清政府海外设领共达四十余处（包括莫桑比克、马赛、波铎等7个名誉领事馆），④ 为民国时期领事制度的进一步发展奠定了基础。

清末，列强用坚船利炮打开中国大门的同时，中外领事关系也逐步建立起来。这种依城下之盟建立起来的关系，注定是不平等的，体现为如下几点。(1) 中国在外设领，比西方在华设领晚三十余年；(2) 中国在外设领，一国中仅一至二处，而在中国通商口岸，外国大多设有领事馆；(3) 西方国家的领事在中国享有裁判权，然而，中国领事在西方却无此项权利；(4) 甲午战争以后，中国在亚洲国家，如日本和朝鲜的领事裁判权也逐渐丧失。

---

① 《派员周历南洋各埠筹议保护折》，《张文襄公（之洞）全集·奏议》，文海出版社，第1828页。
② 王铁崖编《中外旧约章汇编》第1册，三联书店，1957，第579页。
③ 《光绪丙午（三十二）年交涉要览》，参见任云仙《清代海外领事制度论略》，《中州学刊》2002年第5期，第109页。
④ 沈云龙主编《近代中国史料丛刊第16辑——清季中外使领年表》，文海出版社，1974年影印版，第14页。

三　研究框架及方法

明治维新以后，日本开始"布国威"于中国，这个过程，即日本利用强权在中国攫取不平等权利，并利用不平等权利攫取特殊利益的过程。近代日本侵华，急先锋有三大群体，一是日本军队（如关东军、天津驻屯军、上海派遣军等），二是居留民（主要指浪人、走私者、贩毒者及情报人员等不法居留民），三是外交官（包括领事官）。这三大群体，军队是外交政策的工具，为外交官的后盾，外交官是外交政策的执行主体，为居留民的庇护伞，而拓展居留民在华发展空间，则是外交政策实现的最终目的。因此，对日本在华领事制度展开研究，不仅可以明晰中日关系史的全貌，也可揭示领事群体与居留民及日本军队之间的关系。

华中地区经济发达，① 上海是中国经济重镇，南京是蒋政权统治中心，也是后来的汪伪盘踞之地。近代中日领事关系，从这里开始，也在这里结束。日领在此驻扎的时间长，管辖的空间范围广，维护"条约权益"的活动至为频繁。1937年七七事变后，中日之间事实上进入战争状态，两国外交关系断绝，但日领仍以各种身份在这一地区活动，直到1945年日本败降。因此，以华中地区为中心深入考察，将能全面展示日本在华领事制度的兴废，揭露领事群体在侵华大陆政策中的作用及危害。

本课题坚持论从史出的唯物主义史学观点，运用近代国际法、国际政治等学科的理论与方法，力求从以下几个专题审视日本在华领事制度：（一）日本在华领事制度的确立与发展；（二）华中领事馆的开设及沿革；（三）领事与华中居留民；（四）领事与华中日租界；（五）领事裁判权；（六）领事与"条约权益"的维护；（七）领事与情报；（八）战时中日领事关系；（九）日本在华领事裁判权的撤废；（十）日本领事群体分析。以上十大专题设计的依据是，既厘清日本在华领事制度的发展历程，又按照日本在华领事制度的一般原则，揭示日本在华领事制度的本质特征。

（一）、（二）、（九）三大专题考察了日本在华领事制度的确立、发展及衰废。专题（一）着重论述了中日互等领事制度的建立和日本在华片面领事制度的确立；专题（二）考察了日本在华中领事馆的开设情形；专题（九）论述了清末民初中日法权的交涉，南京国民政府初期中日法权的交涉，以及伪满和汪伪政府治外法权的撤废，指出日本撤废治外法权

---

① 本文的华中地区，即日人之所谓"中支"，系指苏浙皖湘鄂赣六省及上海、南京两市。

的直接原因，不是由于中国人民的强力争取，而是因为在日军占领区，领事裁判权已失去存在价值。

（三）、（四）、（五）、（六）、（七）五大专题考察了日本在华领事的特权、活动及职务情形。专题（三）论述了华中居留民的人口与职业构成、居留民的组织及其活动，以及领事对不法居留民的庇护等；专题（四）论述了领事不仅在租界的开辟与扩展中起到了重要作用，且成为"国中之国"的最高统治者；专题（五）论述领事裁判权与治外法权的分别，日本在华领事裁判权体系，领事裁判权的实施与弊害等；专题（六）考察日领如何维护日本在华不平等"条约权益"，如内河航行权、关税自主权、居住营业权、内地旅行权等；专题（七）考察领事的情报机构，领事的情报调查活动，领事报告的出笼及日本国内的报知体制。

（八）、（十）两大专题探讨了战时中日领事关系和日本在华领事群体的行为模式。专题（八）分析了战时中日领事关系的性质，如日蒋领事关系、日满领事关系、日汪领事关系及汪满领事关系，并考察了战时日领所担当的角色，如居留民的"被害"调查、战地宣抚及治安维持等；专题（十）通过大量数据及史实，分析领事群体的数量及地域分布，领事群体的教育背景及中国观，领事群体的外交行为模式及角色的转变，以及领事群体的协调机制。

本课题使用了大量的第一手资料。日文资料主体分为三类：一类是日本外务省外交史料馆档案，一类是日本外务省编纂出版的史料，另一类为20世纪三四十年代日本学者的相关著述。日本外务省档案如：一般领事会议、华洋诉讼处理变更关系、司法会议关系、在支司法领事会议、支那司法制度关系、支那司法裁判关系、厦门会审衙门关系、上海临时法院关系、上海特别区法院关系、"满洲国"司法制度关系、"满洲国"裁判机关关系、支那裁判所监狱及警察形状调查关系等；日本外务省编纂史料如：《清国事情》（第1、2卷）、《外务省年鉴》（1913～1926年）、《外务省百年》、《外务省东亚局执务报告（1936～1940年）》、《日本外交文书》（清国事变、日俄战争、1913年第2册、1926年第2册下卷、满洲事变、昭和期Ⅰ第1部第1卷、昭和期Ⅱ第1部第1卷）、《日本外交年表和外交文书（1840～1945）》、《外务省警察史·中支之部》内上海、杭州、苏州、芜湖、南京、汉口、九江、宜昌、沙市、重庆、长沙各领事馆的报告等；20世纪三四十年代日本学者的著述如：英修道《列国在中华民国的条约权益》（1939年版）、植田捷雄《在支列国权益概说》（1939年版）和《在支那的租界研究》（1941年版）、臼井忠三《天津居留民团三十周年纪念志》（1941年版）等。

中文资料有汪伪政府驻日大使馆的档案，如：《大使馆工作报告》（1943~1944年）、《与各国大使馆的往来信件》（1943~1944年）、《大使馆人事档案》（1943年4~9月）、《大使馆杂务档案·文化一般交流》、《大使馆杂务档案·政治经济》、《大使馆所管领事馆工作报告》（驻台北、横滨、神户、长崎）。此外，尚有南京、上海、天津等档案馆资料，清季外交史料及北京政府、南京国民政府时期的外交公报等。

根据1960年4月联合国国际法委员会通过的《领事往来及豁免条款草案》和1963年4月联合国会议通过的《维也纳领事关系公约》，[1] 本课题涉及的名词含义如下。

领事馆即领馆，指总领事馆、领事馆、副领事馆或领事代理处。

领事馆辖区，指领事馆执行职务而设定的区域。

领事馆馆长，指奉命主持领事馆馆务的人员。

领事官员，指奉命执行领事职务的人员，包括总领事、领事、副领事或领事代理。

领事馆雇员，指受雇担任领馆行政或技术事务的人员。

领事馆服务人员，指受雇担任领馆杂务的人员。

领事馆人员，指领事官员、领馆雇员及服务人员。

领事馆馆员，指除馆长以外的领事官员、领馆雇员及服务人员。

私人服务人员，指受雇专为领馆人员私人服务的人员。

领事馆馆舍，指专供领馆使用的建筑物及其附属土地。

领事馆档案，指领馆的一切文书、文件、函电、登记册、明密电码、记录卡片及保护或保管此等文卷之用的任何器具。

---

[1] 参见〔美〕L. T. 李著《领事法和领事实践》，傅铸译，商务印书馆，1975，第427~428、447~448页。

第一章 日本在华领事制度的
确立与发展

一 中日互等领事制度的建立

1862年，日本幕府统治末期，有日人搭乘荷兰商船到上海贸易。两年以后，又有日商经英国领事巴夏礼的介绍，携货到沪交易。1870年，日政府借口中国商人曾在日本采购铜斤，要求向清派驻领事官，并订约通商。是年，日外务权大丞柳原前光、外务权少丞藤原义质、文书权正郑永宁等受命赴华，与清商谈订约一事。柳原一行8月25自东京出发，9月4日到上海，旋赴天津，先后拜见三口通商大臣成林和直隶总督李鸿章，递交日本外务卿致总理衙门的信函。此时，清廷深受西方强加的不平等条约之苦，对订约问题比较敏感，因此总理衙门采取婉词谢绝的态度，以"大信不约"四字，称可照常通商，但不必议约。① 后因李鸿章欲"以夷制夷"，上书总理衙门，力主与日本订约，再加柳原的再三恳请，清廷遂允与之议约。在议约过程中，日方援引西方国家之例，欲以《中德条约》为蓝本，② 订立种种不平等的条款。清廷对此严加拒绝，并自拟以为平等的约稿，作为谈判的基础。③ 由于曾国藩提醒要排除最惠国条款，所以李鸿章等坚持不肯把"一体均沾"的字样写入条文，双方争论不休。1871年9月13日，两国终在天津签约，计《修好条规》十八条，《通商章程》三十三条，此为历史上第一部中日条约，近代中日外交关系由此建立。《修好条规》基本上是在自愿原则上签订的，是一个"双务的平等条约"。④ 但因该约的签订，日本与清立于平等地位，因而取得对朝鲜的优

---

① 参见王芸生著《六十年来中国与日本》第1卷，三联书店，1979，第31页。
② 参见〔日〕信夫清三郎编《日本外交史》上册，天津社科院日本问题研究所译，商务印书馆，1980，第136~137页。
③ 清约稿中心内容有三：删去最惠国条款，防止日本与欧美各国结盟；派遣外交官及领事官；禁止日本商人在清国内地进行贸易。参见〔日〕信夫清三郎编《日本外交史》上册，天津社科院日本问题研究所译，商务印书馆，1980，第137页。
④ 〔日〕第六调查委员会学术部委员会《治外法权惯行调查报告书》（1940年12月），日本东亚研究所，1941，第19页。

势。日本历史学家信夫清三郎评论道：

> 这是深受与欧美各国缔结不平等条约之苦的日清两国，首次自主缔结的平等条约。而这种平等却含有相互承认领事裁判权和协定关税率这一特殊内容。而且排除了日本所希望获得的最惠国条款和内地通商权。然而，日清之间得以建立平等关系，这就实现了日本对清交涉的最初目的，即日清两国地位平等。其结果，对于对清恪守事大藩属之礼的朝鲜，日本在名分上就取得了优越地位，这应该说也就打开了与朝鲜建交的方便之门。①

关于互设领事（即理事官）及领事权限一事，《修好条规》第八、第九、第十、第十一、第十二及第十三条规定：两国指定各口，彼此均可设理事官，约束己国商民，凡交涉财产词讼案件，皆归审理，各按己国律例核办。若指定各口未设理事官，其贸易、人民均归地方官约束照料，如犯罪名，准一面查拿，一面将案情知照附近各口理事官，按律科断。两国商民在各口彼此往来，无论居住久暂，均听己国理事官管辖。如有勾结强徒为盗为匪，或潜入内地，放火杀人抢劫者，其在各口由地方官一面自行严捕，一面将案情飞知理事官，倘敢用凶器拒捕，均准格杀勿论。惟须将致杀情迹，会同理事官查验。如事发内地不及赴验者，即由地方官将实在情由照会理事官查照。其拿获到案者，在各口由地方官会同理事官审办。在内地即由地方官自行审办，将案情照会理事官查照。倘此国人民在彼国聚众滋扰，数在十人以外，及诱结通谋彼国人民作害地方情事，应听彼国官径行查拿。其在各口者知照理事官会审，其在内地者，由地方官审实，照会理事官查照，均在犯事地方正法。②

《修好条规》第十六条还规定"理事官"应为职业领事，"不得兼作贸易，亦不准兼摄无约各国理事，如办事不合众心，确有实据，彼此均可行文知照秉权大臣，查明撤回，免因一人偾事，致伤两国友谊。"③ 同时签订的《通商章程》在第一款指定中日通商各口，中国准通商 15 口，其中东北 1 口、华北 2 口、华中 5 口、华南及台湾 7 口，即：上海口（隶江苏松江府上海县）、镇江口（隶江苏镇江府丹徒县）、宁波口（隶浙江宁

---

① 〔日〕信夫清三郎编《日本外交史》上册，天津社科院日本问题研究所译，商务印书馆，1980，第 137 页。
② 参见王铁崖编《中外旧约章汇编》第 1 册，三联书店，1957，第 317～319 页。
③ 王铁崖编《中外旧约章汇编》第 1 册，三联书店，1957，第 319 页。

波府鄞县）、九江口（隶江西九江府德化县）、汉口镇（隶湖北汉阳府汉阳县）、天津口（隶直隶天津府天津县）、牛庄口（隶奉天府海城县）、芝罘口（隶山东登州府福山县）、广州口（隶广东广州府南海县）、汕头口（隶广东潮州府潮阳县）、琼州口（隶广东琼州府琼山县）、福州口（隶福建福州府闽县）、厦门口（隶福建泉州府厦门厅）、台湾口（隶福建台湾府台湾县）、淡水口（隶福建台湾府淡水厅）。而日本仅准通商8口：横滨（东海道武藏州神奈川县管辖）、箱馆（北海道渡岛州开拓使管辖）、大阪（畿内摄津州大阪府管辖）、神户（兵库县管辖）、新潟（北陆道越后州新潟县管辖）、夷港（佐渡州佐渡县管辖）、长崎（西海道肥前州长崎县管辖）、筑地（东海道武藏州东京府管辖）。①

《通商章程》规定两国商民准在前述议定各口租地营业，并听从己国领事管理。第十四款规定：中国商货进日本国通商各口，在海关完清税项后，中国人不准运入日本国内地。其日本国商货进中国通商各口，在海关完清税项后，任凭中国人转运中国内地各处售卖，逢关纳税，遇卡抽厘，日本人不准运入中国内地。违者，货均入官，并将该商交理事官惩办。第十五款规定：两国商民准在彼此通商各口购买各土产及别国货物，报关查验，完税装运出口，不准赴各内地置买货物。如有入各内地自行买货者，货均入官，并将该商交理事官惩办。②

修好条规签订后，日本先于中国，按《通商章程》所定各口，在上海（1872年）、福州（1872年）、厦门（1875年）、天津（1875年）、芝罘（1876年）、牛庄（1876年）等地先后开设了领事馆，后又在汉口（1885年）、广州（1888年）、③汕头（1907年）、④九江（1915年）等

---

① 王铁崖编《中外旧约章汇编》第1册，三联书店，1957，第320页。
② 王铁崖编《中外旧约章汇编》第1册，三联书店，1957，第320~322页。
③ 广东领事馆，1888年开设，管辖区域为广东省内除汕头领事馆管辖地方、广西省及海南岛。1890年12月到1906年11月一度闭锁，由香港领事馆兼辖。1909年10月升格为总领事馆。清末民初历任领事官如次：1888.7，坪野平太郎副领事；1889.7，宫川久次郎副领事；1890.5，丰岛捨松书记生；1906.9，上野专一领事；1908.5，濑川浅之进领事；1909.10，濑川浅之进总领事代理；1910.6，堀义贵总领事代理；1910.9，濑川浅之进总领事；1912.3，赤塚正助总领事。参见〔日〕外务省大臣官房人事课编《外务省年鉴》大正2年，クレス株式会社，1999年影印版，第31、362页。
④ 汕头领事馆，1907年开设，1904年至1907年为厦门领事馆分馆，管辖区域为广东省内潮州府、嘉应州、惠州府，以及福建省内的汀州府。清末民初历任领事官如次：1907.9，德丸作藏领事；1911.11，矢野正雄领事代理（领事官补）；1912.6，矢田部保吉领事代理（领事官补）；1912.11，河西信领事代理（副领事）。参见〔日〕外务省大臣官房人事课编《外务省年鉴》大正2年，クレス株式会社，1999年影印版，第30、377~378页。

地陆续增设。具体情形，分述于下（华中各地，次章论及）。

福州领事馆，1872 年开设，次年闭锁，1880 年 7 月至 1887 年 3 月属上海领事馆兼辖，管辖区域为福建省内福州府、延平府、建宁府、邵武府及福宁府。① 晚清时期历任领事官为：井田让（1872.9～1872.11，领事）、井田让（1872.11～1873.5，总领事）、品川忠道（1880.9～1887.3，上海总领事兼任）、上野专一（1892.3～1872.3，副领事代理）、丰岛捨松（1899.5～1903.4，事务代理）、中村巍（1903.4～1905.12，领事）、高桥桥太郎（1905.11～1907.9，领事）、佐藤一郎（1907.9～1908.7，事务代理）、天野恭太郎（1908.4，副领事）、天野恭太郎（1909.6～1909.10，领事）、高洲太助（1909.10～1911.8，领事）、土谷久米藏（1911.7，领事代理）。②

1875 年，日本在厦门鼓浪屿设立领事馆，至 1884 年以前，隶属于日本驻福州领事馆。1884 年 4 月，该馆领事委托外国人代理，馆务转由上海领事馆兼管，并于同年 7 月关闭。1887 年 3 月又恢复，仍属福州领事馆管辖。晚清时期历任领事官为：福岛九成（1875.4～1876.8，领事）、富山清明（1880.3.5，馆务代理）、上野专一（1896.3.7，二等领事）、上野专一（1896.11.8，一等领事）、芳泽谦吉（1900.8.30，事务代理）、上野专一（1900.9.19，领事）、芳泽谦吉（1901.10.1，事务代理）、上野专一（1901.11.11，领事，1902～1906 年任领袖领事）、山吉盛义（1905.11.18，事务代理）、吉田美利（1906.8.14，事务代理）、濑川浅之进（1907.5.27，领事）、大杉正之（1908.5.22，事务代理）、森安三郎（1908.6.30，事务代理）、菊池义郎（1910.3.15，领事）、矢野正雄（1911.4.4，事务代理）、菊池义郎（1911.10.15，领事）。③

---

① 〔日〕外务省大臣官房人事课编《外务省年鉴》大正 2 年，クレス株式会社，1999 年影印版，第 29 页。
② 〔日〕外务省大臣官房人事课编《外务省年鉴》大正 2 年，クレス株式会社，1999 年影印版，第 366～367 页。
③ 1936 年 11 月 1 日，厦门领事馆升格为总领事馆，管辖范围为福建省兴化府、泉州府、永春府、漳州府及龙岩州。1937 年 8 月 28 日该馆奉命撤退。1938 年 5 月 11 日，日军攻陷厦门，5 月 27 日，该馆重新恢复，直至 1945 年 8 月日本投降。1913～1942 年，日本驻厦门领事官如下：1913.2.4，事务代理船津文雄；1913.4.14，领事菊池义郎（1915～1916 年任领袖领事）；1917.1.10，事务代理秋洲郁三郎；1917.4.3，领事矢田部保吉；1918.12.24，事务代理市川信也；1919.7.14，领事藤田荣介；1920.10.11，事务代理铃木连三；1921.4.20，领事藤井启之助；1922.12.12，领事代理河野清；1923.5.26，领事佐佐木胜三郎；1924.8.28，领事井上更二郎；1927.1.11，领事代理高井末彦；1927.7.26，领事坂本龙起；1929.2.25，领事寺岛广文；1930.2.1，（转下页注）

天津领事馆，1875 年开设，1902 年 1 月升格为总领事馆，是日本在华北地区设立最早的总领事馆，管辖区域为直隶省、山西省及察哈尔都统管辖内蒙古一带地方。①晚清时期历任领事官为：池田宽治（1875.8，副领事）、池田宽治（1878.3～1880.3，领事）、竹添进一郎（1880.5～1882.8，职务不明）、岛村久（1882.9～1883.11，副领事）、波多野承五郎（1885.5～1888.5，领事）、鹤原定吉（1888.6～1890.1，领事）、荒川已次（1890.5，副领事）、荒川已次（1895.5～1896.2，领事）、郑永昌（1896.2～1901.2，一等领事）、伊集院彦吉（1901.2～1902.1，领事）、伊集院彦吉（1902.1～1906.12，总领事）、加藤本四郎（1906.11～1907.9，总领事）、小幡酉吉（1908.3，总领事代理）、小幡酉吉（1909.3，总领事）。②

芝罘领事馆，1876 年开设，管辖区域为山东省内一部分，③1880 年 5 月属天津领事馆兼辖。晚清时期历任领事官为：George F. Mclean（1876.5～1883.10，领事代理）、东次郎（1883.10～1885.6，临时领事代理）、松延玹（1885.7～1887.10，领事代理）、林权助（1887.10～1889.2，副领事）、能势辰五郎（1889.2～1892.3，领事代理·书记生）、久水三郎（1892.3～1893.10，事务代理）、伊集院彦吉（1893.10～1894.8，

（接上页注③）事务代理增尾仪四郎；1930.3.3，领事寺岛广文；1931.9.7，领事三浦义秋；1933.4.1，领事塚本毅；1934.4.10，事务代理武藤贞喜；1934.6.10，领事塚本毅（1935 年任领袖领事）；1935.8.6，领事山田芳太郎；1936.11.1，总领事代理山田芳太郎（1937 年任领袖领事）；1937.7.2，总领事代理高桥茂；1938.5.27，总领事内田五郎（1939 年～1940 年任领袖领事）；1941.1.15，总领事石川实；1942.4.7，总领事代理今城登；1942.4.22，总领事小泽成一；1942.11，总领事赤堀铁吉。参见〔日〕外务省大臣官房人事课编《外务省年鉴》大正 2 年，クレス株式会社，1999 年影印版，第 360～361 页；〔日〕外务省大臣官房人事课编《外务省年鉴》大正 15 年，クレス株式会社，1999 年影印版，第 266～267 页；厦门市《政法志》编委会编《厦门政法史实》（晚清民国部分），鹭江出版社，1989，第 259 页。

① 〔日〕外务省大臣官房人事课编《外务省年鉴》大正 2 年，クレス株式会社，1999 年影印版，第 29 页。

② 〔日〕外务省大臣官房人事课编《外务省年鉴》大正 2 年，クレス株式会社，1999 年影印版，第 378～380 页；〔日〕外务省大臣官房人事课编《外务省年鉴》大正 15 年，クレス株式会社，1999 年影印版，第 284～285 页；〔日〕外务省外交史料馆、日本外交史辞典编纂委员会编《日本外交史辞典》，日本大藏省印刷局，1979，第 379 页。

③ 〔日〕外务省大臣官房人事课编《外务省年鉴》大正 2 年，クレス株式会社，1999 年影印版，第 29 页。

二等领事）、久水三郎（1895.6～1897.8，领事代理）、田结铆三（1897.8～1901.12，二等领事）、水野幸吉（1901.12～1905.6，领事）、奥山清治（1905.2～1905.8，事务代理·领事官补）、小幡酉吉（1905.8～1907.9，领事）、相羽恒次（1908.4～1909.10，领事代理·书记生）、土谷久米藏（1909.11～1911.7，领事代理·副领事）、三浦一（1911.7～1911.11，事务代理·书记生）、相羽恒次（1911.12，领事代理·副领事）。①

牛庄领事馆，1876年开设，管辖区域为奉天省内营口厅、锦州府、盖平县、海城县及复州。② 晚清时期历任领事官为：池田宽治（1876～1876.3，职务不明）、Francis P. Knight（1876.3～1879.9，领事代理）、Frederick Bandinel（1879.9～1880.9，领事代理）、竹添进一郎（1880.5～1882.8，职务不明）、Frederick Bandinel（1882.8，领事代理）、Frederick Bandinel（1884.4～1897.6，名誉领事）、田边熊三郎（1897.4～1902.6，二等领事）、濑川浅之进（1902.5，领事）、伊集院彦吉（1904.7～1905.1，天津总领事兼任）、濑川浅之进（1905.5～1907.3，领事）、有吉明（1906.8～1906.11，领事）、洼田文三（1906.12～1909.6，领事）、大野守卫（1909.6～1909.10，事务代理·领事官补）、太田喜平（1909.8，领事）。③

就在清政府准备依约在日本各口设领时，日本却千方百计进行阻挠。1875年，日本驻北京临时代办郑永宁照会清政府要求修约，清政府命李鸿章与之谈判。在这次交涉中，李鸿章觉察日本有不愿中国即设领事之意，深感向日本派遣领事官，"实有难再从缓之势"。④ 经往复交涉，1878年初，清廷终在横滨派驻领事1人，同年6月，分别在神户、长崎派驻领事1人。1886年，又在箱馆派驻副领事1人，兼管新潟、夷港交涉事务，

---

① 〔日〕外务省大臣官房人事课编《外务省年鉴》大正2年，クレス株式会社，1999年影印版，第364～365页。
② 〔日〕外务省大臣官房人事课编《外务省年鉴》大正2年，クレス株式会社，1999年影印版，第26页。
③ 〔日〕外务省大臣官房人事课编《外务省年鉴》大正2年，クレス株式会社，1999年影印版，第372～373页；另参见〔日〕外务省大臣官房人事课编《外务省年鉴》大正15年，クレス株式会社，1999年影印版，第279页。
④ 《议日本约章》，《李文忠公全集·译署函稿》，文海出版社，1974年影印版，第2943页。

但不设公所，至1891年始设公所，派副领事常川驻扎。① 晚清政府在日本主要通商口岸派驻领事情形如下。

驻横滨兼筑地领事官（横滨市山下町）：范锡朋（1878.2～1882.2，候选同知·领事）、陈允颐（1882.2～1884.12，四品衔候选同知·领事）、阮祖棠（1884.12～1888.1，江苏本班前尽先补用同知·领事）、罗嘉杰（1888.1～1891.3，江苏候补知府·领事）、黎汝谦（1891.3～1893.12，同知衔候选知县·领事）、邱瑞麟（1893.12～1894.5，驻日使馆随员·署理领事）、石祖芬（1894.5～1894.8，领事）。

驻神户兼大阪领事官（神户市山手町）：刘寿铿（1878.6～1882.1，候选同知·领事）②、马建常（1882.1～1882.12，内阁中书·领事）、黎汝谦（1882.12～1884.12，拣选知县·领事）、徐承礼（1884.12～1887.12，浙江试用同知·领事）、蹇念咸（1887.12～1891.1，候选同知·领事）、洪遐昌（1891.1～1893.4，知府衔江西补用同知·领事）、郑孝胥（1893.4～1895.8，内阁中书·领事）。

驻长崎领事官（长崎市大浦町）：余瓗（1878.6～1884.12，内阁中书·领事）、蔡轩（1884.12～1887.12，福建试用知县·领事）、杨枢（1888.1～1891.3，知府衔分省补用直隶州知州·领事）、张桐华（1891.3～1902.1，同知衔湖北候补知县·领事）。

驻箱馆兼新潟、夷港领事官（函馆市富冈町）：刘坤（1886.2～1887.12，四品衔尽先选用通判·副领事）、刘庆汾（1887.12～1891.8，东文翻译·副领事）、黄书霖（1891.8～1894.2，拣选知县·副领事）、洪涛（1894.2～1895.8，副领事）。③

这样，十九世纪晚期，中日之间建立了互等的领事制度，双方领事均可在职权范围内保护己国商民，并享有司法裁判权。据史料记载，当时，中国驻日领事提讯嫌犯的传票即"差票"，不但可以传讯华侨，还可以传讯日本人。如1879年，兵库县知事照会神户领事刘寿铿，要求释放因涉

---

① 参见沈云龙主编《近代中国史料丛刊第16辑——清季中外使领年表》，文海出版社，1974年影印版，第78页。
② 清廷先委任候选同知刘寿铿，后改为内阁中书廖锡恩。沈云龙主编《近代中国史料丛刊第16辑——清季中外使领年表》，文海出版社，1974年影印版，第77页；另参见〔日〕外务省大臣官房人事课编《外务省年鉴》大正15年，クレス株式会社，1999年影印版，第392页。
③ 沈云龙主编《近代中国史料丛刊第16辑——清季中外使领年表》，文海出版社，1974年影印版，第76～78页；〔日〕外务省大臣官房人事课编《外务省年鉴》大正15年，クレス株式会社，1999年影印版，第390～396页。

讼而被拘3天的两名日本人。① 可见，中国也曾在日本行使过领事裁判权，但1894年甲午战争的炮声一响，此种权利遂成历史陈迹。

二 日本在华片面领事制度的确立

1894年朝鲜爆发东学党农民起义，提出"逐灭倭夷"的口号，朝鲜国王请清援剿，清廷谕令李鸿章拨兵赴援，清兵甫抵牙山，东学党义军已受政府的诱和而退兵。而日本乘机无故派兵，突入汉城，迫令朝鲜更改国政，不认中国藩属。各国舆论皆以日本师出无名，劝其撤兵，日本悍然不顾，反而陆续添兵，"朝鲜人民及中国在彼商民，日受惊扰"。② 清廷于是增兵前往保护，行至途中，突有日船多只，在牙山口外海面，炮击清运船，总理衙门遂于7月30日照会各国公使，声明日本首先开衅，同日，降旨撤回驻日使节和领事。8月1日，清廷发布宣战御旨，日皇也下宣战诏书，两国正式开战。

开战之初，两国政府各将其使领撤回，在得到美国政府同意后，两国居于对方的臣民均托美国领事代为保护。1894年7月29日，日本驻上海总领事大越成德致陆奥外务大臣密函，报告与上海地方官交涉情形，并建议撤回日本在清居留民。内称：

> 此时应明确清国政府对我侨民之处置。据所闻，神户、大阪等地之清国领事，已向各地侨民发出如开战立即撤回本国之密谕云。又，为使侨居长崎之清国人皆一同撤退，昨晨雇用德国船诺曼特号，由该港转向长崎。据以上情况，如清国政府悉皆撤回在我国之侨民，必将要求撤回在彼国之我国侨民。果如此，纵令于美国保护之下留居该地，因暴民等而蒙受之人身、财产上之危害，恐清国政府不负其责，亦势必不得不撤回我国侨民。故再面晤道台之外务课长，以万一至开战之时，商人等理应与之根本无关，而应各安其业，和平经商。我政府必尽全力保护贵国人民，贵国亦应同样保护我国商人，请求其决不驱除等主张，询问彼之意向。就上述问题，道台业已用电报照会总理衙门及南洋大臣，但迄今未接任何回训。
>
> 再者，关于保护上述侨民等事，要求清国政府应予适当保证之

---

① 参见汪向荣著《中国的近代化与日本》，湖南人民出版社，1987，第160页。
② 王芸生著《六十年来中国与日本》第2卷，三联书店，1980，第78页。

意，首席领事致道台之答复中有之。但对此，道台尚未作任何回答。本来，我方于言明将该租界地及其附近划为战线以外之后，清国亦有应不使其为战争所利用之誓言。如其不然，尽管我政府虽有上述明言，但出于自我防御，亦不得不采取断然之措施。①

开战当日，日本驻清临时代理公使小村寿太郎传达外务大臣电训，命各地领事立带居留民撤退回国，尔后率领"携带国旗官印及公秘文件之公使馆二等书记官中岛雄、三等书记官郑永昌、外交官补松方正作、书记生高洲太助，以及其他侨居北京之帝国臣民10名"，自北京出发，3日至天津三汊口，4日乘小轮船由天津向芝罘出发，8日到上海，总领事大越成德、一等领事荒川已次、二等领事伊集院彦吉、公使馆附属武官步兵少佐神尾光臣、海军少佐井上敏夫等一同辗转返国，17日到达东京。②

8月2日，天津领事荒川率领家属及20名妇人撤退，在塘沽搭乘英国轮船重庆号时，被清兵逮捕上陆，旋即释放。对此事件，日本外务大臣令在上海逗留的荒川领事，速将事件始末邮报于美国驻清代理公使，"请其代替帝国政府将此事通知清国政府，以提醒其注意"。③ 正在这时，上海法租界巡捕发现有两名日本间谍在界内活动，立即将其逮捕，并移交当地美国驻沪总领事。起初美总领事企图庇护这两名日本间谍，清政府遂向美国政府提出抗议。8月29日，美国务卿致函日驻美公使栗野，请其向本国政府转达美国政府的意见，即美国政府不得庇护在中国领土上从事间谍活动的日人，美国驻上海领事馆不是非法日人的避难所。④ 同日，美国务卿还致函驻清公使查尔斯·田贝，表示不能将日本臣民与美国臣民等同起来，并使他们享受他们"所喜欢的治外法权"。函称：

> 当此清日敌对之际，日本政府请求我驻清国之外交代表维护日本臣民之利益，得知清国政府已表示赞同。另外，于清日敌对期间，在清国政府要求和日本政府赞同之下，美国驻东京之外交代表已被责令保护和关照清国臣民在日本之利益。您所肩负之职务为政府所赞同。

---

① 〔日〕《关于将上海及其进口路置于战线外并保护我侨民之申报》，转引自戚其章主编《中日战争》第9册，中华书局，1994，第386~388页。
② 参见戚其章主编《中日战争》第9册，中华书局，1994，第408页。
③ 〔日〕《关于重庆号暴行事件委托美国政府警告清国政府》，转引自戚其章主编《中日战争》第9册，中华书局，1994，第409页。
④ 参见戚其章主编《中日战争》第9册，中华书局，1994，第412页。

而您作为被派进该政府者，要求您辨别是非，谨慎从事。此职务为非官方者，美国公使不能作为另一个国家之官方外交代表行事，此种官方关系乃美国宪法所不允许。除此而外，即将履行之职务，意味着个人与非官方之行动。清日战争状况与其彼此间之不断外交往来相矛盾，您充当中立国代表之角色。中立国对待犹如相互矛盾的党派的两国之态度，应是不带有任何偏向之和睦态度。您作为其中一党之臣民所进行之干涉，不应被认为是党派偏见之行动，而应被认为是根据两党之愿望所进行之友好帮助。您应牢记此原则和目的。当您尽力运用国际法保护日本臣民在华利益时，必须坚持中立国之态度。本政府为在华之日本臣民提供帮助时，不能将此等臣民同美国臣民等同起来，并授予他们作为日本帝国臣民所喜欢之治外法权。既不能使其服从美国法律或服从我公使或领事之司法权，亦不会允许将我追求正义之使馆或领事馆变成对抗法律之罪犯避难所。简言之，在华之日本臣民仍为有自己君主之臣民，并一如既往地服从当地法律。其它国家为此等臣民所进行之帮助，就此点而言，不会改变彼等之情况。①

美驻清公使立将国务卿训示转告上海美领事，美领"奉其政府之命，即将该日谍无条件送与上海道收禁"。② 至此，日本政府认识到，美国领事保护日本臣民，其权限仅为监督在清日本居留民的人身、财产不受非法侵害，或于某种场合使居留民与清政府之间通达意见，根本对日本臣民无裁判权。外务大臣提醒属下："美国领事之保护并无治外法权之裁判权，与现侨居我国之清国人虽属美国保护，但须服从我之裁判权为同一道理。然而，其管下人民误解上述精神而对清人有复仇之举亦难预料。必须注意杜绝上述事件发生"。③ 嗣后，两名日本间谍被押往南京审判，并被斩首。④

在间谍事件发生时，中日两国外交关系断绝，领事官均撤回己国，两国互等的领事裁判权则无从行使。而滞留敌方国家的侨民，虽托美国领事保护，但裁判之权却属于侨居之国。这样，战时两国均失去了在对方享有的领事裁判权。但这种失去，在属地原则支配下，对于双方来说是互等的。

---

① 戚其章主编《中日战争》第9册，中华书局，1994，第416~417页。
② 梁敬錞著《在华领事裁判权论》，商务印书馆，1930，第54~55页。
③ 戚其章主编《中日战争》第9册，中华书局，1994，第413页。
④ 参见费成康著《中国租界史》，上海社会科学院出版社，1991，第234页。

幕末，日本像中国一样，正受西方领事裁判权的侵害。美英等国在日本享有领事裁判权的内容至为广泛，除均系外国人的民刑案件归其本国领事处断外，一切日本人与外国人的案件，无论民事刑事商事，亦无论何方为被告，均先由领事各依本国法律处理，其不能处理者，始行照会日本官吏共同审判。明治维新以后，岩仓具视及大久保利通首先赴美，欲以"开放商埠设外人居留地"、"允外人信教自由"两点为收回法权的条件，引起朝野反对，美国亦未赞同。1886年，井上馨以设立混合法庭和设置外籍法官为条件，主张采行渐进的方式，逐步收回领事裁判权。井上馨之案，历经数十次会议无果。大隈重信继之，先向墨西哥提议：一、日本开放全国，并许外国人自由购置不动产；二、日本法院设外籍法官，对于外人诉讼案件，使其参与；三、日本允于最短时期内，参用欧式法典，并公布实行；四、新法律实行后三年，领事裁判权即时废止。墨西哥在日侨民甚少，日本所以赂此重利，亦欲借为收回法权先声而已。① 此案又为日本朝野所攻击，事遂中止。1890年，青木周藏提出新方案：开放内地，允许外人杂居，但法院不得任用外籍法官，撤销有关让外国人占有不动产的约定等。② 英国对此原则上表示同意，但附加两项条件：一、领事裁判权须新约实行五年后撤销；二、在新约实施四年之内，日本须实行新法典。③ 双方意见渐趋接近，后英日约成，英国在日领事裁判权遂告废止。其后各国先后改约，多采英国之案，至1897年，日本彻底摆脱领事裁判权之羁縻。④ 此间，日本一面着力撤废不平等条约，一面却挟其战胜国之余威，在中国重新确立了领事裁判权。

依1895年中日《马关条约》第六条规定，中日两国所有约章已因甲午战争而废绝，双方应派代表协议通商行船条约，新订约章应以中国与欧美各国现行约章为本。1895年12月，日本代表林董与中国代表李鸿章（后改为张荫桓）开始谈判。日方提出约稿条款，其目的是取得与欧美各国在华一样的利益及特权，清政府的出发点是"不令于泰西各国成约以外别有要求"，双方在根本上并无分歧，所以历时半年的谈判虽有不少争辩，最后还是在日方约稿的范围内定议。1896年7月21日，张荫桓与林董在北京签订《通商行船条约》，内含领事裁判权的内容计有五项，照录如下。

---

① 参见梁敬錞著《在华领事裁判权论》，商务印书馆，1930，第195页。
② 〔日〕信夫清三郎编《日本外交史》下册，天津社科院日本问题研究所译，商务印书馆，1980，第234页。
③ 参见梁敬錞著《在华领事裁判权论》，商务印书馆，1930，第195页。
④ 参见梁敬錞著《在华领事裁判权论》，商务印书馆，1930，第195～196页。

第三款、大日本国大皇帝陛下酌视日本国利益相关情形，可设立总领事、领事、副领事及代理领事，往中国已开及日后约开通商各口岸城镇。各领事等官，中国官员应以相当礼貌接待，并各员应得分位、职权、裁判管辖权及优例、豁免利益，均照现时或日后相待最优之国相等之官，一律享受。大清国大皇帝亦可设立总领事、领事、副领事及代理领事，驻扎日本国现准及日后准别国领事驻扎之处，除管辖在日本之中国人民及财产归日本衙署审判外，各领事等官应得权利及优例，悉照通例，给予相等之官一律享受。

第二十款、日本在中国之人民及其所有财产物件，当归日本妥派官吏管辖。凡日本人控告日本人或被别国人控告，均归日本妥派官吏讯断，与中国官员无涉。

第二十一款、凡中国官员或人民控告在中国之日本臣民负欠钱债等项，或争在中国财产物件等事，归日本官员讯断。凡在中国日本官员或人民控告中国臣民负欠钱债等项，或争中国人之财产物件等事，归中国官员讯断。

第二十二款、凡日本臣民被控在中国犯法，归日本官员审理，如果审出真罪，依照日本法律惩办。中国臣民被日本人在中国控告犯法，归中国官员审理，如果审出真罪，依照中国法律惩办。

第二十五款、按照中国与日本国现行各约章，日本国家及臣民应得优例、豁除利益，今特申明，存之勿失。又大清国大皇帝陛下已经或将来如有给予别国国家或臣民优例、豁除利益，日本国家及臣民亦一律享受。①

审视前述五款内容，不啻推翻1871年《修好条规》，明言日本享有在华领事裁判权，而中国却无此项权利。特别是第三款规定："在日本之中国人民及财产归日本衙署审判"，第二十款规定："凡日本人控告日本人或被别国人控告，均归日本妥派官吏讯断，与中国官员无涉"。自是之后，列强之外，日本也开始享有片面独惠的领事裁判权，中日之间平等互惠的领事制度被打破。《通商行船条约》第二十五款虽与领事裁判权无关，但表明日本已取得渴望已久的"最惠国待遇"，此条贻害匪浅，将在以后的中日交涉中表现出来。

---

① 王铁崖编《中外旧约章汇编》第1册，三联书店，1957，第662~666页。

第二章 华中领事馆的开设及沿革

一 上海等领事馆的开设及沿革

1870年7月，日本在上海设立"开店社"，全权负责日本居留民的管束及对外交涉。是年11月，在"开店社"内设置"上海出张所"，负责观察商业贸易、指导日商、联系各国领事等事宜。1871年中日《修好条规》签订之后，日政府即筹划在上海设立领事馆。1872年2月，日本撤销"开店社"，将"上海出张所"改为"日本公馆"，旋改为"日本领事馆"，由品川忠道代理领事，这是日本在中国开设最早的领事馆。1873年5月，该馆升格为总领事馆，1884年5月降格为领事馆，1892年4月又重新恢复为总领事馆。晚清时期历任领事官为：品川忠道（1872.2～1875.10，领事代理）、品川忠道（1875.10～1876.11，领事）、富田铁之助（1876.11～1877.1，副领事）、品川忠道（1877.12～1884.5，总领事）、安藤太郎（1884.5～1885.9，领事）、河上谨一（1885.9～1887.8，领事）、高平小五郎（1887.8～1890.3，总领事代理）、鹤原定吉（1890.6～1892.4，领事）、林权助（1892.4～1893.11，总领事代理）、大越成德（1893.11～1894.11，总领事代理）、珍田捨己（1895.6～1897.4，总领事）、小田切万寿之助（1897.6～1905.8，总领事代理）、永泷久吉（1905.8～1909.10，总领事）、松冈洋右（1909.5～1909.12，总领事代理）、有吉明（1909.12.9，总领事）、浮田乡次（1911.6.6，总领事代理）、有吉明（1911.9.13，总领事）。①

上海总领事馆管辖区域迭经变更，据1907年12月7日总领事永泷久吉报告，当时的管辖区域为：一、江苏省内松江府：华亭县、娄县、上海县、金山县、奉贤县、青浦县、南汇县、川沙厅；镇江府：丹徒县、丹阳县、金坛县、溧阳县；江宁府：上元县、江宁县、句容县、溧水县、江浦县、六合县、高淳县；太仓府：镇洋县、崇明县、嘉定县、宝山县；扬州府：江都县、甘泉县、仪征县、兴化县、宝应县、东台县、高邮县、泰

---

① 参见〔日〕外务省大臣官房人事课编《外务省年鉴》大正2年，第374～375页；大正15年，第280页，クレス株式会社，1999年影印版。两年鉴任职日期略有差异。

州、海门厅；淮安府：山阳县、阜宁县、盐城县、清河县、安东县、桃源县；徐州府：铜山县、萧县、砀山县、丰县、沛县、宿迁县、睢宁县、邳州；通州：泰兴县。二、安徽省内海州：沭阳县、赣榆；安庆府：怀宁县、桐城县、潜山县、太湖县、宿松县、望江县；徽州府：歙县、休宁县、婺源县、祁门县、黟县、绩溪县；宁国府：宣城县、宁国县、太平县、旌德县、南陵县；池州府：贵池县、青阳县、铜陵县、石城县、建德县、东流县；太平府：当涂县、芜湖县、繁昌县；庐州府：合肥县、庐江县、巢县、舒城县、无为县；凤阳府：凤阳县、怀远县、定远县、寿州、凤台县、灵璧县、宿州；颍州府：阜阳县、颍上县、霍邱县、太和县、蒙城县、亳州；广德州：建平县；滁州：全椒县；和州：含山县；六安州：英山县、霍山县；泗州：盱眙县、天长县、五河县。三、浙江省内宁波府：鄞县、慈溪县、奉化县、石浦县、镇海县、象山县、定海厅；绍兴府：山阴县、会稽县、萧山县、诸暨县、余姚县、上虞县、新昌县、嵊县；台州府：临海县、黄岩县、天台县、仙居县、宁海县、太平县；温州府：永嘉县、瑞安县、泰顺县、乐清县、平阳县、玉环厅；处州府：水县、青田县、缙云县、松阳县、遂昌县、龙泉县、庆元县、云和县、宣平县、景宁县。① 1913 年，调整为江苏省内松江府、太仓州及通州，浙江省内宁波府、台州府、温州府及处州府。② 1926 年，又调整为江苏省内上海、松江、南汇、青浦、奉贤、金山、川沙、太仓、嘉定、宝山、崇明、南通、海门、如皋及泰兴各县；浙江省内鄞县、慈溪、奉化、镇海、象山、南山、临海、黄岩、天台、仙居、宁海、温岭、永嘉、瑞安、乐清、平阳、泰顺、玉环、丽水、缙云、青田、松阳、遂吕、龙泉、庆元、云和、宣平、景宁及定海各县。③

由上观之，上海总领事馆主要管辖上海市及江苏、浙江、安徽三省的部分地区。根据日本外务省计划，上海总领事馆之下，还设置杭州、苏州、南京、芜湖等领事馆，管辖苏浙皖三省其他地区。各馆设置情形及管辖区域分述如下。

杭州领事馆，1896 年开设。管辖区域 1913 年为浙江省内杭州府、嘉

---

① 〔日〕外务省通商局编纂《清国事情》第 1 卷，外务省发行，1906，第 481～483 页。
② 〔日〕外务省大臣官房人事课编《外务省年鉴》大正 2 年，クレス株式会社，1999 年影印版，第 29 页。
③ 〔日〕外务省大臣官房人事课编《外务省年鉴》大正 15 年，クレス株式会社，1999 年影印版，第 28 页。

兴府、湖州府、金华府、衢州府、严州府及绍兴府，①1926年改为浙江省内不属于上海领事馆管辖地域。②清末民初历任领事官为：落合谦太郎（1896.2~1896.6，事务代理·领事官补）、小田切万寿之助（1896.6~1899.10，二等领事）、若松兔三郎（1899.10~1900.11，领事）、大河平隆则（1900.11~1906.5，副领事）、高洲太助（1906.3~1907.9，领事）、吉冈彦一（1907.9~1909.7，事务代理·书记生）、池部政次（1909.7~1912.11，事务代理·书记生）、深泽暹（1912.11，事务代理·书记生）。③

苏州领事馆，1896年开设。管辖区域1913年为江苏省内苏州府及常州府，④1926年调整为江苏省内吴县、常熟、昆山、吴江、武进、无锡、宜兴、江阴及靖江各县。⑤清末民初历任领事官为：荒川己次（1896.2~1896.7，一等领事）、大河平隆则（1896.7~1897.8，事务代理·书记生）、吉冈彦一（1897.8~1899.3，事务代理·书记生）、诸井六郎（1899.3~1900.8，领事官补）、加藤本四郎（1899.5~1900.11，领事）、二口美久（1901.7~1903.8，领事）、白须直（1903.8，副领事）、白须直（1906.7~1907.5，领事）、大贺龟吉（1907.5~1910.5，事务代理·书记生）、池永林一（1910.5，事务代理·通译生）、池永林一（1910.8~1911.11，事务代理·书记生）、矢田部保吉（1911.11~1912.5，领事代理·领事官补）、池永林一（1912.5，事务代理·书记生）。⑥

南京领事馆，作为上海总领事馆分馆，设于1901年4月，1907年9月28日闭馆，同日，作为领事馆开馆。⑦管辖区域1913年为江苏省内镇

---

① 〔日〕外务省大臣官房人事课编《外务省年鉴》大正2年，クレス株式会社，1999年影印版，第30页。
② 〔日〕外务省大臣官房人事课编《外务省年鉴》大正15年，クレス株式会社，1999年影印版，第28页。
③ 〔日〕外务省大臣官房人事课编《外务省年鉴》大正15年，クレス株式会社，1999年影印版，第273页。
④ 〔日〕外务省大臣官房人事课编《外务省年鉴》大正2年，クレス株式会社，1999年影印版，第29页。
⑤ 〔日〕外务省大臣官房人事课编《外务省年鉴》大正15年，クレス株式会社，1999年影印版，第28页。
⑥ 〔日〕外务省大臣官房人事课编《外务省年鉴》大正15年，クレス株式会社，1999年影印版，第283页。
⑦ 〔日〕外务省外交史料馆藏《外务省警察史·支那之部（中支）：在南京总领事馆》第48卷，不二出版社，2001，第60页。

江府、淮安府、徐州府、江宁府、扬州府、海州，以及安徽省。① 1926 年调整为江苏省内江宁、句容、溧水、高淳、江浦、六合、丹徒、丹阳、金坛、溧阳、扬中、江都、仪征、东台、兴化、泰县、高邮、宝应、淮安、淮阴、泗阳、涟水、阜宁、盐城、沭阳、铜山、丰县、沛县、萧县、砀山、邳县、宿迁及睢宁各县，不再管辖安徽省。② 清末民初历任领事官为：船津辰一郎（1907.9～1908.4，副领事）、内山清（1908.4～1908.5，事务代理）、井原真澄（1908.5～1911.3，领事）、铃木荣作（1910.11～1912.5，领事）、船津辰一郎（1912.4，领事）。③

芜湖领事馆，1922 年开设，管辖区域主要为安徽省。④ 民国初期历任领事官为：草政吉（1922.1，领事）、田中作（1923.2.9，事务代理·书记生）、林忠作（1924.5.9，领事）、藤村俊房（1925.1.17，领事代理）。⑤

考察前述日本领事馆设置情形，上海周围地区的一些县市，有时属于总领事馆管辖范围，有时属于领事馆管辖范围。领事官可在一地连任，如池永林一即在苏州连任几届；也可调往异地，吉冈彦一即在苏、杭两地任过领事，由此形成以上海总领事馆为主干，以南京、苏州、杭州、芜湖等领事馆为枝节的行政体制。这样，长江下游地区被日本政府按县市分割，毫无遗漏地置于总领事和领事的掌控之下。

二　汉口等领事馆的开设及沿革

1885 年 6 月，日本在汉口日租界设置领事馆，南贞助为首任领事，管辖范围初为汉口及附近地区，后很快扩展到周围省份。1891 年 9 月，该领事馆一度闭馆，由上海总领事馆兼辖，直到 1898 年 10 月再开。1909 年 10 月 1 日，该馆升格为总领事馆，管辖长江上游地区日人事务，成为

---

① 〔日〕外务省大臣官房人事课编《外务省年鉴》大正 2 年，クレス株式会社，1999 年影印版，第 29 页。
② 〔日〕外务省大臣官房人事课编《外务省年鉴》大正 15 年，クレス株式会社，1999 年影印版，第 28 页。
③ 〔日〕外务省大臣官房人事课编《外务省年鉴》大正 15 年，クレス株式会社，1999 年影印版，第 278 页。
④ 〔日〕外务省大臣官房人事课编《外务省年鉴》大正 15 年，クレス株式会社，1999 年影印版，第 28 页。
⑤ 〔日〕外务省大臣官房人事课编《外务省年鉴》大正 15 年，クレス株式会社，1999 年影印版，第 267 页。

第二章 华中领事馆的开设及沿革

上海之外日本在长江流域又一总领事馆。此外，日本还在重庆、沙市、长沙、九江、成都、宜昌等地设立领事馆，管辖湘鄂赣等省。具体情形如下。

汉口领事馆，1885年开设。管辖区域1913年为湖北省内汉阳府、武昌府、德安府及黄州府；江西省内除袁州府地方；河南省；陕西省；甘肃省；新疆省。① 1926年改为湖北省内武昌、鄂城、咸宁、通城、大冶、嘉鱼、蒲圻、崇阳、阳新、通山、夏口、汉川、黄陂、汉阳、孝感、沔阳、安陆、应城、应山、云梦、随县、黄冈、蕲水、麻城、广济、黄安、罗田及黄梅各县，另有河南、陕西、甘肃、新疆等省。② 清末民初历任领事官为：南贞助（1885.6～1885.10，领事）、町田实一（1885.10～1889.2，领事代理·书记生）、伊藤佑德（1889.2～1889.10，副领事）、成田五郎（1889.11～1891.3，领事代理·书记生）、桥口直右卫门（1891.3～1891.8，领事代理·副领事）、高桥橘太郎（1909.10.1，总领事代理·领事）、渡边省三（1909.10.17，总领事代理·领事官补）、松村贞雄（1910.3.9，总领事）、来栖三郎（1910.7.30，总领事代理·领事官补）、松村贞雄（1910.12.16，总领事）、芳泽谦吉（1912.10.7，总领事）。③

重庆领事馆，1896年开设。是年2月，日本驻上海总领事珍田捨己抵达重庆，就设馆一事与地方官会谈。5月22日，领事馆正式开设，首任领事为加藤义三。该馆常驻领事1人、副领事1人，馆员、无线电员、司机及雇员多人，规模超过其他国家驻渝领事馆。管辖区域1913年为四川省、贵州省、云南省、西藏。④ 1926年改为四川省内中巴、江津、长寿、永川、荣昌、綦江、南川、铜梁、大足、璧山、涪陵、合川、江北、武胜、奉节、巫山、云阳、万县、开县、巫溪、开江、达县、渠县、大竹、城口、万源、忠县、酆都、梁山、酉阳、石砫、秀山、黔江、彭水、隆昌、合江、纳溪、江安、叙永、古宋、古蔺、南充、营山、仪陇、邻水、岳池、南部、通江、南江、巴中、蓬安及度安各县；贵州省内不属于

---

① 〔日〕外务省大臣官房人事课编《外务省年鉴》大正2年，クレス株式会社，1999年影印版，第30页。
② 〔日〕外务省大臣官房人事课编《外务省年鉴》大正15年，クレス株式会社，1999年影印版，第28页。
③ 〔日〕外务省大臣官房人事课编《外务省年鉴》大正15年，クレス株式会社，1999年影印版，第274页；设馆时间及首任领事另参见《外务省年鉴》大正2年，クレス株式会社，1999年影印版，第368页。
④ 〔日〕外务省大臣官房人事课编《外务省年鉴》大正2年，クレス株式会社，1999年影印版，第30～31页。

云南领事馆管辖地域。① 清末民初历任领事官为：加藤义三（1896.5，二等领事）、高桥德太郎（1897.4，事务代理）、加藤义三（1897.11，二等领事）、堺与三吉（1898.12，事务代理）、山崎桂（1899.5，领事代理）、富田义诠（1900.11，事务代理）、德丸作藏（1900.11，领事）、池永林一（1907.3，事务代理）、白须直（1907.5，领事）、池永林一（1908.4，事务代理）、河西信（1909.1，领事代理）、清水润之助（1912.5，领事代理）、中村修（1916.7，领事代理）、荒井金造（1916，副领事）、草政吉（1918，领事）、松冈寿八（1919.5，事务代理）、清水亨（1919.10，事务代理）、阪东末三（1920.6，领事）、贵布根康吉（1922.6，领事代理）、町田万二郎（1925.1，事务代理）、加来美知雄（1925.5，领事）、町田万二郎（1925.8，事务代理）、后藤禄郎（1926.3，领事代理）。②

沙市领事馆，1896年开设。管辖区域1913年为湖北省内荆州府、荆门府、襄阳府、安陆府、施南府、宜昌府及郧阳府，③ 1926年调整为湖北省内不属于汉口领事馆及宜昌领事馆管辖地域。④ 晚清时期历任领事官为：永滝久吉（1896.2~1898.9，二等领事）、二口美久（1898.11~1901.4，一等领事）、若松兔三郎（1901.3~1902.5，领事）、大杉正之（1902.5~1903.8，事务代理·书记生）、桐野弘（1903.8~1905.5，事务代理·书记生）、石原逸太郎（1905.5~1906.3，事务代理·书记生）、本部岩彦（1906.3~1907.8，事务代理·书记生）、片山敏彦（1907.8~1910.1，事务代理·书记生）、平田钦尔（1910.1~1910.4，事务代理·书记生）、桥口贡（1910.4，事务代理·书记生）。⑤

长沙领事馆，1905年开设。管辖区域1913年为湖南省、江西省内袁

---

① 〔日〕外务省大臣官房人事课编《外务省年鉴》大正15年，クレス株式会社，1999年影印版，第29页。
② 参见〔日〕外务省大臣官房人事课编《外务省年鉴》大正15年，クレス株式会社，1999年影印版，第272页。
③ 〔日〕外务省大臣官房人事课编《外务省年鉴》大正2年，クレス株式会社，1999年影印版，第30页。
④ 〔日〕外务省大臣官房人事课编《外务省年鉴》大正15年，クレス株式会社，1999年影印版，第29页。
⑤ 〔日〕外务省大臣官房人事课编《外务省年鉴》大正15年，クレス株式会社，1999年影印版，第282页。

州府，① 1926年调整为湖南省，江西省内宜春、分宜、萍乡及万载各县。② 晚清时期历任领事官为：井原真澄（1905.4～1907.9，副领事）、高洲太助（1907.9～1909.10，领事）、村山正隆（1909.8～1910.11，领事代理·副领事）、堺与三吉（1910.8～1911.5，领事代理·副领事）、大河平隆则（1911.5，领事）。③

九江领事馆，1915年开设，管辖区域为江西省内不属于长沙领事馆管辖地域。④ 民国初期历任领事官为：大和久义郎（1915.7.14，事务代理·书记生）、国原喜一郎（1916.2.16，事务代理·书记生）、河西信（1916.3.7，领事代理·副领事）、河西信（1917.6.30，领事）、相原库五郎（1920.4.19，领事）、藤井启二（1922.12.11，事务代理·书记生）、江户千太郎（1923.4.6，领事）、大和久义郎（1925.4.30，领事代理·副领事）、大和久义郎（1926.3.26，领事）。⑤

成都领事馆，1918年开设，⑥ 管辖区域为四川省内不属于重庆领事馆

---

① 〔日〕外务省大臣官房人事课编《外务省年鉴》大正2年，クレス株式会社，1999年影印版，第30页。
② 〔日〕外务省大臣官房人事课编《外务省年鉴》大正15年，クレス株式会社，1999年影印版，第29页。
③ 〔日〕外务省大臣官房人事课编《外务省年鉴》大正15年，クレス株式会社，1999年影印版，第269页。
④ 〔日〕外务省大臣官房人事课编《外务省年鉴》大正15年，クレス株式会社，1999年影印版，第28页。
⑤ 〔日〕外务省大臣官房人事课编《外务省年鉴》大正15年，クレス株式会社，1999年影印版，第276页。
⑥ 日本欲在成都设领，始于1916年。是年6月，日使林权助照会前北京外交部称："日本政府拟在成都设立总领事馆，派外务书记生草政吉前往办事，并代理总领事馆事务"。外交部答称："成都并非通商口岸，各国虽间有领事在该处居住，亦系由他口岸因公前往暂住，并未设立领馆，所请设馆派领事一节，于约于据，碍难照办"。双方正往复交涉间，日方突于1918年6月13日派草政吉为事务代理（书记生）驻扎成都。中方无奈，于12月31日允照英法暂驻成都领事例，予以接待，惟声明成都非商埠，不得以此次通融驻领，以生误会。九一八事变后，驻蓉日领阿部离川回国，领事馆房屋家具托由四川省政府代为保管，数年之间，日方未再派员前往。1936年6月间，日本政府派岩井英一为代理总领事，赴蓉恢复领馆，引起川省民众剧烈反对。外交部鉴此情形，迭经商请日方暂将此事搁置，日方认为早有法律根据，不允照办，遂酿成"成都事件"。8月24日，成都因反对日本设领突发冲突，日人田中、濑户二人身死，深川、渡边二人受伤。南京政府于事发后，立即表示严正态度，主张依照国际惯例，持平解决。日方欲利用时机，故不商谈该事件的解决，而提出与日侨安全毫无关系的种种要求，历时数月，未遂其愿。此事终在12月底，以国民政府向日本政府道歉、赔偿、惩凶而告解决。参见秦孝仪主编《革命文献》第72辑《抗战前国家建设史料——外交方面》，中国国民党中央委员会党史委员会，1977，第439～441页。

管辖地域，以及川边镇守使辖区、西藏及青海。① 民国初期历任领事官为：草政吉（1918.6.13，事务代理·书记生）、国原喜一郎（1919.5.8，事务代理·书记生）、国原喜一郎（1921.9.22，总领事代理·副领事）、森启一（1925.2.17，事务代理·书记生）、樽松宇平治（1925.3.7，总领事代理·副领事）。②

宜昌领事馆，1919年开设，管辖区域为湖北省中宜都、宜昌、长阳、兴山、巴东、五峰、秭归、恩施、宣恩、建始、利川、来凤、咸丰、郧西、保康、竹山等县。③ 民国初期历任领事官为：草政吉（1919.9.7，领事代理·副领事）、草政吉（1921.6.27，领事）、清水芳次郎（1921.10.14，领事代理·副领事）、荒基（1922.12.17，事务代理·书记生）、森冈正平（1923.8.18，领事）、乾重雄（1925.7.20，事务代理·书记生）、浦川昌义（1925.8.8，领事代理·副领事）。④

三 领事馆警察署的设立

1884年，日本外务省开始在上海领事馆设置警察署，派遣警察官。是年9月12日，井上外务卿致电三条太政大臣，言及向中国派遣领事馆警察及其月俸旅费支给方案，内称："自中法战争爆发以来，上海等冲要之地，我国居留民甚多，为便于取缔管理，该地安藤领事电请速派2名巡查，本省拟自长崎县选派2名巡查至该地。至巡查职务、俸禄及旅费等支给标准，参酌一般外事官员额度支付之"。⑤ 1896年4月16日，外务大臣密训天津、烟台、苏州、杭州、沙市、重庆及厦门各领事馆，训称："为保护及管束清国各地之日本居留民，将在各领事馆设置警察署，分派警部1名，以执行警察事务"。⑥ 1896年7月中日《通商行船条约》签订后，日本获取片面领事裁判权。1899年3月，外务省以法律第七十号发布

---

① 〔日〕外务省大臣官房人事课编《外务省年鉴》大正15年，クレス株式会社，1999年影印版，第29页。
② 〔日〕外务省大臣官房人事课编《外务省年鉴》大正15年，クレス株式会社，1999年影印版，第280页。
③ 〔日〕外务省大臣官房人事课编《外务省年鉴》大正15年，クレス株式会社，1999年影印版，第29页。
④ 〔日〕外务省大臣官房人事课编《外务省年鉴》大正15年，クレス株式会社，1999年影印版，第274页。
⑤ 〔日〕外务省百年史编纂委员会编《外务省百年》，东京原书房，1969，第1392页。
⑥ 〔日〕外务省百年史编纂委员会编《外务省百年》，东京原书房，1969，第1392页。

《领事馆之职务》，扩大了警察官（分为警视、警部、警部补、巡查等级别）的职务范围，规定警察官除保护居留民和负责领事馆警戒外，还兼具司法官性质。该律令第十三条规定：领事官可使警察官担当检察官或裁判所书记之职；第十四条规定：领事官可使警察官行使执达吏（送达诉讼文书）之职。① 1904年10月，外务省发布《关于设置在外警察署长之通知》，内称：鉴于清国及韩国有关居留民之事务日渐繁多，警部、巡查之派遣势必增加，此前警部监督部下之机制已不适应形势发展。现决定凡有2名警部以上之警察署，均设署长。关于署长、署员及警察事务，悉照从前，由驻在该国总领事、领事及副领事或其代理者指挥监督。② 此后，外务省借口领事裁判权的"延长"，陆续向华北、华中、华南各领事馆派遣了大批警察官，时间分别为：福州1899年、北京1900年、南京1901年、汕头1904年、长沙1904年、广东1906年。③

日俄战争之际，日本开始在东北领事馆设置警察署。1904年8月24日，即日军占领牛庄一个月后，濑川浅之进领事根据当地日人现状，向外务大臣建议设立领事馆警察。④ 外务省根据濑川所请，立派2名巡查，于9月8日自东京出发赴任。⑤ 日俄战争结束后，日人在东北渐次增多，各地领事馆警察署开设情形如下：奉天1906年5月30日、安东1906年6月6日、铁岭1906年8月3日、辽阳1906年8月7日、新民府1906年10月1日、长春1906年11月5日、哈尔滨1907年3月8日、吉林1907年3月9日、齐齐哈尔1908年1月10日。⑥

时中国仅依《辛丑条约》第七款的规定，同意各国在使馆界内"常留兵队，分保使馆"。⑦ 一般情况下，各国在华领事馆只设少数巡捕，负责领事馆的安全。而日本却于领事馆设置警察机关，且事先并未征得中国政府的同意。中日之间关于领事馆警察权的第一次正面交锋，始于1909

---

① 〔日〕外务省百年史编纂委员会编《外务省百年》，东京原书房，1969，第1395页。
② 〔日〕外务省百年史编纂委员会编《外务省百年》，东京原书房，1969，第1393页。
③ 〔日〕外务省百年史编纂委员会编《外务省百年》，东京原书房，1969，第1393页。
④ 〔日〕外务省百年史编纂委员会编《外务省百年》，东京原书房，1969，第1381~1382页。
⑤ 〔日〕外务省百年史编纂委员会编《外务省百年》，东京原书房，1969，第1382页。
⑥ 〔日〕外务省百年史编纂委员会编《外务省百年》，东京原书房，1969，第1382~1383页。
⑦ 王铁崖编《中外旧约章汇编》（第1册），三联书店，1957，第1006页。

年六案交涉中的间岛问题。①

1909年2月7日，中国代表梁敦彦与日本驻清公使伊集院彦吉谈判，伊集院表示，中国如在新法铁路、大营支路、京奉路展至奉天城根、抚顺烟台煤矿、安奉铁路沿线矿务等五项问题上让步，日本将允认中国在延吉地方即间岛有领土权，但又表示："日本为保护韩民起见，万不能自弃其裁判权"。② 3月1日，中日再作谈判，关于延吉问题，伊集院索要裁判权及警察权。清代表指出，日本"既以领土权认为我有，而犹欲在该处设立日本警察官吏，处处侵我治理，尤为有名无实"。日方答称："我们设立警察，系行司法之事，决不侵害中国行政权"，③ 要求中国允日本在议定通商地之外，自设警察署及警察官驻在所，专门办理韩侨保护及取缔事宜。六案交涉，久经折冲，亦无结果，清廷最后做出让步。8月17日，外务部致伊集院节略表示，对越垦韩民之裁判权，在商埠外者由中国处分，惟命盗大案知照日本领事到堂观审，并允自开商埠，准日本设领事馆及司法警察。节略曰：

一、延吉垦地之韩民，除愿入中国籍者不计外，其余在将来商埠外居住者，仍当按照向例，服从中国法权，归中国地方官管辖裁判。中国官吏亦当将韩民与华民一律相待。所有应纳税项与华民同，一切行政上处罚违警等罪以及寻常案件，均由中国官吏处分。惟命盗大案，韩民与韩民及被告系韩民，罪在监禁十年以上，民事诉讼财产过十万元以上各案件，由中国官判定后，知照日本领事。如有能指出不按法律判断之处，可照会该省交涉司，转由提法司派员复审，领事到堂观审，以昭信谳。

二、将来商埠由中国自行先开二三处，划定埠界，埠内允各国设立领事，照约通商。所有行政警察及各项工程，由中国自行办理。其领事馆内可附设司法警察，专司传讯该国居留人民，惟不得出至商埠

---

① 日俄战争后，朝鲜沦为日本的保护国。为越过中朝天然边界——图们江，在中国境内建立侵略桥头堡，日人制造了"间岛"问题。日人所谓"间岛"，是指吉林所属的延边一带，包括延吉、汪清、和龙、珲春四县。1869年，朝鲜北部遭遇自然灾害，朝鲜人民纷纷渡江越境到这一带谋生。1907年日俄协定成立后，日本照会清政府，提出"间岛"所属问题，并派宪兵、警察至该处，以"保护"朝鲜人为名，肆行侵扰，破坏中国主权。清政府提出种种证据，证明图们江为中朝确定的边界，"间岛"一向为中国领土。
② 王芸生著《六十年来中国与日本》第5卷，三联书店，1980，第186页。
③ 王芸生著《六十年来中国与日本》第5卷，三联书店，1980，第190页。

第二章　华中领事馆的开设及沿革

以外。①

节略中关于警察权的让步，引起吉省绅民的反对。② 外务部当即致函东三省总督、奉天巡抚及吉林巡抚解释：商埠内巡警由我自办，惟日使曾经声明，领事馆内设有巡警，但为保护该馆起见，其数亦不过一二人，不能干涉地方行政之事。③ 1909 年 9 月 4 日，梁敦彦与伊集院正式签订《图们江中韩界务条款》，第四条规定：图们江北地方杂居区域内之垦地居住之韩民，服从中国法权，归中国地方官管辖裁判。一切诉讼案件，日本国领事官"可任便到堂听审"。④ 根据界务条款第二条规定，龙井村、局子街、头道沟及百草沟等 4 地开放。同年 11 月 2 日，日本在间岛开设总领事馆（总领事永泷久吉）及局子街、头道沟分馆。⑤ 翌年 3 月，又开设百草沟分馆。虽然界务条款并"无准许领馆设警之明文"，⑥ 日方仍以中国代表在节略内已经允准为由，在间岛总领事馆及分馆违约配置警察 46 名。⑦ 此后，"藉口于维持朝鲜人之公共秩序，遂越俎代庖在满洲地方，设立领事馆警察与警察所，有附设于该国领事馆者，亦有驻扎于距领事馆遥远地方者"。⑧ "此项设警之事，由所谓间岛地方，推广至中国领土之其他部分"。⑨

由于日本在华设警，"任何条约无此规定，此实违背尊重国家主权之原则"。⑩ 中国方面屡向日本提出抗议，期日本遵行国际原则，撤除其领事馆警察。1914 年，日本驻厦门总领事"为便于监督取缔居住于厦门的

---

① 《清季外交史料》，转引自王芸生《六十年来中国与日本》第 5 卷，三联书店，1980，第 210 页。
② 参见王芸生著《六十年来中国与日本》第 5 卷，三联书店，1980，第 217~218 页。
③ 王芸生著《六十年来中国与日本》第 5 卷，三联书店，1980，第 221 页。
④ 参见王芸生著《六十年来中国与日本》第 5 卷，三联书店，1980，第 211~212 页。
⑤ 〔日〕外务省外交史料馆、日本外交史辞典编纂委员会编《日本外交史辞典》，日本大藏省印刷局，1979，第 374 页。
⑥ 王芸生著《六十年来中国与日本》第 5 卷，三联书店，1980，第 211 页。
⑦ 邱祖铭：《中外订约失权论》，上海商务印书馆，1940 年 1 月，载于林泉编《抗战期间废除不平等条约史料》，台湾正中书局，1983，第 41 页。
⑧ 顾维钧编《参与国际联合会调查委员会中国代表处说帖》，台湾文海出版社，1974 年影印版，第 15 页。
⑨ 顾维钧编《参与国际联合会调查委员会中国代表处说帖》，台湾文海出版社，1974 年影印版，第 15 页。
⑩ 顾维钧编《参与国际联合会调查委员会中国代表处说帖》，台湾文海出版社，1974 年影印版，第 15 页。

日本人",在领事馆之外设置"厦门日本总领事馆警察署分署",厦门地方当局认为日方此举"侵害了中国主权",当即向总领事提出抗议。总领事对此答称:"日本总领事馆警察署乃至分署,为日本总领事馆之一部分,而非他物。既然中日之间已经认定日本领事可以在厦门执行职务,领事馆警察署之存在及领事馆警察分署之设置,则无何等非法之处"。此次地方交涉,亦不了了之。①

1919年中国代表在巴黎和会提交说帖称,日本在奉吉设警,已达27处。② 1921年11月29日,中国代表在华盛顿会议上再次要求日本撤除在华警察。日本全权代表埴原辩称:"因日支两国地理接近,日本非法之徒难免在支那有不法行为,对此等非法之徒,支那警察官难以逮捕处罚,而若将是等犯人尽速引渡日本官宪,解决则颇为简单。反之,犯罪人一旦逃脱现场,则犯罪原因及事实实难查清,特别是支那官宪,无权搜查享有治外法权之外国人家宅,难以得到相应证词。若非与日本警察充分协力,最终则不能施行犯罪处罚,此等倾向已于满洲出现。现该地方居住十数万日本人,较之有日本警察官驻扎之地方,无警察官驻扎地之日本人犯罪较多。加之,撇开理论方面不论,日本在支那内地设置警察,于防止日本在支居留民犯罪方面,在实际上有相当价值。因目下支那人对其他外国人行为不能进行何等干涉,故从另一方面说,日本警察则可协助支那警察保护支那"。③ 结果,中国撤除领事馆警察的要求,不仅日本置若罔闻,列国亦无一站出来主持公道。1922年2月,华盛顿军备限制会议第五次总会通过《关于支那国驻军之决议》,表示中国政府何时能够充分保障在华外国人之生命财产,依约驻扎于支那国内之驻军包括警察官及铁道守备队何时方可撤退。④ 有关领事馆警察权的交涉,以中国的失败告终。此后日本在华设警,愈加放纵无忌。

---

① 〔日〕古贺元吉著《支那及满洲的治外法权和领事裁判权》,东京日支问题研究会,1933,第121页。
② 参见林泉编《抗战期间废除不平等条约史料》,台湾正中书局,1983,第38页。
③ 〔日〕植田捷雄著《在支列国权益概说》,东京岩松堂书店,1939,第107页。
④ 〔日〕英修道著《列国在中华民国的条约权益》,东京丸善株式会社,1939,第544页。

第三章 领事与华中居留民

一 华中居留民的人口与职业构成

1871年中日两国订约通商后，日本居留民进出中国，多聚居于租界地和通商口岸（东北除外），以物品贩卖、航运及公司职员等为主要职业。这种构成，与日本取得的在华条约权益有关，当然也受侵华战争的影响，"较诸向南北美洲以劳动移民为主的形态大异其趣，与向东南亚单身进出的公司形态，也有很大差别"。①

晚清时期，华中日人渐趋增多。以上海为例，1870年仅7人，1880年为168人，1905年增至2157人（15岁以上男1153人、女724人，15岁以下男160人、女120人）。② 主要业别：杂货商822人、外国人雇聘817人、杂业687人、行商466人、同文书院职员学生306人、贸易商190人、理发业142人、船运业121人、租房业104人、棉花商88人、料理店87人、饮食店80人、医师80人、靴业76人、造船工67人、糕点商60人、裁缝业57人、书籍商55人、官吏52人、银行业51人、留学生35人、药剂师18人。③

同一时期，汉口领事馆辖区也有较多日人：1901年74人，1902年106人，1903年270人，1904年347人，1905年528人，1906年突破千人，达1060人。④ 业别见表3-1。

直到1937年七七事变前，上海、汉口等地日人业别并无多大变化。据日本外务省通商局统计，1913年，将近20%的人仍从事物品贩卖业（见表3-2），他们在上海一地创办了58家商行，⑤ 1914年增为117家，1918年达1196家，1919年第一次世界大战结束后，则增加到1363家，为近代以来最多的年份（见表3-3）。

---

① 〔日〕木村健二：《在外居留民的社会活动》，见〔日〕大江志乃夫等编著《近代日本和殖民地·膨胀的帝国人流》，岩波书店，2001，第34～35页。
② 〔日〕外务省通商局编纂《清国事情》第1辑，外务省发行，1907，第492～499页。
③ 〔日〕外务省通商局编纂《清国事情》第1辑，外务省发行，1907，第485～486页。
④ 〔日〕外务省通商局编纂《清国事情》第1辑，外务省发行，1907，第688～689页。
⑤ 中国国民经济研究所编《日本对沪投资》，商务印书馆，1937，第11页。

表3-1 1906年汉口领事馆辖区日本居留民业别

职业别	户数	男	女	计（人）
汉口				
官吏	12	25	11	36
受雇于清官厅者	1	1	1	2
农商务省实业生	1	3	—	3
医师	4	18	11	29
公司职员	17	115	40	155
船员	4	21	9	30
贸易商	12	63	7	70
和服商	1	3	—	3
杂货商	14	69	16	85
机械买卖商	1	4	1	5
煤炭买卖商	1	2	—	2
保险公司职员	2	4	3	7
卖药商	3	25	2	27
行商	3	19	—	19
玩具杂货商	2	7	2	9
照相器材、钟表商	1	6	—	6
食料品商	2	11	3	14
糕点商	3	8	4	12
鸡蛋商	1	2	—	2
靴制造业	2	11	7	18
土木中介业	5	12	4	16
理发业	2	11	4	15
木工	3	8	3	11
杂职	1	3	—	3
马具	—	1	—	1
洗染业	2	5	3	8
裁缝业	3	1	8	9
理发业	—	—	1	1
产婆业	1	—	1	1
料理店	2	7	17	24
旅馆	4	15	19	34
荞麦屋	1	2	3	5
烧烤屋	1	6	11	17
鱼类商	1	2	2	4

续表 3-1

职业别	户数	男	女	计（人）
汉口				
照相师	1	2	2	4
卖药行商	3	27	—	27
杂业	3	13	14	27
艺妓	—	—	17	17
受雇于外国人者	—	10	38	48
洋伞、帽子制造业	2	5	2	7
僧侣	1	2	—	2
合计	123	549	266	815
武昌				
受雇于清官厅者	35	121	58	179
学生	—	5	—	5
僧侣	—	1	—	1
杂业	1	7	3	10
受雇于外国人者	—	—	4	4
合计	36	134	65	199
汉阳				
受雇于清官厅者	5	17	6	23
大冶				
官吏	3	8	3	11
九江				
杂货商	1	5	—	5
南昌				
受雇于清官厅者	4	4	3	7
总计	172	717	343	1060

资料来源：〔日〕外务省通商局编纂《清国事情》第 1 卷，外务省发行，1907。笔者根据第 692~694 页整理制作。

华中其他地区日本居留民为数不多，业别则与上海、汉口两地大体相当。

1897 年，苏州领事馆辖区内有 25 名日人（苏州 23 人、无锡 2 人），①

---

① 〔日〕外务省外交史料馆藏《外务省警察史·支那之部（中支）：在苏州领事馆》第 47 卷，不二出版社，2001，第 232 页。

表 3-2 1913 年中国居留地日人人口及业别表

单位：人

职　种	人数（%）	职　种	人数（%）
官吏、公吏	2739 (6.7)	银行员、保险员	284 (0.7)
教师	264 (0.6)	铁道工、海员	6920 (16.9)
学生、实业生	273 (0.7)	通关、仓库员	88 (0.2)
新闻业、记者	165 (0.4)	土木中介	425 (1.0)
僧侣、牧师、神职	130 (0.3)	杂业	6521 (16.0)
辩护士	48 (0.1)	饮食店、料理人	1169 (2.9)
医师	374 (0.9)	房屋出租	598 (1.5)
产婆、护士、药剂师	213 (0.5)	工员、职人	5346 (13.1)
按摩、针灸、接骨	98 (0.2)	公司职员	1941 (4.8)
农林、牧畜、植木	429 (1.1)	店员	818 (2.0)
物品贩卖业	7983 (19.6)	劳力、日人雇工	1253 (3.1)
贸易商	411 (1.0)	外国人雇工	607 (1.5)
买卖中介	14 (0.0)	女招待、艺妓	765 (1.9)
行商	255 (0.6)	无职业	464 (1.1)
典当	238 (0.6)	合　计	40827 (100)

说明：中国居留地主要指上海、天津、汉口等租界地。

资料来源：〔日〕木村健二：《在外居留民的社会活动》，载于〔日〕大江志乃夫等编著《近代日本和殖民地·膨胀的帝国人流》，岩波书店，2001，第 35 页。

次年增至 33 人，① 1901 年 128 人（51 人居住在日租界），② 1921 年减至 68 人，③ 1928 年又增至 150 人（日租界 127 人、苏州城内 17 人、城外 6 人）。④ 1930 年前后，苏州日人的营业状况不佳。创立于 1926 年 8 月的日华合资公司瑞丰丝厂，雇有日人 20 名，中国人 440 名，因销路锐减，存

---

① 〔日〕外务省外交史料馆藏《外务省警察史·支那之部（中支）：在苏州领事馆》第 47 卷，不二出版社，2001，第 233 页。
② 〔日〕外务省外交史料馆藏《外务省警察史·支那之部（中支）：在苏州领事馆》第 47 卷，不二出版社，2001，第 242 页。
③ 〔日〕外务省外交史料馆藏《外务省警察史·支那之部（中支）：在苏州领事馆》第 47 卷，不二出版社，2001，第 258 页。
④ 〔日〕外务省外交史料馆藏《外务省警察史·支那之部（中支）：在苏州领事馆》第 47 卷，不二出版社，2001，第 273 页。

货甚多,至 1930 年 11 月末,不得不歇业。① 昭和、久孚两洋行虽稍有盈利,但规模较小。另以中国人为主顾的杂货商店、大药房等,因银货暴落,多处于经营不利状态。② 1931 年九一八事变后,苏州仅有日人 59 人(官吏 16 人、会社员 11 人、教员 6 人、制席 3 人、其他 23 人)。③ 1936 年末又增至 81 人,职业较为分散,仍以杂货商为主。④

表 3-3 上海日本居留民及日本商行之变迁

年 份	居留民(人)	商行(个)	年 份	居留民(人)	商行(个)
1865	—	—	1919	18312	1363
1870	7	—	1920	15132	1125
1875	45	—	1921	16714	未详
1880	168	—	1922	18632	1072
1885	595	—	1923	17713	1047
1890	386	—	1924	18902	1210
1895	250	—	1925	20710	1274
1900	736	—	1926	21594	1159
1905	2157	—	1927	18470	1189
1910	3361	—	1928	27660	1189
1912	7734	43	1929	27721	897
1913	9260	58	1930	25268	866
1914	11138	117	1931	25535	—
1915	11457	175	1932	28438	—
1916	11455	736	1933	28869	—
1917	13944	948	1934	29011	—
1918	15413	1196	1935	27299	949

说明:1910 年以前人口据《外交时报》第 746 号 221 页,公共租界及越界筑路在内,法界除外。1912~1930 年人口及商行据中国海关报告;1931 年以后人口据日本外务省东亚局调查数据;1935 年商行据上海金风社调查数据。

资料来源:中国国民经济研究所编《日本对沪投资》,商务印书馆,1937,第 10~11 页。

---

① 〔日〕外务省外交史料馆藏《外务省警察史·支那之部(中支):在苏州领事馆》第 47 卷,不二出版社,2001,第 284 页。
② 〔日〕外务省外交史料馆藏《外务省警察史·支那之部(中支):在苏州领事馆》第 47 卷,不二出版社,2001,第 284~285 页。
③ 〔日〕外务省外交史料馆藏《外务省警察史·支那之部(中支):在苏州领事馆》第 47 卷,不二出版社,2001,第 291~292 页。
④ 〔日〕外务省外交史料馆藏《外务省警察史·支那之部(中支):在苏州领事馆》第 47 卷,不二出版社,2001,第 315 页。

杭州日人人口尚不及苏州。1897年仅5人，其中4人为吏员。① 1907年增至98人，业别以卖药、杂货、雇聘为主。② 直到三十年代，在杭居留民，仍未突破百人。1934年52人，③ 1935年47人，④ 1936年47人，⑤ 1937年七七事变前，只剩41人。⑥

1907年南京领事馆开馆后，辖区内日人1908年12月末为169人，⑦ 1917年188人，⑧ 1930年增至203人。⑨ 受九一八事变影响，1932年南京日人有所减少，仅42户120人（男77人、女43人）。主要业别：公司雇员27人、新闻通信员9人、医务业9人、陆海军军人3人、商店员3人、教育关系者2人、船舶业2人、运输业1人、贸易商1人、旅馆业1人。⑩ 到1936年末，又增至115户428人（男333人、女95人），职别如次：官公吏76人、新闻通信员21人、公司银行商店职员11人、医师7人、家事佣人6人、船舶业4人、海陆军军人4人、教育关系者4人、旅馆业3人、贸易商3人、牙科医师2人、学生练习生1人、其他3人。⑪

1937年卢沟桥事变后，日军大举进攻中国，在华日人呈逐月上升趋势，如：1937年10月27812人，1938年10月139883人，1939年4月

---

① 〔日〕外务省外交史料馆藏《外务省警察史·支那之部（中支）：在杭州领事馆》第48卷，不二出版社，2001，第5页。
② 〔日〕外务省外交史料馆藏《外务省警察史·支那之部（中支）：在杭州领事馆》第48卷，不二出版社，2001，第6页。
③ 〔日〕外务省外交史料馆藏《外务省警察史·支那之部（中支）：在杭州领事馆》第48卷，不二出版社，2001，第31页。
④ 〔日〕外务省外交史料馆藏《外务省警察史·支那之部（中支）：在杭州领事馆》第48卷，不二出版社，2001，第33页。
⑤ 〔日〕外务省外交史料馆藏《外务省警察史·支那之部（中支）：在杭州领事馆》第48卷，不二出版社，2001，第39页。
⑥ 〔日〕外务省外交史料馆藏《外务省警察史·支那之部（中支）：在杭州领事馆》第48卷，不二出版社，2001，第40页。
⑦ 〔日〕外务省外交史料馆藏《外务省警察史·支那之部（中支）：在南京总领事馆》第48卷，不二出版社，2001，第61页。
⑧ 〔日〕外务省外交史料馆藏《外务省警察史·支那之部（中支）：在南京总领事馆》第48卷，不二出版社，2001，第117页。
⑨ 〔日〕外务省外交史料馆藏《外务省警察史·支那之部（中支）：在南京总领事馆》第48卷，不二出版社，2001，第154页。
⑩ 〔日〕外务省外交史料馆藏《外务省警察史·支那之部（中支）：在南京总领事馆》第48卷，不二出版社，2001，第163页。
⑪ 〔日〕外务省外交史料馆藏《外务省警察史·支那之部（中支）：在南京总领事馆》第48卷，不二出版社，2001，第197页。

214524人，1939年7月260323人，1939年10月275822人，1940年1月345731人，1940年4月393629人，1940年7月452156人，1940年10月458535人，1941年1月478949人，1941年4月506230人。五年中以1938年的增长最快，一下猛增10余万人。华中日人的增幅与上述情形相当，一年增加几千到两万人不等，如：1937年7月29479人，1937年10月因战争临时撤退仅剩5237人，1938年10月又增为34947人，1939年4月54335人，1939年7月66659人，1939年10月81496人，1940年1月94960人，1940年4月99290人，1940年7月113988人，1940年10月119130人，1941年1月127270人，1941年7月133291人（见表3-4）。①

　　日本全面侵华后，华中日人在业别上有显著变化。据上海总领事馆报告，虹口地区日本居留民人数虽多，但在战前，除纺织业及部分贸易、海运及金融业外，一直处于"商利共食"状态及"与中国小工商业者竞争"的地位。为改变这种不利状态和地位，"将上海建成日支强度结合地带，并确保其成为日本长期发展的政治经济交通金融文化基地"，领事馆指导居留民从事以下营业：公共企业、重工业、大规模轻工业、运输业、码头及仓库业、地产业及房地产业、主要的金融业、大规模的商业贸易。② 领事馆坚信，在"恒久发展之策"引导下，上海居留民的事业将逐步取代英美人的地位，"并将中国人收容于居留民事业之伞下，实现利益均沾"。③

---

① 同一时期，即1941年1月至9月，华中地区共有第三国人72788人，内南京244人、芜湖162人、上海70959人、苏州32人、杭州98人、九江99人、汉口1194人；华南地区有17523人，内厦门1114人、汕头230人、广东812人、海口47人、香港15320人。第三国人以英国人为最多，总计16630人，其中华中4885人，内南京54人、芜湖14人、上海4500人、杭州32人、九江41人、汉口244人。法国人居次为6442人，其中华中6223人，内南京10人、芜湖3人、上海6150人、杭州14人、九江16人、汉口30人。美国人复次为3063人，其中华中1232人，内南京113人、芜湖16人、上海900人、苏州28人、杭州35人、九江22人、汉口118人。德国人第四为2393人，华中共2152人，内南京12人、芜湖4人、上海2000人、苏州2人、杭州2人、九江7人、汉口125人。另有意大利、波兰、葡萄牙及苏联等国数千人。参见〔日〕南满洲铁道株式会社调查部上海事务所调查室编《中南支经济统计季报》第3号，南满洲铁道株式会社调查部，1941年发行，第83页。
② 〔日〕《1942年在上海总领事馆报告》，日本国会图书馆藏《领事会议关系杂件》，档号：N8-1-498。
③ 〔日〕《1942年在上海总领事馆报告》，日本国会图书馆藏《领事会议关系杂件》，档号：N8-1-498。

表 3-4　1937~1941 年日本在华居留民统计表

单位：人

年月		1937.7	1937.10	1938.10	1939.4	1939.7	1939.10	1940.1	1940.4	1940.7	1940.10	1941.1	1941.4
北支	日人	34492	16415	79384	116695	140846	139486	180156	207243	238529	250008	257208	270603
	鲜人	8434	6077	19605	29930	36242	37108	48359	61034	69939	63938	65184	70464
	台人	182	83	359	501	485	351	647	734	867	984	978	1045
	计	43108	22575	99348	147126	177573	176945	229162	269011	309335	314930	323370	342112
中支	日人	26097	4895	32205	49571	62047	71209	82522	84585	97685	102224	111239	117272
	鲜人	2634	330	2077	3868	3615	7243	8946	11180	12532	13042	11147	11400
	台人	748	12	665	896	997	3044	3492	3525	3771	3864	4884	4619
	计	29479	5237	34947	54335	66659	81496	94960	99290	113988	119130	127270	133291
南支	日人	1423		1455	4990	6462	7341	9101	11327	12977	10300	13439	14748
	鲜人	108		134	294	347	408	524	629	743	694	790	1113
	台人	12805		3999	7779	9282	9632	11933	13372	15113	13481	14080	14966
	计	14336		5588	13063	16091	17381	21608	25328	28833	24475	28309	30827
合计	日人	62012	21310	113044	171256	209355	218036	271777	303155	349191	362532	381886	402623
	鲜人	11176	6407	21816	34092	40204	44759	57832	72843	83214	77674	77121	82977
	台人	13735	95	5023	9176	10764	13027	16122	17631	19751	18329	19942	20630
	计	86923	27812	139883	214524	260323	275822	345731	393629	452156	458535	478949	506230

资料来源：〔日〕南满洲铁道株式会社调查部上海事务所调查室编《中南支经济统计季报》第 3 号，南满洲铁道株式会社调查部，1941，第 82 页。

1937 年 12 月日军占领南京后，赴宁日人逐渐增多。据南京领事馆报称："此次事变，蒋政权被完全驱逐，我国国民海外发展之志向渐次实现。1938 年 12 月末，南京居留民已达 3950 名，居留民会业于 2 月 10 日日俄战争纪念日开设，日本小学校也同时开校，共招收学生 128 名。现一般营业者，主要以军事服务为目的，慰安所、饮食店及其他临时营业逐渐增加，食品杂货商等半永久性营业及该市输出入商品约八成须经日本人之手，以支那人为对象的典当业也开始出现。居留民总体为皇国发展，努力继续经业，共燃爱国热情。12 月 13 日南京陷落一周年纪念日，国防妇人会 800 名会员，将含泪出征慰问前线将兵，以激发邦人男子。我官民一致团结，赤诚报国，将使帝国精神在敌都南京，毫无遗憾地得到发挥"。①

---

① 〔日〕外务省外交史料馆藏《外务省警察史·支那之部（中支）：在南京总领事馆》第 48 卷，不二出版社，2001，第 231 页。

至1939年末，南京日人共6418人，其中公司银行商店职员1489人、接客女699人、铁道业576人、物品贩卖业541人、官公吏雇用人386人、木工石工等192人、驾驶员170人、土木建筑业154人。① 1940年，南京日人突破万人，达到11373人，1941年增至18596人，1942年5月猛增到22076人，② 有近万人在日本的"国策会社及官厅"供职，其中：华中铁道4747人、永礼化学896人、淮南碳矿853人、华中电气通信557人、华中水电542人、日本通运526人、领事馆442人、大使馆193人、华中矿业191人、华中蚕丝102人、中华航空90人、内河轮船74人、华北石碳57人、华中水产55人、东亚海运47人、华中都市公交46人、兴亚院39人、中华轮船18人、日本航空6人、中支振兴1人。③ 领事官对此表示："邦人在大陆的发展，出现喜人现象，但其业态及人口构成仍不令人满意，为达在留邦人长期在现地永驻之目的，实现大东亚共荣圈之繁荣，加强对其指导，仍是我等外务官宪不可推卸之职责"。④

前述变化，不独上海、南京如此，苏杭等地亦然。据苏州领事馆调查，截至1938年12月末，苏州有894名日人（含朝鲜人及台湾人），业别为：招待女84人、料理店员14人、制丝业11人、物品贩卖业5人、贸易商4人、金融业4人、土木建筑业3人、驾驶员3人、公司职员1人、医师1人、洗染业1人、其他工业1人。⑤ 另据杭州领事馆统计，1938年底，杭州有778名日人，主要职业：公司银行商店职员152人、铁道业102人、茶妓87人、物品贩卖业37人、饮食店24人、旅馆业35人、官吏27人、军关系者24人、招待女21人、邮政电信业16人、艺妓15人、饮食品制造业5人、教育者5人、照相业5人、新闻通讯员5人、军队慰安所4人、药业4人、医师3人、土木建筑业3人、纤维工业2人、电影院2人、料理店2人、驾驶员2人、运输业2人、牙科医师2人、古物商2人、翻译导游业1人、电气业1人、房屋租户1人、理发业

---

① 〔日〕外务省外交史料馆藏《外务省警察史·支那之部（中支）：在南京总领事馆》第48卷，不二出版社，2001，第249页。
② 〔日〕《1942年在南京领事馆报告》，日本国会图书馆藏《领事会议关系杂件》，档号：N8-1-498。
③ 〔日〕《1942年在南京领事馆报告》，日本国会图书馆藏《领事会议关系杂件》，档号：N8-1-498。
④ 〔日〕《1942年在南京领事馆报告》，日本国会图书馆藏《领事会议关系杂件》，档号：N8-1-498。
⑤ 〔日〕外务省外交史料馆藏《外务省警察史·支那之部（中支）：在苏州领事馆》第48卷，不二出版社，2001，第323页。

1人。① 可见，与沪宁一样，苏杭两地日人也以公司职员、铁道从业者及军关系者为主，具有慰安性质的接客女为数众多，充分体现战时日人的从业特征，即他们已抛却那种零散地为个人牟利的方式，成为日本侵华战争的一分子或者帮凶。

二 居留民组织及其活动

在1905年日本外务省制定居留民法之前，中国通商港口及租界地的日本居留民，组织了许多自治团体，如1888年7月成立的上海日本人慈善会、1890年11月成立的上海青年会、1890年12月成立的上海日本俱乐部及运动俱乐部、1902年5月成立的日本上海医会（1906年改称上海医师会）、1902年9月成立的沪上青年会（1904年改称大日本沪上青年会）、1903年成立的上海赤门俱乐部（次年改称日本俱乐部）等。② 这些团体，多由领事制订规则进行管束。1902年，天津领事馆制订居留地临时规则，规定天津日人自治团体——居留民行政委员会的委员由领事指定，委员会议决事项，须经领事认可，甚至百元以上的支出，也要得到领事的同意。1905年12月，上海居留民成立日本人协会（居留民团前身），自定章程，公选役员和理事加以掌理，欲脱离领事监督，实现真正的自治。

为统一各地的日本居留民组织，并解决居留民团体与领事之间的关系，1904年9月，外务省开始起草居留民团法。为调查中国各地居留民状况，外务大臣致函天津、上海、汉口、牛庄、厦门、沙市、苏州、重庆、芝罘、福州等地领事征询意见，各地领事接函后，纷纷呈报所在地实情。如汉口领事报称该地尚未成立居留民团体，牛庄领事提出按照从领事到公使再到外交大臣的请训顺序，天津领事则要求民团拥有警察权等。1905年2月，日本第二十一次帝国会议通过外务省提出的《居留民团法》，并于3月7日公布实施。《居留民团法》共有六条，其中规定：外务大臣依专管居留地、各国居留地及其他杂居地之日本臣民状况，认为各地有必要组织以日本臣民为中心的居留民团；居留民团作为法人受官厅之监督，在法令或条约范围内处理公共事务，并依法令、条约或惯例，处理

---

① 参见〔日〕外务省外交史料馆藏《外务省警察史·支那之部（中支）：在杭州领事馆》第48卷，不二出版社，2001，第46页。
② 参见林克主编《上海研究论丛》第10辑，上海社会科学出版社，1995，第298页。

民团相应事务；居留民团设置居留民会及吏员；对居留民团之监督，按领事→公使（大使）→外务大臣的顺序，依各地情形不同，可省略第二顺次的监督。①

依据《居留民团法》第一条及此后的外务省相关训示，天津、上海、汉口、青岛、济南、北京等地先后设立居留民团，具体情形见表3-5。

表3-5 中国各地居留民团表

名　　称	地　　区	设立年月	设立依据
上海居留民团	公共租界、法租界及距离该居留地境界线二英里以内地域（含浦东）	1907年9月1日	1907年8月 外务省告示第十八号
天津居留民团	天津日租界及其周围三华里以内地域	1907年9月1日	1907年8月 外务省告示第十八号
汉口居留民团	汉口、汉阳、武昌	1907年9月1日	1907年8月 外务省告示第十八号
青岛居留民团	旧胶州租借地全境	1923年3月1日	1907年2月 外务省告示第十三号
济南居留民团	济南	1923年5月1日	1923年4月 外务省告示第十八号
北京居留民团	北京特别市	1938年9月1日	1938年8月 外务省告示第六十五号

资料来源：〔日〕英修道著《列国在中华民国的条约权益》，东京丸善株式会社，1939，第591~592页。

按《居留民团法》第二条，各地居留民团均设置议政机关——居留民会，执行机关——参事会，并配置役员，负责具体事务。一般组织情形如图3-1。

根据外务省方案，在建立居留民团方面，日本专管居留地和公共租界地并无区别，《居留民团法》同时适用于居住在他国专管租界地的日本人。关于天津领事提出民团拥有警察权的建议，外务省依国内法予以否定。而各居留地原自治组织，则依日本国内法，强行拉入政府支配之下。之后，外务省斟酌各地情形，于1907年4月23日发布《居留民团法施行

---

① 〔日〕英修道著《列国在中华民国的条约权益》，东京丸善株式会社，1939，第591页。

规则》，规定负担6个月以上民团课金的居留民会议员组成居留民会，课金的种类及金额由领事馆另行决定。根据此后各地领事馆发布的居留民会议员资格规则，天津为年26元，安东为年60元，牛庄为年60元，汉口为年26元，上海为年34元。① 1922年6月，苏州领事馆以馆令形式发布《苏州日本人居留民会规则》，成立苏州日本人居留民会。1925年11月，沙市领事馆以馆令第一号发布《沙市居留民会规则》，次年10月又发布第二号馆令，对居留民会组织、作用及参加"公共事业管理"的议员资格等，均做出明确规定。②

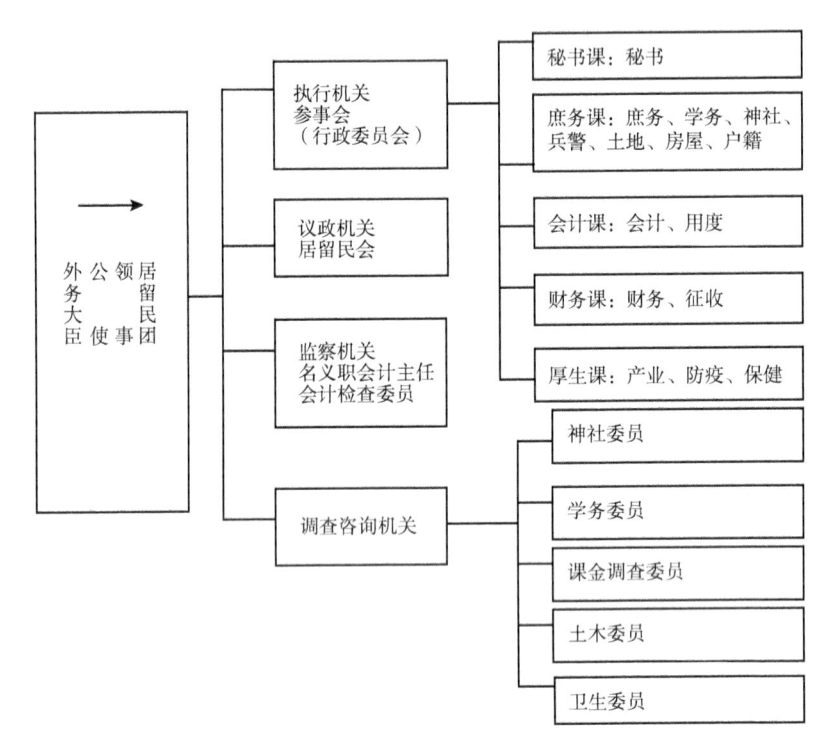

图3-1 居留民团组织机构

时华中各地日本居留民团的经费主要由"取得课金"、"营业课金"

---

① 〔日〕木村健二：《在外居留民的社会活动》，载于〔日〕大江志乃夫等编著《近代日本和殖民地·膨胀的帝国人流》，岩波书店，2001，第41页。
② 〔日〕英修道著《列国在中华民国的条约权益》，东京丸善株式会社，1939，第701页。

及"杂种课金"三部分组成。其税收以下层日人及中国人为对象，① 在"杂种课金"内，以艺妓交纳最多。② 民团支出有土木费、事务所费、警备费、教育费、水道费、卫生费等项。经营的事业主要有土木事业、教育事业、卫生医疗事业及宗教事业等。民团经营诸种事业，一是为本身运营计；另一方面，也是一种侵略手段。如居留地的卫生医疗事业，其目的即"以军队为中心，维持日本人社会，防止传染病向日本国内蔓延，同时，对中国方面也不失为一种重要的怀柔政策"。③ 另外，在七七事变后，各地居留民团纷纷成立各种组织，"不惜以决死之心，积极应援奉仕，协助军方，以赢得圣战胜利"。④ 如天津居留民团就组织了兵事班、工务班、配给班、邮便班、卫生班及庶务班等，对来津日军进行协助。⑤

民团的教育事业，以居留民的增加为前提，早期由本愿寺等宗教团体担当，随着租界地制度的整备，开始移归居留民团经营。居留民团经营的学校，既有幼稚园、小学校、中学校，也有各类实业学校。学校使用的教科书多由外务省供给，有的由领事馆临时编纂。学习科目，以安东小学校为例，普通为修身、日语、算术、日本历史、地理、理科、图画、唱歌、体操、英语、汉语等，另在高年级设商业、技艺等科。各校遵循的教育方针是，一方面传授中国知识，争取与现地融合；一方面宣扬大和魂、皇道，进行所谓"爱国精神"教育。1926年，华北地区日本小学校长召开会议，制定在华教育方针如下。

一　因不通晓日本国内事情的儿童增加，给学习上带来许多困难，今后须以内地修学旅行写真等方法，大量获取内地事业的知识。

二　在与他国人杂居的场合，常有受侮辱或突如其来的事故发生，须严加注意言行举止，以防给他人可乘之机。

三　由于和外国人接触的机会增多，应树立国民的自觉性，要正

---

① 〔日〕木村健二：《在外居留民的社会活动》，载于〔日〕大江志乃夫等编著《近代日本和殖民地·膨胀的帝国人流》，岩波书店，2001，第52页。
② 〔日〕木村健二：《在外居留民的社会活动》，载于〔日〕大江志乃夫等编著《近代日本和殖民地·膨胀的帝国人流》，岩波书店，2001，第44页。
③ 〔日〕木村健二：《在外居留民的社会活动》，载于〔日〕大江志乃夫等编著《近代日本和殖民地·膨胀的帝国人流》，岩波书店，2001，第49页。
④ 〔日〕白井忠三著《天津居留民团三十周年纪念志》，天津居留民团发行，1941，第540页。
⑤ 〔日〕白井忠三著《天津居留民团三十周年纪念志》，天津居留民团发行，1941，第541页。

确对待此等列国人的风俗习惯，以资取长补短。

四　在海外居留者均对国家怀有强烈的感情，但防止陷入盲动狭隘的爱国心的状态。

五　因有各国人杂居，为养成国际精神，须制定适当方案，确保与各国儿童广泛接触，培养人类相爱精神。

六　住在支那的儿童，应唤起其自觉性，以通晓支那情事，并努力以日支提携为中心。

七　比起日本内地，在华居留民缺乏敬神崇祖的美风，故提倡奉祀神社或各家庭奉祀神佛，以培养虔诚的精神。

八　正确理解日本的人口问题，应认识到仅在海外生活，即对国家有所益处，须培养永久居留的精神。①

综观前述教育方针，学校向儿童传授日本国内知识，培养儿童国际精神，乃至自觉"通晓支那情事，以日支提携为中心"等，均属正常范围，而"培养永久居留的精神"，却是日政府别有用心之处。伴随日人大量涌入中国各地，居留民团经营的学校逐年增加。1937年七七事变前，日人在华学生共有11845人（小学生9020人、中学生2427人、青年学校学生398人），后因战事，居留民一时撤退回国，除北京、天津、山海关、秦皇岛、唐山及香港等地小学校外，各地学校陆续关闭。随日军战局进展，学校又逐次复学。至1938年5月，外务省东亚局第二课主管的各领事馆小学校分布如下。华北地区26所：北京3所、张家口3所、石家庄1所、天津7所、芝罘2所、青岛5所、济南5所；华中地区12所：上海5所、南京2所、九江1所、汉口1所、杭州1所、长沙1所、宜昌1所；华南6所。总计学生9909人，班级271个，教员302名，经费2044616元（详见表3-6）。

成人类实业学校主要设于日人集中的上海、天津两地。上海领事馆管辖的有上海日本高等女学校（1923年12月28日开设，学生427人，班级9个，教员17名，经费67421元）、上海日本商业学校（1931年8月25日开设，学生256人，班级10个，教员21名，经费60029元）、上海日本实业青年学校（上海居留民团经营，1936年6月8日开设，学生156

---

① 〔日〕木村健二：《在外居留民的社会活动》，载于〔日〕大江志乃夫等编著《近代日本和殖民地·膨胀的帝国人流》，岩波书店，2001，第47~48页。

人，班级6个，教员16名，经费20541元)、① 日本高等女学校（1920年4月开设，学生445人，职员23人）；天津领事馆管辖的有天津日本高等女学校、天津日本商业学校及天津日本青年学校。此类学校，以培养实用者为目标，有力配合了日本侵华战争。

表3-6　1938年华中日本居留民会经营学校表

领事馆	校　名	经营者	儿童数（名）	年级（个）	教员	教育费（日元）	开设年月
上海	日本普通高等小学校	上海居留民团	895	22	24	70843	1908.6.4
	东部普通小学校	上海居留民团	341	8	10	32902	1930.9.28
	西部普通小学校	上海居留民团	362	9	10	33320	1927.8.27
	中部普通小学校	上海居留民团	988	24	27	70813	1929.7.31
	苏州日本普通高等小学校	苏州居留民会	—	—	—	—	1925.6.24
南京	南京日本普通高等小学校	南京居留民会	28	2	2	28029	1924.12.25
	芜湖日本普通高等小学校	芜湖居留民会	关闭中				1924.7.16
九江	九江日本高等小学校	九江居留民会	关闭中				1925.11.7
汉口	汉口明治普通高等小学校	汉口居留民团	关闭中				1912.9.1
长沙	长沙日本普通高等小学校	长沙居留民会	关闭中				1920.6.30
宜昌	宜昌日本普通高等小学校	宜昌居留民会	关闭中				1926.3.23
杭州	杭州日本普通高等小学校	杭州居留民会	关闭中				1926.3.22

资料来源：〔日〕外务省编《昭和十三年度执务报告·东亚局》第6卷，クレス株式会社，1993，第184～186页。

民团的宗教事业，主要是在中国各地建立神社寺庙，以供教徒参拜，至于神道及佛教的传布，则由外务省依《神社规则》，命各地领事馆管理。② 近代以来，中国政府一贯主张佛教乃中国东传日本，无须日本反过

---

① 〔日〕外务省外交史料馆藏《昭和十三年度执务报告·东亚局》第6卷，クレス株式会社，1993，第184～186页。
② 〔日〕白井忠三著《天津居留民团三十周年纪念志》，天津居留民团发行，1941，第514页。

来传播中国，坚决不允日本教徒来华传教。由于日本在华传教布道一直处于一种非法状态，所以力争传教"合法化"，就成了日领与中国地方官厅交涉的主要内容之一。1931年九一八事变后，日本在东北传教已无障碍。到1937年底，日本在伪满和中国其他地方的寺院、庙宇及布教所共411处，教徒56159户，分属于佛教、儒教、神道、基督教等派别。① 其中佛教寺院148处（"满洲国"105处、中华民国43处），教徒31557户（"满洲国"16016户、中华民国15541户）；神道教会74处（"满洲国"36处、中华民国38处），信徒11563户（"满洲国"7936户、中华民国3627户）；基督教教会168个（"满洲国"158个、中华民国10个），教徒7782户（"满洲国"7367户、中华民国415户）；儒教庙宇"满洲国"两处，信徒3900户。另有朝鲜人各类宗教18处，信徒2357户。② 可见，当时佛教、神道的势力最大，"满洲国"是其主要传播区域。此外，上海是日人另一个宗教活动中心，上海领事馆管辖宗教派别即近30个，见表3-7。

1938年11月，上海畑部队特务机关为"向基督教（含天主教）注入日本势力，使教众转向依存日本，并统制日本宗教的进出"，在虹口建立"中支宗教大同联盟"。联盟由西派法主大谷光瑞任副总裁，开始在军方主导下"传教"。③ 1940年汪伪外交部长周佛海在京都西本愿寺表示："两国佛教交流将引导日华两国永远和平。国民政府对日本佛教持与英法等国同等待遇，允其在华传教"。④ 这样，悬而未决的布教权问题，终因汪伪政权的"承认"而"正当化"、"合法化"。1940年3月，华北特务机关主办"兴亚佛教讲习会"，120所日本寺院的200名僧侣进入该地部队，接受严格军事训练，会后成立"北支日本佛教联合会"，在现地驻军的支配下进行宗教宣传。1943年6月，日本又在上海成立"大东亚佛教总会"，命佛教徒为"大东亚战争"献力。不难发现，此时日本在华佛教"仅剩的宗教色彩也几乎剥落殆尽"，成为日本对华侵略的一部分。

---

① 〔日〕外务省外交史料馆藏《外务省执务报告·东亚局》第2册（1937年12月1日），クレス株式会社，1993，第75页。
② 〔日〕外务省外交史料馆藏《外务省执务报告·东亚局》第2册（1937年12月1日），クレス株式会社，1993，第75页。
③ 参见〔日〕日本防卫厅战史研究室藏《中支宗教工作要领》，档号：陆支密受第13209号。
④ 〔日〕《国民政府答礼使节来日》，载《真宗》第466号，1940年6月，转引自忻平《日本佛教的战争责任研究》，《华东师范大学学报》2001年5期，第75页。

表3-7 上海领事馆管辖日人宗教派别

名 称	教派系统	设立时间	信徒户数	备 注
大谷派本愿寺上海别院	真宗大谷派	1876.8.20	400	
本愿寺上海别院	净土真宗	1906	1000	
高野山金刚寺	古义真言宗	1914.12.28	280	
傅法山长德院	曹洞宗	1917.8.26	300	
补院山观音堂	曹洞宗	1927.4.28	200	
妙心寺上海别院	临济宗	1932.9.29	100	
本圀寺别院	日莲宗	1899.10.10	215	
净土宗上海教会所	净土宗	1927.7.5	150	
扶桑教上海支厅	扶桑教	1935.4.1	150	
金光教上海小教会所	金光教	1912.3.21	200	
东洋宣教会上海日本人圣洁教会	新教	1927.5.20	18	
大社教上海讲社结收所	大社教	1933.9.25	40	
中日组合基督教会	日本组合基督教会	1920.1.1	40	天理教上海传道厅为上海领事馆内15个教会的监督机关。
上海ホーリネス教会	新教	1932.12.6	70	
上海日本人基督教会	基督教	1889	75	
上海圣洁教会	基督教圣洁派	1934.5	10	
天理教上海传道厅	天理教	1928.5.25	—	
上海教会	天理教	1915.5.28	150	
中华教会	天理教	1916.3.9	70	
肥崎教会	天理教	1916.11.18	120	
长江教会	天理教	1922.9.18	20	
天理教东上海教会	天理教	1937.2.16	72	
扬子江教会	天理教	1922.6	25	
肥和教会	天理教	1925.5.30	70	
杨树浦教会	天理教	1925.6.24	50	
东宝教会	天理教	1926.1.22	15	
小沙渡教会	天理教	1934.5.2	135	
华德协会	天理教	1934.11.30	100	

资料来源：〔日〕外务省编《外务省执务报告·东亚局》第2册，クレス株式会社，1993，第71~74页。

三 领事对不法居留民的庇护

领事保护本国国民的权利,已经为许多国际法学家所承认。普拉迪埃·福代雷在评论领事的保护职务时说:"领事的责任在于使其本国国民的权利在外国受到尊重,并采取他所认为为了达到此项目的所必需和有效的一切措施;国家通过它的领事把它保护的翅翼伸展到全世界"。① 奥本海也认为保护本国国民是领事的"一种非常重要的任务"。② 事实上,领事保护己国商民利益,已为各国实践所肯定。关键在于,领事采用何种手段进行保护,和被保护的权利是否正当。

如前所述,近代日本居留民营业特点,战前以中小商贩为主,战时即从事与军事有关的行业。根据日本各领事馆的调查,在华日人业别有几十种之多,但正当营业者甚少,他们多以"正当营业"为掩护,大行种种不法之举。1938年12月26日,蒋介石在批判近卫"建立东亚新秩序"、"日满支不可分"等论调时表示:"老实说,中国的老百姓,一提到日本,就会联想到他的特务机关和为非作恶的浪人,就会联想到贩鸦片卖吗啡制造白面销售海洛英,包赌包娼,私贩军械,接济土匪,豢养流氓,制造汉奸,一切扰我秩序,败我民德,毒化匪化的阴谋"。③ 以下仅以战前日人在华贩毒为例,考察领事对不法居留民的庇护。

近代中国,无论何处,有日人的地方即有吗啡。时东北地区的吗啡由日人从大连运入,华中地区的吗啡由日人从青岛运入,华南地区的吗啡由日人从台湾运入。在东北,吗啡由朝鲜人售卖,在华南一带,吗啡由台湾人售卖,贩毒者均持有护照,一经查出,即寻求日本领事保护。1898年,日本驻天津总领事说:"在天津有日本侨民5000余人,70%从事吗啡等违禁品的贩卖。从中药铺到饭馆、杂货店,鲜有不经营违禁品的,而且都是大宗现货交易,日租界的繁荣应归功于吗啡交易。……从天津日租界某高级饭馆雇有158名艺妓一例,就可看出日本人的富有,而这些财富全都是吗啡的结晶,这是令人难以置信的事实,而领事馆对此竟不闻不问,毒品

---

① 转引自〔美〕L. T. 李著《领事法和领事实践》,傅铸译,商务印书馆,1975,第122页。
② 转引自〔美〕L. T. 李著《领事法和领事实践》,傅铸译,商务印书馆,1975,第123页。
③ 《痛斥敌近卫声明蒋委员长训词全文及12月26日在总理纪念周训话》,《时事类编特刊》第30期,1939年1月16日。

贩子只有在中国海关被抓获，或因其他事情牵连，才有可能受到法律的追究，尚未发现被领事当局检查而暴露罪行者。如果彻底取缔贩毒活动，天津将没有日本居留民了。从这一点上说，日本领事馆的地位相当尴尬"。①按领事裁判权有关规定（关于领事裁判权，另章述论），中国方面抓获日人毒犯，只能送交领事处理，而领事多将毒犯罚款开释，最多不过拘留两三个月。时侨居天津的一位美国人在目睹日人贩毒事实后断言，"治外法权一日不能取消，毒品贩卖即一日不能终止"。②

20世纪二三十年代的上海，不仅是进口鸦片的倾销地，也是本土鸦片的集散中心。日人不甘落后，纷纷跻身贩毒行列，与英美毒商及中国烟商展开竞争，两万多日侨，多从事此类违禁营业。③ 日人在沪贩毒，种类繁多，有日人在大连生产的"红丸"（吗啡加糖精致而成），有台湾专卖局制造的鸦片，有神户、大阪生产的吗啡、海洛因，还有从印度贩来的烟土。据《孟尼脱报》报道，授课于金陵大学的美籍人士马克林博士说，在印度的加尔各答城，以日商购买印度烟土最多，此鸦片运至日本神户，由神户运至济南府及山东各处，再由日人管理的铁路运至上海及长江沿岸。据闻每次运2000箱，每箱值20000元，合计4000万元，日本政府每箱抽税5000元，共抽1000万元。运土各埠的关税概由日人管理，各埠皆有军人把持，禁止干涉。④ 此外，日商还从伊朗、土耳其等地走私鸦片，经常有日轮行驶于欧亚至中国的航线，表面上该船等为中国买办所有，实际上则为三井物产株式会社、铃木商店、高田商会、汤浅商店等所有。据高田商会的负责人说，曾一次即将海洛因3.6万两走私至上海。⑤ 1937年前，在沪日人以贸易、行商及药房为掩护走私贩毒，迭经中国官府破获在案，如：1929年，某日轮自芝罘航往上海，中国海关在其引擎室查获300两鸦片；同年，日清公司"凤阳丸"私载烟土3万两，靠泊上海浦东张家湾码头，被中国查获；1931年6月，在欧洲驶抵上海的日本邮船会社"多本丸"上，查获海洛因179磅；1936年7月20日，上海北车站驻站

---

① 〔日〕江口圭一著《日中鸦片战争》，岩波书店，1988，第39页。
② 《天津日租界与毒品贸易》，《禁烟汇刊》1937年第1期，第20页。作者为侨居天津之美国人（Marcus Mervine），原文载国际关系研究会出版的"Information Bulletin"第3卷第4号。
③ 参见李恩涵著《战时日本贩毒与"三光作战"研究》，江苏人民出版社，1999，第103页。
④ 1919年10月3日《大公报》。
⑤ 参见〔日〕山田豪一编《オルド上海阿片事情》，第37页，转引自李恩涵《战时日本贩毒与"三光作战"研究》，江苏人民出版社，1999，第105页。

员警会同江海关人员,在7号、8号两月台,查获日人池田携带4公斤海洛因,立即将其逮捕,送交领事馆讯办。① 1936年8月21日,上海公共租界捕房禁毒部华探郭瑞铨,侦悉海宁路17号楼上,有日人峰恒一秘密出售毒物海洛因,遂协同西探长与日捕驰往,搜获海洛因108包,将峰恒一送日领署究办。② 1936年8月23日,平汉线南下列车内,有警员发现日人鸟饲茂手提皮箱两只,经会同路警依法检查,查出红丸12袋,白面8包,当即解交第一区行政专员公署,转解日本领事馆法办。③ 诸如此类,不胜枚举。上海公共租界警察督察帕甫曾在一项报告中指出,上海日人在制造海洛因及毒品贩运方面,居于控制地位。

武汉是长江流域日人制贩毒品的另一个重要据点。1929年2月,武汉市公安局长余希纯接线人密报,有日人在制造吗啡,余希纯立即派员前往侦查,果然发现日人章良和田广二人在法界共和舞台小巷内设立吗啡制造厂。卫戍司令部迅速进行查抄,当场拿获日人章良,并将其遣送日本领事馆,日领将其处以微薄罚款了事。但章良旧习不改,又在法界长清里96号复行制造吗啡,旋被法巡捕房抄查,章良又到特一区坤厚里69号营业,再被拿获。④ 1935年5月,汉口市公安局派警员查悉,日租界内制毒场所及毒贩机关,星罗棋布,计有贩卖红丸场所6处,由8名华人主持,鸦片营业所2处,为华人开设,凡此皆由日领署予以保护,制毒机关虽由华人出面,均有日人股份在内,日警更按月领取酬金,从中包庇。此外,还有吗啡制造厂4处,吗啡分销厂5处,出售吗啡店铺20处。各厂吗啡来源,除租界内制造外,余概自上海日商永福洋行运至汉口,再由汉口日商永进洋行转卖各分销厂。各厂制造吗啡时,保护严密,一般于夜间工作,其销售方法,亦极为神秘,无论买卖,均不直接受授,由引线将银货用纸包妥,各挪一处,暗中传递。各分销厂买进时,按批发价计算,吗啡每两约洋32元至34元,每包19两6钱,计值620元,而零售价格则每两高达60元左右。⑤

武汉市府针对日人在汉制毒事实,迭经函告日租界当局,希望严加禁止。日领竟称,麻醉药品及注射器具之制造,已照有关法令,予以禁止;麻醉药品之出售,除医生、牙医、兽医、化学师、登记药剂师或合法外国

---

① 参见1936年7月23日《申报》。
② 1936年8月23日《西京日报》。
③ 1936年8月23日《西京日报》。
④ 参见1929年7月《禁烟公报》第7期。
⑤ 参见国民政府内政部禁烟委员会补印《禁烟年报》(1937年度),第8~9页。

侨民，持有日本领事发给之采购证者，以及登记药商得售与外，其余亦一概禁止；并声明：日总领事署内警察当局，为管理麻醉药品之合理机关，受日总领事署之指挥。① 言下之意，只要得到日本领事的许可，制售麻醉药品均为"合法"。

武汉市府当即将有关情形向禁烟总监蒋介石报告，1936年2月，蒋介石饬令武汉市政府、武汉警备司令部、禁烟督察处等通力合作，妥筹办法，严密查缉。1937年七七事变后，日本政府命长江沿岸日侨撤退回国。8月6日，日驻汉代总领事松平告知武汉市长吴国桢，旅汉日侨将分批乘舰回国，领事馆人员则暂留稍候，要求武汉市政府代管日租界并派警员对租界和领事馆进行保护。7、8两日，租界日侨全部离汉东下，11日，松平及总领事馆人员也奉命离开武汉。② 日人撤出武汉后，武汉市政府当即设置警力，接管租界的行政与治安管理权。武汉市公安局接管日租界后，在新小路4号、11号、13号、中街94号、96号、100号、138号、140号，同安里14号、16号、重阳里6号、福顺里4号、6号、12号、康强里3号、5号、太和街89号等处，抄获日人许多制毒机器及吗啡、海洛因等毒品。③ 警员在检查时发现，日人毒品制造场除内部设有地窖外，或于天花板上设置密室，或于壁室内私设暗房，一切布置，均极严密。警员当即将查抄详情摄成照片，以为证据。后经军事委员会政治部、中国电影制片厂摄成影片，由内政部禁烟委员会常务委员甘乃光用英语加以说明，将摄影分制成中英文有声片，于1938年6月送交国联禁烟委员会第23届日内瓦会议中国代表胡世泽，请他在会议期间宣传放映。④ 会间，胡世泽列举了日本违反国际法在中国制毒贩毒的大量事实，引起美英加等国代表的共鸣。日代表天羽英二对胡氏的发言深表不满，称胡氏所引材料多为谣言，天羽英二最后声言："日本政府认为所有交易均符合现有的国际禁烟公约之规定，对于任何有关日本政府应对所谓非法交易须负责任之指控，日本政府表示强烈抗议"。在委员会决议定稿时，天羽英二表示日本政府不能接受决议内容，但为了不致破坏委员会的和谐起见，他也不会投反对票，遂以弃权表达其立场。⑤ 胡世泽在禁烟委员会闭会时，将影片在中国

---

① 国民政府内政部禁烟委员会编印《禁烟年报》（1937年度），第10页。
② 参见欧阳植梁、陈芳国主编《武汉抗战史》，湖北人民出版社，1995，第435、436页。
③ 参见国民政府内政部禁烟委员会编印《禁烟年报》（1937年度），第11页。
④ 马模贞主编《中国禁毒史资料》，天津人民出版社，1998，第1536页。
⑤ 〔日〕《外务省关系电报及文书》，载于〔日〕冈田芳政等编《续·现代史资料（12）阿片问题》，みすず书房，1986，第537页。

图书馆放映，到者约 200 人，禁烟委员会代表大多数观看了此片，日人在华制毒贩毒种种黑幕，暴露无遗。为彻底摆脱国际舆论的压力和监督，日本政府终于撕去面具，于 1938 年 11 月 2 日宣布退出国际禁烟委员会。①自此，日人在华毒化，愈加恣意妄为。

---

① 参见李恩涵《日本在华中的贩毒活动（1937～1945）》，载于台湾《中央研究院近代史研究所集刊》第 29 期，第 206 页。

第四章 领事与华中日租界

一 租界的开辟和扩展

甲午战后，日本依《马关条约》、《公立文凭》及《中日会议东三省事宜条约》等条约取得在中国十余个通商口岸开辟专管租界的权利。在华南，因福州、厦门界址偏远，贸易不振，未能真正开辟。在东北，日本深恐第三国仿效，故将占地区称为"铁路附属地"及"新市街"。在上海，日人自知无力与英美抗争，于是放弃开辟专管租界的计划，改行在公共租界内扩展势力。因此，日人真正开辟的，仅有杭州、苏州、沙市、汉口、天津、重庆等6个租界（详见表4-1），其中5个集中在富庶的长江流域。开设情形，分述于下。

日本最早在中国开辟的租界是杭州日租界。杭州自古经济发达，是著名的鱼米之乡。1896年，日本以《马关条约》为据，要求开辟杭州日租界。同年9月27日，日本驻杭州领事小田切万寿之助与浙江按察使、杭州洋务总局督办在杭州签订了《杭州塞得耳门原议日本租界章程》，此为日本在华开辟租界的第一个章程。据此章程，划定杭州武林门外拱宸桥北，运河东岸一带，自长公桥起至拱宸桥止，① 面积718亩，② 作为日本专管租界。章程规定：界内土地租价分为上中下三等，上等地每亩250元，中等地每亩200元，下等地每亩150元。租期为30年，租金一次付清，以后每年每亩只须向中国地方政府缴纳税线2元。如租期已满，"永照30年一换契之例办理，限满不报，即行注销"。③ 按照章程第二条和第十三条的规定，日本商民在界内往来侨寓，中国地方官按约保护，所有捕房事宜，由中国地方官会同税务司办理；日本人若犯章程，或他地罪犯潜入界内，由日本领事官派差捕拿，亦可知照捕房派员拿办，照律惩戒。日本政府旋对原议章程不满，责成驻华公使林董于同年10月与清政

---

① 黄月波等编《中外条约汇编》，商务印书馆，1936，第154页。
② 〔日〕外务省通商局编纂《清国事情》第2辑，外务省发行，1907，第124页。另，一说约900亩，参见费成康著《中国租界史》，上海社会科学院出版社，1991，第429页。
③ 黄月波等编《中外条约汇编》，商务印书馆，1936，第154页。

表4-1　日本在华租界一览表

租界名称	性质	设立时间	面积	收回时间	备注
杭州日租界	专管租界	1896年	约900亩	1945年	
苏州日租界	专管租界	1897年	约483亩	1945年	
沙市日租界	专管租界	1898年	387亩	1945年	
天津日租界	专管租界	1898年	开辟之初，面积1667亩，并附有预备租界，后增至2150亩	1945年	1903年扩展
汉口日租界	专管租界	1898年	开辟之初，面积200亩，后增至622亩。	1945年	1907年扩展
重庆日租界	专管租界	1901年	701.3亩	1945年	
上海公共租界	公共租界	英租界1845年，美租界1848年。1863年两租界合并。1899年更名为上海国际公共租界	1899年，面积扩展至33503亩	1945年	日人聚居于虹口地区
厦门鼓浪屿租界	公共租界	1902年	2250亩	1945年	日、英、美、德、法、西、丹麦、荷兰、瑞、挪等国

资料来源：〔日〕英修道著《列国在中华民国的条约权益》，东京丸善株式会社，1939，第599～600页；费成康著《中国租界史》，上海社会科学院出版社，1991，第427～430页。

府继续交涉，要求另议杭州日租界章程。1897年5月13日，小田切领事强迫杭州地方官员与之重新签订《杭州日本租界续议章程》六条，对原议章程做了较大修正。续立章程的主要内容是：一、日租界内所有马路、桥梁、沟渠、码头及巡捕之权，由日本领事官管理，中国地方官员无权干涉；二、下调原议的土地租价，上等地为170元，中等地为165元，下等地则调为160元；三、照上海章程，租界内设立会审公堂，无论华洋之间的纠纷，或华人之间的互讼，均由日本领事主审。① 于是"界内华民亦同受外人之混合裁判，名为租界，实弃地矣"。② 根据续议章程，日本取得了租界的行政权、警察权、司法权及课税权，中国主权完全丧失，杭州日租界的新章程，为其他日租界所仿效。

---

① 参见王铁崖编《中外旧约章汇编》第1册，三联书店，1957，第703～704页。
② 姚之鹤编《华洋诉讼例案汇编》，商务印书馆，1915，第439页。

苏州环境优越，内河航运发达。1897年3月5日，日本驻上海兼苏州镇江等处通商事务总领事珍田捨己亲至苏州，与苏州关江苏督粮道陆元鼎等签订《苏州日本租界章程》十四条。章程规定：中国允将苏州盘门外相王庙对岸青阳地，西自商务公司界起，东至水绿泾岸边止，北自沿河十丈官路外起，南至采莲泾岸边止，竖立界石，作为日本租界。界内道路、桥梁以及巡捕之权，由日本领事官管理。界内居住之华人，凡有词讼案件及地方官应办事宜，务照上海租界洋泾浜会审章程办理，中国在界内设立会审公署。① 关于土地制度，第四条至第八条规定：地价每亩议定租价银洋160元，自议定之日起十年内不得涨价，但公用之道路、桥梁、井沟等处，不纳地税，亦不准一人、一家租赁；租地时，须禀日本领事官，将承租人姓名以及欲租地若干亩照会中国地方官，派员会同踏勘该地有无窒碍，始能出租；租契以30年为限，满限后，准其换契续租；凡租地必须租主或代理人居住经营，若有不得已事故，非转租不可之时，须先禀请日本领事官查明照会中国地方官存案，方准换契转租。章程还规定：界内房屋应当迁让之时，中国地方官相助办理，至于坟墓，由地方官极力开导迁移；日本领事官应与中国地方官筹商界外一僻静空旷与居民无碍之地，自行向民租赁，作为日本葬坟之所，其地以十亩为率，倘将来不敷，随时与地方官妥商扩充。章程最后特别强调：嗣后苏州别国居留地，倘中国另予利益之处，日本租界人民，亦须一体均沾。②

沙市地处长江中游，介于汉口、宜昌两大通商口岸之间，地理位置十分重要。1896年10月沙市正式开埠，日本、英国先后在滨江谷码头设立海关、领事馆、邮电局、轮船公司、仓库、洋行等，人们称这一带为洋码头。1898年5月9日，一批湘籍船工因反对洋行暴行，放火烧毁海关、洋行及日本领事馆。事后，日本公使矢野照会清政府，提出解决"沙案"五项要求：一、明降谕旨，将外国人身家财产一体优待保护，勿再有如此之事，谕旨须极周详；二、速将案匪徒从重治罪，并弹压不力之地方官文武，从严依处；三、赔补官平银10万5千两；四、订立沙市专管租界章程，以杭章为本；五、岳州、福州、三都澳均设日本专管租界。③ 可见，日本欲乘"沙案"事端，勒索巨额赔款，并把租界地扩大到湖南、福建等省。清政府屈从压力，除扩张租界一项外，其他基本满足日方要求。同

---

① 参见王铁崖编《中外旧约章汇编》第1册，三联书店，1957，第691页。
② 参见王铁崖编《中外旧约章汇编》第1册，三联书店，1957，第691~693页。
③ 参见《清季外交史料》卷134，第4页。

年8月18日，日本驻沙市领事永滝久吉与湖北荆宜施道监督俞钟颖签订《沙市口日本租界章程》十七条，依章程第一条，划定"自洋码头荆州官地西界起，至东南临江，直长三百八十丈，横宽由西界直长八十丈间深八十丈以下、三百丈间深百二十丈为界"，① 作为日本专管租界，总面积为108亩。沙市章程，参照杭、苏章程签订，内容基本一致。但受"沙案"影响，有些条款非常苛刻，如规定为加固租界堤防，预防水患，其修筑费与收买地基费，由中国负担一半；规定中国民船在租界码头停靠，须缴纳停泊税，以充租界使用等。②

《马关条约》签订的第二年春，日本派员到重庆搜集情报。据史料记载，一个日本商业考察团——由1名农务部官员、1名商业专科学校校长、1名轮船公司代表、1名新闻记者和3名商人组成，访问重庆。他们对于票号、当铺和利率、运费、银钱兑换、地价和工资，以及对日本货物的一般需要，都做了详尽调查。③ 1896年2月，日本驻上海总领事珍田捨己前往重庆，同地方官员议商开辟租界事宜。珍田提出以重庆江北厅地为界址，清政府严拒不允，坚持以王家沱地方作为租界。双方几经交涉，直到1901年9月24日，日本驻重庆领事山崎桂与川东兵备道兼重庆关监督才正式签订《重庆日本商民专界约书》二十二条，划定王家沱一段地区为日本专管租界，总面积约701亩。④ 租界呈长方形，东西长，南北窄。因为远离市区，交通不便，欧美各国洋行、公司商人，都不愿到租界盖房经商，连日本人自己的领事馆、洋行、银行以及住宅等也都建在市区，租界商业一直没有发展起来。到民国初年，日租界才开始有几家大的日商公司，如大阪洋行、有邻火柴公司、日清轮船株式会社、又新丝厂等。

《马关条约》虽约定日本在苏州、杭州、沙市、重庆四地开辟租界，但日本政府并不满足，欲再增辟四个专管租界。1896年10月19日，驻华公使林董强迫清政府签订《公立文凭》（又称《通商口岸日本租界专条》）。该约第一款规定："添设通商口岸，专为日本商民妥定租界，其管理道路以及稽察地面之权，专属该国领事"。第三款规定："日本政府允，

---

① 王铁崖编《中外旧约章汇编》第1册，三联书店，1957，第791页。
② 以《马关条约》为依据，沙市日租界显已开辟，当时日本的中国问题研究专家英修道也持此种观点，参见〔日〕英修道《列国在中华民国的条约权益》，东京丸善株式会社，1939，第701页。而中国的租界问题研究专家费成康却认为，沙市并未开辟日租界，参见费成康著《中国租界史》，上海社会科学院出版社，1991，第44、431页。
③ 参见张洪祥著《近代中国通商口岸与租界》，天津人民出版社，1993，第193页。
④ 〔日〕外务省通商局编纂《清国事情》第2辑，外务省发行，1907，第960页。

中国政府任便酌量课机器制造货物税饷，但其税饷不得比中国臣民所纳加多，或有殊异。中国政府亦允，一经日本政府咨请，即在上海、天津、厦门、汉口等处，设立日本专管租界"。① 据此，1898年7月16日，上海总领事小田切万寿之助以特派办理租界事宜名义，与湖北地方官签订《汉口日本专管租界条款》，划定汉口德租界以下，沿江下行100丈，东起江口、西至铁路地界，为汉口日租界区域，面积247.5亩。界内租户按亩缴纳地丁银和漕米银，由日本驻汉领事每年4月送交汉阳县官厅。条款在规定日领享有行政权和裁判权方面，同杭、苏章程基本一致，所不同的是土地制度，一是没有租用年限，二是界内土地只准永租日本商民，不准华民业户向外国商民以地抵押，或行租让。② 条款还特别注明，鉴于日租界过于窄狭，将来商户盈满，当由日本领事官随时与江汉监督商酌，在丹水池以下之地，"购买妥宜地基，以便日后设立工厂"。③ 因为这一条规定，从1906年起，日本驻汉口总领事水野幸吉即不断向地方官提起交涉，要求将汉口大智门车站外毗连铁路、靠近德日租界的千余亩土地租给日本，作为新的日本租界。湖广总督张之洞认为这块土地面积过大，坚辞不租。水野转而要求依约向丹水池以下扩界，并于1907年2月7日与江汉关监督签订《推广汉口租界条款》，将日租界沿江下移150丈，新增面积376.25亩。扩展后的日租界，东抵长江、西靠铁路，南与德租界相邻，北至刘家麒路以北、麻阳街以南，总面积达622.75亩，规模仅次于英租界。

因1896年10月《公立文凭》内规定，日本可在上海开设专管租界，日驻沪总领事遂屡次提出要在淞埠开辟日租界，但淞埠久为英美垂涎，清政府决定答应英美扩界要求，将新辟地区及旧界定名为"上海公共租界"，"使各国咸得于界内设肆经商"，④ 力杜日本狡谋，以保自主之权。时许多日人聚居于日本总领事馆及东本愿寺别院附近的虹口，该处虽是美租界所在地，但美国从未认真经营，管理也十分松散，日本决定在虹口全力拓展，将它变为有实无名"日租界"。1908年，在沪日人增至7000多人，除少数居于法租界与华界外，绝大多数居于虹口地区，日商在天潼路、南浔路、文监师路及乍浦路等处开设大量店铺，北四川路一带市肆栉

---

① 王铁崖编《中外旧约章汇编》第1册，三联书店，1957，第686页。
② 参见王铁崖编《中外旧约章汇编》第1册，三联书店，1957，第789页。
③ 王铁崖编《中外旧约章汇编》第1册，三联书店，1957，第790页。
④ 蒯世勋著《上海公共租界史稿》，上海人民出版社，1980，第465页。

比，人烟稠密，丝毫不比苏州河以南的区域逊色。① 1914年第一次世界大战爆发后，欧洲各国忙于战事，日本乘机扩展在沪势力。1915年10月，工部局德籍董事辞职，日人石井明施递补。1916年，日本居留民要求专设日籍巡捕，工部局警务处遂从日本东京聘请3名警官、27名巡查，并于11月开始在北四川路一带执勤。虹口地区逐渐成为日本在上海的准租界地，"国中之国"的"国中之国"。

二 领事——"国中之国"的最高统治者

日租界开辟后，领事依约取得界内的行政管理权、部分土地权、立法权、司法权、警察权和课税权等特权，成为"国中之国"的最高统治者。

土地权

近代，外国商民在中国租界获取土地使用权的方式有永租、购买和无偿占有三种。② 在日租界，日人多通过永租方式获取土地，但租地日人每30年须办理一次换契续租手续，若逾期尚未办理，中国官府可以注销租契，收回土地。因此，界内土地的所有权仍归中国政府，日人取得的只是土地使用权。

杭州、苏州日租界划定后，地方官府即收购界内全部土地，再由日人经领事陆续承租。由于这两个租界的位置都很偏僻，前来租地的日人寥寥无几，又因为不准别国商民在界内租地，大量土地成了尚未租出的官地，地方官府损失甚巨。如苏州日租界因远离传统商业区，直到1906年，仅有40余名日人前往租地盖房，大部分土地仍荒芜着。在汉口日租界，日人强调推广界内京汉铁路的地产为官地，要求无偿地占用这些地段，用来开辟马路沟渠。清政府先是加以拒绝，后出于无奈，由湖北地方官府买下这些地段，再交给日本领事收用，以免开租界内铁路地段不能收取地价的恶例。③ 1901年重庆日租界开辟时，参照苏、杭两地情形，规定租界内所

---

① 谢菊曾著《十里洋场的侧影》，花城出版社，1983，第64页。另有资料显示，1908年日人不足7000人，1912年才达到7000多人。参见中国国民经济研究所编《日本对沪投资》，商务印书馆，1937，第10~11页；〔日〕英修道著《列国在中华民国的条约权益》，东京丸善株式会社，1939，第645页。
② 费成康著《中国租界史》，上海社会科学院出版社，1991，第86页。
③ 《清季外交史料》第200卷，第19页；另参见费成康著《中国租界史》，上海社会科学院出版社，1991，第102页。

有土地，由中国地方官向地主收买，按上中下三等交与日本商民，永远承租。① 该约订立后，重庆地方官府即以"公益堂"名义购入界内全部土地，以备日人前来租借。② 1902～1925 年，重庆日人租地情形，详见表 4-2。

表 4-2　重庆历年日本人租地情况表

地　区	承租人	承租亩数	租　价	地　税	承租时间
上等地 6 号	有邻公司	上等 10 亩 3 分 3	1549.93 元	23.25 元	1902 年
上等地 1 号	大阪洋行	上等 7 亩 7 分 5	1162.5 元	17.44 元	1903 年 2 月
	宫坂九郎	上等 10 亩 3 分	1550 元	23.25 元	1913 年 2 月
	宫坂九郎	上等 8 分	119.33 元	1.79 元	1915 年 3 月
	又新丝厂	上等 2 亩 2 分	307.5 元	4.61 元	1915 年 7 月
	有邻、大阪等	上等 27 亩 6 分	4162 元	70.3 元	1912～1915 年
上等地 3 号	武林洋行	上等 13 亩 4 分	2014.95 元		1917 年 1 月
上等地 12 号	又新丝厂	上等 18 亩 6 分			1917 年 1 月
上等地 1 号	宫坂九郎	上等 8 亩 6 分	1296 元		1917 年 11 月
上等地 4 号	宫坂九郎	上等 4 亩 1 分	615.6 元		1917 年 11 月
上等地 7 号	日海军集会所	上等 3 亩			1925 年 4 月
上等地 8 号	日清公司	上等 16 亩			1925 年

资料来源：《重庆交涉署民国四年档案》，转引自张洪祥著《近代中国通商口岸与租界》，天津人民出版社，1993，第 196 页。

由于界内土地已全部由中国官府收购，日人界内租地，不须与中国业主接触，只要直接禀明日本驻当地领事，由该领事将承租人的姓名及愿租亩数照会中国地方官，经双方会同勘察后，承租日商按规定数额交纳租价及一年的地税，中国地方官即可发给租契，并由日本领事官会印，从而办妥立契手续。这种租地方式，给予日领很大活动空间，日领介于日本商民与中国地方官府中间，虽未能完全控制界内的土地权，但日领既可借商谈地价之机，为日人牟利，又可借口为日人谋利，控制界内的日本商民。

行政权

日租界开辟后，由于种种原因，发展程度不一。天津、汉口两租界被日本政府称为"发达"租界，苏州、杭州、重庆三地租界则被视为"未发达"租界。依据 1905 年 3 月日本政府公布的《居留民团法》，日本领

---

① 〔日〕英修道著《列国在中华民国的条约权益》，东京丸善株式会社，1939，第 703 页。
② 朱之洪等修、向楚等纂《巴县志》第 16 卷，第 25 页，转引自费成康著《中国租界史》，上海社会科学院出版社，1991，第 95～96 页。

事掌握界内的行政权包括以下几方面。一、设立自治团体的行政事务，即设立议决机关及行政机关的事务、任免自治团体吏员的事务、制订条例的事务；关于财政的事务，即自治团体的预算决算、自治团体征收的课金及特别课金、自治团体征收的使用费及手续费、自治团体发行的公债等。二、维护租界共同利益的行政事务，即教育事务、交通事务、卫生事务、消防及义勇队事务、贫民救助事务、土地征收事务等。三、维持租界治安的行政事务，即制订警察法规的事务、警察的一般处分事务、警察的强制处分事务，如代理执行、管束、家宅搜查以及土地物权的处分和没收等。①

1907年9月，"极为殷盛"的天津日租界，创设了"主要以帝国臣民为团员"的居留民团，② 依《居留民团法》、《居留民团法施行规则》及领事馆发布的《居留民团法施行细则》等律令，居留民团选举产生议政机关——居留民会，居留民会经领事认可选举产生居留民团长（任期4年)③ 和居留民会议员，居留民会议员任期2年，④ 名额初定为30人，后因每年人口激增，增加为32名。⑤ 由居留民会选举产生的行政委员会，近似英租界的工部局董事会，负责民团的日常行政事务。行政委员会起初由10名委员组成，1934年改名为参事会，委员减至7名，⑥ 其职权包括执行居留民会的各项决议，议决由居留民会委托的事宜，代表居留民会对紧急事务做出决议，处理各种日常行政事务，任免绝大部分的民团吏员，以及指挥、监督、惩戒所有民团吏员等。⑦ 在行政委员会指挥下完成各项行政事务的，是以民团长为首的民团吏员和雇员，他们领取薪金，其办事机构为民团事务所，设有庶务、调查、财务、工务、电气、港务、卫生、

---

① 〔日〕植田捷雄著《支那租界论》，东京岩松堂书店，1934，第115~116页。
② 日本外务省《居留民团法施行规则》规定：居于租界内的中国人或中国法人、第三国人或第三国法人，若遵从日本帝国律令或条例，亦可视为团员。参见〔日〕天津居留民团纪念志编纂委员会编《天津居留民团三十周年纪念志》，天津居留民团印行，1941，第273~274页。
③ 〔日〕天津居留民团纪念志编纂委员会编《天津居留民团三十周年纪念志》，天津居留民团印行，1941，第282页。
④ 〔日〕天津居留民团纪念志编纂委员会编《天津居留民团三十周年纪念志》，天津居留民团印行，1941，第278页。
⑤ 〔日〕天津居留民团纪念志编纂委员会编《天津居留民团三十周年纪念志》，天津居留民团印行，1941，第662页。
⑥ 〔日〕天津居留民团纪念志编纂委员会编《天津居留民团三十周年纪念志》，天津居留民团印行，1941，第662页。
⑦ 〔日〕植田捷雄著《在支那的租界研究》，东京岩松堂书店，1941，第726页。

保健等课。此外，租界还设有各种专门委员会作为咨议机构，如临时财源调查会、课金法调查会、课金调查委员会、教育调查特别委员会、财政委员会及事业调查委员会等。①

1907年9月初，居于汉口、汉阳和武昌的日人成立汉口日本居留民团，选举并产生居留民会和居留民会行政委员会（1935年1月1日后改称为参事会），其行政组织结构与天津居留民会基本相同。1937年8月7日，民团随日侨全部撤出武汉后，先在上海处理应急事务，旋在长崎开设临时事务所办理残务，为与外务省联系方便，后将事务所迁往东京。1938年10月武汉沦陷后，日侨纷纷返汉，居留民团也重行恢复。②

苏州、杭州、重庆等"未发达"租界，尚未实行《居留民团法》，它们的行政体制分别由《苏州居留民会规则》、《杭州居留民会规则》、《重庆居留民会规则》等领事馆馆令来确定。根据这些规则，不仅居住于租界及附近的日本居留民可以作为居留民会会员，在租界内拥有土地房屋的其他成年外国人，也可以成为会员。与汉口、天津两地居留民会不同的是，苏州、重庆的居留民会不具备法人资格，它们每年只举行一次会议，选举产生居留民会议员，组成议员会，议员会成员有3~10人，所有决议均须经领事批准后才能生效。在杭州日租界，议员并非由选举产生，而是由日本领事每年从当地居留民中指任，议员会的人数也不确定。可见，在"未发达"租界，名义上实行的是领事监督下的居留民"自治制度"，③实际上却是一种领事独裁制度。

立法权

日本领事的立法权，首先体现在开辟租界之初，如与中国地方官会同订立租地章程、地税约定和建屋规定等。由于有的领事不熟悉开辟租界事务，日本政府深恐其办理不周，致利益上有所损失，往往特派熟谙有关事务的上海、汉口总领事前往开辟地。至日租界开辟后，界内行政法规的立法权，则分别属于日本外务省、领事馆和居留民团等机构。

在"发达"的天津、汉口日租界，居留民会有权制订民团条例，行政委员会则有权制订民团执务章程。在苏州、杭州、重庆等"未发达"租界，居留民议员会议决事项须经领事批准才能生效，因而界内的行政法

---

① 参见南开大学政治学会著《天津租界及特区》，商务印书馆，1926，第42~44页。
② 时居留民会议长为门多义道，副议长为高桥茂次，会计主任为山崎勋一，书记长为永松辰男。
③ 〔日〕植田捷雄著《在支那的租界研究》，东京岩松堂书店，1941，第730页。

规立法权，事实上一直为领事所拥有。①

无论是"发达"或"未发达"租界，领事均可依外务省的《居留民团法》和《居留民会规则》，以"馆令"形式制订发布各种行政法规。在领事馆馆令中，以《警察犯处罚令》最为关键，此为领事警察权之中枢部分。因地方情势不同，各馆发布的警察犯处罚令内容不一，仅拘留或罚金的场合，上海总领事馆有65种，北京总领事馆有64种，南京总领事馆有38种，汉口总领事馆有32种，云南领事馆有10种。② 1908~1939年间，日本驻中国各地领事馆公布的《警察犯处罚令》，详见表4-3。

表4-3 各馆《警察犯处罚令》发布日期

馆　　别	馆　　令	发布日期
汉口总领事馆	警察犯处罚令	1908.12.19
上海总领事馆	警察犯处罚令	1909.2.9
南京总领事馆	警察犯处罚令	1909.5.5
天津总领事馆	警察犯处罚令	1909.9.18
广东总领事馆	警察犯处罚令	1909.9.20
济南总领事馆	警察犯处罚令	1915.8.30
沙市领事馆	警察犯处罚令	1915.10.15
九江领事馆	警察犯处罚令	1916.9.6
福州总领事馆	警察犯处罚令	1917.1.26
芝罘领事馆	警察犯处罚令	1917.10.20
云南领事馆	警察犯处罚令	1918.12.2
宜昌领事馆	警察犯处罚令	1920.2.19
杭州领事馆	警察犯处罚令	1920.9.20
长沙领事馆	警察犯处罚令	1922.8.5
张家口总领事馆	警察犯处罚令	1922.8.29
青岛总领事馆	警察犯处罚令	1922.12.10
重庆领事馆	警察犯处罚令	1922.12.15
汕头领事馆	警察犯处罚令	1923.4.10
郑州领事馆	警察犯处罚令	1931.6.30
厦门总领事馆	警察犯处罚令	1936.8.1
北京总领事馆	警察犯处罚令	1938.5.1
石家庄领事馆	警察犯处罚令	1938.7.15
太原领事馆	警察犯处罚令	1939.3.1

资料来源：〔日〕英修道著《列国在中华民国的条约权益》，东京丸善株式会社，1939，第537~538页。

---

① 〔日〕植田捷雄著《在支那的租界研究》，东京岩松堂书店，1941，第726页。
② 〔日〕英修道著《列国在中华民国的条约权益》，东京丸善株式会社，1939，第537~538页。

司法权

日租界内的司法制度,从整体上说,系根据被告主义原则,即以中国人、无约国人为被告的案件,由中国法庭受理,并按中国法律来判决;以日人为被告的案件,由日本领事法庭受理,并按日本法律来判决。不过,领事也攫取了一些对华人、无约国人的司法管辖权。一、租界警方对犯罪的华人有逮捕权。对于租界内的现行犯包括嫌疑犯,租界警方可径予逮捕,并于拘禁24小时后,再做处置。二、租界警方对被捕的华人有预审权。对于被捕者,租界警方都进行预审,以确定是无罪释放,还是递解中国官府。值得注意的是,警方在预审时,经常刑讯逼供。如1929年6月4日,在苏州日租界发生日本妇女森美耶被杀一案,租界警员就以"报纸熏烧鼻子"等非刑来逼迫年仅15岁的嫌疑犯余小三子招供。① 三、日领有权拒绝协助中方捕拿逃入租界的罪犯。中国差役追捕逃入租界的刑事犯,须将签票交日领审核签字,再由租界警察协同捕拿。如果该领事以证据不足为由拒绝签字,中国官府就无法逮捕逃犯。四、日领对是否"引渡"界内的"国事犯"即政治犯有决定权。中国政府要缉捕在租界内活动或躲入租界的国事犯,也须经过领事的允准。由于日领视租界为独立王国,又常以保护国事犯自任,在相当长时期内,很少有国事犯被"引渡"给中国官府的事例。事实表明,华人、无约国人一旦进入日租界,便在一定程度上受到领事的司法管辖。②

三 租界——日本侵略华中地区的据点

军事侵略据点

甲午战争以后,日本派军舰泊于黄浦江。1897年4月,上海发生小车工人抗议工部局擅自提高车捐的"暴动事件",日舰"大岛"号上的20名陆战队员登陆,以保护日本领事馆,此为日本向中国派遣陆战队之滥觞。1900年义和团运动期间,在沪日本居留民募集120人,创设义勇队,加入万国商团,负责公共租界的防卫。1907年上海居留民团成立后,该队脱离商团改由民团管辖,采用日式教练,军帽徽章亦用日本陆军星

---

① 1930年6月9日《明报》,参见费成康著《中国租界史》,上海社会科学院出版社,1991,第132~133页。
② 参见费成康著《中国租界史》,上海社会科学院出版社,1991,第133页。

章。① 1905年，因"会审衙门事件"，② 日舰"对马"号上的陆战队登陆，在东本愿寺别院设立"守务警察队本部"，同年编成"南清地方警备舰队"，1909年改称"第三舰队"，常驻上海。1937年七七事变前，日本驻沪第三舰队及第五驱逐队司令长官为海军中将长谷川清（详见表4-4），该舰队动辄以保护侨民为借口，出兵威胁中国政府，使上海成为日军侵略华中的一个重要军事基地。

表4-4 1937年七七事变前日本派驻上海舰队表

舰 种	舰 名	吨 数	备炮（英寸）	所属舰队
海防舰	出云（旗舰）	9180	4~8	第三舰队
巡洋舰	球磨	5100	7~5.5	第三舰队
炮舰	安宅	725	2~4.7	第三舰队
炮舰	鸟羽	305	2~3	第三舰队
炮舰	比良	305	2~3	第三舰队
炮舰	势多	305	2~3	第三舰队
炮舰	坚田	305	2~3	第三舰队
炮舰	保津	305	2~3	第三舰队
炮舰	热海	170	1~3	第三舰队
炮舰	二见	170	1~3	第三舰队
炮舰	小鹰	50	1~3	第三舰队
驱逐舰	栗	770	3~4.7	第三舰队
驱逐舰	栂	770	3~4.7	第三舰队
驱逐舰	莲	770	3~4.7	第三舰队
巡洋舰	夕张	2890	6~5.5	第五驱逐队
驱逐舰	朝颜	820	3~4.7	第五驱逐队
驱逐舰	芙蓉	820	3~4.7	第五驱逐队
驱逐舰	刈萱	820	3~4.7	第五驱逐队
驱逐舰	吴竹	820	3~4.7	第五驱逐队
驱逐舰	若竹	820	3~4.7	第五驱逐队
驱逐舰	早苗	820	3~4.7	第五驱逐队

资料来源：〔日〕英修道著《列国在中华民国的条约权益》，东京丸善株式会社，1939，附录第135~136页。

---

① 上海通社编《上海研究资料编续》，中华书局，1939，第190页。
② 又称黄黎氏案，1905年12月，工部局捕房以拐卖人口罪拘捕黄黎氏，在会审公廨中，英副领事无视中国主权，引起上海民众愤怒，领事团遂命各国出兵弹压，后中国地方官被迫妥协。

战前日本在华中的另一个军事基地就是武汉。1911年，辛亥革命爆发后，日本政府向华中增派部队，伺机干涉中国内政。12月22日，内田外务大臣致电上海总领事有吉明：将派久留米师团500名陆兵前往汉口，希望该部队在上海换船时给予便利。① 两天后即12月24日，内田又命有吉明转电驻北京公使及汉口总领事，称已向派往汉口之华中派遣队司令官发出命令，要点如下。

> 该司令官在汉口指挥其所属部队，负责保护帝国领事馆及帝国臣民，且于必要时，应为维护帝国权益而努力之。为此，遇事应与我有关领事随时协商。为处理在执行任务时所发生之外交事务，应经常与帝国驻清公使保持联系。关于上述帝国领事馆及臣民之保护，按目前状况，应限制在汉口地区范围以内（包括汉阳和武昌），但在第三舰队司令官要求接替陆战队或发生其他必要情况时，亦得向上述地区以外派出部队。关于汉口及其附近地区之防务，应由当地陆海军将校中之级别最高和资望最老者掌管。在与各国军队采取共同行动时，应在不违反和衷共济之原则范围内，尽力设法将联合指挥权掌握于我方手中。②

武昌首义时，革命党人已明确宣布"伤害外人者斩，保护租界者赏"，但各国领事仍推日本驻华第三舰队司令川岛令次郎为总指挥，以保护租界为名，联合对革命党人进行武力威胁。各租界义勇队频频出动，江面上军舰升火待发。为进一步干涉中国革命，俄国派出陆军277人，英国派出162人，日本则按计划派出500人。1912年初，这批日兵抵达汉口后，立即在日租界外围划地建房，辛亥革命后仍常驻不退。

此外，日本政府还将炮舰派往重庆，长年驻泊于租界附近的江面上。1925年，重庆日租界内成立"帝国炮舰海员俱乐部"，作为水兵寻欢作乐的场所。由于有日本政府的炮舰政策撑腰，华中日人肆意违反租界章程，欺凌中国百姓，气焰十分嚣张。

祸乱中国的大本营

1911年武昌起义后，清军第八镇统制张彪逃到汉口刘家庙，派人到

---

① 〔日〕外务省编纂《日本外交文书·清国事变（辛亥革命）》，日本国际联合协会发行，1961，第67页。

② 〔日〕外务省编纂《日本外交文书·清国事变（辛亥革命）》，日本国际联合协会发行，1961，第68页。

日租界，与日本顾问寺西秀武筹划镇压计策。寺西建议张彪诈称响应革命，率军入宾阳门，袭取鄂军都督府所在地，未果，又策划由张取代黎元洪，破坏革命。这两个阴谋虽未得逞，却暴露出日本希图控制中国的险恶用心。

1915年5月9日，袁世凯被迫接受日本灭亡中国的"二十一条"，消息传出，国人视为国耻，而汉口日租界的日人竟举行灯会，狂欢庆祝。武汉民众闻讯，义愤填膺，有人向日本商店投掷石块，砸碎丸三药店和思明堂药店的玻璃窗，4名日人受轻伤，1名重伤。日本总领事借此大做文章，夸大事实，硬说受损行店达17家，要求赔偿受伤慰问金14万元，并惩办地方官吏及"凶手"。结果，湖北督军向日方妥协，除道歉、赔偿医药费8600元外，还将夏口县知事张振声降职，汉口第五、第七警察分署长调离，惩办"滋事凶手"一事，因"无从查明"，才不了了之。

1923年"五九"国耻八周年时，武汉各界成立由学联发起，46个团体参加的外交后援会，宗旨是争取收回旅大，废除"二十一条"。6万群众在汉口老圃集会，决定对日经济绝交，不达目的誓不罢休。日本总领事十分惶恐，要求湖北督军萧耀南解散外交后援会，取缔抵制日货。6月12日晚，日领召开日租界居留民团会，决定召集义勇队，实行"自卫"。16日午后，一艘日本驱逐舰开抵汉口，有意向中国方面示威。在日本领事软硬兼施之下，萧耀南被迫于10月26日查封了外交后援会。

1927年4月3日，两名日本水兵乘人力车到日租界附近一家日本酒店，因少付车费，与车夫发生争执。水兵大冈胜芳猛踢车夫，酒店里的日人也一齐冲出助阵。双方扭打之际，日本水兵竟抽刀行凶，当场刺死一名中国工人，群众义愤难遏，抓住大冈胜芳等6名凶手，送往省总工会。日本总领事闻讯，急调机枪、步枪追杀群众，打死9人，重伤8人，轻伤无数。"四三惨案"发生后，日租界工厂、商店将华工一律辞退，概不付给工资，日本朝野掀起一股反华高潮。日本政府一面下令关闭汉口的工厂、商店、银行，一面调兵遣将，以汉口日租界为基地，加强对国民政府的武力威胁。4月14日，11艘日舰与英美等国军舰在江边摆成阵势，对武汉国民政府进行包围和封锁。1931年"四三惨案"了结时，南京国民政府不仅放弃了要日本道歉、赔偿、惩凶等要求，反而赔偿日本"损失"多达35万元。

1927年9月21日，一群中国士兵在日租界码头乘日本客轮赴长沙，遭日本水手拒绝。当一名军官与日水手交涉时，该日轮负责人一面暗中通知日本总领事署及附近日舰，一面请武汉卫戍司令部派兵前来弹压。卫戍司令李品仙闻讯派兵20名前往日租界，竟遭日军阻止。连副被日人击毙，士兵两人被打死，士兵及码头工人数人受伤。事件发生后，日本总领事借口"误会"，威胁"不致因此小事，妨碍中日邦交"，最后竟议定由两国共同负担死伤抚恤金，日领事派员向卫戍司令部道歉，卫戍司令部也须派员到日领署慰问。

1931年九一八事变后，日本加紧侵略中国，而武汉民众对待日本居留民，始终保持和平态度。汉口当局为避免误会，一面严密防范，以免发生不幸事件，一面对于日本居留民加以特别保护，在接近日租界及日侨住居的任何地方，不准民众开会或学生游行，并在各该附近地点，密布军警，严防一切滋扰。而善操华语之居留民、日本军人及浪人时往鄂省内地，刺探军情。如1931年10月10日晨，日本陆军武官森冈，率同警备员二人，衣中国长服，视察平汉铁路及大智门江岸两车站情形，下午又乘小汽船至武岳铁路徐家栅车站一带视察。1931年10月22日晚，有日人二名，衣中国长服，同至长江旅馆开房住宿，彼等均操华语，并自称一为福建人，一为浙江人，嗣经发觉其为日人，始离旅馆而去。同年10月23日晚，汉口新市场（游戏场）忽来日人二名，一衣西服，一衣学生服，向该处宪兵探询军事情形，迨目的破露，始行他去。以上各案，均经武汉警备司令函请日领事制止有案。① 九一八事变以后，日本派赴汉口军舰多至七八艘，时放探照灯，逡巡沿江上下，陆战队、警备队及义勇队约1500名，均全副武装，有大炮、步枪、机关枪、飞机、铁甲车等新式武器，并在南小路及大正街筑沙袋堡垒20余座，又在各重要地点日人住宅楼上，架设机关枪及其他武器，甚至越界在兴元街马路中心，由六国坟地至码头一带安设电网，致一切车辆不能通行。又，日人往往在夜间举行如临大敌之陆海军会操，致居民大为惶恐，对于居住日租界或经过该界之华人，均无端加以检查，至于日人在马路殴击华人而日警不加制止等事，实为数见不鲜。②

经济掠夺中心

1868年，日商田代源平在上海开设"田代屋"，售卖陶瓷器，兼营旅馆，成为沪地首家日本商店。继"田代屋"之后，日本人在沪商业活动

---

① 参见顾维钧编《参与国际联合会调查委员会中国代表处说帖》，台湾文海出版社，1974年影印版，第171页。

② 参见顾维钧编《参与国际联合会调查委员会中国代表处说帖》，台湾文海出版社，1974年影印版，第172页。

逐步展开。1880年，在总领事品川忠道指导下，广业洋行、三菱汽船上海分公司、三井物产上海分公司和津枝洋行等在上海成立了上海商同会，这是日人在上海的第一个商业联合组织。"一战"以后，日本在沪资本迅速扩展，以棉纺织业为例，八大纺织系统先后打入上海，到1925年，共办厂29家。① 1930年，增至33家，纱锭总数占中外纱厂的27%以上。② 此外，日人在沪金融业也很发达，住友银行、台湾银行等控制了1917年、1918年中国全部的对外借款。截至1931年，日本在沪投资达2.15亿美元，占全上海外贸的20.4%，比1914年增加了6倍，日资势力已超过美国，某些方面甚至超过了英国。③ 九一八事变后，全市80%以上的日资工厂关闭，许多日人离沪返国。1931年10月11日，留沪日侨举行第一次全体大会，要求"为杜绝不法而横暴的对日经济绝交，应立即断然采取强硬而有效的措施"。④ 会后，数千日人在北四川路游行，与上海市民发生严重冲突。1932年一二八事变后，上海居留民团内部特设"复兴资金部"，外务省拨款500万元扶持濒临倒闭的日本企业。经过几年恢复，至1936年，日本在沪总投资达4.7亿日元，占日本在华（不包括东北）资本的51%。⑤ 上海成为日人掠夺中国资源、倾销商品的重要地区。

汉口日租界开辟后，日人遂以租界为中心，加强对周围地区的掠夺和控制。1905年，日本在汉洋行已达43家，其中20家设在英租界，如日清汽船株式会社、三井洋行、吉田洋行、大安洋行、富士洋行、武林洋行、斋藤洋行、高田洋行、日本邮船会社、铃木洋行、隆泰洋行、三信信托公司等。法租界的日商洋行有三菱洋行、大仓洋行、古河洋行、大茂洋行、嘉泰洋行、瀛华洋行以及大同矿业会社等。⑥ 因日本国内急需棉花，洋行派出大批商人，直接到各产棉区收购棉花。过去汉口以茶叶输出为主，被称为"茶之汉口"，后来竟变成了"棉之汉口"。日本洋行在收购棉花的同时，又把大批洋布、洋纱推销到广大乡村，使土布业濒于破产境地。此外，日人还在汉口开设了许多银行，大量吸收公私存款，并以贷款

---

① 唐振常主编《上海史》，上海人民出版社，1989，第522页。
② 〔日〕樋口弘著《日本对华投资》，商务印书馆，1959，第35页；另据严中平《中国近代经济史统计资料选辑》，科学出版社，1955，第135页。
③ 刘惠吾主编《上海近代史》下册，华东师范大学出版社，1987，第22页。
④ 〔日〕信夫清三郎编《日本外交史》下册，天津社科院日本问题研究所译，商务印书馆，1980，第568~569页。
⑤ 吴承明著《帝国主义在旧中国的投资》，上海人民出版社，1995，第157页。
⑥ 〔日〕《支那省别全志》第9卷（湖北省），第30~32页。

为手段，摧残兼并中国企业，使许多工厂负债累累，被迫关闭。在日商经营过程中，领事的作用十分重大。因经营违禁品往往在舆论上带来不利，领事一面以裁判权加以庇护，一面为顾全根本利益起见，只让中小洋行经营吗啡之类毒品，而军火类货物则由几家与中国官方有联系的洋行经营。在汉口日租界，日人既私贩枪支弹药，又贩卖鸦片、白面、红丸等各种毒品，被当地人视为走私、贩毒的大本营，以致汉口土话"下东洋界去呵"，成了从事肮脏勾当的同义语。[①] 为使日商步调一致，减少同业间磨擦，领事还组织行业公会，建立企业协作组织。如"金曜会"即由三井、三菱、东棉、日信、正金、台湾、东亚海运、日本邮船等十余家洋行组成，每星期五在日信洋行餐厅由领事主持聚会，或讨论时局，或研究中国政治经济，或商讨如何对付排日风潮等。经过几十年的"经略"，汉口日租界成为日本在中国腹地经济掠夺的中心。

---

① 扬铎：《汉口外国租界的产生和收回简述》，《武汉文史资料》第1辑，第236页。

第五章　领事裁判权（上）

一　领事裁判权与治外法权

领事裁判权，即一国人民至他国经商旅行，不受所在国法律支配及所在地法院管辖，而由其本国领事用本国的法律来管辖。中古时期，各国言语习俗互异，一国政府欲管理他国人民殊感困难，彼此互认享有此权，绝不以为侵犯主权，此即属人主义盛行时代。迨至近世，国际交往日渐繁多，国家主权之说创行于世，于是将属人主义一变而为属地主义。凡在本国境内的居民，不论籍隶何国，概受所在地法律支配及法院管辖，内外人民，一律平等。直至20世纪三四十年代，列强对于中国，犹借约保留此权，使其本国人民不受中国司法管辖，或者把司法管辖扩大到中国疆土，严重侵犯了中国主权。

近代，远东各国的领事裁判权制度，建立最早、废除最晚、受害面积最大、人口最多的即为中国。① 关于领事裁判权，中国历史上曾有过平等互惠的先例。比如1689年的《尼布楚条约》，② 以及1871年的中日《修好条规》。不平等的领事裁判权制度，则可追溯到1843年的中英《五口通商章程》和1844年的中美《望厦条约》。后一条约，开创了一百年来西方国家在中国享有领事裁判权的内容，有关条款如下。第十六条，遇有合众国民拖欠中国人债项，后者应通过领事追偿；遇有中国人拖欠合众国公民债项，后者应通过中国地方官追偿。第二十一条，中国民人对合众国民人犯有任何罪行，应由中国官员照中国法律拿捕治罪；合众国公民如在中国犯罪，只能由合众国领事或为此授权之其他官员照合众国法律审讯治罪。第二十四条，倘遇有中国人与合众国人因事相争不能以和平调处者，即须两国官员查明，公议察夺。第二十五条，合众国民人之间在中国因财产或人身权利涉讼，由本国政府官员讯明办理。合众国民人在中国与别国

---

① 参见〔美〕L. T. 李著《领事法和领事实践》，傅铸译，商务印书馆，1975，第216页。
② 参见〔美〕L. T. 李著《领事法和领事实践》，傅铸译，商务印书馆，1975，第215页。

民人因事争论者,应查照各本国所立条约办理,中国不得过问。① 除英美两国外,中国还分别与其他十余国签订了含有类似规定,或者根据"最惠国待遇"条款而具有类似效力的条约(见表5-1)。

表5-1 列国取得在华领事裁判权表

国 名	订约年月	条 款
英 国	咸丰八年(1858年)	第十五款
法 国	咸丰八年(1858年)	第三十八款及第三十九款
美 国	咸丰八年(1858年)	第十一款
俄 国	咸丰十年(1860年)	第八款
德 国	咸丰十一年(1861年)	第三十七款
荷 兰	同治二年(1863年)	第六款
丹 麦	同治二年(1863年)	第十三款
西班牙	同治三年(1864年)	第十二款
比利时	同治四年(1865年)	第二十款
意大利	同治五年(1866年)	第十五款及第十六款
奥地利	同治八年(1869年)	第三十九款及第四十款
秘 鲁	同治十三年(1874年)	第十三款及第十四款
巴 西	光绪七年(1881年)	第十款
葡萄牙	光绪十三年(1887年)	第四十七款及第四十八款
日 本	光绪二十二年(1896年)	第二十款至第二十二款
墨西哥	光绪二十二年(1899年)	第十四款及第十五款

资料来源:根据林泉编《抗战期间废除不平等条约史料》,台湾正中书局,1983,第57~58页、第121~123页整理制作。

时美国驻华公使查尔斯·登比曾形容说,缔结这些条约的结果是,"在凡有外人聚居的地方设立国中之国"。② 更具体地说,造成了下列情况。一、不涉及外国人的争端由中国法院按照中国法律审理(会审公廨所受理的案件是这条一般原则的例外);二、同一条约国的两个或两个以上的国民之间的争端,由该国的领事法庭或其他法庭审理,应用该有关国

---

① 参见〔美〕L. T. 李著《领事法和领事实践》,傅铸译,商务印书馆,1975,第216~217页。中文条款参见王铁崖编《中外旧约章汇编》第1册,三联书店,1957,第51~57页。
② 〔美〕L. T. 李著《领事法和领事实践》,傅铸译,商务印书馆,1975,第217页。

家的法律；三、不同条约国国民之间的争端，不由中国法院解决，而由各该有关国家当局按照其有关法律和彼此之间的协定解决；四、非条约国国民与条约国国民之间的争端，在后者为被告时，由各该有关国家安排解决。非条约国国民为被告时，案件由中国法院管辖；五、所有当事人都是非条约国国民的争端，或者非条约国国民作为原告诉中国被告的争端，都由中国法院按照中国法律解决；六、中国人和条约国国民之间的争端，由被告所属国的法院解决，应用被告所属国的法律；七、中国警官可以逮捕外国人，但必须将条约国国民移交其本国主管当局或给予该外国人保护的国家的主管当局。①

1896年，日本于中日《通商行船条约》内获得片面领事裁判权，后经清政府一再交涉，日政府曾在1903年中日《通商行船续约》第十一款内承诺，在一定条件下，"允弃其治外法权"。日本所谓之"治外法权"，是否一般所称之领事裁判权？揆诸近代中国报章，两者亦经常混杂使用。领事裁判权与治外法权本为一物，还是另有分别？以下从国际法的角度来考察。

根据日本国际法学家的普遍看法，外国人原则上应受其当时所在国家的管辖，但作为例外，而被承认免受这种管辖，这就是治外法权。根据享有治外法权者身份的差异，日本法学家认为，治外法权的内容也不尽相同。

(一) 外交代表的治外法权

这是治外法权中最普遍和最重要的一个方面。

1. 司法管辖豁免权

（1）刑事管辖。外交代表免受驻在国的刑事管辖，即使有违反刑法的行为，驻在国也不能对其本人进行起诉或处罚（但可临时拘留），只能要求其本国召回或对其本人下驱逐令。（2）民事管辖及行政管辖。外交代表原则上免受民事和行政管辖，但有下列情况之一者例外。①在驻在国拥有不动产；②以私人身份作为遗嘱执行人或继承人；③从事私人的专业或商务活动。在上述①②③项的情况下虽允许强制执行，但必须以外交代表的人身及住所的不可侵犯为条件，因此实际上是相当困难的。（3）免除作证。外交代表在刑事诉讼和民事诉讼中免除以证人身份作证的义务，但有自愿作证的自由，而且当本人成为诉讼当事者时，不得免除作证的义

---

① 〔美〕L. T. 李著《领事法和领事实践》，傅铸译，商务印书馆，1975，第217～218页。

务。(4) 豁免的失效。外交代表享受豁免,是对驻在国的"司法管辖"而言,而不是对"法令"本身。换句话说,驻在国的法令也潜在地适用于外交代表。因此,对外交代表在任期内的私人犯罪行为,可在其失去外交代表身份之后进行起诉和处罚。另外,外交代表不能享有免受其本国(派遣国)的管辖的特权。

2. 行政管辖豁免权

(1) 警察管辖的豁免权。外交代表免受驻在国的警察管辖,即使违反警察规则也不受强制处分。作为驻在国只能采取与违反刑法时所采取的同样措施。(2) 免纳捐税。外交代表除间接税、继承税、资本税、印花税等若干例外外,免纳国家或地方公共团体征收的所得税以及其他捐税,而且在进口物品时,免除关税。(3) 免除服役。外交代表免除一切人的和物的役务,当然也免除征用、军事募捐和屯宿之类的军事义务。(4) 豁免社会保险。外交代表的私人仆役通常在一定范围内免除养老年金、劳动事故保险、健康保险、失业保险等驻在国社会保险规章中的义务。

(二) 领事裁判权

被承认拥有领事裁判权国家的国民,因为不受承认领事裁判权国家的法律(特别是司法管辖)的约束,所以也被认为拥有治外法权。

(三) 其他

除按照国际惯例承认外国军舰拥有近乎外交代表的治外法权外,按照条约的规定,在一定的范围内给予领事和国际组织的职员以及外国军队、外国军用飞机以治外法权的情形也为数不少。①

按以上日本国际法学者的观点,享有治外法权者包括外交代表、拥有领事裁判权国家的国民、外国军舰、领事、国际组织的职员、外国军队及外国军用飞机,范围十分宽泛。特别是主张拥有领事裁判权国家的国民也享有治外法权一点,则使治外法权扩大到漫无限制,换言之,即治外法权等于领事裁判权。

近代欧洲公法学者有的也抱持上述观点,他们认为,领事裁判权就是领事所行使的一种法权,这种法权行使的范围不在本国领土以内,所以叫

---

① 日本国际法学会编《国际法辞典》,外交学院国际法教研室校订,世界知识出版社,1985,第 599~600 页。

国家领土以外的法权，故将领事裁判权称为"治外法权"，自无不合。①

另一派欧洲法学家却不以为然，他们主张，领事裁判权只不过是条约所给予的一种特殊权利，与外交官、元首等所享有治外法权的性质根本不同。略举数点如下。

一、治外法权是国际公法上公认的原则，适用于世界各国，情形大概相同；领事裁判权的存在，则完全根据不平等条约，并非普遍的法律事实，所以只可称为国际公法上的一种例外。

二、治外法权为国际平等的互惠的权利，不论强国弱国，皆得享有；领事裁判权则为一国片面独惠的权利，只有强国对于弱国才能享受。

三、治外法权适用的范围极严，只有外交官、元首以及外国军队、军舰等可以享有；领事裁判权适用的范围则比较宽泛，不论商人、教士或是无业游民，只要隶属于缔约国家，都可享有领事裁判权的利益。

四、治外法权既为国际公法上划一的原则，故其适用时不必有何种的设备与规定；领事裁判权则迥然不同，除了领事自身行使裁判权外，还有各级外国法院的组织用以辅助领事职权的不逮。②

近代中国国际法学者多同意此派观点，否认领事裁判权等同于治外法权，并明确指出领事裁判权与治外法权实为两物，迥然相异，其不同之点详述如下。

一、治外法权，乃国际法上之原则，行于普通诸国；领事裁判权，系由条约之效力，乃国际法之例外。

二、治外法权，凡人与物，皆有不服从驻在国法律之权利，其范围极广；领事裁判权，不过裁判一事，不受驻在国之管辖，其范围极狭。

三、治外法权，基于国际礼仪便利起见；领事裁判权，由缔约双方协议而生。

四、治外法权，为平等之权利，无论国家之强弱文野，皆得享有；领事裁判权，为不平等之权利，以强国对于弱国，及先进国对于后进国始有之。

五、有治外法权者，以元首、外交官、军队、军舰等为限；而领事裁判权之适用，则只问是否为外国人民，无论其为商人、教士、流氓，均得享有领事裁判权之利益。

六、治外法权，为变动权利，凡军队、军舰于战时在中立国者，均须

---

① 参见吴颂皋著《治外法权》，商务印书馆，1929年11月初版，第29～30页。
② 参见吴颂皋著《治外法权》，商务印书馆，1929年11月初版，第32～33页。

卸去武装，暂时不得享有；领事裁判权，为不变之权利，虽在战时，于中立国之有领事裁判权者，仍得享有之。

七、治外法权，为消极的且受动的，故行使此权，不必用何种之设备，只驻在国不行使司法及征税等权足矣；领事裁判权，为积极的且主动的，故须有领事司理裁判，且设有各种制度（如俄法为三审制，英国为四审制）方始成立。①

看来，治外法权以国际公法为原则（军队、军舰等在战时不得享有治外法权，为国际公法之例外，国家灭亡，亦不能享有治外法权），至领事裁判权，非有特别条约，无由发生。故日本曾以1871年中日《修好条规》及1896年中日《通商行船条约》特别声明之，中国的在日领事裁判权，亦因中日《通商行船条约》而消灭。治外法权，除外国元首、公使、军队、军舰外，不得享有之，但公使之任命，非得驻在国同意不可，军队、军舰之寄寓外国者，亦非得其国允许，不能擅入其国境，故公使、军队、军舰之享有治外法权，亦须有一定要件，更何况普通人民。② 不过，要说治外法权与领事裁判权全无关系，也不符合事实。领事裁判权至少使旅居中国的外国侨民在一定程度上免除中国的司法管辖，这种免除虽然只是一种特权，但它确实具有治外法权的性质。因此，领事裁判与治外法权虽截然不同，但在特定时期，特定场合，在特殊历史背景下，经领事裁判权的媒介，二者又实为一物。这就是近代中国经常将两者混同为一的原因所在。近代中国每言撤销治外法权，其实是撤销领事裁判权，因为治外法权乃一种国际惯例，无从撤销。这一点，当时已有中国法学家提出质疑，由于约定俗成，只有在事实上予以默认。

二 日领与治外法权

从近代各国实践来看，领事在法律上的地位，与外交官（如公使、大使、全权大使等）所处的地位完全不同。外交官本身直接代表本国元首，间接代表本国国民全体，所以他是政府的特任官吏，其地位的尊贵与任务的重大，足以使他不得不享受一种特权。至于领事地位，既有"本职"与"非本职"的区别，则不是纯粹的官吏，换言之，领事既然不能称为外交官，则外交官在国际公法上所能享受的各项特免权利，领事当然

---

① 参见陈腾骧《领事裁判权阐说》，载于《东方杂志》第14卷第1号，第51～52页。
② 陈启天：《治外法权与领事裁判权辨》，载于《东方杂志》第12卷第7号，第5～7页。

不得享受。按近代各国领事条例，领事职务不外乎①保护本国侨民的一般利益，②保护本国工商业的利益，③监督及管理航务方面的各项事务，④办理侨民出境入境及注册事宜，⑤随时将外国的政治经济及商业状况报告本国政府等几项。即使领事官员经接受国的同意，准予承办某项外交事务，其领事的身份并未改变，不能因此主张领事享有外交特权及豁免。

近代日本在华领事名义上虽不是外交官，但只有通过外务省组织的外交官及领事官考试才有资格成为一名领事官，其升迁调遣，一切皆听命于外务大臣。因此，在行政关系上，领事无疑属于外交官系统。外务省同时还规定，驻华领事有权就有关事宜与中国地方政府交涉，就像使馆人员有权与中央政府交涉一样。根据领事官制，驻华领事不仅可以行使裁判权，而且因为行使裁判权的缘故，本身也变做一个享有治外法权者，并且可以行使警权，指挥军队，以管辖租界或其他势力范围内的一切居民。日领在中国实际上享有的非分特权，实有下列各端。一、免除中国刑事法权的管辖。中日条约上虽没有专款规定日本领事可以不受中国刑事法权的管辖，但事实上领事的待遇与公使相同，因此领事亦可享受此项特免权利。二、免除中国民事法权的管辖。此项特免权利，凡是行使裁判权的领事，大都可以享有。三、免除中国警察法权的管辖。这项特免权利当然不成问题，因为领事可以不受刑事法权的管辖，则当领事发生犯罪行为时，当地警察自然更无权加以干涉了。正因为如此，屡有领事损害中国主权行为的发生。四、免除中国财政法权的管辖。在中国，条约内虽只承认外国外交官可享受此项特免权利，但因驻华日领的地位早已变做外交官一样，所以在事实上亦可受到同样的待遇。前列四项特免权利，归纳起来，本构成外交官的治外法权，但因领事裁判权的存在，日领竟在事实上完全享受，这样的治外法权，不过是条约所给予的非分特权，只可视为一种畸形的事实，换句话说，必随领事裁判权的撤销而发生变更。

前已述及，一般领事不是外交代表，因而并无资格享受外交特权和豁免，但是他们的地位毕竟与普通人不同，因为他们是派遣国的代理人，并领有接受国发给的领事证书。因此按国际通例，领事也享有一定的特权和豁免。但与外交官比较起来，领事的特权和豁免是因时因地因约而异的。在领事可以要求的各种特权和豁免中，只有两条被普遍承认，即①领事个人及领事馆的不可侵犯性，②领事对执行公务时所作行为不承担一般法律上责任。[①] 鉴于领事的豁免是以职务性质为根据的，为使他们能顺利地执

[①] 参见〔美〕L. T. 李著《领事法和领事实践》，傅铸译，商务印书馆，1975，第238页。

行公务，就必须得到适当的保护及尊敬。1932年，在中国东北发生一起日本士兵无端殴打美国领事的事件，经双方交涉，日本政府接受了下述四个条件。一、肇事者应予开革并交军法审判；二、肇事者的上级即蜷宫少将应受纪律处分；三、日本驻沈阳代理总领事和该少将应拜访美国总领事，对殴打领事事件表示遗憾和歉意；四、日本驻哈尔滨总领事和军方代表应向被殴领事表示遗憾和歉意。美国国务院对日本政府所采取的上述措施表示满意，并指示驻东京的美国使馆向日方声明：美国政府希望达到的目的，是保证今后在同类场合对官方代表和其他人员的人身和尊严给予适当保护，鉴于行凶者已受到惩罚，这一目的已在本案中充分实现，因此，如果减免对蜷宫少将及其所属军官的纪律处罚，美国政府也并无异议。①一个月以后，在上海发生了类似的事件。美国副领事阿瑟·林沃尔特在陪同一个美国出生的中国妇女在街上找她的女儿时，被日本的"志愿兵"殴打，尽管领事持有美国外交护照、日本领事馆所发通行证和上海工部局的通行证。事后，日本政府向国务卿史汀生道歉，事件遂告解决。② 以上是两个美国领事人身受到侵害的例子。同样，领事的人身保护权被滥用的事件也经常发生。1934年南京日本副领事"藏本失踪事件"，就是一个很好的例证。

1934年6月9日上午，南京日本总领事馆田中副领事赴外交部，面告该馆副领事藏本英明突然失踪，要求周密搜查保护。至下午4时，田中又向外交部送达备忘录，略称："本馆副领事藏本英明于本月8日午后10时半只身出外，讵从此至今日午后，仍未归宅，请迅速周密搜查保护该员，并迅速将其结果通知"。外交部立即通知宪兵司令部暨警察厅，请其迅速侦查，务期着落。6月11日，外交部将宪警两机关调查情形，以备忘录通知日方，并派员面达政府重视此事之意，且告以已约束各报慎重登载，亦劝日方朝野持镇静态度，以免事件扩大。嗣以日方通讯，激昂其词，外交部又派员赴沪，向有吉公使传达重视之意。6月12日，日本须磨总领事往见外交部长，声明："藏本副领事失踪，迄今已阅三天，尚未寻着，本国政府认为中国政府保护不周，表示不满，其责任应由中国负之，故特训令本人严重要求中国积极索查，倘中国索查不出，本国政府仍保留其一切要求"。外交部长答称："责任问题应有界限，藏本副领事失踪原因不明，中国政府仅能以保护外侨或国民之程度，予以保护，此案中

---

① 参见〔美〕L. T. 李著《领事法和领事实践》，傅铸译，商务印书馆，1975，第305页。
② 参见〔美〕L. T. 李著《领事法和领事实践》，傅铸译，商务印书馆，1975，第305页。

国仍当继续索查"。6月13日，外交部接到已在明孝陵寻回藏本的消息，即派亚洲司司长前往警厅，与藏本晤谈。经该司长婉言安慰，令其说明原因，藏本方才启口承认：此系自己藏匿，图谋自尽，至其动机，恐有牵连，恕不奉告。司长察其似有难言之隐，婉嘱其绘出走失路线与藏匿地点，藏本且谈且绘，甚为详细。该司长旋将藏本由警厅护送至外交部，外交部当即通知驻京总领事须磨暨日使馆有野秘书，认明领回。翌日，日本须磨总领事代表本国政府，向外交部长道谢，并称一切疑云，一扫而空，中日交谊，益形亲睦等语。后又往晤亚洲司长，深致感谢。① 在藏本失踪期间，日本政府在无任何证据情况下，坚持要中国政府对藏本的失踪负责，并命驱逐舰"旭日号"及海防巡洋舰"津岛号"驶抵南京，以为威胁。后来发现失踪事件不过是"图谋自尽"，才默然作罢。时路透新闻社做出如下评述：

> 藏本先生被找到，从而使一出眼看着要成为悲剧的戏变成了一出滑稽剧，对此，每一个关心远东的人今天都大大地松了口气。②

在"藏本失踪事件"交涉过程中，日本政府虽"认为中国政府保护不周"，"其责任应由中国负之"，强调领事的不可侵犯权，但中国政府仍按国际惯例，声明"仅能以保护外侨或国民之程度，予以保护"。事实上，领事"不可侵犯权"的给予，在近代欧美国家中，大半当作一种国际优待的宽典，与治外法权没有一点关系。当领事在接受国发生私人行为时，接受国绝不能因此而承担诸如"保护不周"之类的责任。

领事的"不可侵犯权"，还有另一方面，即指领事馆的不可侵犯性。这种不可侵犯，是以领事个人的不可侵犯为前提的，虽然如此，它仍不能与外权相提并论。国际公法上只承认有使馆的外权，而没有领事馆的外权。使馆所以能有外权，不过是因为外交官本身先享有外权，所以不能不承认他的馆舍亦可不受所在国法律的管辖。从国际通例看来，一般政治犯也许可以利用使馆的外权而逃避当地法律的管辖。但就法理而论，使馆亦不应庇护政治犯，至于领事馆内不能庇护任何犯罪之人，世界各国，则一致公认。所以从国际公法说来，如果领事馆中发生庇护罪犯之事，所在国

---

① 秦孝仪主编《革命文献》第72辑《抗战前国家建设史料——外交方面》，中国国民党中央委员会党史委员会发行，第375~376页。
② 〔美〕L. T. 李著《领事法和领事实践》，傅铸译，商务印书馆，1975，第306页。

的警察应有逮捕罪犯之权。如此看来，所在国特别保护领事馆，不过是一种国家对外道德的义务，与承认外权，性质上完全不同。中国政府对1927年"南京事件"的处理，就是这种"国家对外道德的义务"的体现。

1927年3月24日，北伐军攻入南京城，混乱之际，美英日等国领事馆被袭，外侨家宅及财产多有损毁，造成所谓"南京事件"。事后英美法意日五国领事致武汉国民政府通牒，声明遵照本国政府训令，提出下列条件。一、对负责任之军队指挥官及关系者，全部适加处罚；二、国民军总司令应以书面道歉，书中应含有将来对于外人生命财产，无论以任何形式，均不为侵害骚扰之明白约定；三、赔偿杀伤及侵害之损失。[①] 4月14日，武汉国民政府分别对各国发表声明，表示愿意承担责任，赔偿领事馆等所受一切损失。[②] 其中对日声明，言辞极为恳切，内称："无论致成此种损失者是否为北方逆军或其他人等，但在中国区域内有一友邦之领事馆，业被侵害，则系已成之事实也"。"国民政府对于南京事件，深为抱憾。前得南京日本领事馆被侵害之消息时，即由外交部长以此意转达日本政府，兹特将其惋惜之意，重行申明。国民政府为负责之主治机关，自不能容许无论何人使用任何方式之暴动及风潮，以侵害外人之生命财产"。适值田中内阁成立，"主张强硬对华"，又因英美等国对南京政府持"静观之态度"，交涉暂停。[③] 1929年5月2日，南京国民政府外交部长王正廷关于解决"南京事件"致日本驻华公使芳泽照会，对于日本领事官及其他日本人所受之侮慢非礼，并其财产上之损失及身体上之伤害，以极诚恳之态度，向日本政府深示歉意。[④] 并承诺将依国际公法通行原则，对于日本国领事馆、日本官吏所受身体上之伤害及财产上之损失，从速予以充分之赔偿。[⑤] 可见，近代中国不仅承认各国领事馆享有"不可侵犯权"，并在事实上加以保护，而当此种保护出现不周致受损害时，则主动承担相应责任。但领事馆的"不可侵犯权"仍与外权有很大区别，否则，就不是"道歉"或"赔偿"所能了事的。

---

① 参见高承元编《广州武汉革命外交文献》，1930，第64~66页。
② 参见吴颂皋《国民政府废除不平等条约工作概述》，载于林泉编《抗战期间废除不平等条约史料》，台湾正中书局，1983，第443页。
③ 参见洪钧培著《国民政府外交史》第1集，上海华通书局，1930，第145、146页。
④ 参见洪钧培著《国民政府外交史》第1集，上海华通书局，1930，第165页。
⑤ 参见洪钧培著《国民政府外交史》第1集，上海华通书局，1930，第165页。

三 日本在华领事裁判权体系

近代,各国在华领事裁判权的范围,只限于部分案件,而不像普通审判机关,任何案件都可以审理。时各国审判,多取四级三审制,就中国而论,最高者为大理院,次为高等审判厅,再次为地方审判厅和初级审判庭。领事之兼司审判,不过在地方、初级两厅之间而已。一般情况下,民事诉讼,领事可自行审断,至刑事诉讼,仅轻罪归其裁判,重罪则不得为公判,只能预审。各国在华司法组织及程序,均有一定原则,表列如下(见表5-2)。

表5-2 各国在华领事法庭的司法组织及程序

国名	第一审	第二审及终审
俄国	有两种:一以领事为审判长,一以公使馆之首席译官为审判长,均有陪席官二员,由商人互选。	以公使馆书记官为审判长,陪审官二员,由公使就寄居之俄国人中选之。
英国	以领事为审判长,陪席者二员或四员,由寄居其管辖内之英人中选之,即所谓地方审判所。	高等审判所亦分第一审与第二审,专设于上海,推事及候补推事各一员,皆专务法官。
法国	以领事为审判长,陪席者二人,由寄居领事所在地之法国人中选之。	三千法郎以上之民事案件,或于各地法租界乃至中国任何地方发生之重罪案件,均以设在越南西贡、河内之法院为上诉法院,以巴黎法国大理院为终审法院。
美国	在华法院常驻上海,设法官一人,检察官、执达吏、书记官、委员各一人。法官由总统任命,任期十年。	法院相当于美国地方法院,第一审受理不属于各地领事法庭之民、刑案件,第二审受理各地领事法庭的上诉案件,凡不服法院判决,可上诉美国加州联邦巡回第九上诉法院,终审则为美国最高法院。

资料来源:《东方杂志》第14卷第1号,第53页;另参见梁敬錞《在华领事裁判权论》,商务印书馆,1930,第79~86页。

日本在华领事裁判权体制,在设立领事法庭、附设监狱、分级审理等方面,较之于欧美诸国,大同小异,但在诉讼程序、执行判决、司法协助等方面,自成体系,述之于下。

一般原则

日本在中国行使领事裁判权以被告主义为原则,这一点,和其他条约国一样,主要表现如下。

一、以日本人为原告和被告的民事事件的管辖,专属日本方面。依据:中日通商行船条约第二十条。

二、以第三国人为原告，以日本人为被告的民事事件的管辖，专属日本方面。依据：中日通商行船条约第二十条。

三、以中国人为原告，以日本人为被告的民事事件的管辖，专属日本方面。依据：中日通商行船条约第二十一条第一项。

四、以日本人为原告，以中国人为被告的民事事件的管辖，专属中国方面。依据：中日通商行船条约第二十一条第二项。

五、以日本人为被告的刑事事件，被害者为中国人或第三国人之场合，其管辖归日本方面。依据：中日通商行船条约第二十二条第一项。

六、以中国人为被告的刑事事件，被害者为日本人之场合，其管辖归中国方面。依据：中日通商行船条约第二十二条第二项。

七、以日本人为原告、以第三国人为被告的民事事件；以第三国人为被告，被害人为日本人的刑事事件，条约上没有明确规定，但一般依被告主义原则。在中国海关、邮务、盐务等官署服务的日本人，也按领事裁判权之关系处理，与其他日本人的地位并无不同。

八、领事裁判权中包含司法警察权，即领事裁判权行使之际，司法警察有搜索、逮捕及追踪权，换言之，日本人作为被告人或犯罪人，逃亡至中国内地，或隐匿于中国人的住居、船舶等处，日本的司法警察得行使追踪权。依据：中日通商行船条约第二十四条第一项。

九、依据中日通商行船条约第六条之规定，日本臣民有持正当旅券到中国内地旅行权。若旅行者未持旅券或违反法律规定时，须将其引渡给最近之领事官，中国地方官拘禁时，不得有虐待之处分。

十、关于日本行使领事裁判权的地域，以中国全土为原则。领事裁判权的机关、组织及权限、适用法规等，条约并无特别规定，由日本国自由决定。①

法律依据

1871年中日《修好条规》规定缔约双方皆有领事裁判权，但1896年中日《通商行船条约》缔结后，中国允弃在日本的领事裁判权，而日本则仍予保留。1899年日本政府制定《领事官之职务》，规定驻华领事官对于在华日人为被告之民事刑事商事案件，以及关于日人之非讼案件，得为当然法官，行使裁判权。同年颁布的《领事官职务规程》，规定了领事职务的一般范围。

---

① 参见〔日〕第六调查委员会学术部委员会编《关于治外法权惯行调查报告书》，东京东亚研究所，1941，第25~27页。

适用法律

日本现行民事、刑事、商事法律法令及章程于领事裁判的案件，皆适用之，但因诉讼性质不能适用时，得以敕令或外务大臣命令，另定适当办法。领事官得发布关于行政及警察事项的命令，并得以命令规定50元以下的罚金或拘役罚则。

诉讼程序

日本驻华领事官得以初审法院的资格，审理判决一切民事案件、破产案件、非讼事件和非重罪的刑事案件。领事官对于依法得处死刑，或无期惩役，或一年以上有期徒刑的重罪刑事案件，只能行预审权，不得判决。如被告有重罪嫌疑，须将被告分别押送管辖法庭审理，即：驻中国中部领事官所侦查之案，送长崎地方裁判所；驻东三省领事官所侦查之案，送关东地方裁判所；驻间岛领事官所侦查之案，送朝鲜清津地方裁判所；驻中国南部领事官所侦查之案，送台湾台北地方裁判所。关于领事人员判决后，上诉或最终上告的诉讼程序，与日本各法庭判决后，上诉或最终上告的诉讼程序相同。领事人员判决后的上诉程序，见表5-3。

表5-3　日本在华领事法庭的司法组织及程序

中国各地领事馆	初审	二审	三审
驻中国华中及华北地区领事馆：上海、汉口、天津、济南、青岛等总领事馆；张家口、南京、苏州、杭州、芜湖、九江、重庆、郑州等领事馆	重罪刑事案件，长崎地方裁判所	长崎控诉院	日本大理院
驻东三省领事馆：哈尔滨、吉林、奉天总领事馆；满洲里、齐齐哈尔、长春、铁岭、郑家屯、辽阳、安东、牛庄领事馆	重罪刑事案件，关东地方裁判所	关东高等法院	关东高等法院最终上告庭
驻间岛总领事馆	重罪刑事案件，朝鲜清津地方裁判所	京城复审法院	朝鲜大理院
驻中国南部领事馆（福建省、广东省、广西省及云南省）：福州、广东总领事馆；厦门、汕头及云南领事馆	重罪刑事案件，台北地方裁判所	台湾高等法院	台湾最高上告庭

资料来源：参见〔日〕日本外务省外交史料馆藏《在支帝国领事裁判关系杂件（含满洲国）》，档号：D-1-2-0-2。

司法领事

20世纪20年代以前，日本驻华总领事或主持领事馆的领事为当然法官。20年代初，日本开始在总领事馆设置专掌司法事务的司法领事。其中，奉天总领事馆设司法领事及司法书记生各2人，天津、上海、青岛、间岛等总领事馆司法领事及司法书记生各1人，到1941年，北京、张家口、济南、南京、汉口等总领事馆也添设司法领事及司法书记生各1人，广东领事馆添设副领事1人，作为司法领事。① 司法领事及司法书记生从日本现任司法官中选任，在行政方面受馆长的指挥监督，但在裁判事务方面，则脱离馆长管辖，单独执行职务，其管辖区域则依领事馆的管辖区域而定（详见表5-4）。

表5-4 1925年日本在华司法领事及管辖区域

司法领事官勤务地	司法事务职员数		管辖（依领事馆管辖区域）	
	领事	书记生	直辖	共同管辖
奉 天	2	2	奉 天	长春、铁岭、郑家屯、辽阳、安东、牛庄、吉林
天 津	1	1	天 津	张家口、赤峰、芝罘
青 岛	1	1	青 岛	济南、芝罘
上 海	1	1	上 海	南京、苏州、杭州、芜湖、九江、汉口、宜昌、长沙
哈尔滨	1	1	哈尔滨	齐齐哈尔、满洲里
间 岛	1	1	间岛（各分馆管辖区域除外）	间岛各分馆管辖区域
厦 门	1	1	厦 门	福州、汕头、广东
合 计	8	8		
备 考	芝罘由天津及青岛共同管辖，具体事件，由芝罘领事馆视便利自行决定			

资料来源：参见〔日〕日本外务省外交史料馆藏《司法领事关系事务杂件》，档号：M-2-1-0-32。

判决执行

关于民事、商事案件的判决由领事馆警官执行。短期拘役，在附设于领事馆的监狱执行；处罚刑期较长的犯人，须送往日本监狱监禁。罚金则由领事馆警察人员奉命征收。

司法协助

在华日本人犯罪逃往日本警察管辖以外地方时，须在该处外国官宪的

---

① 〔日〕第六调查委员会学术部委员会编《关于治外法权惯行调查报告书》，东京东亚研究所，1941，第46页。

协助下逮捕之。按当时约章，被告逃往中国内地时，由中国官宪协助逮捕，其逃往享有治外法权国专有租界或公共租界时，由该处官员协助逮捕。外国人（包括中国人）犯罪后逃入日本租界或铁路附属地时，或外国人在日本租界或铁路附属地犯罪时，日本官宪应依关系外国官宪的请求，将该犯逮捕解送。但此种日本与外国官宪间互相协助之事，尚不多见。但自1921年8月开始，中日两国民事诉讼开始有了共助案例。①

四　领事裁判权实施情形

近代日本在华行使领事裁判权，以领事职权所能审理案件，主要有轻微刑事案件、民事案件、非讼事件、公证登记及执行官事务，以及涉外事件等五大类。囿于篇幅，本节仅取1934年至1937年四年为断面，以窥领事在华裁判情形之一斑。

刑事事件

按日本刑法，刑事事件主要包括"刑法犯"及"特别法犯"两大类。"刑法犯"包含如下罪名：内乱阴谋罪、妨害执行公务罪、逃走罪、藏匿犯人及销毁证据罪、骚扰罪、放火及失火罪、关于溢水及水利罪、妨害往来罪、侵犯住居罪、侵犯秘密罪、关于鸦片烟罪、关于饮料水罪、通货伪造罪、文书伪造罪、有价证券伪造罪、印章伪造罪、伪证罪、诬告罪、猥亵奸淫及重婚罪、赌博罪、关于坟墓及礼拜地罪、渎职罪、杀人罪、伤害

---

① 据日外交史料记载，1921年8月25日，神户地方裁判所所长以原告畑野源一郎，被告日本邮船株式会社损害赔偿事件，致函中华民国外交部，请求委托中华民国地方官宪，协助讯问当地中国证人。9月30日，中华民国外交部复称：以神户地方裁判所请求中国法庭协助讯问证人，附送调查证据，请求书嘱为转发等因。当经本部函司法部查照办理。去后。现准复称：已分别饬令上海夏口地方审判厅按照原请求书所开各节，传案详讯，俟呈报到部再达。1922年4月，中华民国外交总长照会日驻华全权公使吉田称：此案证人冯汝森经饬吏会同公共租界会审公廨包探，依照原嘱托书所住址，前往协传。据该广兴利店主冯炽南声称，店中并无冯汝森其人，并未与日本人交易，无从讯问。1922年6月2日，江苏上海地方审判厅将协助日本神户地方裁判所讯问证人费用清单，共计大洋3元整，请日本公使转知神户地方裁判所代向当事人照数征收。神户地方裁判所后来将征收费用提交上海地方审判厅，因折合银两不足，后由日使馆补足。1925年8月3日，特命全权公使芳泽致币原，内称：1921年支那方面关于费用问题，提出以银两计算不足，日公使馆补足，送外交部。关于本件费用，由支那方面请求，经3年有余，不仅给对方会计整理上带来不便，也暴露我方官宪不负责任，结果体面上甚为难堪。请转达司法当局，将来尽速采取措置。〔日〕《司法共助关系杂件·各国间司法共助之部·日支间》大正十年，外务省外交史料馆藏，档案号：4-1-8-8-3-14。

罪、过失伤害罪、堕胎罪、遗弃罪、逮捕及监禁罪、胁迫罪、掠取及诱拐罪、侵害名誉罪、关于信用及业务罪、盗窃罪、强盗罪、欺诈及恐吓罪、关于藏物罪、毁弃及隐匿罪等。"特别法犯"指违反如下罪名及法规：馆令、兵器弹药取缔规则、吗啡可卡因等取缔规则、外务省令内关于阿片麻醉剂等取缔令、居留民取缔规则、在留禁止、铳炮火药类取缔规则、药品取缔规则、禁制品密卖取缔规则、邮政法、电信法规则、关税法、医师法、医师取缔规则、齿科医师法、外国流通货币等变造及模造法律、盐取缔规则、警察犯处罚令、治安维持法、兵役法、兵役法施行规则、陆军服役令施行规则、陆军召集规则、朝鲜烟草专卖令、外国外汇管理法等。

据资料统计，1934~1937年间，日领审理的"刑事犯"案件均超过百件以上，1936年多达136件。各领事馆内以上海领事审理案件最多，1934年为38件，1935年为36件，1936年为53件，1937年为17件。汉口极少，几年中仅有3件。"特别法犯"平均每年达200余件，1936年达344件。华中领事馆仍以上海领事审理案件最多，1934年为17件，1935年为15件，1936年为74件，1937年为101件。汉口几年内仅有8件。"满洲国"审理情形："刑法犯"1934年为973件，1935年1160件，1936年1233件，1937年991件；"特别法犯"1934年为447件，1935年539件，1936年544件，1937年582件（详见表5-5）。

表5-5 1934~1937年间日领审理的刑事事件

单位：件

年份	1934		1935		1936		1937	
领事馆	刑法犯	特别法犯	刑法犯	特别法犯	刑法犯	特别法犯	刑法犯	特别法犯
天津	23	93	26	145	22	121	65	102
张家口	0	0	0	0	0	5	0	4
芝罘	0	9	0	25	1	49	▲	▲
青岛	22	63	27	56	31	53	17	15
济南	2	4	1	11	5	23	▲	▲
上海	38	17	36	15	53	74	17	101
汉口	1	1	2	0	0	4	0	3
长沙	1	0	0	0	0	0	▲	▲
福州	1	0	4	0	0	0	▲	▲
厦门	18	0	21	7	23	12	12	8
汕头	1	0	0	0	1	3	▲	▲
合计	107	187	117	259	136	344	111	233

说明："▲"标记，系因中日战争未能统计。

资料来源：〔日〕英修道著《列国在中华民国的条约权益》，东京丸善株式会社，1939。笔者根据第90~91页表格整理制作。

民事事件

根据日本国内法，民事事件主要有：以人事为目的的诉讼、以土地为目的的诉讼、以建筑物为目的的诉讼、以金钱为目的的诉讼、以物品为目的的诉讼，及其他诉讼，共六大类。以人事为目的的诉讼包括：婚姻、离婚、同居并别居、养子、离缘、认知、身份确认、幼儿引渡、失踪、家财相续等。以土地为目的的诉讼包括：土地所有、土地占有、土地境界、土地买卖、土地妨害排除、土地让渡、土地引渡、土地返还等。以建筑物为目的的诉讼包括：建物所有、建物筑造、取除并修缮、建物让渡、建物引渡、建物返还等。以金钱为目的的诉讼包括：计算金、支付金、定金、保证金、证据金、利息金、违约金、债务金、分配金、赠与金、买卖代金、竞卖金、贷金、地价、佃租、房租、使用料、给料、赁银、报酬金、手续料、传习料、广告料、中介金、工事费、修缮费、入院、诊察、手术、药价、调剂料、移转料、征收金、运送并配达料、饮食料、宿料、委托、寄托、保管金、预金、积金、过渡金、保管费、利得金、损害赔偿金、补偿金、求偿金、慰藉料、扶助并补助料、分担或赋课金、和解金、出资金、缺损或损害金、股金、清算金、利益金、保险金、票据金、契约金、延滞金、让渡（受）金、转付命令金、买卖差损金、贷借金等。以物品为目的的诉讼主要是指物品的所有权之争、买卖之争等。其他诉讼主要有：商号、工业所有权、营业、所有权之争、共有权之争、抵当权之争、权利关系、契约之争、债权之争、债务之争、行为要求、相续财产、书类、破产、和解、登记手续、竞卖、强制执行、执行异议、公示催告、查封、临时冻结及临时处分等。

1934~1937年间，领事审理的民事案件，以金钱为目的的诉讼占大宗，多达666件，另审理以人事为目的的诉讼15件、以土地为目的的诉讼17件、以建筑物为目的的诉讼313件、以物品为目的的诉讼15件、其他诉讼1503件（详见表5-6）。"满洲国"审理情形如下。以人事为目的的诉讼：1934年为22件，1935年28件，1936年25件，1937年14件；以土地为目的的诉讼：1934年为34件，1935年38件，1936年53件，1937年111件；以建筑物为目的的诉讼：1934年为141件，1935年158件，1936年211件，1937年237件；以金钱为目的的诉讼：1934年为660件，1935年1143件，1936年1209件，1937年1109件；以物品为目的的诉讼：1934年为8件，1935年6件，1936年9件，1937年12件；其他诉讼：1934年为1347件，1935年2060件，1936年2818件，1937年2579件。

表 5-6 1934~1937 年间日领审理的民事事件

单位：件

领事馆		张家口	天津	青岛	济南	上海	芜湖	汉口	福州	厦门	汕头	合计
1934 年	人事	0	1	1	0	1	0	0	0	2	0	5
	土地	0	0	0	0	0	0	0	0	0	0	0
	建筑	0	5	18	0	54	0	0	0	9	0	86
	金钱	0	14	78	6	57	0	0	1	27	2	185
	物品	0	0	1	0	1	0	0	0	1	0	3
	其他	0	61	181	8	177	0	1	1	52	1	482
1935 年	人事	0	0	0	1	0	0	0	0	0	0	1
	土地	0	0	0	0	1	0	0	0	1	0	2
	建筑	0	7	11	0	59	0	0	0	15	0	92
	金钱	0	7	59	6	64	0	1	1	35	2	175
	物品	0	1	1	0	0	0	0	0	0	0	2
	其他	0	40	157	3	204	0	5	0	52	0	461
1936 年	人事	0	0	4	0	0	0	0	0	0	0	4
	土地	0	1	2	0	0	0	0	0	4	0	7
	建筑	0	10	5	0	53	0	0	1	23	1	92
	金钱	0	10	68	3	39	2	0	1	49	2	174
	物品	0	0	1	0	3	0	0	0	1	0	5
	其他	0	29	79	6	133	0	9	0	55	3	314
1937 年	人事	0	0	5	▲	0	▲	0	▲	0	▲	5
	土地	0	1	2	▲	2	▲	0	▲	3	▲	8
	建筑	0	7	3	▲	17	▲	1	▲	15	▲	43
	金钱	0	12	49	▲	29	▲	5	▲	37	▲	132
	物品	0	0	1	▲	3	0	0	▲	1	▲	5
	其他	2	122	5	▲	65	▲	8	▲	44	▲	246

说明："▲"标记，系因中日战争未能统计。

资料来源：〔日〕英修道著《列国在中华民国的条约权益》，东京丸善株式会社，1939。笔者根据第 91~94 页表格整理制作。

非讼事件

日领调解的非讼事件主要包括：民事非讼事件、商事非讼及户籍事件等几大类。民事非讼事件指：关于法人事件、关于财产管理事件、关于信托事件（信托事务的监督及信托财产的管理事件、受托者的辞任解任及选任事件、信托的解除事件、信托管理人事件）、裁判上的代位事件、保存供托保管及鉴定事件、隐居事件、废家事件、家财相续事件、亲族会事件、相续承认及抛弃事件、遗言的确认及执行事件。商事非讼事件指：竞卖的许可事件、会社的清算及书类保存者的选任事件、会社的役员选任、违反商法事件。户籍事件指：就籍及户籍订正事件、违反户籍法（令）等。

1934～1937年间，各地领事调解的非讼事件有：民事非讼事件67件、商事非讼事件19件、竞卖事件1件、破产事件4件、户籍事件279件（见表5-7）。"满洲国"调解之非讼事件如下。1934年：民事非讼事件45件、商事非讼事件21件、竞卖1件、破产5件、户籍2205件；1935年：民事非讼事件67件、商事非讼事件29件、户籍4451件；1936年：民事非讼事件95件、商事非讼事件40件、户籍8207件；1937年：民事非讼事件88件、商事非讼事件36件、户籍8946件。

表5-7　1934~1937年间日领调解的非讼事件

单位：件

领事馆		张家口	天津	青岛	济南	上海	汉口	福州	厦门	合计
1934年	民事	0	2	13	2	4	1	0	0	22
	商事	0	1	1	1	0	0	0	0	3
	竞卖	0	0	0	0	0	0	0	0	0
	破产	0	2	0	0	0	0	0	0	2
	户籍	0	25	8	0	21	2	0	0	56
1935年	民事	0	4	7	0	2	0	0	0	13
	商事	0	1	1	0	0	0	0	0	2
	竞卖	0	0	0	0	1	0	0	0	1
	破产	0	0	1	0	0	0	0	0	1
	户籍	0	32	12	0	31	0	7	2	84
1936年	民事	0	1	11	2	4	1	0	0	19
	商事	0	0	6	0	2	0	0	0	8
	竞卖	0	0	0	0	0	0	0	0	0
	破产	0	0	1	0	0	0	0	0	1
	户籍	1	27	0	1	35	3	4	5	76
1937年	民事	0	0	8	▲	5	0	▲	0	13
	商事	0	0	4	▲	2	0	▲	0	6
	竞卖	0	0	0	▲	0	0	▲	0	▲
	破产	0	0	0	▲	0	0	▲	0	▲
	户籍	0	42	0	▲	20	1	▲	0	63

说明："▲"标记，系因中日战争未能统计。

资料来源：〔日〕英修道著《列国在中华民国的条约权益》，东京丸善株式会社，1939。笔者根据第94~96页表格整理制作。

登记公证及执行官事务

此项职务包括监督宣誓、认同签字、讯问证人、确认官方或私人文件的副本和译本,以及证明任何需要领事签字和盖用公章的文件。领事执行这些职务,主要是为维护日本政府及国民的利益。1934~1937年间,各地领事办理登记公证及执行官办理事务如下:1934年7924件、1935年8385件、1936年6615件、1937年5451件。华中地区上海领事馆每年办理2000件左右:1934年2266件、1935年2638件、1936年2165件、1937年1906件。汉口领事馆每年办理100余件:1934年115件、1935年154件、1936年154件、1937年146件(详见表5-8)。

表5-8 1934~1937年间日领办理登记公证及执行官事务

单位:件

领事馆	1934年	1935年	1936年	1937年	备注
天 津	1070	1395	1189	1369	"满洲国"1934年29135件,1935年41822件,1936年43793件,1937年45473件。
张家口	0	0	6	0	
芝 罘	7	11	12	▲	
青 岛	3556	3019	2210	1894	
济 南	121	284	108	▲	
上 海	2266	2638	2165	1906	
苏 州	0	0	1	▲	
芜 湖	0	0	2	▲	
汉 口	115	154	154	146	
长 沙	0	0	1	▲	
福 州	30	23	64	▲	
厦 门	739	849	682	136	
汕 头	20	12	21	▲	
合 计	7924	8385	6615	5451	

说明:"▲"标记,系因中日战争未能统计。

资料来源:〔日〕英修道著《列国在中华民国的条约权益》,东京丸善株式会社,1939。笔者根据第96页表格整理制作。

涉外事件

1934~1937年间,各地领事办理许多涉外事件,统计如下。有关中华民国涉外事件:1934年80件、1935年79件、1936年94件、1937年105件;有关"满洲国"涉外事件:1937年1件(天津领事馆处理);有关英国涉外事件:1934年23件、1935年30件、1936年34件、1937年19件;有关美国涉外事件:1934年17件、1935年28件、1936年6件、

1937年8件；有关法国涉外事件：1934年5件、1935年9件、1936年5件、1937年3件；有关苏联涉外事件：1936年2件、1937年105件；无国籍事件：1934年1件；德国涉外事件：1937年1件；其他国涉外事件：1935年1件，1936年6件，1937年2件。① 各馆办理情形详见表5-9。

表5-9 1934~1937年间各地领事办理涉外事件

单位：件

领事馆	受理	1934年	1935年	1936年	1937年
天津	原受	0	0	1	1
	新受	6	6	14	8
	既济	6	5	14	5
	未济	0	1	1	4
	计	6	6	15	9
青岛	原受	1	0	1	3
	新受	20	5	3	8
	既济	20	4	1	8
	未济	1	1	3	3
	计	21	5	4	11
上海	原受	1	7	7	4
	新受	72	91	66	70
	既济	66	91	69	67
	未济	7	7	4	7
	计	73	98	73	74
厦门	原受	5	6	7	19
	新受	21	32	47	23
	既济	20	29	36	33
	未济	6	9	18	9
	计	26	38	54	42
汉口	原受	0	0	0	0
	新受	0	0	0	3
	既济	0	0	0	2
	未济	0	0	0	1
	计	0	0	0	3

① 〔日〕英修道著《列国在中华民国的条约权益》，东京丸善株式会社，1939，第97~99页。

续表 5-9

领事馆	受理	1934 年	1935 年	1936 年	1937 年
汕头	原受	0	0	0	0
	新受	0	0	1	0
	既济	0	0	0	0
	未济	0	0	1	0
	计	0	0	1	0
	合计	126	147	147	139

说明:"▲"标记,系因中日战争未能统计。

资料来源:〔日〕英修道著《列国在中华民国的条约权益》,东京丸善株式会社,1939。笔者根据第 99 页表格整理制作。

第六章 领事裁判权（下）

一 领事裁判权案例分析：华告日案例
——上海苏佑泰案

上海苏佑泰案是以华人为原告、日人为被告的刑事案，为民国建立后中外第一大交涉案。案件发生后，江苏都督令行上海地方法院按约办理，江苏司法署立派主理全省华洋诉讼事宜的姚之鹤驻沪参与其事。此案先由日本驻沪领事预审，后经日本长崎法院审理判定。华洋诉讼为中外条约所规定，惟诉讼手续及进行程序未有定章，此案公诉、惩凶、私诉、偿款、由领事署移送法院、由裁判所上诉控诉院，所有程序，为领事裁判权未撤以前华洋诉讼的一大成例。

民国初年，英商特而白在上海南京路12号开设商店，日人森山新太郎为该店雇员，负责烟账，华人苏佑泰也是该店雇员，专门售卖宝石。森山有意窃取宝石，遂于1912年4月中旬，设计欺骗三田光一及张贵之二人，约定由三田假扮日本来沪的宝石商，向特而白购买宝石，然后再转卖于某某，所得利益四人均分，云云。三田及张不知有诈，表示同意。4月21日，三田假装宝石商，在东和洋行旅馆约见森山及苏佑泰，商议于24日看货定约。从旅馆出来后，森山突然告诉三田，目下甚为忙碌，推迟一日看货。三田于是等待25日再去交易。

4月24日中午，森山假意与苏一同携货到东和洋行，在22号房间内等待买主。苏佑泰不知有诈，专心守候。森山趁苏疏忽，突用手巾将其勒死，将尸身藏于衣橱中，并将苏所持金刚石十数包及所带金链银表1个，银制烟匣插名片包、眼镜各1个，支票2张，当票10张，皮账夹2个，洋银10元，① 尽行夺取而逃。尔后，森山立将其父所存正金银行的存款取出，并骗取日商林关藏100银元。当日午后，森山又到友人黑田宽太郎处，伪称因店主之命有事赴乡间，骗取黑田手枪一支，自上海逃逸。

4月25日上午，东和洋行主向日本总领事馆报案称，扫除时，在衣

---

① 参见姚之鹤编《华洋诉讼例案汇编》（上册），商务印书馆，1915，第244页。

橱内发现尸体一具。同时，特而白也向领事馆报称，森山新太郎于日前外出，至今未归，苏佑泰亦于昨天携带金刚石等件，到东和洋行内贩卖，尚未回行等。领事馆立派警员多名，带同特而白前赴旅馆查验尸身，经特而白辨认明确系苏佑泰之尸，遂询问有无与森山相识之人。特而白答称，有三田其人，事前曾与森山往来，当即派员将三田寻获。旋至森山家内搜捕，知森山已经出逃，仅搜得本人照片，立即翻印多张，分派到各领事馆警察署，并电知南京、苏州、杭州各领事馆，四面搜拿。26日，接南京领事馆复电，知森山已由南京乘轮赴汉口。领事馆立即电知安庆、九江、汉口、芜湖等处，于轮船抵埠时捕拿。嗣接南京领事馆电称，27日在芜湖地方，将森山捕获，解至南京。30日，森山被转解上海，录取供词，张贵之也被一同拘禁。

此为日人所犯强盗杀人重案，照日本领事官职务规则，总领事只能预审，无权判决。5月11日，日本副领事冈本在秘密预审后认为，森山犯案，确有凭证，遂将案犯及卷宗送往长崎地方裁判所。直至5月15日，日领才致函上海交涉署，陈明案情始末。

惨案发生后，上海各界密切关注其结果。本案照约应由上海领事预审，上海地方厅届时派员前往观审。上海地方厅在得知案情后，遂开列观审员名单，并选任律师，预备到庭为原告辩护。未料，此案已由日本领事预审完毕，森山已被解回长崎审判。查日本刑法关于杀人罪，其重者处以死刑，轻者不过三年以下的惩役，罪名轻重颇有出入，而日本定例又不准外国律师在日本法庭辩护，故地方厅只有延聘日本律师在日本法庭辩护，以保裁判之公平。地方厅以为，在前清时代，地方官往往轻视人命，遇有外人残害中国人案件，未能按照内外法律竭力争持，故遇事每多失败。此案是民国成立后关系中国人性命的第一次交涉，若任放弃不问，将惹起外人轻视民国之心。地方厅筹度再三，决定在日本选请一位律师，在长崎裁判所出庭为原告辩护。地方厅将此意商之民政总长，总长极为赞成，并允此项延聘日本律师的费用及其他所需公费，均由民政总长如数照拨。[①]

5月20日，上海地方厅请交涉使电请驻长崎领事就近派员观审，并将该裁判所讯供详情电复。同日，交涉使转电驻日公使称：查日本刑事诉讼法，行使公诉权，应由检事代表国家施行，而被害者家属延请律师代理辩护，该诉讼法中亦并无规定不准条例。今据该案被害者家属苏振庭前来呈递诉状，诉称死弟佑泰惨遭日人森山等谋杀，劫夺值银巨万之钻货，并

---

① 姚之鹤编《华洋诉讼例案汇编》（上册），商务印书馆，1915，第246页。

于谋毙后将死者身畔之物掠走逃逸，誓当为死弟申雪奇冤，不达该日人偿命之目的不止。该凶犯罪情极为重大，与仅止杀害人命者不同，非处死刑不足以蔽辜。请照会长崎裁判所定期讯判之先，预先知会长崎领事，届期派员前往观审，不得未经知照，遽行判断。

6月8日，驻日外交代表复函称：关于延聘律师办理一事，已与华商总会商议，据云有一熟识律师米村义忠，系辞职判事，人极公正，对于华商所托之事，向来持平办理，名誉颇著。遂委托商界代表往访米村。据米村称，此案情节凶残，裁判者应持世界公义判处死刑，然无论如何亦系终身惩役之罪。又称，按日本刑法被害者由检事公诉，无延请律师之必要，如由被害亲族延律师担起私诉，向犯罪人要求损害赔偿，亦合法律。最后米村答允帮忙，酬金为第一审自地方裁判所第一次公判至判决止送金30元，第二审自控诉院开审至判决止送金20元，提起附带私诉，要求损害赔偿及抚恤等项银数在3000千元以下，酬金50元，3000元至5000元加费20元，如不止此数，每千元照加费10元。赔偿抚恤金收领之后，照数抽十分之一为律师报酬金。

6月8日，苏佑泰之父苏如轩委托日本律师在长崎地方裁判所提起附带私诉。6月12日，上海地方厅将苏如轩盖有指印的委任律师状，转送驻沪日总领事加给证印，以凭代诉。该馆副领事诡称：此案既由民国官厅证明该委任状为合例，发给该证明书办法正当，自无须日总领事签字；况查该证明书上有森山等三人共谋毙命一语，与领署预审判决终结书报告森山供认独谋一节不符；又抚恤银两一语，依照日本刑事诉讼法第二条，亦非适法。遂借口总领事不在，拒不照办。13日，地方厅将该证书内日领署指明不合之处逐项改正，另填一纸，仍请日总领事加给证印。次日，驻沪日本总领事始加印证明：

  今证明本书之捺印系是上海地方审判厅之印
  明治45年6月14日
        在上海大日本帝国总领事有吉明印①

6月29日，长崎地方裁判所开庭。中国驻长崎冯、杨两领事偕王万年通译前往裁判所观审，位次在判事后方，在日华商六七十人参加旁听。上午11时半开审，长崎地方裁判所刑事法庭裁判长判事佐野常伦、

---

① 姚之鹤编《华洋诉讼例案汇编》（上册），商务印书馆，1915，第267页。

判事古庄虎雄、立石种一，检事平山正祥，裁判所书记天野四郎到庭。森山新太郎辩护人丸毛兼通，三田光一辩护人小川寅六，张贵之辩护人石桥友吉，民事原告代理人米村义忠出庭。照例先由裁判长讯问强盗杀人犯森山新太郎、同案犯三田光一及张贵之住址、事业并有无前科等情，各犯按次答讫，裁判长问及森山新太郎如何诱苏佑泰至东和洋行图骗宝石等情，新太郎均一一直认不讳。继讯三田光一、张贵之两人，均供初为新太郎所欺，以为有利可图，嗣恐其中有诈，故迫新太郎将主客两商唤至东和洋行，当面交易，以防其奸。至于谋杀苏佑泰一事，则毫不知情云云。于是检事官乃起立宣告：森山新太郎勒死苏佑泰证据确凿，且自认不讳，应处死刑；三田光一及张贵之诈欺事件证据不足，应宣告无罪。

庭间，辩护人丸毛为森山新太郎辩论时，竟称"被告性质温良"，其"行凶之原因，佑泰实居十分之七"，辩词如次：

> 查被告为森山佐吉之养子，依其养父之所申告及同人之预审调查，则被告性质温良，尽孝行于父母，此次之事，实出意外。又依被告之素行调书，亦复向无恶行，与其养父之言一致。故被告之性质温良决无疑义。若不然，则对于本件何以不虚构事实，希冀免罪？照本件记录，被告自始以迄于本庭无不自状其犯罪事实，毫无隐蔽，此亦可推定被告之无恶性也。然则何故犯强盗杀人之大罪，是全出于他人之诱惑，遂之堕落，被告虽不明言受诱，实无疑义，实因出入妓楼，沉湎酒色，其结果遂生恶意，将苏佑泰杀害，其杀意实起于瞬息之间。……被告于进退维谷之际，受佑泰百方胁迫，遂至因激动而为行凶，其被告行凶之原因，佑泰实居十分之七也。又，当时有革命之乱，上海方面杀气掩蔽，且支那人为外国人所轻视，此被告所述当时之实况，于此场合失于过激，亦所不免。①

各辩护人论辩后，裁判官复询各被告对于辩护人所论是否同意，三人皆点首称是，判官乃宣告第二次审判定7月4日开堂，于是刑事案止审，张贵之当即保释在外候讯。

7月4日，长崎私诉审理。中方延聘律师米村义忠提出私诉，森山仍托丸毛代辩。

---

① 姚之鹤编《华洋诉讼例案汇编》（上册），商务印书馆，1915，第282~283页。

判官问：苏如轩有财产乎？

米村答：无之。

判官问丸毛：贵律师信之乎？

丸毛初答：颇信其无。继而又曰：未敢遽认。

判官复转问米村：苏如轩尚有长子，照例应有养老之责，岂苏佑泰为财产相续人乎？

米村答：是否相续，尚未确知，中国习惯，诸子对于父母均有扶养之责，佑泰之兄，境遇不佳，无余力独养其父，故由佑泰养之，佑泰所入年约千五百元，以三百元供养其父，今佑泰既被害，如轩年已六十，不能自为生活，故控偿耳。

判官问：佑泰在德高洋行有工金乎？

米村答：无之，渠业捕客，年中所得好处约有千五百元之数耳。

判官问：何以知之？

米村答：有上海地方审判厅证书，复经日本领事印证。

判官问：可以提出堂上乎？

米村答：该证书不大合式，故不便提出。

判官问：丸毛律师有话乎？

丸毛答：森山似欲有言，何不讯之？

判官乃问森山，森山称：佑泰在德高洋行月薪25元，其父颇有资产，兄亦非穷汉云云。

判官问丸毛：君意应赔偿否？

丸毛答：慰藉金则可，扶养金则不可。

判官问：为数几何？

丸毛答：凭堂上作主可耳。

判官转问检事：有何意见？

检事答：慰藉金应定千元，扶养金则由判官酌办。①

问答毕，判官宣布私诉于7月9日裁判，遂退堂，时已午后2时。森山、光一两犯由警官加以手镣仍带回狱。至9日开庭，主任判事出庭后，宣告森山新太郎判决终身惩役，三田光一、张贵之无罪释放。又，被害亲族苏如轩要求赔偿，判犯罪人出慰藉金700元。语毕改审他案，犯罪人及所延辩护士均未辩论而退，上诉期限，法定判决后五日内提

---

① 参见姚之鹤编《华洋诉讼例案汇编》（上册），商务印书馆，1915，第273~274页。

出，过时无效。

7月18日，苏如轩等以偿金太少提出上诉，要求判被告赔给原告日金5000元，并由6月29日至判决执行终结之日止，加给周息5厘的损害。10月16日长崎控诉院开庭，王万年通译到院观审。先由警察押解森山新太郎到堂，裁判长询问米村律师上控理由，并问有无紧要证据，米村乃呈相关证据，并声明地方裁判所处断太轻，要求仍饬被告向原告赔偿慰藉金3000元，又财产损失金2000元，合计5000元，另加利息。裁判长询问森山态度，森山答称愿赔慰藉金若干，惟三千金未免太多，拟请酌量轻减，至财产损失，则不肯担任，因苏佑泰虽死，苏如轩尚有长子扶养。裁判长听后，问森山：汝有财产乎？答：无之。又问：汝父有产乎。亦答：无之。裁判长问：然则所赔之数，若何料理。被告默然。米村律师从旁对被告曰：汝允认赔偿，则此案便可了结，否则终无了期。此时米村与判官及被告再三问答后，被告乃允赔偿慰藉金2000元，财产损失1000元，合计3000元，并问判官堂费是否在内，判官答以为数甚微，嘱其不必计较，随宣布18日判决，被告仍由警察押送回狱。①

1912年10月21日，长崎控诉院裁判所判决文如次：

> 被告新太郎对于民事原告人须支付金2300元，及自明治45年6月29日至判决执行毕年利五分之损害金。民事原告人其他之请求驳回之，原审及本审之私诉费用五分之三被告负担之，其二民事原告人负担之。②

至此，民国第一案了结。杀人凶犯仅被判决终身惩役，并赔偿区区两千余金。而就在此案发生的前几年，广东省有一起华人戕毙日人案，其结果与此案可谓霄壤之别。

1905年初，广东省潮州府澄海县内有人将潮汕铁路公司所雇日本工匠二名戕毙。松井领事当即遵照日本外务省训条，向地方官索加条款六项：一、所有乱民务须从速严行惩办，但拿获凶犯行刑时，应派日本官员到场会同监察；二、此次滋扰，地方各官责无旁贷，均须予以参处；三、所有日本人于其生命财产受此亏损务须秉公补偿；四、所关乎路工事宜所受亏损务须补偿；五、为防日后再肇事端，嗣后再有阻碍路工或扰害

---

① 参见姚之鹤编《华洋诉讼例案汇编》（上册），商务印书馆，1915，第309~310页。
② 参见姚之鹤编《华洋诉讼例案汇编》（上册），商务印书馆，1915，第310~311页。

在工各项人等情事即当从严拿办；六、将惩办情形出示晓谕，并由该省督抚饬令各该地方官等将一切路工以及在工各项人等妥加保护。① 经双方交涉，恤偿两款共赔日人21万两银，方为了结。

将前述两案相对照，参与上海苏佑泰案交涉的姚之鹤深有感触地说：

> 澄海乱民戕毙日人，本普通洋诉华之刑事案耳，公诉惩凶，私诉偿款，办法如是而已。今检阅日使竟要挟六款之多，而六款之中，除第一款惩办凶犯为当然之手续，即行刑时派员监察，亦已成中外国际间之惯例，第三款要求偿恤，尚不越公诉私诉范围之外，第六款将惩办情形出示晓谕，为防患未然之计，均属题中应有之义外，其第二款参处地方官，完全为吾国内政自主之权，第四款补偿路工，第五款代华民要求偿恤，阳示见好华人，而实已移诉讼于交涉范围之内矣。外部认定惩凶偿款为办理本案之归结，而于肇事地方官薄与惩处，以为敷衍外人之计，犹为应付得宜者也。至私诉偿款至二十一万元之巨，工匠身价如此昂贵，较之民国元年日人戕毙苏佑泰，彼国法院判决私诉偿款二千数百元，吾国人已欣幸不置者，此则强国人民生命与弱国人民生命当然之比较矣。②

近代，不特苏案如此，凡遇以日人为被告的重大刑事案件，长崎、台北、间岛等裁判所均利用裁判之便，庇护肇事日人，打压受害华人。具体手段有下列数端。一、领事或领事馆警察往往超越裁判权范围，在中国境内到处抓捕凶犯，侵害中国的警察权。二、领事有预审权，而且以案情重大为由，实行秘密预审，不允中国官员前往观审，违反中日有关约定。三、领事预审情状，对日后长崎地方裁判所的审理有决定性影响，其预审罪名、相关证据等均为长崎地方裁判所的重要参照。四、长崎地方裁判所审理过程中，极端重视在华日领所提供的证据。而证据若对华人有利，日领则借口不予提供。五、长崎地方裁判所只允中国驻日领事旁听观审，但不允聘请中国律师为华人辩护，即使允聘请日本律师为华人辩护，也仅限于民事诉讼。六、长崎地方裁判所对犯罪日人的判决执行，中国方面无权监督。日本外务省史料显示，1899～1939年间，长崎地方裁判所受理的华中、华北各领事馆预审刑事案件为206件，刑

---

① 参见姚之鹤编《华洋诉讼例案汇编》（下册），商务印书馆，1915，第517～519页。
② 参见姚之鹤编《华洋诉讼例案汇编》（下册），商务印书馆，1915，第520～521页。

事控诉案件为223件，民事控告案件为58件。1921～1924年间，经间岛领事官裁判的案件，有四十余件民事案件向京城复审法院提起上诉。1921～1924年间，经华南领事官裁判的案件，则没有一件向台湾高等法院上诉（详见表6-1、表6-2、表6-3、表6-4、表6-5、表6-6）。

表6-1 长崎地方裁判所受理中国各地领事馆预审之刑事第一审事件表

单位：件

年份	天津	北京	张家口	济南	芝罘	青岛	郑州	上海	南京	杭州	汉口	九江	长沙	沙市	宜昌	重庆	成都	合计
1899																		
1900																		
1901																		
1902																		
1903																		
1904																		
1905																		
1906																		
1907	1							1			1							3
1908																		
1909	1																	1
1910								1										1
1911	1							2										3
1912								3										3
1913								2										2
1914								3										3
1915								2			1							3
1916	2			3	1			4										10
1917	1				1			9										11
1918	1			2														3
1919	1			1				1										3
1920	1								1									2
1921																		
1922				3				2										5
1923	2					3		1										6
1924	1					5		3										9
1925	2							2										4
1926						1		7										8
1927						1		3										4
1928								3										3
1929						4		5										9
1930	3					1		3										7
1931	1					6		6										13
1932	3			1		1		9										14

续表 6-1

年份	天津	北京	张家口	济南	芝罘	青岛	郑州	上海	南京	杭州	汉口	九江	长沙	沙市	宜昌	重庆	成都	合计
1933	2							8										10
1934	3					3		1										7
1935	6					2		3										11
1936	3					1		6										10
1937	10					2		3										15
1938	5	1				2			1									9
1939 1~8月	2	3						8			1							14
合计	52	4		10	2	32		101	2		3							206
备考	一、北京领事馆1938年5月1日开设。 二、石家庄领事馆1938年7月15日、太原领事馆1939年2月20日分别开设。 三、太原领事馆1939年中受理1件。																	

资料来源：〔日〕长崎控诉院长三宅正太郎致外务省条约局第二课长松平康东函《关于领事裁判事务之件》(1939年9月9日),《在支帝国领事裁判关系杂件（含满洲国在内）》,日本外务省外交史料馆藏,档号：D-1-2-0-2。

表 6-2 长崎地方裁判所受理中国各地领事馆之刑事控诉事件表

单位：件

年份	天津	北京	张家口	济南	芝罘	青岛	郑州	上海	南京	杭州	汉口	九江	长沙	沙市	宜昌	重庆	成都	合计
1899																		
1900																		
1901																		
1902																		
1903																		
1904								1										1
1905																		
1906																		
1907																		
1908																		
1909																		
1910																		
1911																		
1912																		
1913																		
1914								1	1									2

续表 6-2

年份	天津	北京	张家口	济南	芝罘	青岛	郑州	上海	南京	杭州	汉口	九江	长沙	沙市	宜昌	重庆	成都	合计
1915								1										1
1916				1				3										4
1917				4				2										6
1918	5			3				5										13
1919	4							3										7
1920	4							1										5
1921	10																	10
1922	1			3				1			1							6
1923	5			1		5		1										12
1924				1		10					1							12
1925						3		4			1							8
1926	2					8		8										18
1927						3		4										7
1928	1					5		7										13
1929	3			1		9		10										23
1930	5			2		4		7										18
1931	6					1		6			2							15
1932	2					4		3										9
1933	3					2		2										7
1934	2					1												3
1935	3							2			1							6
1936	1							3										4
1937																		
1938	2							4										6
1939 1~8月		8						2										10
合计	59	8		16		55		81	1		6							226
备考	一、北京领事馆1938年5月1日开设。 二、石家庄领事馆1938年7月15日、太原领事馆1939年2月20日分别开设。 三、石家庄领事馆1939年中受理1件。																	

资料来源：〔日〕长崎控诉院长三宅正太郎致外务省条约局第二课长松平康东函《关于领事裁判事务之件》（1939年9月9日），《在支帝国领事裁判关系杂件（含满洲国在内）》，日本外务省外交史料馆藏，档号：D-1-2-0-2。

表6-3 长崎地方裁判所受理中国各地领事馆之民事控诉事件表

单位：件

年份	天津	北京	张家口	济南	芝罘	青岛	郑州	上海	南京	杭州	汉口	九江	长沙	沙市	宜昌	重庆	成都	合计
1899																		
1900																		
1901																		
1902																		
1903	1																	1
1904																		
1905																		
1906																		
1907																		
1908								1										1
1909																		
1910																		
1911																		
1912											1							1
1913																		
1914																		
1915																		
1916																		
1917																		
1918				1														1
1919				1				1										2
1920																		
1921				1														1
1922																		
1923	1					6												7
1924						2		4										6
1925						1												1
1926						3												3
1927	1					2												3
1928						2		2										4
1929																		
1930						1												1
1931				1		4		1										6

第六章　领事裁判权（下）

续表 6-3

年份	天津	北京	张家口	济南	芝罘	青岛	郑州	上海	南京	杭州	汉口	九江	长沙市	宜昌	重庆	成都	合计
1932						6		1									7
1933						3		1									4
1934						3		1									4
1935						1											1
1936	1							3									4
1937																	
1938																	
1939年1~8月																	
合计	4			4		34		15			1						58
备考	一、北京领事馆1938年5月1日开设。 二、石家庄领事馆1938年7月15日、太原领事馆1939年2月20日分别开设。																

资料来源：〔日〕长崎控诉院长三宅正太郎致外务省条约局第二课长松平康东函《关于领事裁判事务之件》（1939年9月9日），《在支帝国领事裁判关系杂件（含满洲国在内）》，日本外务省外交史料馆藏，档号：D-1-2-0-2。

表 6-4　1921~1924年长崎控诉院及地方裁判所受理之民刑事件表

单位：件

领事馆别	长崎地方裁判所		长崎控诉院	
	民　事	刑　事	民　事	刑　事
天津领事馆	2	20	5	1
青岛领事馆	7	21	49	
济南领事馆	1	7	7	
张家口领事馆				
赤峰领事馆				
芝罘领事馆				
合　计	10	48	61	1

备考：另有对济南领事官之裁判抗告3件

资料来源：〔日〕《在支帝国领事裁判关系杂件·北支领事裁判上诉审移管关系》，日本外务省史料馆藏，档号：D-1-2-0-2-4。

表6-5 1921~1924年朝鲜京城复审法院受理间岛领事馆之民刑控告事件表

单位：件

年度别	民事						刑事					
	控诉件数	弃却	废弃	却下	取下	未济	控诉件数	弃却	废弃	取消	取下	未济
1921	11	1	5		2	3						
1922	控诉9 抗告1	4 1	2			3						
1923	11	5	1		3	2						
1924	10	5		1		4	3		1		2	

备考：刑事抗告事件无

资料来源：〔日〕《在支帝国领事裁判关系杂件·北支领事裁判上诉审移管关系》，日本外务省外交史料馆藏，档号：D-1-2-0-2-4。

表6-6 1921~1924年台湾高等法院受理华南领事馆之民刑控告事件表

单位：件

年度别	民事					刑事		
	控诉件数	弃却	废弃	和解	未济	控诉件数	取消	未济
1921	1				1	1	1	
1922	2				3			
1923			1		2			
1924	3		1	2	1			

备考：民事、刑事事件抗告均无

资料来源：〔日〕《在支帝国领事裁判关系杂件·北支领事裁判上诉审移管关系》，日本外务省外交史料馆藏：档号：D-1-2-0-2-4。

二 领事裁判权案例分析：日告华案例
——以商标纠葛为中心

晚清时期，东北一地，日商藤原传次郎等长期在营口贩卖在日本注册的东乡牌腿带子，大连市的永顺洋行也贩卖日人在日本注册的孔雀牌腿带子。而当时市面上，还有中国商人制造的人头牌和孔雀牌腿带子，且达三四十家之多。日商认为中国的腿带子商标系伪造日人商标，侵害了他们利益，遂请营口日本领事与当地交涉，严加禁止。

1913年5月30日，营口日本领事太田致函营口交涉员，称营口仿造日人商标之腿带子，在在皆是，日商所受之损害，实非浅鲜，请转令"禁止其模造商标之使用，且将来勿作此侵害他人之行为"。①

营口交涉员王鸿年立即按照日领所开各商号，将带商代表李承五、张世馨、张有成、邵清池、刘树亭、吕长令、刘朝卿等传集到厅质讯。商人代表则辩称："窃工人等之师及先人，于百数年前，向在山东周村织各种线货为生，并不知何者为商标，传来日久，不过由习惯上所用之牌号，亦从未分过何家用何花样，皆是大家用一二种之牌号，如老孔雀牌，在七八十年前，既称老孔雀为记。人头牌，先年用有发辫戴帽之式，近因国体改革，又换剪发军官式样。所有孔雀、人头两种牌号，乃在我营口者四十余家袭用之牌号，其区别之点，在牌中上部，书明华商二字，下部各家字号各家书明。查日本人之商标，大书特书登录商标四字于其上，又大书特书大日本冈山县田之口等字于其下。工人等注明华商，又各家字号，与日本人之书大日本之商标，迥然不同，莫说总之以伪造，且仿造犹不是也"。②商人代表还表示："日本之在我国经商，向用强宾夺主之手段，不惟得尺则尺，得寸则寸，今又无是生非，强来滋扰我公用之牌号，若不分辨明白，何以维工艺，保利权也。专此将工人等四十余家之牌号，及日本人之商标粘成一纸，呈请局宪查核，以便严重交涉。工人等绝不能任其欺侮，致失国际上之体面"。③

交涉员遂该商等所用带子牌号一一查验，不同之点甚多，认定日领所云模造，未免不求实在，认为："现在我国工业正在幼稚时代，极力提倡犹恐进行之不速，若任令外人不加细察，动即干涉，则我国工业终无发达之一日"。④ 于是一面函请交涉署向日领交涉，一面为维持两国正常交易，命令该代表等传谕营口各带铺，孔雀牌号即行停止，不得再用，其人头牌一种，有与日商牌号容易相混之处，也须改换方准使用。

嗣后，该代表等将改过人头牌式样呈送交涉员查核，所改式样，已与

---

① 台湾"中央研究院"近代史研究所编《中日关系史料·通商与税务（禁运附·上）》（1912~1916年），第238页。
② 台湾"中央研究院"近代史研究所编《中日关系史料·通商与税务（禁运附·上）》（1912~1916年），第238页。
③ 台湾"中央研究院"近代史研究所编《中日关系史料·通商与税务（禁运附·上）》（1912~1916年），第238页。
④ 台湾"中央研究院"近代史研究所编《中日关系史料·通商与税务（禁运附·上）》（1912~1916年），第239页。

日商区别更甚，交涉员应诺暂准使用，并函送日领事查照。旋接日领事照复，内开：:"查以上之商标，虽称为由习惯上袭用，然贵国商人自一昨年以来，即垂涎于敝国商人，所发卖人头牌印之旺盛，改换发辫戴帽，专用剪发军官敝国商号之样式，显系以恶意模造。贵国商人等，欠商业之道德，不能免加害于邦商之罪。如送来改正人头印之标号，其所载人物之相貌、装束、色彩、模样、宽窄、长短等，确系类似敝国人，所用之商标，决不得称为脱却模造之域。如此则敝国人商标之利益，仍恐依然受其侵害。且目下在当方之被害人头印，较孔雀印为大，此次所称改换之标号不能承认"。① 末尾强硬要求全然改换成别样标号，不使其程度相混。

交涉员"为敦厚两国交谊及维持工业起见"，再次传问该带商代表，晓以大义，劝令将人头牌重新更改。带商代表与同业商议后，决定隐忍退让，同意将人头牌内容，改作文官装饰，交涉员详加查核，实与东乡牌大不相同，谅不致再有误认，当即谕令该代表等统限于8月16日起，一律改用新牌，将从前旧牌一概取消，并将样本于8月15日送日领事查验。次日，日领事即照复表示：中国交涉员"以公平之见，保护商标权，其结果遂将全部之事，圆满解决，本领事最为满足"。②

近代中日间关于此类商标权之争，经常发生，复举一例如下。

1916年底，中国商人崔雅泉（38岁，故城县人，竹林村行医）在天津河北大街石桥开设神丹制造公司，名为中国芒丹，正在试办期内，尚未在地方官厅注册。日商森下博药房仁丹公司经理安达纯一（41岁，日本人，住天津日租界旭街）即以崔雅泉所制芒丹，其商标与包装纯系仿造为由，坚请中国地方官出示严禁，经交涉公署函请天津警察厅核办，复由警察厅送请天津地方审判厅受理审判。1917年1月16日，该厅认为崔雅泉所制的中国芒丹确有仿造之嫌，判决商标形式与名称今后另定。崔雅泉不服，日商安达纯一亦呈由日本领事署转交涉公署，声明不服原判。直隶厅以崔雅泉提出控诉日期为先，因认崔雅泉为控诉人，日商安达纯一为被控诉人，并附带控诉人，开庭审讯（翻译：鲍达年，28岁，北京人）。

庭间，崔雅泉提出不服理由有二。一、原判认定仿造之不合。原判认定仿造的根据为"不免类似"四字。而日人仁丹取仁义之意，中国芒丹

---

① 台湾"中央研究院"近代史研究所编《中日关系史料·通商与税务（禁运附·上）》（1912~1916年），第239页。
② 台湾"中央研究院"近代史研究所编《中日关系史料·通商与税务（禁运附·上）》（1912~1916年），第251页。

取草木之名，并特加"中国"二字，以示区分。仁丹为绿色，而中国芒丹为蓝色，颜色不同；仁丹包装为日本军人肖像，戴军帽、穿军服，而中国芒丹为中国创制人，戴礼帽、穿礼服，肖像不同；仁丹字体为日本字母杂以英文，而中国芒丹纯为汉文字体。无论字体式样，人人均能辨别。二、行政衙门公署惧起交涉，直隶公署不察内容，自侮商民权利，殊非保护国货之道。

日人安达纯一及律师（日本辩护士小林助次郎及神原幸次郎）当庭答辩，并附带请求与追加请求，略称：一、控诉人的芒丹与森下发卖仁丹，虽有种种不同，而形式实相类似，即如药包四种，大小均同，药名在肖像中央部分亦同，花样相类，肖像上部横格及旁面直格亦相类似，包内票纸相类，镜盒亦相类，虽不是绝对相同，仿造之意则确定无疑。二、附带请求：将原判决变更。控诉人所制造及发卖的药品，现今使用的中国芒丹商标，以及类似商标，皆不得使用。控诉人现在所有芒丹，全行交与被控诉人烧弃。控诉人已经发卖与他处或委托他处的芒丹，由控诉人出资收回，全行交与被控诉人毁弃。三、追加请求：确认被控诉人所受的损害额，控诉人应予赔偿。

经法庭辩论，审判员认为：本案争论要点，在于中国芒丹是否仿造或相类日人仁丹商标。控诉人提出人形、帽服、字义、纸色等均有不同之点，非绝对不可辨认。惟查"芒""仁"二字，字义虽属不同，而字音则同。中央肖像冠服虽属不同，而姿势则同。原审认为有伪造影射之嫌疑，洵无不合。被控诉人的仁丹商标，曾经根据中英并中日通商航海条约在沪海关并天津海关注册，即发生一种专卖效力。虽商标注册章程未经公布实行，按照条约，亦在保护之列。故控诉人的控诉，予以驳回。至被控诉人附带请求，应俟判决确定后向执行衙门请求，以待处置，无逐将芒丹判归被控诉人自行处置之理。此外，将已经发卖的芒丹出资收回，交被控诉人毁弃，在条约上尤无此等办法，难认成立。

直隶高等审判厅民一庭经审理后认为：本案控诉并附带控诉均无理由，并予驳回。讼费照章应由控诉人负担。① 直隶厅判决后，控诉人不服，3月8日，上告至大理院。大理院发还直隶厅重新审理，略称：中英通商行船续约所载贸易牌号迹近假冒一语，在该约及现行各法令并无成文解释足资依据，唯有本于商标权存立之精神以为解释。

---

① 参见《崔雅泉与日商安达纯一因商标纠葛一案判决书》，直隶高等审判厅编《华洋诉讼判决录》，中国政法大学出版社，1997，第199~203页。

1918年4月23日，直隶高等审判厅民二庭开庭审理，撤销原判，主要理由如下。商标为商品的标识，认定商标是否有冒用或迹近假冒情形，应以普通一般人的识别力为基础，以商标引人注意的主要部分为准。而普通一般人对于各类商标最易认识者，首在名称，次则肖像、文字、颜色等项。本案两造商标，种种标志，各属不同，无论分析观察或综合辨认，均有特别显著的征凭，则仁丹自仁丹，中国芒丹自中国芒丹。原审以为有仿造影射之嫌疑，殊与事实不符。更审结果，原判撤销，被控诉人在第一审之请求被驳回，附带控诉驳回，诉讼费用归被控诉人负担。①

近代中日有关领事裁判权条约规定，凡是日告华案件，无论民刑，日本领事都不得参与直接审理，而是由当事人请求领事署咨请所在省交涉公署，函请地方审判厅讯追审理，或者干脆由当事人直接向地方审判厅起诉。此类案件均由中国法院独立审理，并作出判决。从天津仁丹案来看，在审理中国人与日本人之间的民事纠纷时，适用的原则是很丰富的，简而言之，适用的法律渊源大体有法律、判例、习惯、情理等几种。当时法官审理案件，均以事实为依据、以证据为根本，较为公允合理，没有偏袒哪一方。该案还说明，当时中国人的诉讼意识强烈，一审不服告到二审，二审不服告到三审，相信终能得到公正的判决。

以上案件审理过程表明，清末民初的司法制度已取得了巨大进步，而外人仍借口中国的法制落后，拒不废除领事裁判权，其袒护己国人民之心，昭然若揭。

清代早期，由三司即刑部、大理寺和都察院管理诉讼，到清晚期，这种体制得以改变。1906年，清政府将刑部改为法部，为司法行政机关；将大理寺改为大理院，并在地方设立了审判衙门，专司审判事务。1907年和1910年清政府分别颁布了《各级审判厅试办章程》和《法院编制法》，规定凡审判案件分刑事和民事两项。前者指因诉讼而审定有否犯罪的案件，后者则是通过诉讼来审定其理之曲直的案件。这两个法令同时规定，在审级制度上实行四级三审制，即凡民事、刑事案件，向初级审判厅起诉者，经该厅判决后，如有不服，准赴地方审判厅控诉。判决后，如再不服，准赴高等审判厅上告。高等审判厅判决，即为终审。中华民国建立后，沿用清末法律，1913年9月至1914年4月，北京政府先后公布《修正各级审判厅试行章程》、《地方审判厅刑事简易庭暂行规则》、《县知事

---

① 参见《崔雅泉与日商安达纯一因商标纠葛由大理院发回更审一案判决书》，直隶高等审判厅编《华洋诉讼判决录》，中国政法大学出版社，1997，第236~239页。

兼理司法事务暂行条例》等法规。① 由于华洋诉讼的特殊性，这些案件的一审法院，都是地方审判厅，当事人如有不服，可上诉至第二审法院，如再不服，就可上告至大理院。大理院或亲自审理，或让高等审判厅重新审理，其判决即为终审。南京国民政府建立后，中国的司法改革，绩效斐然。详言之，在立法方面，截至1930年初，国民政府公布的重要新法典即有刑法、刑法施行条例、著作权法、著作权法施行细则、违警罚法、刑事诉讼法、刑事诉讼法施行条例、国籍法、国籍法施行条例、民法总则、民法总则施行法、禁烟法、陆海空军刑法、交易所法、票据法、民法债篇、民法物篇、公司法、海商法、破产法、保险法、渔业法等二十余种；在司法方面，截至1930年初，全国新式法院共374所，其中最高法院1所（设于首都）、高等法院28所（原有23所）、高等分院32所（原有26所）、地方法院104所（原有66所）、地方法院分院及县法院207所（原有23所）；全国新式监狱79所（原有63所），并计划按照各省情形，分年筹设（详见表6-7、表6-8）；司法人员的培养、甄别、铨叙等，自司法院成立后，均已确立完善之新制度。②

表6-7　1930年新式法院及其管辖区域（部分）

省名	所在地	最高法院	高等法院	地方法院	管　辖
江苏	南京	最高法院			
	上海		高等法院		
	南京			江宁地方法院	管辖丹徒地方法院
	上海			上海地方法院	管辖吴县地方法院，及河南、安徽、浙江、江西、福建等省
河北	北平		北平高等法院		
	北平			北平地方法院	管辖绥远
	天津		天津高等法院		
	天津			天津地方法院	合并并管辖保定及万全地方法院
辽宁	奉天		奉天高等法院		
	奉天			奉天地方法院	管辖辽宁、热河及察哈尔

---

① 张晋藩主编《中国法律史》，法律出版社，1995，第550页。
② 参见刘芦隐《撤消领判权争论之焦点》，秦孝仪主编《革命文献》第72辑《抗战前国家建设史料——外交方面》，中国国民党中央委员会党史委员会，1977，第245~246页；另参见梁敬錞著《在华领事裁判权论》，商务印书馆，1930，第154~156页。

续表 6-7

省名	所在地	最高法院	高等法院	地方法院	管辖
吉林	吉林		高等法院		
	吉林			吉林地方法院	合并并管辖长春地方法院、六道沟地方法院及珲春地方法院
	滨江		东省特别区高等法院		
	滨江			东省特别区地方法院	合并并管辖滨江地方法院及黑龙江省
山东	济南		高等法院		
	济南			济南地方法院	
	青岛			地方法院	
山西	太原		高等法院		
	太原			太原地方法院	
湖北	武昌		湖北高等法院		
	武昌			武昌地方法院	管辖湖北省、湖南省、陕西省、甘肃省及四川省
广东	广东		高等法院		
	广东			地方法院	管辖澄海地方法院，及广西省、云南省及贵州省

资料来源：〔日〕《支那治外法权问题之具体案》，上海日本商工会议所、上海辩护士会等编《金曜会パンフレット》第 29 号（1930 年 2 月 12 日），外务省外交史料馆藏，档号：N-8-1-115。

表 6-8　1930 年各省新式设备监狱（部分）

省名	所在地	监狱名	管辖
江苏	上海	江苏第二监狱	收容江苏、浙江、山西、安徽、江西、福建、广东及广西省内之囚人
河北	北平	北平第一监狱	
	天津	河北第一监狱	
辽宁	奉天	奉天第一监狱	
吉林	哈尔滨	哈尔滨第一监狱	
山东	青岛	山东第二监狱分监	
湖北	武昌	湖北第一监狱	收容湖南、陕西、四川、贵州及甘肃之囚人

资料来源：〔日〕《支那治外法权问题之具体案》，上海日本商工会议所、上海辩护士会等编《金曜会パンフレット》第 29 号（1930 年 2 月 12 日），外务省外交史料馆藏，档号：N-8-1-115。

三 领事裁判权案例分析：混合案件
——上海美日中商标案

清末，美商其司培罗公司制造樊士林油膏在上海行销，樊士林商标也于上海地方官厅注册在案。1915年2月，该公司称，市面华商敦泰号、丰源号、泰记号等出售的香油香水，其商标纯系伪造该公司的商标。3月，其司培罗公司在上海会审公廨，将出售假冒商标物品的华商敦泰号等告上法庭。上海会审公廨正欲审理间，突接日本驻上海总领事照会，内称：该地华商贩卖之商品，乃日商松本竹次郎所制，其商标已在日本特许局注册；就本案表面上观之，颇似华美人间之问题，而事实则不外乎日美间之商标争议；故无论商标系伪造与否，当根据日美商标相互保护条约，由日本法庭判决；若上海会审公廨公然受理本案诉讼，不免为权限外之措施，望从速将本案诉讼打消。① 日本总领事在照会内强调："此项物品之主系日本国人，华人不过承销而已。美国商人不能在会审公堂控华人"。②

4月14日，美驻华芮使及马参赞就此案面晤总长陆征祥。马参赞言称，美国与中国在1903年订有条约，互相保护两国商标，即"此国之人民不准销售假冒彼国商标物品"。中美订约，"与第三国无涉，第三国不能干预。"③ 马参赞还表示，此案关系重大，务请将此案暂且搁置，待芮使与贵总长详细商定后，再行断决。总长认为此案暂缓断决并无问题，但试探性地问道："假冒商标一事，贵国商人一面可告敝国商人，想一面可控告日本商人。"④ 芮使答称：日本不能干涉我两国条约，若谓货系日人之货，治外法权不能推至于货物，若谓买日人之货，即受日人之保护，无此情理。此案与贵国之司法、行政有极大之关系，不可成一先例，此系本公使忠告之言。⑤

---

① 参见台湾"中央研究院"近代史研究所编《中日关系史料·通商与税务（禁运附·下）》(1912~1916年)，第728页。
② 台湾"中央研究院"近代史研究所编《中日关系史料·通商与税务（禁运附·下）》(1912~1916年)，第685页。
③ 台湾"中央研究院"近代史研究所编《中日关系史料·通商与税务（禁运附·下）》(1912~1916年)，第685~686页。
④ 台湾"中央研究院"近代史研究所编《中日关系史料·通商与税务（禁运附·下）》(1912~1916年)，第686页。
⑤ 台湾"中央研究院"近代史研究所编《中日关系史料·通商与税务（禁运附·下）》(1912~1916年)，第686页。

5月14日，美芮公使再至外交部，与外交部秘书严鹤龄交涉此案。

芮使云：上海杨道尹①现在将此案何如办理？

鹤龄曰：昨日得杨道尹复电，称此案现未判决。

芮使云：华人之不能出售美商商标之货，载在条约，并上海地方官保护此项注册之货，出有告示，何不令公堂将此案判决。本公使对于此案，与中美两国条约攸关，决不放松，若上海公堂不将此案照理判决，本公使惟有执条约与贵部交涉。

鹤龄曰：贵公使所谓假冒商标之货，由日本人在日本制造，贵国何以不向日本政府交涉，将此项假冒之商标销毁，如是来源既清，中国当不复有假冒商标之货矣。

芮使云：本国与贵国之关系，是一问题，本国与日本之关系，又一问题。本国对于贵国在条约上有无应向要求保护之权利，无论本国对日本如何办理，贵国可不过问，本公使亦无答复此层之必要。然以个人名义，对于此层可以说明，假冒商标本可起诉，不过日本之商标法律有特别规定，本国商人虽可起诉，然无路可寻。

鹤龄曰：同是一物，何以在日本之手不是假冒，而在华人之手即为假冒乎？

芮使云：在日本之手是假冒，惟无法起诉耳，在华人之手，按据条约，本公使可以要求保护，按据告示，美商可以起诉，此案之是非曲直，彰明较著，实无庸多辩。

鹤龄曰：贵公使一番议论，自当回报部长知悉，对于此案，杨道尹必有详细报告送部。

芮使云：务请贵部长请为注意。②

就在中美之间频频交涉之际，6月23日，日本公使馆船津参赞会见次长曹汝霖。船津参赞强调，此事系日美问题，非中美问题，应请饬令上海会审公堂将该案撤销，毋庸审理。曹汝霖答称，此案应否审理或撤销，已经令上海交涉员，"一任会审公堂之自由处置，以示不偏之意"。曹并

---

① 杨晟，兼特派江苏交涉员。参见台湾"中央研究院"近代史研究所编《中日关系史料·通商与税务（禁运附·下）》（1912~1916年），第825页。

② 台湾"中央研究院"近代史研究所编《中日关系史料·通商与税务（禁运附·下）》（1912~1916年），第704页。

以会审公堂尚未完全收回为由，声明"未便再训令会审公堂"。①

由于商标案美领只认华商冒牌，坚要律办，并判明嗣后不得再犯。而日领则以在日注册，并非假冒美标。为此，7月17日，公廨会讯判明，决定此案展限三月，由原告向日本法庭起诉，美日两商向法庭解决冒牌问题，再问华商。美领于是提出抗议，希望将"美公司行使其利权之一切阻碍，悉行设法打消"。之后美日两国副领各送意见书到廨。8月19日下午3时，上海会审公廨再次开庭续审，由上海会审公廨正会审官关炯主审，美毕副领事到廨会审，日本西田副领到廨观审。

庭间，美领坚持：华商不得违背约章，自由贩卖假冒美国商标之货，公廨如不处被告华商以相当之罚，及禁止贩卖此项冒牌货物，则美国政府必向中国政府索取保护商标不尽职务之赔偿。日领坚持：此案系日美商标问题，又系日本政府注册之货，公廨照章无权判断，应即将案注销，存货发还，被告开释。如公廨复主张不经过日本法庭，而判决华商冒牌，则有违日中两国条约，万难迁就，亦必索取中国政府赔偿日本商标之损失。

两副领事各据理由，侃侃争持，两不相下。会审官关炯认为：美货商标行销中国二十余年，但日货商标贩运来沪有日，华商销售舶来品，唯知何种货物畅销，即居积而贸易之，至于中国官厅所出告示，保护美货商标，仅言禁止华商以伪乱真，未尝禁止他国来货互市。此案华商永其祥等所售日本大阪商人松木竹次郎所制香油，既属日货，是否冒牌，自应由日本法庭判定。但因被告香油与原告商标略有相似之处，应将此项香油存候查核。并拟于判词内加入原告嗣后如再来具诉，准予随时查酌情形办理等语，借以表示竭力保护美国商标之意。

美领对于以上办法表示满意，日领则谓日本商标货物，中国法庭何能扣留，至原告嗣后具诉与否，应听其便。关炯据理再三辩论，日领始表同意。关炯遂作出判决，判词如下：

> 讯据原告，证明此项凡司林商标香油，在沪行销二十余年，被告所售之货，据称系向日本大阪商人松本竹次郎贩运来沪，是否冒牌，自应由日本法庭正式判决。惟所有吊案被告之香油与原告商标略有相似之处，应存候查核。案属刑事，原告所请给谕禁止贩卖一节，未便

---

① 台湾"中央研究院"近代史研究所编《中日关系史料·通商与税务（禁运附·下）》（1912~1916年），第728页。

照准。嗣后原告对于被告等如再来案具诉，仍候随时查酌情形办理可也。被告等一并开释完案。此判。①

堂判缮毕，关炯恐以后再有波折，当众以华语英语逐字逐句，向美日两领详细解释，该两领均精通中文，咸表同意，此案了结。

综观此案，关键在于会审公堂是否有权审理此案。按1869年会审公堂有关章程，中国政府完全有权行使审理之权。

上海开埠后，列强在租界内逐步建立起一套旨在推行领事裁判权的司法制度。会审公廨起源于1853年的小刀会起义，时大批华人涌进上海租界，中外纠纷不断，英、美、法等国领事乘机审讯界内的中国人。仅1855年一年，就审理了五百多件华人案件。小刀会起义失败后，清政府要求归还对华人案件的审理权，几经交涉，英国领事巴夏礼于1864年建议在英租界领署内设立理事衙门，由中外互派官员共同审理华洋案件。具体办法是：上海道遴选的官员任主审官，由英国副领事任陪审官；凡租界的华人犯案，由中国官员单独审理；凡有华洋之间的案件，均需有外国陪审官陪审；如陪审官和主审官发生分歧，由上海道会同领事最后裁决。1867年，英国领事文极司脱和上海道应宝时商谈组织正式法庭事宜并订立章程十条，经英领事同意后报总理衙门及各国公使核准。经过两年的修改，《上海洋泾浜设官会审章程》于1869年4月20日正式公布实施。按章程规定，原理事衙门改为会审公廨，又称会审公堂，由上海道遴委同知一名主持。公廨管辖范围为华人与无约国侨民为被告的民刑案件，其审判权限为钱债、斗殴、窃盗、词讼等案件，其中刑事案件限于发落枷杖以下罪名，判流放罪以上的案件由上海县审断，倘有命案，亦归上海县审理。公廨的审判办法是，涉及洋人的案件由领事或领事派陪审官会审；凡为外国服役及洋人延请之华民涉讼，亦得由陪审官会审，如案件中并不涉及洋人，陪审官不得干预；纯粹华人之间的案件，领事不得干涉。关于提传办法，章程规定：租界内的中国人犯，由谳员派差人提审，不必经用巡捕；受雇于外人的中国人，由领事传达到堂；为领事服务的华人，须经领事同意才能拿捕。关于上诉程序，章程规定，华洋互控案件，如不服公廨判

---

① 台湾"中央研究院"近代史研究所编《中日关系史料·通商与税务（禁运附·下）》(1912~1916年)，第811页。

决,可向上海道和外国领事控告复审。① 《会审章程》公布时,法国领事不满公廨派员提审租界内的中国人犯"不必经用巡捕"这一规定,拒绝参加公廨,而与上海道台另订法租界会审章程若干条,在法领事馆内成立法租界会审公廨。法租界公廨的审理和判决,司法行政事务,全由法国领事包办,中国地方官不过陪审,供外人询问而已。与公共租界的公廨相比,法租界会审公廨更像一个领事法庭。

此案并非日人在中国界内犯有何等罪名而作为被告,所以日本法庭无权受理。至于日本领事主张会审公堂无权审理,理由是同一樊士林的用品商标,已在日本注册,认为此案应为美日间的商标争执,即美日利益冲突问题。诚然,美商若直接与日商交涉,似与中国无关,但美使表示,按日本商标特别法令,则"无路可寻","无法起诉",只好在会审公廨起诉华商。因美商樊士林商标曾在中国注册,华人因出售此项商标的物品,致受冒牌之嫌,被美商告上公廨,此系以华人为被告的华洋诉讼案件,按章程自应由中国派员主审,日领无权干涉,此点殆无疑义。

此案还有一点应该注意的是,在交涉过程中,美方力主由会审公廨审理,似乎是在维护中国的法权,实系假借中国之手,维护美商的利益。

另外,此案虽为华美诉讼案件,日本领事屡屡出面干涉,并到堂观审,名为观审,却在审理期间,与美领争持不下,实为越权会审,有违公廨章程规定。

由于会审公廨是中国政府设在租界内的审判机关,从形式上看,中国的司法权还未完全丧失,但列强掌握了对外人的审判权,并从中干预以华人为被告的民刑案件,严重破坏了中国主权。1911年辛亥革命期间,公廨谳员挟款避匿,外国领事乘机接管会审公廨,颁布了《公廨临时办法》八条,规定中国会审官须经领事团委任,并对公廨的组织进行了变动。至此,上海租界内中国原有法权几乎丧失殆尽。1925年"五卅惨案"后,中国民众要求收回领事裁判权,废止会审公廨的呼声越来越强烈,驻沪16国领事团被迫与中国政府签订《收回上海公共租界暂行章程》,将会审公廨改为上海临时法院(1930年2月改称江苏上海第一特区地方法院)。1931年南京国民政府与法国总领事签订协定,将法租界会审公廨改为江苏第二特区地方法院。会审公廨在形式上被废除。

---

① 《上海洋泾浜设官会审章程》,参见王铁崖编《中外旧约章汇编》第1册,三联书店,1957,第269~270页。

四 领事裁判权案例分析：非讼案件
——汉口田种香案

1923年汉口发生中国人田种香不堪日警凌虐自缢身死一案，经地方交涉署与日领往复交涉，方才了结。此案在中日非讼案件①中颇具典型，详述于下。

1923年12月19日晨，汉口俄租界日商本多洋行雇员到俄捕房报称，18日夜至19日晨之间，不知何人，从玻璃柜内窃去金链四根，约值280元。俄巡捕房队长母色斐立即率同翻译董宪章等前往该行，将嫌犯田种香（21岁，厨役）带回讯究。厨役田种香坚称并未偷窃。讯问之际，本多洋行日籍办事员前来探听数次，并称奉日本领事馆警察命令，请求将该厨役交日领事馆警察署，与有嫌疑的日人对质。按当时习惯，各租界捕房均可互调人犯，队长以为并无大碍，遂派一名华捕将田种香押至日警署拘留室，并认为对质之后，必将该厨役送回。不料，田种香却于20日上午9时在日警署自缢身死。日警察署长新坂狂也声称，发现田种香自缢后，即请同仁会医生用人工呼吸医治，无效死亡。

按照中日条约，刑事诉讼，中国人民为被告时，归中国官吏审判，日警署此次将田种香收押并审讯数次，显属违反条约，侵害中国法权。且田种香生前身有伤痕多处，足以证明在警署曾受凌虐，本案曲在日署，验看之人均愤激不平。此案发生时，逾千民众及日人所用华工围绕日租界，日总领事林久治郎②见群情激昂，遂令义勇队及军舰宇治号20多名水兵登陆弹压。③

1924年1月7日，湖北特派员陈介启往访日领事，双方晤谈田案。兹录谈话经过，以窥日领骄横态度。

一、关于田伤问题

陈云：田种香服役俄界本多洋行，距田死前数日，俄捕房既未得田与何人斗殴之报告，本多亦未言及田在该行有与人殴打之事，实则

---

① 此类非讼案件，专指经中国地方官厅与日领交涉即行了结的中日民刑事件。
② 参见〔日〕外务省外交史料馆、日本外交史辞典编纂委员会编《日本外交史辞典》，日本大藏省印刷局，1979，第373页。
③ 参见外交部编《外交公报（31）》，第61期，第1页；另参见〔日〕外务省外交史料馆藏《外务省警察史·支那之部（中支）：在汉口总领事馆》第49卷，不二出版社，2001，第202页。

田尸之伤，当然受之于既入警署之后，迄今多日，贵领事有何法能证明，田系于未入日警署以前即已有伤？

日领云：验伤者并未分明新伤或旧伤。

二、关于日警署过失问题

日领云：田不过一行窃嫌疑犯，拘在留置所，亦极寻常，原非重大罪犯，故无严密防守之必要，万不料其轻生自缢，看守者之过失，自亦不能免，然非重大过失，已加谴责，问题即了。

陈云：此种责任问题，决非区区看守者受谴责所可了，或并非谴责巡长署长所可了。按日警署之组织，其直隶长官为贵总领事。

日领云：如此说，则本领事应负其责，即东京外务省亦应负其责乎？

陈云：以余之地位，对贵领事未便如何云云，但有一比喻，假定有一连兵变，直接负责者固为连长，然营长、团长、旅长、师长，虽远离连兵防地，责任并不能因之减轻，师长者转报督军时，例必自请从严议处，并请将旅团营连长依法治罪，督军据以转报中央时亦然，中央权其轻重结果，或将督军从宽免议，但免议而必有从宽两字冠于其上，师长或从宽记大过一次，余照所拟办理，可见责任所在，无法幸免。又譬如洋务公所范围以内，发生如何问题，我监督亦应负其责。

三、关于赔偿抚恤问题

陈云：田死如此其惨，即不谈责任，为人道计，贵领事亦应优予赔偿抚恤。……仍望贵领事须知本案中现有三大问题均可注意：一、闻尸亲已认定验断不确，诉请高检厅复验，余虽第二日到场，第一日初验情形，余多不知，贵领事虽两天均在场，然尸伤如何问题，余与贵领事不能负其责任，悉凭检察官与医生之论断，现余正搜集辨明缢死之材料，以备参考。设高检厅准其复验，而复验有异，则此案前途未可预言；二、外间已有为之筹款养赡尸亲者，此举最足以令本案无法解决；三、对日问题，现仅略略冷静，并非中止。

日领云：彼此意见相差之点，不过条件的程度问题。本领事对本案原有磋商之意，旋因受所谓公民外交协会等团体之威胁，反令无说话的余地。①

---

① 参见外交部编《外交公报（31）》第61期，第22~24页。

其后，湖北交涉员向日领提出四条要求：一、惩办应负责之警察署长及主管署员；二、惩罚诬告之本多洋行；三、从优抚恤赔偿与田种香亲属；四、应由日本总领事向我国官署道歉。① 日领复称，田种香自缢身死，日警察并无所谓过失可言，对于所提四条，未便答复。

交涉员以为此案牵涉对外关系，为慎重起见，1924年1月15日，函请省府转呈外交部与日使交涉。函称：该田种香确系日人送至俄国巡捕房经一小时之久，又经日本巡捕房要回，以致被押毙命。若非日警署冤押威逼，决不至于轻生，日警署自应负其责任，且无论系俄国巡捕房送至，抑日捕要回，既系中国人民为刑事被告，即应交由中国官厅办理，日警署绝无收押之权。此次田种香被日署拘留两日之久，审讯数次之多，其为违反中日条约，侵害中国法权，实属显然。该署长新坂狂也身为警察官吏，蔑视国际条约，越权滥押，酿出人命，应由交涉员据理向该总领事交涉，将该警署长撤惩，并申明以后遵守国际条约，不得再有侵害我国法权行动，此其一。又该田种香即经日捕提回，是其生前所受伤痕，日本捕房应负其责。如系日捕加害，应由日本领事从严究办，如系雇用之中国巡捕，应即按照条约，交归中国官厅讯办，此其二。又据死者家属田士美等状称，现全家嗷嗷待哺，老幼无以为生，且日商本多洋行所失物件亦经寻获，证明田种香实系被屈，应由日警署从优赔偿抚恤，并令该失主本多洋行登报昭复死者名誉，此其三。②

6月13日，外交部按交涉员所提三点，照会日使。8月2日，外交部接日使复称，外交部照会内所举三端与事实不符之处颇多。一、田种香之伤在平常殆不能认之为伤，故同仁会医师之诊断书内并无填载，中国医生孙克鉴检尸时，初亦未认为受伤，只因周围之遗族及乡党之代表等在旁喧嚣，遂填微伤。又检察厅之检尸书系迫于当时环境而作成者，未必完全可靠；二、田种香之监守本馆，认为有缺周到之嫌，故已将有关警员处分谴责，业经通知交涉员；三、至田种香之引渡，系俄界警察自动所为。日使最后认为：此案仅为单纯之窃盗嫌疑者自缢事件，若能早日妥结，则有利于中日两国邦交，但地方官受国民外交委员会及黄陂同乡会等团体的干涉，"欠乏真诚，似无诚意"。③

此案久经迁延，历任交涉员与日领继续交涉，直至1926年7月，日

---

① 参见外交部编《外交公报（31）》第62期，第23页。
② 参见外交部编《外交公报（31）》第62期，第19~20页。
③ 外交部编《外交公报（31）》第62期，第20~21页。

领方允三项：一、撤换警察署看守所员；二、由本多洋行声明恢复田种香之名誉；三、给予抚恤款700元。① 交涉员念此案历久未结，死者悬棺未葬，白发双亲经年坐守，其情尤为可悯，因拟应日方条件，并征求黄陂同乡会会长等意见，均表赞同，此案遂结。②

征诸史实，凡遇此类非讼案件，日领多采以下模式进行交涉。

一、反诬一口，推卸责任。如本案则诬称田种香为无端自缢身亡，而非日警逼供所致。

二、武力威胁，逼地方官就范。本案发生时，日领即命海军陆战队以武力弹压。

三、扩大事态，将案件升级为中日交涉。驻华公使动辄声称有碍"中日邦交"，向地方官府施加压力。

四、延宕事态，企图不了了之。如本案迁延已久，日领拒不同意中国地方官员提出的四项条件，后虽答应三项条件，仍拖延执行。

五　领事裁判权的弊害

1929年12月30日，胡汉民在总理纪念周上发表《国府明令撤废领判权的三大意义》的演讲，他认为："在一切不平等条约中，丧权最甚，为害最烈"的即是领事裁判权，③ "在领事裁判权的制度之下，我们各方面所受的患害，简直不可胜言"。④ 他并断言："领事裁判权存在一日，我们便做一日次殖民地的人民"。⑤ 考察日本领事裁判权实施情形，其对中国司法主权的破坏，最为直接，具体表现如下。

---

① 外交部编《外交公报（31）》第62期，第23页。
② 此案情形，另参见总领事林久治郎致外务大臣松井函《汉口田种香事件始末》，[日]外务省外交史料馆藏《外务省警察史·支那之部（中支）：在汉口总领事馆》第49卷，不二出版社，2001，第202~208页。
③ 胡汉民：《国府明令撤废领判权的三大意义》（1929年12月30日在中央党部总理纪念周讲演），转引自秦孝仪主编《革命文献》第72辑《抗战前国家建设史料——外交方面》，台湾中国国民党中央委员会党史委员会，1977，第233~234页。
④ 胡汉民：《国府明令撤废领判权的三大意义》（1929年12月30日在中央党部总理纪念周讲演），转引自秦孝仪主编《革命文献》第72辑《抗战前国家建设史料——外交方面》，台湾中国国民党中央委员会党史委员会，1977，第234页。
⑤ 胡汉民：《国府明令撤废领判权的三大意义》（1929年12月30日在中央党部总理纪念周讲演），转引自秦孝仪主编《革命文献》第72辑《抗战前国家建设史料——外交方面》，台湾中国国民党中央委员会党史委员会，1977，第235页。

(一) 法院的复杂及法律的参差

按一般原则，对于日人为原告、第三国人为被告的案件，均由第三国在华法庭审判，而第三国法庭众多，各适用其本国法律，且第三国法院对于日人原告或证人无管辖权，故该原告或证人如犯伪证及貌视法庭之罪，第三国法庭则不能依寻常办法处罚。又如日人虽诉第三国某甲，而甲实有反诉可以主张时，在甲国法院则不能合并审理，因甲国法院对日人无审判权。

(二) 起诉的不便

日人在华犯重罪时，领事只有预审权，只能在日本起诉，其不便自属易见。至其轻罪，虽能在中国各领事法庭起诉，但因日人在内地犯法，地方官厅不易拘捕，以致逍遥法外，或因路途遥远证物不便转解，或因时久证据消灭，或因证人不愿跋涉前往作证，致领事法庭以无证销案，或重罪轻罚，或以解送本国为辞，拒绝审理。中国人呼吁无门，只得含痛忍辱。

(三) 上诉的不便

上诉的不便比起诉的不便更甚，因上诉均须于日本提出。

(四) 观审及会审权的滥用

日本领事对于以华人为被告的民刑案件，虽只有观审及会审权，但身为原告的日人，仍可借领事的出庭观审，而于无形中得到诸多便利。至会审时，日领更可直接出面干涉。

(五) 职务上的冲突

日本领事以保护侨民为行政职务，以裁判侨民为司法职务，其职务因相兼而冲突，又因缺乏法律及司法训练，其裁判难免偏护及重罪轻罚之弊。后来领事馆虽设一二名专职司法领事，但因案件繁多，一般都敷衍了事。

(六) 华人受不当保护

享有领事裁判权的日领，往往任意庇护不法华人，准华籍之人或商店及其财产在领事馆注册，以免受中国法律支配及中国法院管辖。

（七）日人住所不得侵入

按照条约，中国司法官不得搜查或侵入日人住所，华人犯罪逃入日人住所时，非由中国官宪向日领请求，不能逮捕，有时且须证明逮捕理由。故享有领事裁判权的日人，往往以其住所保护华人。华南的日籍台人住所，庇护不法华人之举，尤为严重。①

日本在华领判权直接侵害中国法权的事实，举世昭知，毋待烦言。领事裁判权的间接弊害，更涉及各个领域。1937年2月19日，中国国民党五届三中全会通过《对于撤废各国在华领事裁判权应由政府向有关各国交涉早日实现以维我法权之完整案》，指出：欧美人士虽亦享受领事裁判权，但多束身自爱，"未有如今日日人之肆意滥用者，试观日本年来放纵浪人，组织大规模之走私机关，致我国关税年损数千万，而国内工商业所受之间接损失尤巨。他如包庇烟毒，探刺国防，参加或教唆内变之事，更指不胜屈。是领判权之存在，实为我国主权之致命伤"。② 按国际通例，外人在所侨居的国家，无论有无领判权，均应服从所在国的课税权，"而在我国，则相沿成风，竟不受我国之课税，若提起诉讼，则归所属国之领馆审判，又多庇护，致无形之中，领判权又变为免税权之保障。凡此事实，不胜列举。课税权为一国财政命脉所系，且往往为社会政策所寄托，外人例外，殊失平衡"。③ 按所谓最惠国待遇，日人与其他治外法权国人一样，"拥有不服从支那课税权的特权"。④ 在商业上，日人在中国境内，自由开设商店，不受中国法律的拘束。至于私贩军火，以接济盗匪，贩卖毒物——如鸦片、红丸、吗啡之类，以牟利杀人，恃强行凶，做种种非人的行为的，更每况而愈下，习以故常，恬不为怪了。⑤ 在金融方面，日人

---

① 领事裁判权诸种弊害，载于1926年法权委员会报告书第五章第十四节。
② 《中国国民党对于废除不平等条约之主张》，林泉编《抗战期间废除不平等条约史料》，台湾正中书局，1983，第381页。
③ 季啸风、沈友益主编《中华民国史史料外编——前日本末次研究所情报资料·治外法权（2）》，广西师范大学出版社，2000，第457页。
④ 〔日〕第六调查委员会学术部委员会编《关于治外法权惯行调查报告书》，东京东亚研究所，1941，第121页。
⑤ 参见胡汉民《国府明令撤废领判权的三大意义》（1929年12月30日在中央党部总理纪念周讲演），秦孝仪主编《革命文献》第72辑《抗战前国家建设史料——外交方面》，台湾中国国民党中央委员会党史委员会，1977，第234~235页。

更以领事裁判权为护符，"随便设立银行，滥发纸币"。① 依一般法则，凡在本国领域内的外国银行若发行钞票及其他无记名证券，均不可不遵守当地法律。日本银行钞票在中国流通，亦为妨害我国利益之最甚者，缘其发行数额与其保证准备金是否相符，仅凭其片面之公示，我国官署无法彻查。② 1917年3月29日，日商在湖南组织中日银行，缴入股本达25万元，设总行于长沙。日商未依银行则例呈请查验核准，径行营业。财政部遂咨行外交部，照会驻京日本公使，转令停止。③ 6月，日本驻长沙领事会见湖南省长，表示该行经营数月，用款巨万，既经开幕，无论如何断难中止，仍希湘政府照约保护，勿生误会。如果将该行封闭，则本领事亦自有相当对待。日领并称："湘中公民有开会反对中日银行之事，殊属迹近排日，已照会省长阻止，以睦邦交，否则应由政府负责"。④ 据1928年调查，上海一隅，有外国银行23家，内英国4家，美国4家，日本6家，法国、荷兰各2家，俄、德、比、意各1家，意、法合资1家。其中日本的正金、朝鲜和台湾银行即"擅发纸币"，"操纵外汇行市"，"吸收华人巨额存款"，严重扰乱了我国金融税制。⑤ 此外，日领还可以利用日人开办的学校、报馆和通讯社，颠倒黑白，做种种不利于中国的宣传。⑥ 凡此种种，皆因领事裁判权的存在，中国方面无从干涉。相反，日领却以种种借口，干涉中国报章的宣传自由。

1935年5月4日，《新生》周刊第2卷第15期发表艾寒松（易水）《闲话皇帝》一文，里面讲到："日本的天皇是一个生物学家，对于做皇帝，因为世袭的关系，他不得不做，一切的事，虽也奉天皇的名义而行，其实早作不得主，接见外宾的时候，用得着天皇，阅兵的时候，用得着天皇，举行什么大典礼的时候，用得着天皇，此外天皇便被人民忘记了，日

---

① 胡汉民：《国府明令撤废领判权的三大意义》（1929年12月30日在中央党部总理纪念周讲演），转引自秦孝仪主编《革命文献》第72辑《抗战前国家建设史料——外交方面》，台湾中国国民党中央委员会党史委员会，1977，第234页。
② 杨鹏著《最后挣扎中之领事裁判权》，1937，第16页。
③ 中国人民银行总行参事室编《中华民国货币史资料》第1辑，上海人民出版社，1986，第993页。
④ 中国人民银行总行参事室编《中华民国货币史资料》第1辑，上海人民出版社，1986，第993页。
⑤ 张道行：《不平等条约内容的分析》，转引自林泉编《抗战期间废除不平等条约史料》，台湾正中书局，1983，第317页。
⑥ 参见胡汉民《国府明令撤废领判权的三大意义》（1929年12月30日在中央党部总理纪念周讲演），秦孝仪主编《革命文献》第72辑《抗战前国家建设史料——外交方面》，台湾中国国民党中央委员会党史委员会，1977，第234页。

本的军部、资产阶级是日本的真正统治者"。上海的日文报纸便在头条登载消息，称《新生》周刊"侮辱天皇"。接着，一群日本浪人在日侨聚居区举行游行示威。6月7日，日本驻沪领事以"妨碍邦交"、"侮辱天皇"为由，向国民政府提出对日谢罪、检查图书、禁止侮辱"满洲国"、《新生》作者及编者处以徒刑等条件。国民政府迫于压力，6月22日查封《新生》，7月初逮捕主编杜重远。① 杜重远被审时，强烈责问：爱国何罪？中国法律何在？并当庭申明《新生》周刊依法登记，每期稿件都经中央图书杂志审查委员会审查批准，编者不能负责。法官无词以对，令杜交保500元候审。7月9日，江苏高等法院二分院再度开审《新生》案，杜重远陈述刊载《闲话皇帝》一文经过，申辩说："本人曾阅外国杂志，其中描写有甚于《新生》周刊之稿者，未闻因此获罪。我绝不会攻击日本某私人，我要反对的是侵略中国的帝国主义。"法庭终以"诽谤罪"判处杜重远有期徒刑1年2个月。同时，国民党中央宣传委员会按照日本领事要求，以上海图书杂志审查委员会对《闲话皇帝》一文未能检举，将该会审查人员项德言、朱子爽、张增益、戴鹏天、刘民皋、陈文煦、王修德7人撤职。宣传委员会还就《新生》周刊事件电令各省、市党部转饬当地出版界、报社、通讯社：嗣后对于此类记载或评论，务须严行防止，并要求各地切实遵守国民政府6月10日命令，取缔反日运动。

---

① 杜重远（1897~1943年），辽宁开原人。早年留学日本，1923年回国后在沈阳开设肇庆窑业公司，曾任辽宁商务总会会长。九一八事变后，以记者身份在沪湘鄂川赣等地活动，鼓动民众抗日。1934年2月10日，在上海创办时政刊物《新生》周刊，并任主编兼发行人，艾寒松、徐伯昕等协助编辑并负责发行。1939年任新疆学院院长，后创办宣传新思想的刊物《光芒》。1943年遭军阀盛世才杀害。

第七章 领事与"条约权益"的维护

一 内河航行权

近代日本利用不平等条约攫取在华利益,除割地赔款、开辟租界和领事裁判权外,还有内河航行权、关税协定权、居住营业权、势力范围、军队驻扎权、电信事业权、设厂制造权、开采矿山权、铁路建筑权、森林采伐权、片面最惠国待遇等几十项。本节以"内河航行权"为中心,考察日领在维护条约权益及条约衍生权益方面的种种不法行为。

按国际惯例,各国皆不许外人享有内河航行权,而近代中国却被迫将此种权利开放于各国,非但己国航业无由发展,且危及国防。外人内河航行权的取得,以1858年中英《天津条约》为根据,该约第十款规定:"长江一带各口,英商船只俱可通商"。① 1895年,日人依据《马关条约》,获得苏沪杭行轮权。1905年日俄战后,"日本对华航业,进展迅速"。② 但自当时中国内河航行轮船情形来看,中国航业仍占优势(见表7-1)。

表7-1 1905年内河航行轮船

国别	入港		出港		合计	
	只	吨	只	吨	只	吨
英国	174	13783	174	13783	348	27566
法国	3	57	3	57	6	114
德国	139	958	139	958	278	1916
日本	95	2495	95	2495	190	4990
清国	3024	29758	3024	29758	6048	59516
合计	3435	47051	3435	47051	6870	94102

资料来源:〔日〕外务省通商局编纂《清国事情》第1卷,外务省发行,1907,第614页。

同一时期,日本在中国内河航业总体虽处劣势,但在苏州及杭州间航

---

① 王铁崖编《中外旧约章汇编》第1册,三联书店,1957,第97页。
② 中国国民经济研究所编《日本对沪投资》,商务印书馆,1937,第79页。

行的船只却达3500多只,总载重量约26万吨,在数量及吨位上大大超过英德法诸国,居仅次于中国的地位(详见表7-2)。

表7-2 1905年苏州及杭州间航行船只

国别		小汽船及曳船		被曳帆船		合计	
		只	吨	只	吨	只	吨
英国	入	2	145			4	318
	出	2	173				
法国	入	275	36306			546	86267
	出	271	49961				
德国	入	2	32			4	120
	出	2	88				
日本	入	952	74676	766(只)	16262(吨)	3539	257925
	出	944	148368	877	18619		
清国	入	2553	241163	3842	81566	12694	796416
	出	2387	390635	3912	83052		
合计		7390	941547	9397	199499	16787	1141046

资料来源:〔日〕外务省通商局编纂《清国事情》第1卷,外务省发行,1907,第616页。

20世纪初期,在中国的内河航业中,以英商太古洋行、怡和洋行势力最大,船舶最多,资本最雄厚,成为日商竞争的主要对手。为了打击英商势力,扩大对长江流域的经济掠夺,1907年,日本政府下令组建"日清汽船株式会社"。时日清资金总额为2200万日元,日本皇室占全股额约50%以上,大阪商船公司(原经营长江轮运)、日本邮船公司、大东汽船公司(原经营汉口至长沙轮运)和湖南汽船公司各以自己的船只入股,另有一部分日本商民集资入股。日清公司创立之初,招募若干中国股本,冠名"日清",意为中日集资合办。后来公司业务开展顺利,所有中国股份都被日方陆续收买兼并,成为纯日资公司。日清公司社长为白岩隆平,本社设于东京,在上海和汉口设有支店。上海支店开设天津、广州、镇江、南京、芜湖、九江6个出张所。汉口支店管辖宜昌、沙市、重庆、万县、长沙、岳州、常德、湘潭等地区。日清公司还在城陵矶、岳州、湘潭等地设立代理店,承办货运和客运业务。

日清公司在中国沿海和长江内河行驶的轮船共28只,总载重量约6.01万吨(见表7-3)。

表 7-3 日清公司在中国沿海和长江内河航行轮船

单位：吨

船　名	载重量	航　线
嵩山丸	4000	上海—天津
华山丸	4000	上海—天津
唐山丸	4000	上海—广州
庐山丸	4000	上海—广州
洛阳丸	4000	上海—汉口
凤阳丸	3900	上海—汉口
岳阳丸	3500	上海—汉口
南阳丸	3500	上海—汉口
襄阳丸	3500	上海—汉口
瑞阳丸	3000	上海—汉口
大贞丸	2000	上海—汉口
大福丸	2000	上海—汉口
大吉丸	2000	上海—汉口
大利丸	2000	上海—汉口—宜昌
武陵丸	900	上海—汉口—宜昌
大元丸	1500	汉口—宜昌
大亨丸	1500	汉口—宜昌
当阳丸	1500	汉口—宜昌
信阳丸	500	汉口—宜昌
江陵丸	800	汉口—长沙
沅江丸	500	汉口—长沙
湘江丸	500	汉口—常德
嘉陵丸	300	汉口—常德
云阳丸	1500	宜昌—重庆
宜阳丸	1500	宜昌—重庆
长阳丸	1500	宜昌—重庆
涪陵丸	500	宜昌—重庆
德阳丸	700	重庆—泸州

资料来源：政协武汉市委员会《武汉文史资料文库·租界洋行卷》，武汉出版社，1999，第288~289页；另参见中国国民经济研究所编《日本对沪投资》，商务印书馆，1937，第82~83页。两资料在载重量方面略有出入，如《日本对沪投资》内载：洛阳丸载重为4378吨；大贞丸为1369吨；信阳丸为1674吨等。

第七章　领事与"条约权益"的维护

此外，日清公司在长江线上还有专运散舱桐油的拖驳船队 4 队，"每队铁驳 3 只，冬季舱内有暖气管设备，使桐油在运输途中不冻，同时铁驳有抽油泵，可将桐油抽送外洋轮船，免除靠岸中转"。① 日清公司轮船的每一航次，都必须向日本领事馆报送一份填具船名、航班、开航日期、载客货量的报告单（如果当地未设日本领事馆，则由中国地方官厅盖章证明），月末将每一航线的开航报告单汇成统计表一式三份，将两份送领事馆核对盖章后取回，由支店将一份寄送东京本社，再由本社汇总送交日本政府递信省（交通主管部门）。② 年度结算时，日清公司一面向日本政府税务署缴纳营业税款，同时又从递信省领取相当于营业税的津贴费，这笔钱每年 10 万元左右，日清公司就是利用这笔钱逐年增加设备和船只，在航运竞争中得到发展，从这条黄金水路掠走了我国大量物资财富。③

1928～1932 年间，日本在中国的航运业年年发展，直逼英国。④ 所占比重，前四年均超过 25%，但此种情形，到 1932 年出现转折，所占比重比 1931 年剧减一半还多，首次跌到自 1908 年以后 25 年中从未出现过的 14%（见表 7-4）。日本学者认为，这显然是"1931 年以满洲事变的爆发为契机，支那排斥日货，贸易锐减的结果"。⑤

表 7-4　1928～1932 年日英美中四国进出中国通商口岸的船舶吨数

单位：百万吨，%

国别	1928 年		1929 年		1930 年		1931 年		1932 年	
	吨数	比重	吨数	比重	吨数	比重	吨数	比重	吨数	比重
日　本	39.07	26	42.35	27	45.63	29	43.04	26	19.78	14
英　国	56.04	36	57.93	36	57.24	36	60.56	37	59.43	43
美　国	6.38	4	6.65	4.2	6.49	4	6.18	3	5.38	3
中　国	33.04	22	29.89	19	29.20	18	32.70	20	33.89	25

资料来源：〔日〕樋口弘著《日本对支投资》，东京庆应书房，1940，第 94 页。

---

① 《武汉文史资料》1991 年第 4 辑，第 174 页。
② 参见政协武汉市委员会编《武汉文史资料文库·租界洋行卷》，武汉出版社，1999，第 291 页。
③ 参见政协武汉市委员会编《武汉文史资料文库·租界洋行卷》，武汉出版社，1999，第 291 页。
④ 樋口弘著《日本对支投资》，东京庆应书房，1940，第 94 页。
⑤ 樋口弘著《日本对支投资》，东京庆应书房，1940，第 94 页。

在中日全面战争爆发的前一年即1936年,日本在长江的航运业,除日清汽船公司以外,还有大阪商船、日本邮船、大连汽船等十余家,其吨位、路线及资本金仍占较大优势,详见表7-5。

表7-5 1936年日本在长江航运公司情形表

公　司	资本金（日元）	路　线	只　数	本社所在地
日清汽船株式会社	10125000	8	40	东　京
大阪商船株式会社	62500000	9	15	大　阪
日本邮船株式会社	64250000	7	12	东　京
大连汽船株式会社	14450000	3	6	大　连
近海邮船株式会社	10000000	2	5	东　京
原田汽船株式会社	3000000	1	2	大　阪
朝鲜邮船株式会社	4750000	2	3	京　城
山下汽船株式会社	20320500	1		神　户
川崎汽船株式会社	20000000	1		神　户
国际汽船株式会社	20000000			东　京
阿波国共同汽船株式会社	750000			德　岛
山井物产会社船舶部	12500000	2	3	东　京

资料来源：参见〔日〕樋口弘著《日本对支投资》,东京庆应书房,1940,第96~97页。

南京国民政府成立后,掀起改订新约运动。1930年,工商、外交、财政、交通四部会议,讨论收回航权实施办法,并将讨论结果汇集,呈报行政院,作为将来收回航权的准备。沪航业公会呈文表示,与日本订立通商条约时,不能采取平等互惠原则,使日本在中国内河有航行权,影响国内航业的发展,若不及时设法收回航权,还将影响其他事业的进步,因为发达健全的海运,不仅有益于发扬国威,充实国力,战时还可将船只服务于军队,海员亦可作为海军军员的补充。关于航业的意义,日本方面早有全面认识,时经济学博士寺岛在论及日本海政时,提出航业对国家有以下几点作用。一、以之为运输机关,则可帮助海外贸易之发达。二、以之为交通机关,则可促进旅客及移民之航行。三、以之为通信机关,则可运送邮件及装置新式之通信。四、以之为生产机关,则可增进国富及调剂国际之金融。五、以之为练习机关,则可为海员实地之训练。六、以之为军事机关，则可补助海陆军之任务。七、可以奋勉诱掖其他之关系事业。① 日本朝野及航界对中国收回航权问题，莫不重视，为不失在华航权，有些人建议采取相互主义，即中国允许日本船航行于中国沿岸及内河，同时日本亦允许中国船航行于日本沿岸及内河。但以当时情形，中国船舶根本不可能航行于日本内河。

航权缺失，将带来种种弊害，部分中国人却未认识到。当时，有一种意见认为，中国航业不振，究其原因，或在于开港以来，受外国势力之侵入压迫，无迅速伸展自国航业之余地，或对于先进国之文明开化，而不急起直追，或由于国内战乱频年不息，"但其最大原因，则为中国国民性不适于此种之企业"。② 还有一种论调竟表示，日人在长江航路与英国竞争，运费几全部消费于中国内地，对中国方面有异常利益。其言称：

> 日人维持扬子江之航路者，非仅日本一面之必要，中国方面亦有异常利益，例如招商局与英日两国之船舶对抗时则必改良其船舶，低减其运费，而英日两国之船舶在其竞争之立场，亦必随之改良船舶，低减其运费，而与之对抗，若驱逐两国之船，全委于中国人之经营，其结果必船舶恶劣，运费昂贵，徒使中国人自招其苦痛而已。且扬子江一带之生产工业，必因之而萎靡不振，凡此不利益之点，中国人安得不承认之耶？中国人动以产业之受压迫，而愤慨攻击日本经营海运之获利，其实在华航行之日本船，其船员除高级海员外，而中国人几占普通海员之全部，其他如食料物资之购买，船舶之建造修理，大有在中国施行之概，日人由中国人怀中取出之运费几全部消费于中国之内地，乃以极微之一部利益及日政府之补助，以继续分配其公司之红利而已，即谓为代中国而经营其航路亦无不可也。以上之情形，非仅日本为然，英国亦如是，今若暂置招商局而不论，专就中国商人之立场，与夫交通之情况而观之，则在同流域之内，有两国船舶对抗之经营，在运输交通上固勿论，即在生产开发上，亦有绝大之贡献。故所谓"扬子江者我之航权也"一语由中日两国着想，则诚有意义也。③

但有识者却不以为然，认为：日本"在华经营之航业，亦已根深蒂

---

① 尤光先：《收回航权应取之方策续》，1931年2月28日《大公报》。
② 尤光先：《收回航权应取之方策》，1931年2月27日《大公报》。
③ 尤光先：《收回航权应取之方策》，1931年2月27日《大公报》。

固，且其经济文化政治与吾国均有密切之关系，其关心之切，不言而喻"，"谓日本所获之运费，几全部消费于中国之内地，乃以极微之所得，与日政府之补助金，凑合为分配股东红利之用，若然，则日人为谋中日之亲善，与东亚之繁荣计，更应迅速容纳中国之主张，弃其小利而求其大利也。况日政府自金解禁之后，施行紧缩政策，不遗余力，若乘此机会，撤废其一部分之补助金，亦不无小补也，一举数善，日人何乐不为？"① 有识之士强调：不平等条约中，最足制吾人之死命者，则为沿海贸易权与内河航行权，盖航权丧失，外人则可借此以剥夺我产业，紊乱我财政，衰弱我民族（鸦片及其他毒品之秘输），助长我内乱，亡国灭种，莫此为甚。②

日轮借不平等条约，航行于中国内河，掠夺当地资源，倾销物品，并乘机做种种违法行为，大牟其利，略举汉口日清公司此类举动如下。一、偷漏关税。日轮偷税漏税，无论载货载客，都习以为常。日人勾结当地不法煤商，以其他煤冒充船用煤，以偷漏关税。按照海关章程，拖轮载货不许搭客，但是日清公司行驶汉口—常德线的拖轮，经常私带乘客。二、私运烟土。日清轮船上的海员，除携带私货牟利外，还常常接受走私商的重金贿赂，代为偷运烟土，为避免海关检查，一般上水在金口附近起卸，下水在五通口附近起卸，以蒙混过关。三、贩卖军火。日本停泊在我国各港口的军舰，经常以调防的名义，将大批军火载入我国，深入长江沿岸，然后转到商船上，直接运交各地军阀。日清公司还命驻万县日人北岛静打入四川军阀杨森幕府，充当高级顾问，实际上就是军火掮客。③

对日清公司的不法行为，日领不是严加禁止，而是借领事裁判权进行庇护，或以"炮舰政策"相威胁，千方百计维护日商利益。

1922年底，川军熊克武部与邓锡侯部发生内讧。1923年2月，吴佩孚趁机派兵配合杨森师部入川争夺地盘。4月6日，杨森部攻占重庆，川东边防军石青阳部汤子模旅（熊克武所辖）趁机攻占涪陵。9月初，日清公司中国雇员翁文奎，在万县密将接济杨森部的一批械弹分装日清"宜阳丸"和"云阳丸"，运往重庆。汤部得知后，于9月7日晨截获两日轮，双方在"宜阳丸"上枪战。汤部击毙"宜阳丸"船长细川新吉等两名日人，并扣押机关长宫崎和一等转运士高桥。"云阳丸"趁乱砍缆逃

---

① 尤光先：《收回航权应取之方策》，1931年2月27日《大公报》。
② 尤光先：《收回航权应取之方策》，1931年2月27日《大公报》。
③ 参见政协武汉市委员会编《武汉文史资料文库·租界洋行卷》，武汉出版社，1999，第293~294页。

走。汤部截获吴军子弹后，弃"宜阳丸"撤离涪陵。9月8日，日舰"比良丸"驶抵涪陵，驻宜昌日领馆及驻渝日领馆派员随舰调查。此后，日驻华公使芳泽频频会见北洋政府外长，就"宜阳丸"事件及湖北"排日"事件提出强硬要求，声称扣押"宜阳丸"船员有碍中日邦交。次年3月17日，日驻渝领事、外交部特派员、日清轮船公司代表在合江与汤部谈判，汤部提出以军火加赎金为条件释放日人。谈判历时一个月无果。5月间，汤部经贵州转移至湖南境内。8月9日，日驻渝领事贵布根、日清公司代表横田由长沙乘船赴常德谈判，因途中战争，交通梗塞，11月初始抵常德。1925年春，日清公司付出赎金10万银元，汤部释放扣押近两年的两名日本船员。①

1924年11月19日，重庆军警团督察处6名探员在重庆太平门外日清"德阳丸"轮上，查获重庆市禁用的外省劣币半元毫洋，该船日籍船主石川熊藏、大副北神林造及水手与探员发生斗殴，将6名探员推入水中，至4人失踪。士兵将日本船主、大副及斗殴水手带回督察处。督察处当即致函重庆关监督公署，要求速与驻渝日领交涉，并提出惩凶、赔偿损失等条件。事件发生后，日驻渝领事赴督察处，反向中方提出抗议，认为"德阳丸"及其船员受日本保护，中国军警不能随意登轮检查捕人，此次事件为侵犯领事裁判权，要求惩办肇事士兵，退还查没的银元，并保证今后不再发生此类事件。督察处随即释放了被押日人。11月26日，督察处出面宣称落水4探员已"获救"，同时重庆关监督公署屈于日领的压力，致函报界，指责新闻界歪曲事实真相，并声称受伤探员伤势甚轻，宣布了结此案。重庆各界对此极为愤怒，11月28日，省立第二女子师范校友会以"德阳丸"案丧失国权，出面联络各团体，讨论后援问题，决定成立"德阳丸案重庆外交后援会"，并组织学生沿街演说，指斥重庆关监督公署丧权辱国。12月4日，北洋政府外交部就"德阳丸"案向日驻华公使芳泽提出抗议，驳斥其无理要求，认为航行重庆的中外商轮应一律接受军警检查，"德阳丸"船长包运伪币渔利，难卸罪责，船主为拒捕凶犯，不应释归，进而提出惩凶、抚恤、道歉三项要求。日使未予理会。12月23日，"德阳丸案重庆外交后援会"示威请愿，有49个团体、40余所学校共5000余人参加。但军警团督察处、重庆海关监督公署慑于日方压力，于

---

① 日领有关"宜阳丸"的交涉，详见"中央研究院"近代史研究所编《中日关系史料·渔盐路矿交涉（1918~1927年）》，"中央研究院"近代史研究所发行，1995，第325~338页、第462~463页。

12月27日出具告示，称调查结论与事实无误，指斥市民不明真相，并宣称该案已和平了结。

1929年6月26日，日清公司"长阳丸"在重庆朝天门码头附近撞沉1只渡船，淹毙乘客5人。巴县渡船劳工联合会随即分报各处官厅，受害人家属亦先后具呈请究。该案由重庆交涉署及重庆关监督负责办理，嗣因交涉署奉令裁撤，悬而未结。受害人家属复向巴县政府呈诉。10月24日，巴县政府集取全案人证，分别审理。日清公司经理借驻渝日领为护身符，抗传不到。驻渝日领亦致函巴县政府，提出依领事裁判权应由日驻渝领事会审此案，为巴县政府驳回。12月4日，巴县政府公布判决书：日轮"长阳丸"船长应对撞沉木船负刑事责任，判有期徒刑1年又3月，缓刑2年；淹毙5名乘客，由日清公司赔银3000元；并赔偿乘客财产及撞沉之渡船。但该判决未见执行。

1937年七七事变后，上海日本领事馆命令日清公司将长江上游各地日侨及船只调往汉口，后陆续到达上海集中，并调入大批日籍人员，霸占上海引水权。① 八一三战事前夕，停泊浦东码头的一部分船只，被伪上海市政府征用封锁黄浦江。1938年2月，上海沦陷后，日军占领当局表示："皇军占据后，治安大体恢复"，指示日清汽船公司、东方航空运输公司和上海运输会社三个公司合作经营，以便统制内河航运。三公司协议后，组织江浙轮船公司，于2月5日开始营业。② 江浙轮船公司掠夺当地的各式小火轮为动力，拖带木驳、民船，满载客货，往返于上海至松江和上海至无锡线上。7月28日，日当局"以独占运输营业为目的"，解散江浙轮船公司，成立上海内河汽船会社（中国名称：上海内水轮船股份有限公司），"将中支主要内河航路的小蒸汽船、发动机船和曳船等船舶，依收买、合并及其他方法，纳入该公司的统制之下"。该公司初设事务所于上海横滨正金银行三楼，后成立总公司，办事人员以日清、江浙公司和上海运输会社的日人为主，并在苏州、无锡、扬州、南京、芜湖、裕溪口等处设立分公司，后因营业发展，航线延伸至九江、汉口两地，"实现了内河航行的垄断"，③ 成为战时日本物资统制的重要工具。

---

① 王曾博主编《长江航政史·江苏部分》，1993年印刷（内部发行），第83页。
② 〔日〕外务省编《外务省执务报告·东亚局》第5卷1938年（1），クレス株式会社，1993，第290页。
③ 〔日〕外务省编《外务省执务报告·东亚局》第5卷1938年（1），クレス株式会社，1993，第292～295页。

二 关税协定权

关税是国家对于经过国境各货物所赋课的一种租税,若以保护国内产业,使其能充分发展为目的,则曰保护关税;若以增加财政收入为目的,则曰财政关税。前者完全为实现一国的商业政策而征税,目的是减少外货进口,故税率极高;后者则基于一国的财政政策,为达到外货容易进口、易于征收的目的,故税率较低。一般之所谓关税,实指进口税而言。进口税是对于外国输入货物所课之税,课税目的,或为增加国库收入,或为保护国内产业。其税率多寡,以国内财政及实业状况而异,例如食料品及制造业所需的原料税收极低,而国内已能制造的生产品则课税甚重。

中国自有对外贸易至中英鸦片战争为止,关税税率或增或减,极为自由,关税主权固属完整,自无所谓关税问题。1842年中英签订《江宁条约》,关税被迫协定,自主权从此丧失。该约第十条内载:"英国商民居住通商之广州等五处,应纳进口、出口货税、饷费,均宜秉公议定则例,由部颁发晓示,以便英商按例交纳;今又议定,英国货物自在某港按例纳税后,即准中国商人遍运天下,而路所经过税关不得加重税例,只可按估价则例若干,每两加税不过几分"。① 1843年,中英在香港议定进出口应完税则表及通商章程,此税则表完全为协定性质,其税率均照值百抽五计算。自此,中国的进口税受条约束缚,既非以收入为目的,又非能以保护为目标。关于洋货进口后,在中国沿岸移出入税的协定,则始于1861年中英《长江通商收税章程》。该章程第二条规定:"洋商由上海运土货进长江,该货应在上海交本地出口之正税,并先完长江复进口之半税,俟到长江各口后,一经离口贩运,无论洋商华商,均逢关纳税,过卡抽厘"。② 又第三款内云:"洋商由上海运别口所来之土货,已在别口交过出口正税,并在上海交过复进口税,若再出口往长江,毋庸在上海纳出口税,并

---

① 王铁崖编《中外旧约章汇编》第1册,三联书店,1957,第32、99页。
② 厘金税与常关税同,即值百抽一之税。发源于洪杨时代,当时清廷因战饷缺乏,遂征收厘金以弥补之,因税收甚丰,成为固定税制。由于厘金税率不一,课税物品各处相异,且时时变更,漫无规定,导致商人受累无穷。中国产业凋零,谓为厘金之赐,亦不为过。自关税自主实行后,南京政府于1931年1月1日起,裁撤厘金,因恐税收减少,又创办特种消费税及统税等加以抵补。张毓珊、孔士谔著《中国国际贸易问题》(中),商务印书馆,1936,第125页。

长江复进口之税"。① 1863年，中丹缔结商约，第四十四款规定："丹国商民，议定沿海通商各口，载运土货，则准出口先纳正税，复进他口再纳半税后，欲复运他口，以一年为期，准向该关取给半税存票，不复更纳正税，嗣到改运之口，再行照纳半税"。② 于是沿岸移出入税亦成为协定税制。此间，外人还以中国内地厘卡林立，纳税重重为由，要求订约协定子口税。1858 中英签订《天津条约》，确定内地子口税税率，并以征收子口税代替内地厘金等税。此约定后，各国均相继仿办。中外通商条约内关于协定关税的条款见表7-6。

表7-6 中外通商条约内关于协定关税条款表

约 名	年 代	条约款数	备 考
中法通商章程	1858	七、十	
中美通商章程	1858	七、十	
中丹天津条约	1863	二十七	
中丹通商章程	1863	七	
中西天津条约	1864	二十四	日约虽专指洋货，没有言及土货，因有"利益均沾"的专条，故洋土各货均沾子口税的利益
中比北京条约	1865	三十二	
中比通商章程	1865	七	
中意北京条约	1866	二十七	
中意通商章程	1866	七	
中葡北京条约	1887	三十八	
中日通商行船条约	1896	九、十、十一、十二、十三、十五	
中瑞条约	1908	五	

资料来源：参见林泉编《抗战期间废除不平等条约史料》，台湾正中书局印行，1983，第55~56页。

1871年9月13日中日签订《修好条规》的同时，在天津签订《通商章程及海关税则》，并言明海关税则一经订定，两国"应与修好条规一体信守无渝"。③ 该约第八款规定：两国商船输税期候，进口货于起载时，出口货于落货时，各行按纳。一经完清税项，海关发给红单，理事官接到

---

① 张毓珊、孔士谔著《中国国际贸易问题》（中），商务印书馆，1936，第125页。
② 张毓珊、孔士谔著《中国国际贸易问题》（中），商务印书馆，1936，第125页。
③ 王铁崖编《中外旧约章汇编》第1册，三联书店，1957，第324页。

红单,即发船牌,准其出口。第十一款规定:中国商船货物进日本通商各口,应照日本海关税则完纳;日本商船货物进中国通商各口,应照中国海关税则完纳。至两国各口海关已经较准秤码、丈尺并完税银色,彼此商民均应随地遵照旧章办理,不得稍有异议。第十二款规定:两国货物如有税则未经赅载者,由海关按照市价估计,每值价百两收税银五两。若货主不肯照海关所估之价售卖,应听其便,仍令照海关所估之价完税。第十六款规定:货物进口完税后,如欲改运通商别口售卖,报由海关验明实系原包、原货,并未拆动、抽换,即给收税执照,持往别口海关查验相符,准其出售,免再纳税。第二十八款规定:两国税则,如有仅载进口税则,未载出口税则者,遇有出口皆应照进口税则纳税;或有仅载出口税则,未载进口税则者,遇有进口亦皆照出口税则纳税。①

1896年日本乘战胜余威,逼迫中国与之签订《通商行船条约》,内将日本臣民应得优待利益,均经详载。唯中国商民如何办法,屡经商论,终无定议。② 该约第九款规定:凡各货物日本臣民运进中国或由日本运进中国者,又日本臣民由中国运出口或由中国运往日本者,均照中国与泰西各国现行各税则及税则章程办理。凡货物于中国与泰西各国现行税则及税则章程之内,并无限制禁止进、出口明文,亦准任便照运。其运进中国口者,只输进口税,运出中国口者,只输出口税。至日本臣民在中国所输进、出口税,比相待最优之国臣民,不得加多,或有殊异。又凡货物由日本运进中国或由中国运往日本,其进、出口税亦比相待最优之国臣民运进、出口相同货物,现时及日后所输进、出口税,不得加多,或有殊异。第十款规定:凡货物照章系日本臣民运进中国或由日本运进中国,在中国照现行章程由此通商口运至彼通商口时,不论货主及运货者系何国之人,不论运器船只系属何国,所有税赋、钞课、厘金、杂派各项,一概豁免。第十一款规定:日本臣民有欲将照章入中国之货,进售内地,倘愿一次纳税,以免各子口征收者,则听自便。如系应完税之货,则应照进口税一半输纳,如系免税之货,则按值每百两征收二两五钱。输纳时领取票据,执持此票,内地各征,一概豁免,惟运进鸦片烟,不在此条之内。第十二款规定:日本臣民于中国通商各口岸之外,购买中国货物土产为运出外洋者,除出口时完出口正税外,如照以上第十一款所列数目,照出口税则核算,完纳子口税,以抵各子口税项,此后不论在中国何处,所有税赋、钞

---

① 王铁崖编《中外旧约章汇编》第1册,三联书店,1957,第322~324页。
② 参见王铁崖编《中外旧约章汇编》第1册,三联书店,1957,第667页。

课、厘金、杂派，一概豁免，惟完子口税之日起，限十二个月内，运往外国。又日本臣民在通商各口岸购买中国货物土产，非系禁运出外洋之物，运出口时，只完出口正税，所有内地税赋、钞课、厘金、杂派，一概豁免。又日本臣民在中国各处购买货物以备运出外洋，准由此通商口岸运到彼通商口岸，惟应照现在章程条规办理。第十三款规定：凡货物如实系洋货，已完进口税后，自进口之日起，限三年内，不论何时，准日本臣民复运出口，俾往外国，毋庸再纳出口税。惟复运出口之货，须实系原包、原货，并未拆动抽换，准将已完之进口税，由海关给发收税存票付执，如该臣民愿持票赴关领取现金者，听任自便。第十五款规定：日本商船进中国通商各口，应纳船钞，按注册吨数，在百五十吨以上者，每吨纳船钞银四钱，一百五十吨及以下者，每吨纳船钞银一钱。如该船进口后，未经开舱，欲行他往，限四十八点钟之内出口，不纳船钞。如已纳船钞之船，自领出口红票之日起，限四个月之内，可往中国通商各口及准停泊之港，毋庸再纳船钞。凡日本商船在中国修理之时，亦毋庸纳船钞。又日本臣民使用各种小船，装运客商、行李、书信及应免税之货，往来中国通商各口，均毋庸纳船钞。惟各种小船及货艇等运往货物，其货于运载时应输税课者，该船须按四个月纳船钞一次，每吨纳银一钱。所有日本大小船只，除纳船钞外，并无别项规费，至所纳船钞，不得过于最优之国各船所纳之数。①

自以上中日间两约观之，当时凡日货输入内地，除纳一道子口税，等于进口税率之半外，以后货物无论运至内地何处，无须再行纳税。日商由内地转运出口之货，亦得享受出口货子口税之特权，其税率为出口税率正税之半。自此，日货运入内地，完纳子口税后，即可免除一切厘金，而华商则不能享此权利。此种规定，对中国实业发展，妨碍甚大。而在厘金未有废除之前，日领竟以领事裁判权为护符，就日商纳厘一事，"变更原约，误解子口文义，以通过税与落地厘，牵合为一"，迭与地方政府无理纠缠，并命令日商拒不完厘，致在长沙、常德、汉口等地酿成多次交涉。

1911年9月24日，长沙日本商人禀日本领事称，货物自长沙城外输入城内时，地方官吏要加征城门税，若不照缴，则不许输送货物进城，"商人等因商品流通，不得已允其纳税"。日领事遂致函交涉员称，长沙口岸，不能仅指城外，地方官所征厘金，显违约章，应全数退还，且将来

---

① 王铁崖编《中外旧约章汇编》第1册，三联书店，1957，第663~665页。

亦不得再有违反条约之行为。① 10月4日，湖南都督函复日本领事称：查来函所称长沙口岸，不能仅指城外而言一节，今试以沿海沿江各口岸论之，沿海口岸如广州，则在沙面，潮州则在汕头，福州则在仓前，上海则在黄浦滩，登州则在烟台，天津则在紫竹林。沿江口岸如镇江、九江、芜湖、宜昌、汉口等处，则皆在城外，其余各口，不胜缕指，均无以城内为口岸者。中日通商行船续约第十款第二节内载，湖南之长沙府，开作通商口岸，与已开各通商口岸无异，语言最为明晰，已开各口岸既无城内通商之例，则长沙即应一律办理，岂待烦言而解。长沙口岸早订定北门外为公共商场，西门外沿河一带划作轮船码头，商务已利，交通地势亦形展拓，商场界线以外，即属内地，况城闉隔别，断难牵混而言。……长沙城内既系内地，无论何处货物输送入城，自应由经过之城门厘卡，征收落地厘捐。② 10月14日，日领事复函称：据云英国货物进城之时，并无征收厘金情事，于英国货物免收厘金，于日本货物征收厘金，如果为然，是实视国殊待，诚难了解者也。希贵司于此问题，参照前函，顾念中日历来交谊，暨贵湖南省与本国之密切关系，速筹妥当办法。③ 交涉署于10月19日复函长沙日本代理领事冈本武三辩明：贵国商人在湘贸易，自必一体优待，曷敢歧视。但此项厘捐，定章具在，亦不能稍涉迁就，致碍厘收。④ 11月21日，交涉署再函日领，声明厘金一项"断难停收"，并表示"此事兹以洞彻始终，谅不至重烦交涉也"。⑤ 日领无望，遂放弃纠缠。

1913年7月，日商田中七太郎运货至常德销售，不肯照章完纳落地厘金，常德厘金局迭与长沙日领交涉，历时数月，"舌敝唇焦"，日领一味坚持，仍不就范。常德厘金局表示："湘省自光复以来，举凡各项厘捐，均照旧章，未稍更改，各国商人在常德贸易者，亦皆一体纳捐无异，断无独于日商运销常德货物，停止征收落地厘金之理。内地厘课，主权所

---

① 参见台湾"中央研究院"近代史研究所编《中日关系史料——通商与税务（禁运附·上·1911~1916年）》，"中央研究院"近代史研究所，1976，第88页。
② 台湾"中央研究院"近代史研究所编《中日关系史料——通商与税务（禁运附·上·1911~1916年）》，"中央研究院"近代史研究所，1976，第88~89页。
③ 台湾"中央研究院"近代史研究所编《中日关系史料——通商与税务（禁运附·上·1911~1916年）》，"中央研究院"近代史研究所，1976，第90页。
④ 台湾"中央研究院"近代史研究所编《中日关系史料——通商与税务（禁运附·上·1911~1916年）》，"中央研究院"近代史研究所，1976，第91~92页。
⑤ 台湾"中央研究院"近代史研究所编《中日关系史料——通商与税务（禁运附·上·1911~1916年）》，"中央研究院"近代史研究所，1976，第93页。

关，苟无违反条约行为，岂容外人干涉"。① 由于地方官拒不退让，日领只得作罢。

1914年初，汉口日商五城洋行等抗不完厘，汉口征收局遂将日货扣留，日领事当即致函湖北交涉员，称：敝国商人向未承认厘金，若果适有一二敝商认纳此项厘税者，是系自己愿弃权利，与主张条章上权利者毫无相关。又称：贵交涉员所持各节，均系无视情理，反背约章，且事事拘情背理，颠倒本末，实为贵交涉员不胜抱歉。并威胁：希贵交涉员和平交涉，尊重国谊，立予释放已扣敝商等货物，以免交涉，若仍坚持误会，不以释放为然，致使敝商受有不测损害，即其责任应归贵交涉员负担。当汉口征收局延未放货时，日领事即派员前至交涉署，多方要挟，并谓此案业经禀报该国驻京公使，现在究竟放货与否，请当机立断，以便禀报驻使，在京解决等语。交涉员见"日领事前后来函，斤斤以约章为言，抹煞成例，且措辞强硬，不易转圜。若复再与辩诘，深恐交涉决裂"，遂将所扣日商等货物暂予释放，惟以后对于已入华商之洋货，仍予抽厘。②

"关税自主"原为独立国家应有主权，自《南京条约》签订以后，一方面由于清廷愚昧无能，再则列强以中国为其倾销市场，自不愿轻易交还税权。民国成立后，朝野均有相当觉悟，关税自主的要求非常迫切。1917年北京政府颁布《国定关税条例》，以无约各国货物，适用国定税率，有约各国货物，仍从条约协定为旨，此事因海关总税务司借口海关记账困难，加之政府无大决心，而未能成功。嗣后1919年巴黎和会上，中国代表提出希望条件凡七，其第七条即要求关税自主，但列强以为此项问题，不能认为在和平会议权限以内，不允加以讨论，此案遂被搁置。1921年华盛顿会议时，中国复提出关税自主要求，几经商讨，各国仍置之不顾，仅在税率改进方面规定分为三步，并决定召集关税特别会议进行协商。1925年10月，根据华盛顿会议决议，在北京召开关税特别会议，会议迁延数月，各国除空洞承认中国关税自主原则外，其余一切协议均无结果。时华北发生内战，各国代表先后离京，会议遂无形停顿。

国民政府北伐告成后，一面自动宣布裁撤厘金，一面谋求不平等条约的废除。1928年7月，首先与美国订立关税条约，其第一条载明："历来

---

① 台湾"中央研究院"近代史研究所编《中日关系史料——通商与税务（禁运附·上·1911～1916年）》，"中央研究院"近代史研究所，1976，第224～225页。
② 参见台湾"中央研究院"近代史研究所编《中日关系史料——通商与税务（禁运附·上·1911～1916年）》，"中央研究院"近代史研究所，1976，第391～392页。

中美两国所订立有效之条约内，所载关于在中国进出口货物之税率、存票、子口税并船钞等项之各条款，应即撤销作废。而应适用国家关税完全自主之原则"。① 继中美条约之后，德、挪、比、意、丹、葡、荷、瑞、英、西等国分别与中国签订新约，列强中未肯即时签订新约者，仅日本一国。而根据"最惠国待遇"，只要日本不放弃协定关税权，其他国家实际上仍可享受这一特权。

迟至1929年6月，日本才与中国谈判修约。1930年5月6日，国民政府外交部长王正廷和日本驻华代理公使重光葵在南京签订《中日关税协定》，日本虽于协定内宣布放弃协定关税权，中国终于实现了关税自主，但该协定仍规定日本享受"最惠国待遇"，并将优惠待遇项目扩至船钞、关税等项，共达110种之多，而中国所享优待仅11种。不仅如此，协定附件内中国还承认负责整理无担保或担保不足之日债，以致协定签订后，日本即据此向国民政府计索旧债，成为偿还西原借款之法律依据。故该协定名虽互惠，实则片面，为日本掠夺中国资源和抢占中国市场提供了便利。②

三 居住营业权

近代日本臣民在中国居住贸易，约定以通商口岸及租界为限。1896年中日《通商行船条约》第四款规定：日本臣民准带家属、员役、仆婢等在中国已开及日后约开通商各口岸城镇来往居住，从事商业、工艺制作及别项合例事业。又准其于通商各口任意往返，随带货物、家具。凡通商各口岸城镇，无论现在已定及将来所定外国人居住地界之内，均准赁买房屋，租地起造礼拜堂、医院、坟茔，其一切优例、豁除利益，均照现在及将来给予最优待之国臣民，一律无异。③ 然日人并不以此为满足，往往越出界外，或以游历为名，贩卖违禁物品，或于非通商口岸租房营业。

湖南地处内陆，列强一直未能取得稳固的立足之处。1902年9月5日，中英签订《续议通商行船条约》，清政府同意新增长沙为通商口岸。之后，日本也要求开放长沙。1904年6月，驻汉口领事永泷久吉与长沙关监督朱延熙签订《长沙通商口岸租界章程》及《租界附属章程》，规定

---

① 张毓珊、孔士谔著《中国国际贸易问题》（中），商务印书馆，1936，第129~130页。
② 参见张毓珊、孔士谔著《中国国际贸易问题》（中），商务印书馆，1936，第131页。
③ 王铁崖编《中外旧约章汇编》第1册，三联书店，1957，第663页。

长沙北门外南以城墙为界，东以铁路线至新码头为界，北以浏阳河，西以湘江为界作为商埠区域。后以北门外沿河不便泊船，又议定于西门外沿河地段，自永州码头起至鱼码头止，准予租用。7月1日正式实行"开埠"。对此，英国立即向湖南抚院"抗议"，并向清外务部提出交涉，重申改变长沙通商租界地段的无理要求。湖南地方官认为，如果"华洋杂居，彼此龃龉，实无法可以保护，后患何可胜言！"① 并据此予以驳斥，不同意改变长沙通商租界地段。此时日本突然改变态度，和英、美两国一起联衔照会湖南抚院，要求长沙商埠应不分城内、城外，听任自由租地。湖南地方官厅虽表断难应允，而洋商却已于租地界限以外，任意兴建洋行、堆栈，引起1905～1906年间旷日持久的"华洋杂处交涉"。几经周折，最后以湖南绅商赔偿洋商若干银两为代价，终将洋商赶出湖南。② 惟日本国领事仍赁住城内民房，③ 并胁迫湖南地方当局将常德、湘潭两地辟为"寄港地"，允许日轮在两地行驶，运载货物旅客。④

1915年1月18日，日本驻华公使日置益向袁世凯提出"二十一条"，其中第二号第三款即要求内地杂居权。该款曰："日本国臣民得在南满洲及东部内蒙古任便居住权，并经营商工业等各项生意"。⑤ 2月9日，外交部提出第一次修正案，将第三款修正为："中国政府允于现在东三省已开商埠外，再行酌定地点，自行开埠通商，划定界线，准日本及各国商民任便居住贸易，并经营商工业等各项生意，并准日本及各国商民为盖造商工业应用之房厂，向业主公平商租地基，惟须一律完纳各项税捐"。⑥ 2月16日，日本要求"全部削除"中国的修正案，"仍维持原提案之原意"。⑦ 关于杂居权一事，在4月1日的中日会议上，中国代表面交理由说帖称，内地杂居与领事裁判权不能相容，故欲内地杂居之实行，必须撤回领事裁判权。先进之国，俱有先例。日本政府此次绝对要求杂居，欲使

---

① 《署湖南巡抚陆元鼎致外务部电》，《清光绪朝中日交涉史料》卷68，第27页。
② 参见刘泱泱主编《湖南通史·近代卷》，湖南出版社，1994，第476、477页。
③ 《清宣统朝外交史料》卷13，参见湖南历史资料编辑室编《湖南历史资料》1981年第1期，湖南人民出版社，1980，第211页。
④ 参见刘泱泱主编《湖南通史·近代卷》，湖南出版社，1994，第479页。
⑤ 程道德等编《中华民国外交史资料选编》（1911～1919年），北京大学出版社，1988，第188页。
⑥ 程道德等编《中华民国外交史资料选编》（1911～1919年），北京大学出版社，1988，第191页。
⑦ 程道德等编《中华民国外交史资料选编》（1911～1919年），北京大学出版社，1988，第193页。

领事裁判权推行及于中国内地，并将南满洲之利益几为日本人所垄断，与各国机会均等主义显然不符。故对于此项要求，中国政府本无与商之余地。说帖并强调东部内蒙古情形，与南满洲迥然不同，自不能相提并论。① 4月26日，日本提出最后修正案，内称：南满东蒙之日本臣民，除须将照例所领护照向地方官注册外，应服从由日本国领事官承认之警察法令及课税。至民刑诉讼，其日本人被告者，归日本国领事官，其中国人被告者，归中国官吏各审判，彼此均得派员到堂旁听。但关于土地之日本人与中国人民事诉讼，按照中国法律及地方习惯，由两国派员共同审判。俟将来该地方司法制度完全改良之时，所有关于日本国臣民之民刑一切诉讼，即完全由中国法庭审理。② 5月7日，日本政府发出最后通牒，③ 5月9日，中国政府忍辱接受"二十一条"。

中日两国"二十一条"内有关杂居权的交涉，仅限于东蒙南满一带，结果中国无奈允日人此项权利，也是以取得部分管辖权为条件的。且"二十一条"之签订，实系日人所迫，为不平等条约之首，屡经中国政府声明否认在案。而日人仍"依约行事"，动辄在东蒙南满等有争议地区设肆营业，并常为不法举动。不仅如此，日本政府还想取得中国内地杂居权，且就此迭与中国政府交涉，均为中国政府严正驳回。日人未能获得"纸上的权利"，于是退而求"事实上的权利"，经常进入内地居住营业，并以领判权为后盾，不断于当地挑起事端。

日人违约杂居内地，在浙省尤为严重。杭州城内日本商人与居民纠葛一案，当时影响甚大，兹特详述于下。

1896年杭州开埠通商，两国官员勘定城外拱宸桥北首为日租界，然日商不守约章，竟私自在杭州城内赁房营业，浙江洋务局屡向日本领事抗议，期日商移往租界，日领未有照办，日人仍旧营业如常。

1910年2月14日，日人村上喜次郎在城内大井巷福寿堂蛋饼店，招人出资打枪，中者以蛋饼为酬。14日晚8时，有某甲打枪获彩，日人悔而不予，引发冲突。事后，巡警总局将冲突情形报告浙抚，称被牵连的日商有宇都宫药房、太平坊重松药房、和堂药房、永命堂蛋饼店、仁信堂药房、信浓药房等6家，日人12名，已护送巡警道署内。2月17日，洋务

---

① 参见程道德等编《中华民国外交史资料选编》（1911～1919年），北京大学出版社，1988，第211～212页。
② 程道德等编《中华民国外交史资料选编》（1911～1919年），北京大学出版社，1988，第197页。
③ 参见王芸生著《六十年来中国与日本》第6卷，三联书店，1980，第239页。

局照会驻杭日本领事称：此次日商有此损失，系属咎由自取，地方官不能担此责任。并请日领克期饬令城内各日商一律迁出城外租界营业，免日后再生事端，致地方官难以保护。

2月18日，浙江谘议局召开协议会，宣称各国领事裁判权未撤，断不能任听外人杂居内地，并于21日呈请浙抚，查明洋商在非通商场内开设店铺者，将国籍姓名及开设年月日，限日详报，一面限令克日闭歇，或迁往通商场及租界内营业，务期实行，俾弥后患。24日，省城绅商学界集议于商务总会，并议定办法三条。一、公举代表谒见浙抚，力请照约勒令日商迁入租界；二、取缔房主，嗣后不得再将房屋租与外人营业，违则将房屋充公；三、令房主即日自行登报复租，限令各租屋设肆之外人，于两礼拜内一律迁出，违则由警局押迁。①

杭城日商，自冲突发生后，所开各商店，"一味延宕，非云迁让为难，即云须听日领事命令"，仍修葺完善，准备开市。当地群情激愤，往复各日店，恳切开导，嘱其速迁，一面登报声明，日往催问。② 对此，驻杭日领表示"不能专擅允遵"，并照会洋务局要求赔偿损失，称：杭州日本租界章程，专为允许日本特殊利益而定，并非限制束缚两国条约而定。况且各国商人在租界之外居住营业，不止杭州一处，此事各国各口均有利害影响，移迁日商店铺一层，本署领事实不能专擅允遵，应请贵该官按照约章，仍旧保护，不致有勒迫阻碍等事，以敦邦交睦谊为荷。……所有杭州通商口岸，城内居住营业日本商民，照约应归贵国该官保护，是以如有不测暴动，或贵国官民明暗阻碍营业，以致受损，应由贵国保护该官担任赔偿可也。③ 洋务局就日领"各国商人在租界外居住营业，不止杭州一处"之胡言，表示"在浙言浙，条约所许者，自当履行，条约所无者，万难承认"。④ 3月中旬，洋务局与日领往复交涉，日领仍要求严拿捣毁日店之人，并交会审。至"日店损失，仍须赔偿，但改名抚恤，以顾浙江官场面子。"⑤ 直到4月末，日领答应杭州城内日本6家商店，均由杭州商会筹款，一律收买，并赔偿其损失一万元，总计一万八千余元，此案方才了结。⑥

---

① 参见《东方杂志》1910年第3期，第41~44页。
② 《东方杂志》1910年第4期，第7页。
③ 《东方杂志》1910年第4期，第8页。
④ 《东方杂志》1910年第4期，第9页。
⑤ 《东方杂志》1910年第4期，第10页。
⑥ 参见《东方杂志》1910年第6期，第45页。

关于日人内地杂居一事，两国间早经议定，日人无权杂居内地。1925年9月，日政府在讨论治外法权撤废问题时，仍提出"须准日人在中国内地杂居"为交换条件。① 此项条件，无疑又遭中国政府坚拒。虽然如此，近代日人杂居内地情形仍十分严重。1930年，在山东高密县内，竟有日人所设洋行共荣、天龙、寒川等9家。县党部呈省民政厅称：查本城内外该日人行为不轨，明为洋行，暗售毒品，流毒无穷，欺凌不已，请迅予勒令出屋，以维主权。省民政厅当即指令该县县长：该县既非通商口岸，该日商竟敢擅自居住，并霸占民房，贩卖毒品，殊属违犯条约及法令已极。除呈请省政府向该管领事严重交涉，请其竭力制止日本人民不得再有此类不法事件发生外，望立即选派干警将违法日商拘禁，连同证据物品一体就近备文解交该管领事惩办，并将所有房产交还原主。② 看来，对日人无视约定，逸出界外居住营业问题，地方官厅并未一任迁就，而是往往据理与日领交涉，这种交涉，持续整个近代。直至1942年，中日战事频仍，大片国土已为日人占据，仍有舆论微弱言及日人杂居内地之弊，呼吁慎重对待。

  关于内地杂居问题，我们尤其不可忘了日本。除非此次战争能夷灭日本，否则中国与日本总不免要恢复国交，彼此要有平等的待遇。中国人在日本没有领判权，没有租界，可以任便居住经营贸易制造。日本人在中国也没有领判权，也没有租界，也可以任便居住经营贸易制造，甚而彼此可以任便置地农耕（这是二十一条之一）。我们是不是愿意？能不能答应？将这些权益答应英美及其他联合国人民，当无大害，英美人当不会来中国农垦，大概他们也不做小买卖，也不会跑到穷乡僻壤去。日本人可就大不同了，如其容许杂居，说不定卖仁丹的商人住到酒泉去，卖中将汤的商人又住到昆明去，他们也可以是浪人，也可以是密探，也可以是黑龙会员，也可以是神兵队或白面贩子，那将使我们防不胜防。不独经济上利益受损，政治上国防上全有大问题。我们也不便将内地杂居许给英美而不许日本。在现时彼此仇敌的时候，自然无问题，但在战事结束以后，彼此根据平等原则订约，而我要独对日本限制，其势不可能。所以为了防备日本之故，对

---

① 季啸风、沈友益主编《中华民国史史料外编——前日本末次研究所情报资料·治外法权问题（2）》，广西师范大学出版社，2000，第429页。
② 1930年6月27日《民国日报》。

于整个内地杂居问题，不能不慎密考虑。①

四　内地旅行权及测绘

日本明治维新以后，逐步确立侵华大陆政策，在空间占有欲的驱使下，日本认知中国的手段及途径，远远超过欧美诸国，而此种认知，在很大程度上是借助于日人在中国内地的"游历"来实现的。日人在华旅行权的获取，始于1896年的中日《通商行船条约》。该约第六款规定：日本臣民准听持照前往中国内地各处游历、通商，执照由日本领事官发给，由中国地方官盖印，经过地方，如饬交出执照，应随时呈验无讹放行，所有雇用车、船、人夫、牲口，装运行李、货物，不得拦阻。如查无执照或有不法情事，就近送交领事官惩办。沿途止可拘禁，不可凌虐。执照自发给之日起，以华十三个月为限。若无执照进内地者，罚银不过三百两之数。唯在通商各口岸，有出外游玩地不过华百里、期不过五日者，毋庸请照，船上水手人，不在此列。② 以此约为依据，日本政府遂命日人持日领所发护照，在日领协助下，查探中国兵要政情，为发动侵华战争提供决策参考。此种游历者，计分两类，一类来自日本国内，由日本政府派遣，或个体或团体，借口旅游及考察中国文化，源源不断渡海登岸。另一类则来自中国各地的日人机构，或日校学生，或情报人员，或驻屯军官兵，他们蓄发辫，穿中式服装，说中国话，其足迹踏遍中国边疆腹地，严重践踏了中国领土主权。

东亚同文书院，是1900年日本在中国（先设南京，旋迁上海；初为专科，后升本科）开办的大学。在日本政府授意下，该书院自1902年起，即派学生进行旅行调查，搜集各种情报资料，③ "至中国内地，窥探一切"。④ 到1945年日本投降，书院旅行调查延续了四十余年，参加者达5000人，旅行线路约700条。⑤ 二十世纪初期，学校毕业生有限，调查以中国企业、学校及商人为中心。中期，反日运动高涨，"书院学生把领事

---

① 1942年11月2日《大公报》。
② 王铁崖编《中外旧约章汇编》第1册，三联书店，1957，第663页。
③ 参见〔日〕薄井由著《东亚同文书院大旅行研究》，上海书店出版社，2001，第55页。
④ 《日本人调查中国之事实》，载于《东方杂志》1909年第11期，第77页。
⑤ 参见〔日〕薄井由著《东亚同文书院大旅行研究》，上海书店出版社，2001，第49页。

馆当作联络点……调查的对象改为以日本商社为中心"。① 学生大旅行后，要向书院提交调查报告书，其内容无所不包。以上海一地为例，主要调查：

上海的起源　仓库业　钱庄　上海的日本人事业　棉丝　陶瓷器　肥料　沪杭苏湖航线　以上海为中心的蚕茧业　制粉业　肥皂　中国苦力（尤其是在上海）　皮革　上海金融、投机交易　上海对中等以下日本工商业者的金融机关　上海史　有关集散在上海的铁　上海市场的煤炭　上海的日本工业　上海经营工场（中国劳动者、劳动效率及工场经营）　制造工业　海上保险法　保险公司　代理店　证券　个人保险　酱油和黄酱企业　教育　救济事业　出口贸易　进口品　东洋贸易和上海　上海最近外国汇兑概况　煤炭　交易所　上海公共租界的政治　上海法租界、日本租界行政　工人　在上海的朝鲜人　支那演剧　在上海的招牌　名胜古迹　米　樟脑　上海居留地行政　上海临时法院　同业团体和同乡团体　以上海为中心的船业　上海附近食品市场　国民政府司法制度和运用　国民政府教育设施及方针　上海日本人人口调查　以上海为中心的学生运动　公共市场　以上海为中心的支那财阀②

此类调查报告书后来就代替了毕业论文，由书院每年印5份抄本，分别提交给参谋本部、外务省和农商务省，东亚同文会及同文书院各保存1份。第1期学生提交的调查报告书，以《清国商业习惯及金融事情》为题，直接出版，第1期至第4期的调查报告书，以《支那经济全书》为名出版。从第5期开始的调查报告书，在1920年整理编纂为《支那省别全志》18卷，此为日人最早撰写的中国地志。1939年书院由专科升格为大学，此后编辑出版了《新修支那省别全志》，在内容上愈加细致，出版到第9卷时日本战败投降。③ 由于"当时日本人不容易进到中国偏僻地方"，这些报告"在日本是唯一的材料"。据当时参加大旅行的同文书院学生由井文人回忆：同文书院出版了几本书，里面有记载中国地理的，每一条河流的位置都有记录，这些记录，"日本学界、参谋本部都很看重

---

① 〔日〕薄井由著《东亚同文书院大旅行研究》，上海书店出版社，2001，第49页。
② 〔日〕薄井由著《东亚同文书院大旅行研究》，上海书店出版社，2001，第51页。
③ 参见〔日〕薄井由著《东亚同文书院大旅行研究》，上海书店出版社，2001，第63页。

的"，"可能日本陆军也利用了吧"。①

当时一位英国军人通过观察，对东亚同文书院做出了如下评价："从外面看他们是中国人，其实是狡猾敏锐的调查人员。日本俄罗斯之间发生战争时，他们派遣了几十个军事探子，为国家做出了不少的贡献，这就是同文书院。他们知道，中国虽然现在又孤独又弱小，但是土地广大，是最后被日本人支配的世界性大市场。日本政府通过同文书院而得到有关清国政治、经济各方面的情报。书院学生成为跟中国人外貌一模一样的调查人员，背着行李去各地旅行，忍受艰难困苦，去中国政府机关或商店侦探中国重要的事情，深入到政府职员或商人中间。这期间他们只吃米、只喝水，到了晚上也不换衣服就睡，过着极度的简易生活。对于他们的这些行为虽然有种种非难，但这确实是一个成功的因素"。②

在书院学生旅行调查中，各地日领不仅提供护照，还经常帮他们收发电报，"给他们提供中国国内情况、消息"。③ 领事馆成为学生免费住宿的地方，④ 张家口、天津、芜湖、汕头、广州、福州、大连、齐齐哈尔、香港、长沙、昆明等领事馆并向大旅行学生提供资料。⑤ 可见，在协助学生调查方面，领事馆起到了不可忽视的作用。

近代，以各种手段侵略中国、攫取种种权益的国家，不止日本一个，而以军部为主导，不断派遣测图人员踏上中国领土，有组织、有计划地进行测图者，却仅日本一国。此种有预谋的测绘，与日本在华领事馆的紧密配合是分不开的。

1874年，日本政府开始在内务省设置地理局，负责国内地图的测绘工作。1879年，参谋本部山县有朋派桂太郎等十余名军官到天津、北京等地刺探政情，次年又派十多名"语学研修生"到中国，调查"假想敌国"的军备和地志，并依据调查结果编成《邻邦兵备略》和《支那地志》

---

① 由井文人，1931年考入东亚同文书院，毕业后，在南满洲铁道工作。1946年回国，在长野县川上村从事中学教育。参见〔日〕薄井由著《东亚同文书院大旅行研究》，上海书店出版社，2001，第93、104页。
② 〔日〕薄井由著《东亚同文书院大旅行研究》，上海书店出版社，2001，第233～234页。
③ 〔日〕薄井由著《东亚同文书院大旅行研究》，上海书店出版社，2001，第225页。
④ 参见〔日〕薄井由著《东亚同文书院大旅行研究》，上海书店出版社，2001，第225页。
⑤ 参见〔日〕薄井由著《东亚同文书院大旅行研究》，上海书店出版社，2001，第226页。

两书。① 1885年，地理局测绘人员及资料全部移归陆军参谋本部，由参谋本部组建测量局。参谋本部为获取中国兵要资料，除利用"旅行者"搜集情报外，还经常密令一些军人以个人身份在日本驻华领事馆的庇护下，潜入中国内地。1888年，参谋本部步兵少尉荒尾精在汉口建立"乐善堂"，组织数十名日本人在中国腹地进行调查。两年后荒尾精又在上海成立"日清贸易研究所"，作为特务活动据点，不断向国内传递各种信息。② 1889年参谋本部增设陆地测量部，负责军事地图及国内一般地图的测绘。

1894年甲午中日战争爆发，日本陆军入侵辽东。由于此前的中国地图均系依据资料编纂而成，舛误甚多，且缺乏实用性，大本营遂借出兵机会，命陆地测量部迅速编成临时测图部，依"最简单图式"，在军队占领区及作战区实施测图，以备作战及他日研究之用。1894年12月，临时测图部成立，两个月后即受命开往中国战地，③ 开始了以参谋本部为主导的中国地图测量时期。临时测图部登陆中国后，即依实情分班测量，测量方法一般有三。一是公开测量，即在日军保护下，毫无顾忌地在中日战场或日军占领地测量；二是半公开测量，即战区以外的测量，多通过威胁手段，使东北地方军政要员默许之；三是秘密测量，此种方法主要用于中国腹地，如临时华北十万分之一图及临时华南十万分之一图等，均系测图者在领事馆取得护照后，以旅行名义在内地偷测绘制而成。④ 1911年，日本测图员开始在张家口、独石口、闪电河、龙门、赤城、山岳河及京汉铁路沿线、海州、东仓、卫辉等地，进行十万分之一的侦察测图，这是临时测图部成立以来"最难测量"的地方。测图者化装为商人、旅行者、医师、药商，或是穿着喇嘛服，携带念珠经本，避开地方官宪的监视，万一暴露身份，也力求个人解决。⑤

1913年3月，参谋本部令临时测图部复员解散，开始了以支那驻屯军（又称天津驻屯军）为主体的测量时期。⑥ 1914年，驻屯军颁布《测

---

① 〔日〕德富苏峰著《公爵山县有朋传》，原书房，1980，第798～799页。
② 〔日〕栗田尚弥著《上海东亚同文书院》，新人物往来社，1993，第43～61页。
③ 〔日〕藤原彰主编《外邦兵要地图整备志》，不二出版社，1992，第101页。
④ 〔日〕藤原彰主编《外邦兵要地图整备志》，不二出版社，1992，第96页。
⑤ 〔日〕藤原彰主编《外邦兵要地图整备志》，不二出版社，1992，第117页。
⑥ 几十年间，支那驻屯军兵员随情势有所增减：1902年1650人、1911年494人、1920年1048人、1924年734人、1927年1374人、1929年1208人、1931年1269人，1936年增至最多，达2203人。参见〔日〕植田捷雄《在支列国权益概说》，岩松堂书店，1939，第115页。

图实施要领》（以下简称《要领》）。按该《要领》，测图一般分为三班，以有经验者为班长，2~3人为一组，三个月为一期，每期中止后，返回天津，交纳测图，领取旅费，再进入其他测量地。《要领》告知测图员，测图为"秘密事业"，行为方式要灵活多变，"测图者为避免嫌疑，须装扮成卖药商或旅行者，在领事馆取得护照及必要的证明书类，总之一切看起来要与军事无关。测图者以上述资格进入测量地后，行动要绝对隐秘，若与现地官民发生纠纷，则可直接求得领事馆的保护"。此外，驻屯军还制订《兵要地理调查要领》，规定测图员在测量时，尚须承担兵要地理如道路、地形、宿营力、给养力、水运、铁道、气象、卫生等调查任务。①

20世纪30年代初，日本把侵略目光投向经营已久的东北。大兴安岭地区蒙汉杂居，民族关系复杂，是日本制造"满蒙独立"、分裂中国的理想场所。1931年6月初，参谋本部军事间谍中村震太郎大尉，率领退伍骑兵曹长井杉延太郎和一名担任向导的蒙古人及一名白俄，从海拉尔出发，到兴安岭地区进行侦察活动，被当地屯垦军第三团识破逮捕。屯垦军缴获中村的物品有：日文和中文十万分之一军用地图各一份，晒蓝纸俄文地图一张，表册三份（一册记载兴安区中国屯垦军的兵力、枪炮种类及口径、官兵数量、驻屯地点、营房景况等；一册记载蒙旗县人口；一册记载土壤、水源、气候等地方风土），另有寒暑表、指北针、测图仪器等物品，还有名片一枚，上印"日本东京农业学会会员"等字样。屯垦军官兵发现，"他将军用地图对照现地，加以纠正改绘，凡他所经过的地区，关于雨量、气候、村落、居民、土质、水井以及可容驻的兵力等都记载很详"。② 屯垦军遂以间谍罪处决了中村等一行4人。日方一面向中国提出强烈抗议，一面隐瞒中村偷绘之事实真相，鼓吹"满蒙危机"，意图"以中村事件解决满蒙问题"。③ 中国政府严正指出：外人之赴中国内地旅行者，例须由其本国领事将旅行者之履历，旅行之途径与目的，详确通知中国主管官厅，该官厅遂发给护照，并知照经过地方官予以保护，日本人之旅行者亦一律办理，中村为日本现役军官，但彼请护照时，欺骗中国官厅，谓系地理教员，旅行时，又不按照其领照请状所开明之路径行走，且秘密向国防上各地，测绘军用地图，致中国官厅无从保护，其咎不在中国

---

① 〔日〕藤原彰主编《外邦兵要地图整备志》，不二出版社，1992，第119~129页。
② 中国人民政治协商会议全国委员会文史资料委员会编《文史资料选辑》第3辑，中国文史出版社，1986，第66页。
③ 〔日〕林久治郎著《满洲事变和奉天总领事》，东京原书房，1978，第114页。

而本在中村。① 但在日本政府的步步威迫下,中国政府委曲求全,逮捕了屯垦军第三团团长关玉衡,而日方并不以此为满足,石原莞尔等明确表示:"中村事件只不过是新增加的一个悬案","是向附属地以外的地方出兵之天赐良机,是在柳条沟行使武力的先行事件"。② 不久,日本即发动震惊中外的九一八事变。

1937年8月底,支那驻屯军编入日本华北方面军战斗序列,结束了其执掌中国地图测绘长达24年的历史。据支那驻屯军司令部统计,从1895~1937年,日本为测绘中国地图付出了"惨重的代价",测量人员共死亡127人,其中战死28人、惨死16人、伤死1人、暴死14人、溺死6人、病死57人、冻死1人、不明死4人。③ 日本全面侵华战争开始后,对中国的测图进入"遍地开花"时期。近代日本在华测图,既有悖国际法一般原则,又违背中日之间有关约定,粗暴地侵犯了中国尊严。

---

① 顾维钧编《参与国际联合会调查委员会中国代表处说帖》,台湾文海出版社,1974年影印版,第143页。
② 〔日〕小林龙夫著《走向太平洋战争之路》(1),第422~423页,转引自易显石等著《"九·一八"事变史》,辽宁人民出版社,1981,第118页。
③ 〔日〕藤原彰主编《外邦兵要地图整备志》,不二出版社,1992,第6~7页。

第八章　领事与情报

一　领事的情报机构

领事为保护本国政府和商民利益，在驻在国的辖区内搜集情报，只要他搜集情报的途径是正当的，搜集的情报不为驻在国所禁止，或其所搜集的情报虽涉及驻在国的国家机密，威胁驻在国的国家安全，但却不为驻在国所察知，那么，就很难非议他的行为，或者说很难有机会非议他的行为，这是一个令驻在国十分头疼而又没有办法的事情。另一方面，对于派遣国来说，领事搜集驻在国的情报，不仅仅是领事个人的临时行为和权宜之计，而是领事的一项长期的不可推卸的职责，是必须履行的义务，此种特别职务，一般都在政府发布的律令内予以明确规定。对此，有的国际法学家表示，"在对'间谍'一词没有一般公认的定义的情况下，许多领事和外交官都扮演了具有崇高和特权地位的'间谍'的角色，这个事实被许多人认为是必然的弊病"。[①]

领事馆作为情报机构，是领事搜集、接收、整理情报的据点。如前所述，日本在华领事馆一般设置总务部、经济部、司法部和警察署等部门（机构见图 8-1）。警察署在领事的指挥监督下，分设高等、外勤等课，担当搜集情报的重要任务。

1931 年九一八事变后，华中领事馆警察的任务开始繁重起来。1932 年 6 月，外务省亚细亚局第二课拟订《上海总领事馆特高警察课扩充计划》，内称：上海作为国际大都市，是国际阴谋乃至犯罪的策源地，公共租界、法租界及帝国领事馆等系统的警察机关并存，警察权行使之状况及界限各不相同，犯罪或阴谋的方法、范围、性质等千差万别，取缔极为困难；特别是公共租界内，韩国独立运动及共产运动组织甚多，希望扩充上海总领事馆特高警察课，在上海总领事馆内成立警察部。该计划经日本第六十二届议会通过。12 月 16 日，警察部在上海总领事馆内成立，原警察署并入其中。部内设普通警察课和特高警察课两课，普通警察科掌管原总

---

① 〔美〕L. T. 李著《领事法和领事实践》，傅铸译，商务印书馆，1975，第 207 页。

第八章 领事与情报

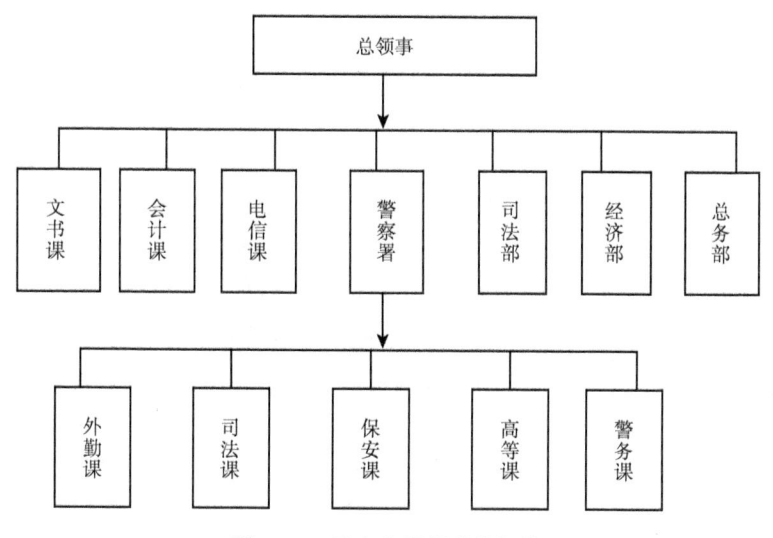

```
                    ┌──────┐
                    │ 总领事 │
                    └───┬──┘
     ┌──────┬──────┬────┼────┬──────┬──────┐
   文书课  会计课  电信课 警察署 司法部  经济部  总务部
                         │
           ┌──────┬──────┼──────┬──────┐
         外勤课  司法课  保安课  高等课  警务课
```

图 8-1　日本在华领事馆机构

领事馆警察署事务，由原署长充任课长；特高警察课掌管社会主义、共产主义、无政府主义及其他危险思想运动等事项。特高课由领事任课长，设置职员46名：领事1名、副领事4名、外务省警视1名、外务省书记生3名、外务省警部7名、外务省巡查20名、事务嘱托10名。① 1933年3月，石射猪太郎总领事通过内田外务大臣允准，在上海施行《领事馆警察部处务细则》，在第一课内设置警务系、保安系和刑事系3个系，第二课设置9个系，负责各类调查，具体如下。一、调查规划系：外国警察事务调查、外国思想运动调查、外国劳动运动调查、外国反日运动调查；二、涉外系：警察事务涉外事项、外事警察事项、外国文书之翻译；三、庶务系：机密文书之处理、谍报费之经理；四、支那系：中国共产党事项、中国共产军事项、支那劳动运动事项、支那其他诸思想运动事项；五、露西亚系：旧露西亚人思想政治运动事项、其他苏联邦人及旧露西亚人之诸种调查；六、日本人系：在支日本人的共产主义及其他思想运动调查取缔；七、鲜人系：在支鲜人的思想及政治运动调查取缔；八、台湾人系：在支台湾人的思想及政治运动调查取缔；九、检阅系：报纸及出版物

---

① 〔日〕外务省外交史料馆藏《外务省警察史·支那之部（中支）：在上海总领事馆》第42卷，不二出版社，2001，第274页。

的检查等。①

1937年日本全面侵华前夕，上海总领事馆辖区共有外务省警察273名。② 为统辖华中的领事馆警察机构，1939年5月11日，上海总领事三浦致函外务大臣，以"事变以后，居留民激增，领事馆警察任务重大"为由，③ 请求像华北一样，设置大使馆警务部。④ 6月15日，外务省特派官员、大使馆参事官及华中各地领事馆负责人齐聚上海，在日本驻上海领事馆临时会议室召开警务协议会，决定在上海日本大使馆事务所内设置中支警务部。⑤ 1939年10月1日，依日本外务大臣训令，中支警务部在上海成立（上海总领事馆警察部同时废止，恢复为警察署）。警务部成立后，发布《中支警务部规程》（以下简称《规程》），规定：驻扎中华民国特命全权大使指挥监督中支领事馆警察事务之运行；警务部管辖区域为长江流域及附近地区；警务部设置警务部长1人，以大使馆参事官充任，副部长1人，由上海领事充任。《规程》还规定，大使为处理警察事务，认为有必要时，可经过警务部长向领事官发出指示，或由领事官直接向警务部长报告相关事宜。警务部设置第一课、第二课及第三课，配置领事、副领事、外务省警视、外务书记生、外务通译生、外务省警部、外务省警部补、外务省巡查等职员。

依据该规程，上海警务部共设置警视2人、警部4人、警部补5人、巡查部长13人、巡查10人，总计34人，另有领事3名，副领事1名，书记生1名。第一课执掌事务如下：警察职员人事事项、警察官吏的管束及服务事项、警察职员配置事项、警察事务的巡阅监察及会议事项、警察官吏的教养事项、警察费用的预算及会计事项、警察使用武器及警察设施事项、警察官吏的制服事项、警察无线电及警察用电信符号事项、警察制度的研究及改正事项、部内之庶务及取缔事项等。第三课执掌事务包括：

---

① 〔日〕外务省外交史料馆藏《外务省警察史·支那之部（中支）：在上海总领事馆》第42卷，不二出版社，2001，第290~291页。
② 〔日〕外务省百年史编纂委员会编《外务省百年》，东京原书房，1969，第1379页。
③ 〔日〕外务省外交史料馆藏《外务省警察史·支那之部（中支）：在上海总领事馆》第42卷，不二出版社，2001，第140页。
④ 1937年七七事变后，日本外务省认为："伴随战局扩大，邦人发展极为显著"，"领事馆警察之扩充甚为必要"。1938年6月1日，外务省在北京大使馆内设置北支警务部，以统领华北各地领事馆警察署，到1939年12月，华北领事馆警察官达1032名。参见〔日〕外务省百年史编纂委员会编《外务省百年》，东京原书房，1969，1399页。
⑤ 〔日〕外务省外交史料馆藏《外务省警察史·支那之部（中支）：在上海总领事馆》第42卷，不二出版社，2001，第145页。

司法警察及即决事项、营业警察事项、交通警察事项、风俗警察事项、卫生警察（含防疫）事项、危险物品取缔事项、阿片及麻醉药取缔事项、消防及灾害事项、户籍及兵事事项、捐赠募捐事项、户口调查事项、其他帝国臣民保护取缔事项。第二课主要承担情报事务，调查事项包括：一、防共、防谍及警察情报事项；二、治安及宣抚事项；三、思想、劳动及社会运动事项；四、抗日反满运动事项；五、外事警察事项；六、警卫、警备事项；七、出版、通信、电影等取缔事项；八、国防、军事（包含防空、防卫）事项；九、集会、结社、团体事项；十、社寺、宗教及教育事项；十一、其他高等警察事项。①

至 1940 年 12 月 3 日，上海总领事馆管下共有警察署 10 个，警察分署 10 个，警察派出所 5 个。人员配备包括领事 3 名、警视 5 名、警部 27 名、警部补 44 名、部长 102 名、巡查 549 名，计 730 名。② 随战局发展，华中地区日本领事馆警察力量逐步增强，截至 1942 年 7 月，警察署增加到 50 个左右，见表 8-1。

表 8-1　华中地区日本领事馆警察署沿革表

警察机关	开设年月	备注
上海大使馆中支警务部	1939 年 10 月 1 日	新设
上海总领事馆警察部	1932 年 12 月 16 日	1939 年 10 月 1 日废除
上海总领事馆警察署	1884 年 9 月	巡查 2 名到任
上海警察署沪西派出所	1941 年 1 月 22 日	新设
上海警察署沪西分署	1942 年 3 月 31 日	由派出所升格
上海警察署南市派出所	1940 年 5 月 15 日	新设
上海警察署南市分署	1940 年 12 月 1 日	升格
上海警察署吴淞派出所	1939 年 4 月 1 日	新设
上海警察署吴淞分署	1940 年 5 月 1 日	升格
上海警察署南通分署	1941 年 7 月 1 日	新设
上海警察署杨树浦警察署	1942 年 3 月 5 日	新设
上海警察署新市街警察署	1941 年 3 月 31 日	新设
新市街警察署江湾派出所	1939 年 4 月 1 日	新设
上海警察署江湾分署	1940 年 5 月 1 日	升格
上海警察署江湾派出所	1941 年 8 月 1 日	降格
苏州领事馆警察署	1896 年 5 月 31 日	新设
苏州分管警察署	1937 年 6 月 19 日	降格

---

① 〔日〕外务省外交史料馆藏《外务省警察史·支那之部（中支）：在上海总领事馆》第 42 卷，不二出版社，2001，第 147~148 页。
② 〔日〕外务省百年史编纂委员会编《外务省百年》，东京原书房，1969，第 1404~1405 页。

续表 8-1

警察机关	开设年月	备注
苏州领事馆警察署	1940年12月20日	升格
苏州警察署常州分署	1939年8月26日	新设
苏州分管警察署无锡分署	1939年4月1日	新设
无锡警察署	1940年12月20日	升格
杭州领事馆警察署	1896年5月18日	新设
杭州警察署硖石派出所	1940年3月15日	新设
杭州警察署长安派出所	1940年5月15日	新设
杭州警察署嘉兴分署	1940年5月1日	由派出所升格
南京分馆警察署	1901年5月6日	新设
南京总领事馆警察署	1932年2月6日	升格
南京警察署龙潭派出所	1939年9月30日	新设
南京警察署浦口分署	1939年10月1日	新设
南京警察署卸甲甸分署	1939年9月30日	新设
南京警察署淮南派出所	1941年3月31日	新设
南京总领事馆蚌埠警察署淮南派出所	1941年5月13日	变更
南京警察署淮南分署	1942年1月20日	升格
南京总领事馆镇江警察署	1942年2月11日	由分署升格
镇江警察署扬州派出所	1942年2月11日	名称变更
南京总领事馆蚌埠警察署	1940年5月1日	由分署升格
芜湖领事馆警察署	1940年12月20日	名称变更
芜湖警察署安庆分署	1940年3月30日	新设
九江领事馆警察署	1915年7月19日	新设
九江领事馆南昌警察署	1941年9月30日	由分署升格
汉口领事馆警察署	1898年11月9日	新设
汉口总领事馆警察署	1909年10月1日	升格
汉口警察署岳州分署	1940年9月1日	新设
汉口总领事馆武昌警察署	1940年5月1日	由分署升格
汉口总领事馆大冶分管警察署	1942年2月28日	升格
大冶分署铁山铺派出所	1940年3月25日	新设
成都总领事馆警察署	1918年6月14日	新设
重庆领事馆警察署	1896年7月8日	新设
宜昌领事馆警察署	1919年9月7日	新设
沙市领事馆警察署	1896年7月5日	新设
长沙领事馆警察署	1904年4月1日	升格

资料来源：〔日〕外务省外交史料馆藏《外务省警察史·警察关系条约及诸法规类（满州及支那等）》，不二出版社，2001，第169~175页。

总而言之，随着日本侵华战争的步步深入，日本在华领事馆的调查人员渐渐增多，调查机构日趋庞大，形成完整的在华情报系统，如图8-2所示。

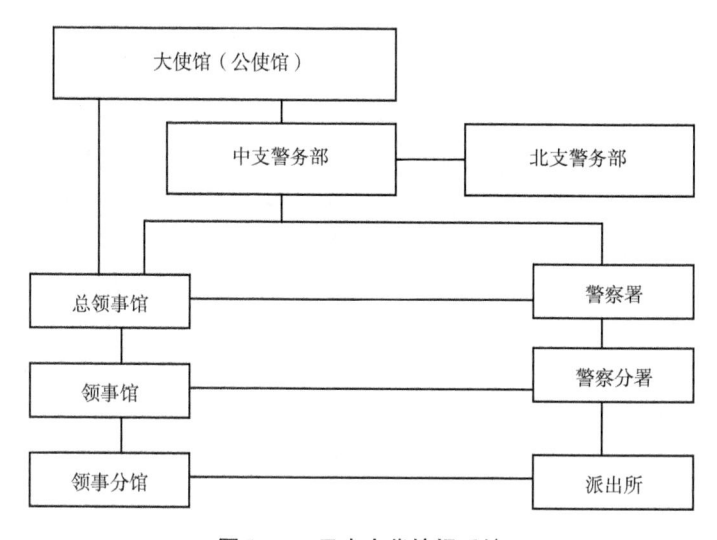

```
        大使馆（公使馆）
              |
        ┌─────┴─────┐
        |           |
    中支警务部 ─── 北支警务部
        |
   ┌────┼────────────┐
   |                 |
 总领事馆 ────── 警察署
   |                 |
 领事馆 ──────── 警察分署
   |                 |
 领事分馆 ─────── 派出所
```

图8-2 日本在华情报系统

二 领事的情报调查

近代，在华日领的情报来源甚广，如日海陆军特务机关的情报，满铁调查部的情报，日本居留民会的情报，日本商工会议所的情报，日本浪人的情报，中国地方官府统计资料，报章，汉奸提供的情报，第三国驻华使领馆的信息等。为切实保护日本在华居留民利益，领事馆对居留民的人数及营业状况进行了大量调查。此类调查，起先由所在地领事亲自进行，警察署设立后，则由警察负责。调查是经常性的，但不定期。各分馆或派遣所将调查资料整理后，汇报给上一级领事馆，再由总领事馆汇集，呈报于外务大臣。九一八事变后，这种调查逐渐增多，如：苏州领事馆警察署1931年户口调查21项，[①] 1938年户口调查39项。[②] 九江警察署1932年户

---

① 〔日〕外务省外交史料馆藏《外务省警察史·支那之部（中支）：在苏州领事馆》第47卷，不二出版社，2001，第292页。

② 〔日〕外务省外交史料馆藏《外务省警察史·支那之部（中支）：在苏州领事馆》第47卷，不二出版社，2001，第324页。

口调查12项，身份调查2项，营业调查68项。① 1935年户口调查12项，身份调查1项。② 1936年户口调查12项，身份调查1项。③ 汉口领事馆警察署1932年营业调查42项，身份调查11项，所在地其他调查5项。④ 1933年身份调查11项。⑤ 1934年身份调查24项，所在地其他调查10项。⑥ 1936年身份调查93项，所在地其他调查10项。⑦

据上海领事馆警察署的统计，1933年营业调查451项，所在地其他调查324项，身份调查752项。⑧ 1934年营业调查331项，所在调查150项，身份70项。⑨ 1936年营业调查341项，所在地其他调查198项，身份调查145项。⑩ 1937年营业调查219项，身份调查101项。⑪ 1938年最为繁多，共进行营业调查3327项，身份调查5448项。⑫

为随时掌握日本居留民的性情、来历、生活状态及人口的变动，1940年4月11日，上海中支警务部制订《户口查察要项》，将户口调查"固定化"。要项规定：由警察署长（包括分署长、派出所长）指定巡查实施调查，巡查在调查户口之际，要直接与被调查者接触，但对于官公吏等身份确实者，则另以适当方法。调查一般在日出之后、日落之前进行。调查

---

① 〔日〕外务省外交史料馆藏《外务省警察史·支那之部（中支）：在上海总领事馆》第42卷，不二出版社，2001，第69页。
② 〔日〕外务省外交史料馆藏《外务省警察史·支那之部（中支）：在上海总领事馆》第42卷，不二出版社，2001，第77页。
③ 〔日〕外务省外交史料馆藏《外务省警察史·支那之部（中支）：在上海总领事馆》第42卷，不二出版社，2001，第85页。
④ 〔日〕外务省外交史料馆藏《外务省警察史·支那之部（中支）：在汉口总领事馆》第49卷，不二出版社，2001，第308页。
⑤ 〔日〕外务省外交史料馆藏《外务省警察史·支那之部（中支）：在汉口总领事馆》第49卷，不二出版社，2001，第314页。
⑥ 〔日〕外务省外交史料馆藏《外务省警察史·支那之部（中支）：在汉口总领事馆》第49卷，不二出版社，2001，第322页。
⑦ 〔日〕外务省外交史料馆藏《外务省警察史·支那之部（中支）：在汉口总领事馆》第49卷，不二出版社，2001，第347页。
⑧ 〔日〕外务省外交史料馆藏《外务省警察史·支那之部（中支）：在上海总领事馆》第42卷，不二出版社，2001，第27页。
⑨ 〔日〕外务省外交史料馆藏《外务省警察史·支那之部（中支）：在上海总领事馆》第42卷，不二出版社，2001，第45页。
⑩ 〔日〕外务省外交史料馆藏《外务省警察史·支那之部（中支）：在上海总领事馆》第42卷，不二出版社，2001，第65页。
⑪ 〔日〕外务省外交史料馆藏《外务省警察史·支那之部（中支）：在上海总领事馆》第42卷，不二出版社，2001，第96页。
⑫ 〔日〕外务省外交史料馆藏《外务省警察史·支那之部（中支）：在上海总领事馆》第42卷，不二出版社，2001，第154页。

第八章 领事与情报

时要告知户口调查的来意，尽量给予居留民方便，不使其有迷惑之感。若遇故意拒绝应答，经劝说后仍不回答者，须迅速报告署长。

按要项规定，户口调查两个月实施一次，但有特别注意者，每月实施一次以上，如：前来视察的政要、病弱厌世者、精神病者、有暴力倾向者、利用暴力胁迫他人或索要金钱物品者、司法视察要人、刑事责任要人、密谋诱拐妇女者或秘密卖淫者、与外国人或有嫌疑之支那人来往者、不良邦人、无职业的流浪者及其他不肖之徒、不良少年少女、家庭紊乱者、放荡淫逸者、一时陷入贫困或一夜暴富者、利用军方或官宪等以图不当之利者、有碍日本人之体面或有非国民之言行者、需要救护者等。① 巡查须在户口调查簿上登记以下各项：本籍地、在留年月日、现住所、职业（生活之途）、姓名、生年月日、户主、家属、雇人等，调查簿内还要记载区域内略图：道路、铁道、河川、帝国各机关官公署、学校、病院、银行、会社、工场及其他主要建筑物、街路里的番号，以及中华民国及第三国方面的主要机关。调查簿的卡片上记录以下事项：雇人、同居人或雇入者、同居的年月日及在留年月、妻子、养子女、婚姻或亲缘关系。有兵役关系者，卡片上部红笔写上"兵"，并在里面注明级别、役种；户主或家属有依兵役关系被召集者，卡片上部红字写上"召"，里面记载召集区域以及所属部队名称；孝子节妇，卡片上部红笔写上"孝"、"节"，里面记载简明事由。② 巡查每月五日将调查表报告署长，警察署按一定样式，做成户口簿卡片，③ 以供参考。

当然，有关居留民的调查，仅是领事调查的一部分，领事调查的另一重点，就是辖区内的中国情事。翻检领事的调查报告，其所掌握的中国情报，涉及面之广，程度之深，令人震惊。1931年3月3日，长沙领事馆警察署长久保久壹向领事馆报告1930年警察事务，该报告多达四十余项，涉及自然、地理、历史、政治、经济、文化、习俗、卫生、教育、外交等多方面。具体如下：警察事务统计、馆内情况概略（管辖区域、地势、面积、省史概略、人口、支那人、外国人、邦人业别户口、气候、卫生状况、传染病、风土病、卫生机关、生活状况）、湖南省政府概略（省政府

---

① 〔日〕外务省外交史料馆藏《外务省警察史·支那之部（中支）：在上海总领事馆》第42卷，不二出版社，2001，第200页。
② 〔日〕外务省外交史料馆藏《外务省警察史·支那之部（中支）：在上海总领事馆》第42卷，不二出版社，2001，第201页。
③ 〔日〕外务省外交史料馆藏《外务省警察史·支那之部（中支）：在上海总领事馆》第42卷，不二出版社，2001，第201页。

委员会、民政、官吏考试、赈济灾害凶荒、共匪清剿、宪政确立、自治筹备、励行禁烟、收入及支出、预算、整理县地方财政、扩充银行基金、教育、学风之端正、学校之扩充、教育费之独立、建设、公路之统一、生产之扩充、矿业之扩充、市政之促成、军事、文武各机关、司法机关、监狱状况、警察制度、警察机关、长沙省会公安局、湖南水上警察总队、各县公安局、犯罪状况、禁制品走私概况、枪器弹药、阿片烟、麻醉剂、思想概况、对日感情、对外感情、党部概况、共匪党概况、省内共匪军之编成及长沙攻略之概况、共匪部队之名称、苏维埃政权建设状况、该馆搜集之情报、第四路总指挥部调查、各剿匪部队之报告、最近红军发展之真相、管内最近行动之共匪军、警备、剿匪情况、交通、长沙—汉口间、长沙—湘潭间、长沙—常德间、湘潭—衡州间、衡州上流、汉口—常德间、船舶会社名、汽车交通、通信、邮政、电信、电话、教育、宗教、传导机关、各种团体、公共团体、类似宗教之团体、各种同业团体、新闻及通信、主要输出移出物品、主要输入移入物品、农作物状况、劳动运动之概况、劳动薪金、地价及地租、金融机关及通货)、长沙概况（位置、沿革、地势、开港、人口、官公衙、邦商、外商、交通、名所旧迹、天心阁、岳麓山)、岳州概况（位置、沿革、开港、人口、名迹)、常德概况（位置、沿革、开港、人口、名迹)。①

据该报告"警察事务统计"显示，是年进行户口调查 12 项，现场写真摄影 64 次，交涉 6 项，情报搜集 73 项，市况视察 164 次，营业视察 32 次，其他调查 78 项。红军攻占长沙后，《红军日报》登载的宣传口号数十条，也被特别记入报告书内。

告劳苦青年群众书：打倒帝国主义、消灭军阀混战、武装保护苏联、反对世界大战、肃清反革命势力、建设苏维埃政权的新湖南、解决土地问题、增加工人工资、改良士兵生活、坚决进取武汉、促进全国总暴动、建设全国苏维埃政权、实现共产主义万岁、革命成功万岁、工农兵解放万岁、共产党万岁。②

---

① 〔日〕外务省外交史料馆藏《外务省警察史·支那之部（中支）：在长沙领事馆》第 50 卷，不二出版社，2001，第 109~111 页。
② 日领调查口号原文参见〔日〕外务省外交史料馆藏《外务省警察史·支那之部（中支）：在长沙领事馆》第 50 卷，不二出版社，2001，第 129~130 页。此口号登载于中国红军第三军团总政治部编印《红军日报》1930 年 7 月 31 日第 2 版，系 1930 年 7 月 29 日中国共产党红军第三军团前敌委员会"为此次夺取长沙告湖南工农兵士劳苦群众书"的结尾部分。参见湖南省博物馆校编《红军日报》，湖南人民出版社，1980，第 82~83 页。

第八章 领事与情报

告长沙全市劳苦青年群众书：夺取湘鄂赣豫皖五省的政权、暴动消灭军阀战争、暴动推翻帝国主义统治、暴动推翻国民党统治、建设湖南省苏维埃政府、实行青工八小时工作制、增加工资、实行保护青工的利益、组织劳动童子团、组织青年反帝国主义大同盟、实行劳苦青年一切要求纲领、中国共产青年团万岁、世界革命成功万岁。①

红军告青年劳苦群众书：打倒欺骗工人的黄色工会、组织赤色工人青年部、打倒一切帝国主义、消灭国民党及一切反动势力、消灭军阀混战、庆祝湖南省苏维埃政府成立、组织劳动童子团巩固苏维埃政权、欢迎红军胜利万岁、广大青年群众到红军中去扩大红军、中国共产党青年团万岁、中国共产党万岁。②

1938年底，上海已处于日军控制之下，但公共租界内抗日活动频繁，引起总领事馆警察署的注意。警察署的调查除"邦人户口、邦人诸营业、邦人义勇队、邦人神社寺院教会布教所"等居留民情事外，③ 还重点关注地方治安状况、上海抗日团体之活动、抗日汉字报章的宣传等。据其调查，在沪主要抗日团体如下。

共产党系：中国共产党江苏省常务委员会、中国共产党江苏省淞沪区常务委员会、中国共产党上海工人联合会、中国共产党青年团上海支部、中国共产党文化改进会上海分会、中苏文化协会、上海共产青年抗日救国会、中国共产军军事委员会、中国共产主义同盟第四国支部、共产党外围团体、中华青年救国急进协会、文化生活出版社、生活改进社、上海学生抗日救国大同盟、中国新闻学研究会、上海新闻记者联合会、上海妇女救国会。

国共合作团体：抗日暗杀团、抗日除奸团、抗日暗杀党、学界抗日救

---

① 日领调查口号原文参见〔日〕外务省外交史料馆藏《外务省警察史·支那之部（中支）：在长沙领事馆》第50卷，不二出版社，2001，第129~130页。此口号登载于中国红军第三军团总政治部印《红军日报》1930年8月2日第6版，系1930年7月28日中国共产青年团湖南省委会"为夺取湖南省政权告长沙全市劳苦青年群众书"的结尾部分。参见湖南省博物馆校编《红军日报》，湖南人民出版社，1980，第147页。

② 日领调查口号原文参见〔日〕外务省外交史料馆藏《外务省警察史·支那之部（中支）：在长沙领事馆》第50卷，不二出版社，2001，第129~130页。此口号登载于中国红军第三军团总政治部编印《红军日报》1930年8月2日第6版，系中国共产青年团湖南省委"纪念湖南省苏维埃政府成立和欢迎红军青年劳苦群众书"的结尾部分。参见湖南省博物馆校编《红军日报》，湖南人民出版社，1980，第152页。

③ 〔日〕外务省外交史料馆藏《外务省警察史·支那之部（中支）：在上海总领事馆》第42卷，不二出版社，2001，第136页。

国大同盟会、文化救亡协会、上海学生联合会、国际问题商权会、中国青年铁血团、上海律师抗日团、中国荣共抗日团、热血抗敌除奸团、上海妇女会抗日宣传委员会、青年救国铁血团、抗日救国青年团、铁血敢死队、上海青年抗日救国大同盟、上海青年除奸团、上海血混团、扫荡队、抗日学生联合会、上海工会救亡协会、中华海员抗敌自救会、抗日恐怖党、轰炸别动总队。

国民党系：国民政府军事委员会中央东路游击队、国民党上海情报组、国民政府立法院、上海特务工作班、党军驻沪暗杀团、军事委员会宣抚公署特务所暗杀队、上海市党部、三民主义青年团、上海青年学生抗战服务团、上海青年特务机关办事所、国民党驻沪各派联合特务所、蓝衣社上海驻在所、中华青年突击团、中国青年抗日除奸血团、青年呼声团。

租界内设联络所或办事所之游击队：抗敌义勇军、江苏奉南川别动队、江浙边区沪杭游击队司令部、江浙行动委员会忠义救国军、共产新编第四军独立大队、中华民国救国义勇军第一纵队、八路军驻沪办事所、浦东游击队第二纵队、南通海门游击第七集团军、苏浙皖游击队、军事委员会战时服务团、东南自卫军、国民党驻沪救国军第三支队、军事委员会特务所上海特务队。①

前述华中各领事馆的调查，如日本居留民的调查等，因无关中国主权和利益，中国地方官府不能严加阻止，但领事的调查活动若侵犯了中国利益，其活动则为非法的间谍活动。事实上，在华领事经常以调查居留民的状况为借口，以领事官的身份为掩护，窃取辖区内的情报，且迭经中国地方官府破获有案。兹举战前郑州日领间谍案如下。

1936年夏，日天津驻屯军谋求在黄河沿岸发展势力，日人志贺秀二、田中教夫、山口忠勇等奉命到郑州，在大同路通商巷9号百花银楼后院，以"文化研究所"的名义，设立特务机关，并收买汉奸赵龙田等收集情报。1937年1月，志贺、赵龙田等在进行特务活动时，被河南当局破获，缴获物件有：策划河南黄河以北各县独立的计划；勾结土匪、供给枪械、预谋暴动的活动方案；编印反动口号；中国军事秘密文件、地图；组织特殊无线电班，窃取中国电讯的计划和活动等。一份至驻屯军的报告内称：（中国）抗日风潮日益猛烈，华中方面为防华北日本势力之侵润，以黄河为防日之障壁，举凡军事政治贸易商业，皆布列防阵，决心不使日人越雷

---

① 关于抗日团体的分类及名称，悉录原文。〔日〕外务省外交史料馆藏《外务省警察史·支那之部（中支）：在上海总领事馆》第42卷，第137～139页。

池一步。河南为第一线，黄河为前线，而以陇海线为掩护之。另有津浦平汉二干线，及多数公路航空路与后方联络等。① 这些文件都是通过领事馆发出的，说明领事馆与特务活动的密切关系。消息披露后，中国各界强烈要求严惩涉案人员。1937年1月25日，中国政府向日本大使馆提出严重抗议，并于31日枪决了汉奸赵龙田。领事佐佐木高义、警察长平山勇被引渡回国，志贺秀二受训斥后剖腹自杀。②

近代，日本在华领事馆调查部门繁多，任务繁巨，调查内容具有区域性、现实性、综合性等特征，调查活动呈现以下趋势。

一、从经济到军事：早期主要调查辖区内的物产及贸易情形，后期则调查与军事有关的情报，以协助占领区的政治经济统制。

二、从服务于现地到服务于政府：早期调查着眼于居留民的发展，为当地日人服务，后期则更多关注中国政情，为侵华战争提供决策参考。

三、从单一到复杂：早期调查较为单一，如辖区内的地理、物种及市场情况，后期调查则以文化习俗、中日关系、地方政局为主，以长期战和长期占领中国为目的。

四、从静态到动态：调查既有静态的，又有动态的。物种产地及贸易统计等属静态调查，排日抗日活动、地方治安情况等则属动态调查。动态调查不仅关注现状并溯及历史，还要提出自己的意见建议，并预测未来侵略方向。

三　领事报告的报知体制

近代，日本政府为奖励商民的海外进出，形成官民一体化的情报战略体系，即以外务省和农商务省为核心，将驻外领事和海外实业练习生等搜集来的情报，通过汇编整理后，通达地方自治体和各商业会议所，再由地方自治体和各商业会议所转达至一般商工业者和农民（见图8-3）。在这个体系内，来自外务省的领事报告，其重要性无疑超过海外实业练习生的报告，成为商民主要的信息渠道。本节重点考察领事报告在日本国内的报知体制。

---

① 参见徐有礼《郑州日本领事馆及其间谍活动述论》，《商丘师范学院学报》2002年第3期，第44页。
② 参见徐有礼《郑州日本领事馆及其间谍活动述论》，《商丘师范学院学报》2002年第3期，第44页。

```
┌──────────┐   ┌──────────────┐   ┌──────────────┐
│ 领事报告 │   │海外实业练习生│   │海外商品陈列所│
└────┬─────┘   └──────┬───────┘   └──────┬───────┘
     │                │                  │
┌────┴─────┐   ┌──────┴──────────────────┘
│  外务省  │   │       农商务省          │
└────┬─────┘   └──────┬──────────────────┘
     │                │
┌────┴─────┐   ┌──────┴──────┐   ┌──────────┐
│地方自治体│   │ 商业会议所  │   │商品陈列馆│
└────┬─────┘   └──────┬──────┘   └──────────┘
     │                │
┌────┴─────┐          │
│商品陈列所│          │
└──────────┘          │
          ┌───────────┴────────┐
          │   商工业者、农民   │
          └────────────────────┘
```

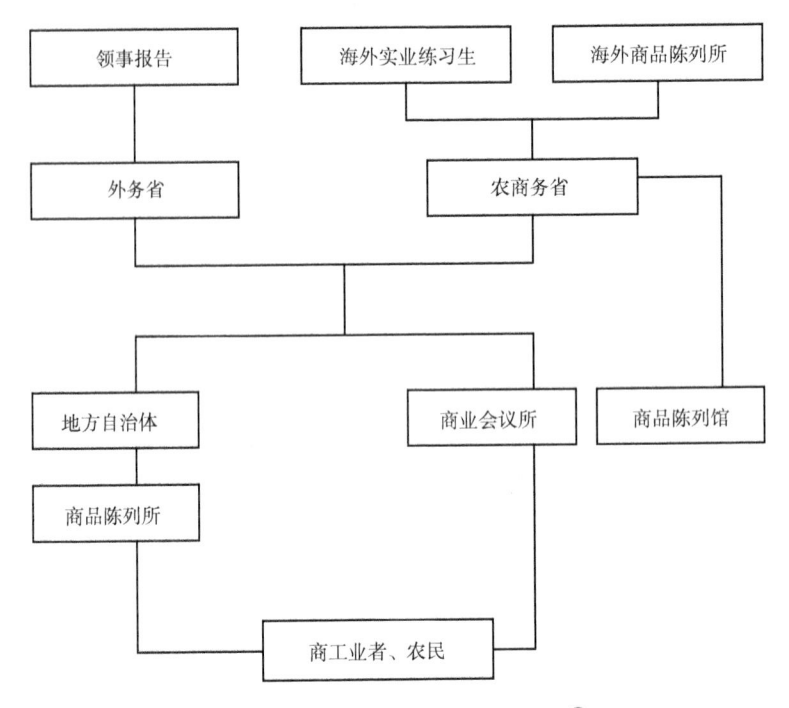

图 8-3　近代日本的情报战略体系①

明治维新以后，长期锁国的日本开始积极拓展海外事业，派驻海外的领事也开始不定期地、零星地将驻在国的通商航海情况报告给政府。1884 年 6 月，日政府向驻外公馆发布《贸易报告规则》，但因各馆经费削减，馆员缺乏，领事报告制度的具体化十分困难。②1890 年 7 月，日政府发布《帝国领事报告规程》，对《贸易报告规则》进行了部分修改和细化，规定：领事报告分为月报、年报和临时报告三种，月报主要报告领事所在地与日本相关的重要商品的数量、价格、嗜好、品评等情事；年报是综合报告领事驻在地及驻在国内的主要城市、港口一年间的贸易情事；临时报告主要是报告一些特别事情，提出必要注意事项等。总之，"向商民报告通商全局之利害关系，以达诱导一般实业者或劝诫

---

① 〔日〕角山荣编著《日本领事报告之研究》，东京同文馆出版株式会社，1986，参见序言第 5 页。
② 〔日〕角山荣编著《日本领事报告之研究》，东京同文馆出版株式会社，1986，第 73～74 页。

的目的"。① 伴随领事官官制的进一步整备，领事报告逐渐完善，形成定制。

近代之初，领事报告并无固定的报知体制，最初仅供日海关业务参考，或发表于内务省劝商局及大藏省商务局创办的刊物和《东京日日新闻》等报章杂志上。1881年7月，外务省开始创办《通商汇编》，专门发表领事报告，并在民间书店发买。其领事报告的登载方法，有的按领事馆分类，如"在上海帝国领事馆之部"、"在天津帝国领事馆之部"、"在汉口帝国领事馆之部"等；有的按商品名目分类，如茶叶、棉花、煤炭、海产、生丝、货币及金银等情事，领事馆所在地日本进出口贸易的各种统计，以及其他经济信息等。② 1881～1887年《通商汇编》登载的日本驻上海领事报告书内含上海输入日本货物年报、清茶开市报告、清国制茶输出年表、清丝景况、茶市景况、上海商况报告、自上海输入日本货物比较表、出入上海船舶并吨数、清国棉花景况、清国海产概况、清式帆船贸易概况等项。1883年7月，日政府《官报》创刊，其中的"农工商事项"、"外报"、"通商报告"、"在外公馆报告"等栏目开始频繁登载领事报告。③ 其后，外务省又于1886年12月创办《通商报告》，1894年2月创办《通商汇纂》等刊物（发行周期长短不一），将驻外领事提供的情报编辑发表。《通商汇编》、《官报》、《通商报告》等早期登载的领事报告见表8-2。

此外，外务省还根据各课执务情形和领事馆报告，编辑出版《清国事情》、大日本帝国外交文书和年度执务报告等，以供政府决策参考，由此形成独特的情报体系（见图8-4）。

外务省的情报体系，使领事报告在日本国内，上可达政府，下可达商工业者，不仅为日本侵华战争提供了详尽的资料，同时也减少了日本商民赴华发展的盲目性。当然，领事报告的作用还不局限于日本国内，如第一节所述，在中国，日本也有一个完整的情报系统，各地领事还经常召开会议，互通情报，并利用领事巡视、领事演讲等方式，将情报通达于居留民和日本驻军，直接"为现地服务"。

---

① 〔日〕角山荣编著《日本领事报告之研究》，东京同文馆出版株式会社，1986，第74页。
② 〔日〕角山荣编著《日本领事报告之研究》，东京同文馆出版株式会社，1986，第92页。
③ 〔日〕角山荣编著《日本领事报告之研究》，东京同文馆出版株式会社，1986，第90页。

表8-2 《通商汇编》、《官报》、《通商报告》所登载之领事报告

单位：件

年 份	上海 汇编报告	上海 官报	天津 汇编报告	天津 官报	汉口 汇编报告	汉口 官报	芝罘 汇编报告	芝罘 官报	牛庄 汇编报告	牛庄 官报	香港 汇编报告	香港 官报
1881年	6		3								1	
1882年	7		3						1		1	
1883年上半期	3		2								2	
1883年下半期	3	1	4									
1884年上半期	2	2	2				2	1	1		7	4
1884年下半期	4	5	2	2			1	1			6	7
1885年上半期	21	5					3	1			3	5
1885年下半期	26	12					1	2			10	6
1886年上半期	18	5	4	2	7	3	1				2	4
1886年下半期		10		2	17		1					5
1887年上半期	51				11						8	3
1887年下半期	69		8		19		3				7	2

资料来源：〔日〕角山荣编著《日本领事报告之研究》，东京同文馆出版株式会社，1986。笔者根据第99页"领事报告的发展和领事报告的刊行"一节内《官报》、《通商汇编》、《通商报告》和领事报告表，整理制作。

第八章 领事与情报

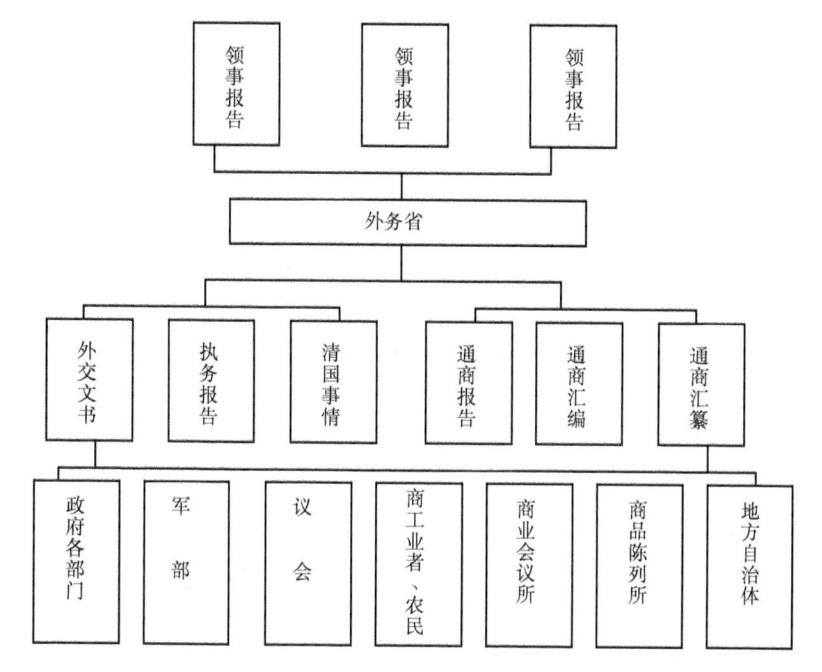

```
       ┌─────────┐  ┌─────────┐  ┌─────────┐
       │ 领事报告 │  │ 领事报告 │  │ 领事报告 │
       └────┬────┘  └────┬────┘  └────┬────┘
            └────────────┼────────────┘
                    ┌────┴────┐
                    │ 外务省  │
                    └────┬────┘
    ┌─────┬──────┬──────┼──────┬──────┬──────┐
 ┌──┴──┐┌─┴──┐┌──┴──┐┌──┴──┐┌──┴──┐┌──┴──┐
 │外交 ││执务││清国 ││通商 ││通商 ││通商 │
 │文书 ││报告││事情 ││报告 ││汇编 ││汇纂 │
 └──┬──┘└────┘└─────┘└─────┘└─────┘└─────┘
```

| 政府各部门 | 军部 | 议会 | 商工业者、农民 | 商业会议所 | 商品陈列所 | 地方自治体 |

图 8-4　外务省系统报知体制

第九章 战时中日领事关系

一 战时中日领事关系的性质

关于战争时期，交战国之间领事关系如何处理或发展的问题，近代各国有着不同的实践。有的准许敌国领事继续行使职务，交战国之间保持领事关系；有的宣布断绝外交关系，并在事实上终止领事关系。各国一般采取的措施是，领事如属派遣国国民，在战争爆发以后的一个合理时期内，领事有权要求安全返回本国。派遣国通常指示领事将有关保护任务移交给第三国代表。一般情况下，两方开战后，侨民将随派遣国使节及领事撤回本国，至侨民的财产，多由政府通过外交途径委托给第三国代表或敌国地方官厅暂时照管。

1871年，中日签订《修好条规》，两国建立了近代外交关系。1894~1895年，甲午中日战争爆发，外交关系断绝，领事关系同时断绝，媾和以后，两国恢复邦交，互派使领，重新建立了正常的外交关系。这种关系，从1931年九一八事变开始，屡遭日本破坏，到1938年6月再次中断，但法律上一直维系到1941年底太平洋战争爆发。1931~1945年中日之间的领事关系，景象纷繁，性质复杂，成为中国外交史上的特例。

要理清这种纷繁复杂的领事关系，首先就要明确"中日战争何时开始"这一问题，是1931年九一八事变？是1937年七七事变？还是1941年底的太平洋战争？关于这个问题，日本有学者认为，1931年以后中日一直处于"事变"状态，直到1941年底太平洋战争爆发。也有学者认为，战争从1931年即已开始，到1945年日本败降，称为日中15年战争。后一观点，现已得到许多专家的认可，如井上久士编辑解说、东京不二出版社1989年出版的《满洲事变时期宪兵队行动资料》、《重庆中国国民党在港秘密机关检举状况》、《华中宣抚工作资料》等史料，就直接冠名"15年战争资料秘集"。中国学者的普遍看法是八年抗战，即从1937年七七事变开始。近来也有学者主张将九一八事变视为中日战争的开端，称为14年战争，即七七事变前属于局部抗战阶段，七七事变后进入全面抗战阶段，前后两个阶段是一个连续发展的过程。这一观点与日本部分学者的观点基本一致。总体而言，看法不一，分歧的焦点在于对"战争"的理解不同。1931年论者以为，九一八事变是一系列战争的开端，它和七七事变后日军全面侵华有着不可分割的历史联系。否认者以为，对于日本进攻东北，蒋介石政府采取"不抵抗政策"，称为"九一八事变"，日政府采取不扩大主义，称为"满洲事变"，既然双方都视为"事变"，且无宣战、媾和等战争要件，因此不是真正意义上的战争。1937年论者以为，七七事变以后，蒋介石政府发表自卫抗战声明，日本政府发表"不以国民政府为对手"的声明，两个声明均具宣战性质，且事实上两国已闭馆撤使，进入战争状态。否认论者以为，从形式上说，声明毕竟不是正式的宣战。1941年论者（少数日本学者）以为，12月9日中国政府对日宣战，才进入国际法意义上的战争。

笔者持1931年中日战争即已开始的观点，即战时中日领事关系，是指1931～1945年间的中日领事关系。因战争期间日本在中国扶持了"满洲国"、汪精卫政权等傀儡组织，中日之间的领事关系出现复杂的历史局面：日蒋领事关系从1931年九一八事变维持到1938年6月驻日大使馆的关闭；日满领事关系从1931年九一八事变开始到1945年日本败降；日汪领事关系从1940年3月汪伪政府建立到1945年日本败降；伪满与汪伪政府"两国"领事关系从1940年开始至1945年结束（各种领事关系见图9-1）。

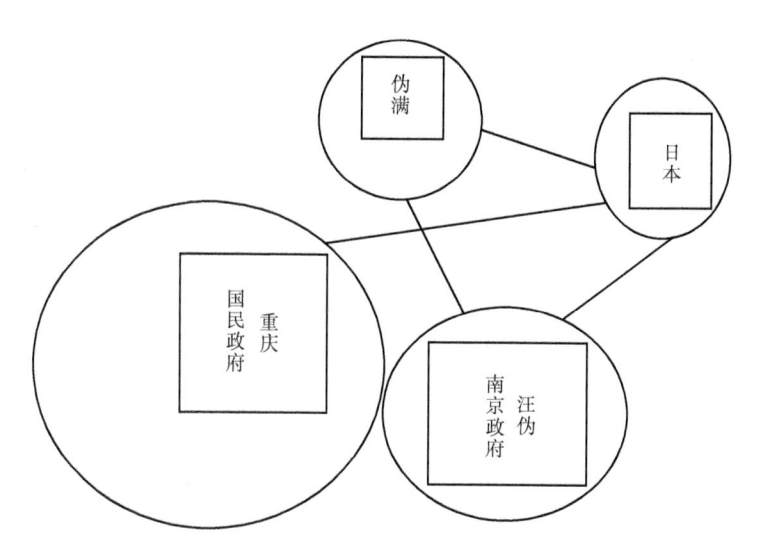

图9-1 战时中日领事关系示意图

（一）日政府与蒋政权之间的领事关系

1931年到1937年七七事变前，两国领事关系虽受战事影响，但领事馆照常在敌国开设，领事依然在行使职务。1937年七七事变后，日政府在一个多月时间内将在华领事馆全部撤退（东北除外），1938年1月底又将大使召回。在日本召回大使后，国民政府才撤退在日领事馆，1938年6月正式关闭驻日使馆。从日方首先撤领一点来看，日本全面侵华战争是早有预谋的。蒋介石政府在撤使问题上，动作迟缓，态度犹疑，反映了其希望"和平解决"的一面。这种在战时保持与敌方领事关系的外交实践，与蒋的对日政策有直接关系。

（二）日政府与"满洲国"之间的领事关系

日满领事关系属于日本政府与所谓"新国家"之间的关系，实际上是一种母国与子国的关系，这种领事关系是在非正常的历史背景下产生的，不为中国政府和国际社会所承认，是非法的。

（三）日政府与汪伪政府之间的领事关系

日汪领事关系属于日本政府与所谓"新政府"之间的关系，这种领事关系同样不为中国政府和国际社会所认可。日领在汪伪辖区内的所作所为，严重侵害了中国主权。

（四）伪满与汪伪政府之间的领事关系

"满洲国"与汪精卫政府，一个自称为"新国家"，一个标榜为"新政府"，实系两个傀儡组织，"两国"之间的滑稽"外交"，不仅是中国外交史上的奇例，在世界外交史上也不多见。

二　中华民国驻日使领的撤退

从性质上说，日本政府与蒋介石政权的领事关系，属于真正国际法意义上的领事关系。1931～1941年10年间，特别是1937～1941年间，两国虽在事实上处于战争状态，但因未向对方宣战，领事关系变得十分暧昧，处于一种似断非断的状态。

1937年7月卢沟桥事变后不久，中国政府即专门讨论对日宣战问题。多数人认为宣战绝交后，对中国弊多利少，理由如下：首先，中国军需品不能自给自足,要靠外国输送。如果宣战,中日之间即为交战国,日本可以以交战国身份通告各国禁止一切军需物资输入中国,与日本海军相比,中国海军力量薄弱,没有能力保护外国援华物资由海上输入中国。其次,中国在日本的侨民将被驱逐或拘禁,中国又无力运载侨民回国,侨民得不到应有的保护。相反,日本在华侨民则可迁入英法等国的租界内,继续为其国家的侵略政策效劳,中国政府无法驱逐和干预。基于以上考虑,中国政府决定"不宣战,不绝交"。

与此同时,日本也在讨论是否对华宣战问题。直到八一三淞沪会战后,日本方面意见仍未统一。陆、海军省认为以不宣战为宜,因为宣战虽然可以阻止中国与第三国之间的经济往来,但日本资源缺乏,宣战以后,军用原料的进口将受到限制。1937 年 10 月,战地日军向政府提出了宣战要求,理由是:在不宣战情况下,对占领地的海关、邮政、金融等不能接收,作战地域也受到制约;不宣战还导致亲日派怀疑日本的决心,在占领区组织政权困难等。对此,日本政府于 11 月成立了一个专门委员会,研究结论一致认为,宣战将与全中国人民为敌,给全世界造成日本侵略中国的印象,并失去在中国的既得权益,总之是弊大于利。根据这种"损益计算书",日本政府做出了不宣战的决定。①

1937 年七七事变前,国民政府驻日大使馆设于东京麻布区饭仓町 6 - 14 号,大使馆设商务官事务所和武官署,许世英为特命全权大使。大使馆下辖 4 个总领事馆、4 个领事馆和 6 个领事馆办事处,即:横滨总领事馆(总领事邵毓麟)、神户总领事馆(总领事王守善)、京城总领事馆(总领事范汉生)、② 台北总领事馆(领事林绍南)、③ 长崎领事馆(领事

---

① 参见〔日〕信夫清三郎编《日本外交史》下册,天津社科院日本问题研究所译,商务印书馆,1980,第 624~625 页。

② 1898 年,清政府首次派驻韩国使臣。1905 年,韩国沦为日本"保护国"。1906 年 2 月 9 日,清政府撤回驻韩使臣,该馆事务由驻日大臣接办。1910 年,韩被日"合并",改称"朝鲜"。清驻韩使馆遂改称总领事馆。1912~1919 年,富士英代理总领事,1919 年王鸿年接任,次年马廷亮接任,1923 年 11 月王守善接任。参见关捷等主编《中日关系全书》(下卷),辽海出版社,1999,第 1421 页。

③ 总督府统治台湾期间,为使"本岛人"(台湾人)免受大陆影响,成为真正的"内地人"(日本人),曾颁布特别法令,限制大陆和台湾两地居民的往来。后因台湾需要劳工,总督府开始有条件允许大陆人民赴台。大陆人民赴台后,民族意识高涨,在台北、基隆、高雄等地成立中华会馆等组织。1925 年上海"五卅惨案"后,广东发生"沙面事件",8 月 31 日,各地会馆要人召开临时总会,决定吁请北京政府在台北及台南两地设立领事馆,维护自身利益。1927 年 3 月,各地会馆联合成立"台湾中华总会馆",继续恳请政府与日交涉,在台设立领事馆。同年 12 月 31 日,北京政府外交部(转下页注)

任家丰）、长崎领事馆门司办事处（副领事周仲敏）、横滨总领事馆函馆办事处（领事兼办事凌曼寿）、神户总领事馆大阪办事处（领事杨雪伦）、神户总领事馆名古屋办事处（副领事耿善颷）、釜山领事馆（领事陈祖仙）、元山领事馆（领事马永发）、新义州领事馆（领事金祖惠）、镇南浦办事处（随习领事张义信）、仁川办事处（随习领事杨啸鹤）。①

日本全面侵华后，中国驻日使领馆在困境之下一直坚持办理公务，但因日方宪警的百般阻挠，不得不陆续"暂停公务"，准备撤退返国。1938年1月10日，国民政府国防最高会议通过决议：命许世英大使回国报告，酌留馆员维持馆务，至不能行使职权时始行回国；各领馆应仍努力维持，并团结侨民一致救world；如无一领馆能行使职权，则谕侨民一律回国。②1月11日，驻日大使许世英照会日本外务大臣广田弘毅，声明驻朝鲜领事馆一律停止办公，如有假借中华民国领事馆名义为任何非法行动，当然无效。③

1月16日，日本政府训令驻华大使川越回国，并通电日本驻外各大使，对国民政府停止交涉，与新政权开始调整工作。④同日，日本政府发表"不以国民政府为对手"的声明，内容如下：日本于南京攻陷为与国民政府最后反省机会已迄今日，然国民政府不解日本之真意，妄策抗战，内不察人民之涂炭，外不顾东亚全体之和平，是以日本外务省照会：尔后不以国民政府为对手，期待足与日本真正提携之新兴政权成立与发展，与之调整两国国交。⑤因日本国内强硬派认为声明过于暧昧，18日，日本政

（接上页注③）照会日驻华公使芳泽，要求日方依中日通商条约第三款，允中国在台湾设置领事馆。芳泽照复称：日本政府未承认贵政府，在此场合下，新设置领事馆，将产生诸多困难。其后，北京政府多次敦促日方表明立场，日政府始终以"迁延方针"应对。设馆之事，几经交涉，因中方态度坚决，日政府再三考虑，提出在帽儿山、洮南及郑州三地设置领事馆作为交换条件。南京政府成立后，同意日本在郑州设馆，日本亦相应同意南京政府在台北设总领事馆。〔日〕《在台支那人的领事馆设置运动之沿革及其现状》，国会图书馆藏，外务省文书类，档号：N8-1-635。

① 参见〔日〕《在本邦各国公馆一览》（1936年5月），内务省警保局编《外事警察概况》（昭和11年度），第2卷，龙溪书舍，1987，第414～427页。
② 台湾"国立"编译馆主编《中华民国外交史料汇编（9）》，渤海堂文化公司印行，第4003页。
③ 参见台湾"国立"编译馆主编《中华民国外交史料汇编（9）》，渤海堂文化公司印行，第4040页。
④ 台湾"国立"编译馆主编《中华民国外交史料汇编（9）》，渤海堂文化公司印行，第4008页。
⑤ 台湾"国立"编译馆主编《中华民国外交史料汇编（9）》，渤海堂文化公司印行，第4008页。

府又发表补充声明解释,称:所谓尔后不以国民政府为对手,实比否认该政府更强硬。根据过去国际法的说法,如果承认新政权,便可达到否认国民政府之目的,但因尚未达到承认中华民国临时政府之时,所以这次否认国民政府并抹杀之,是开国际法之先例……又因采取'不以国民政府为对手'的立场,所以也没有布告宣战的必要。① 该声明及补充声明表明,日本政府当时仅是宣告不以国民政府为对手,但并未达到断绝外交关系的地步,虽然不以国民政府为对手的结果是两国关系的断绝,但日方认为可以采取灵活的手段处理。如:一、召回日本驻华大使,但仍保留代理大使以下职员及领事官员;二、虽不要求撤走中国驻日大使(包括使馆职员),但劝告其自行撤走;三、如其不听劝告,不撤走其馆员,则仍按以前惯例给予保护;四、领事馆亦给予同样的待遇。② "不以国民政府为对手"的声明为日本扶持傀儡政权及处理其承认问题扫清了"法律上"的障碍。

鉴于日本政府已宣布"不以国民政府为对手",驻日大使许世英依国防最高会议决议,于1月20日将馆务委托参事官杨云竹代理,然后带领二等秘书马天则以下10名馆员搭俄国皇后号轮赴香港,转往汉口。许大使临行前对新闻记者谈称:"余此次离日,心中充满忧虑"。③ 时"东京横滨之数百华侨,因不愿受日人之压迫,亦乘俄皇后号返国"。④ 1月21日,《大公报》就许世英大使回国一事发表社评表示:这是东京政府强暴宣言的结果,它既声明"今后不以国民政府为对手",实际即是宣布断绝邦交,则我们中华民国的驻日大使自然要下旗归国。中日战争业已半年,在战争状态中还存在着一种似有若无的外交关系,原很勉强。我们在过去半年中,对日本所以未曾宣布断交撤使者,是表示这次战事并非中国所主动,尚望日本悔祸,而重现和平。现在军阀日本既已完全失去理智,东京政府显然已无表示其自由意志之能力,则中日两国的和平邦交已成为不可能;我们惟有在军事上打击日本军阀之一途了。在日本军阀受到惩创之后,东京政府的理智或尚有恢复的一天。⑤

1月24日,日本政府宣布对华政策四要点。声言:不论在任何情况

---

① "声明"及"补充声明"转引自李广民著《准战争状态研究》,社会科学文献出版社,2003,第348页;另参见黄美真、张云编《汪伪政权资料选编·汪精卫集团投敌》,上海人民出版社,1984,第76页。
② 转引自李广民著《准战争状态研究》,社会科学文献出版社,2003,第350~351页。
③ 台湾"国立"编译馆主编《中华民国外交史料汇编(9)》,渤海堂文化公司印行,第4014页。
④ 台湾"国立"编译馆主编《中华民国外交史料汇编(9)》,渤海堂文化公司印行,第4014页。
⑤ 台湾"国立"编译馆主编《中华民国外交史料汇编(9)》,渤海堂文化公司印行,第4015页。

之下，日本均不与国民政府交涉；日本为阻止外国军火输华，仍可对华宣战；日本对华北之"新政制"居于监护人之地位；绝对不容许第三者出面调解。① 28日，日本驻华大使川越依令离华返日。② 此间，日宪警强迫国民政府驻朝鲜、台北及日本各领馆易帜附逆，致驻该地领馆人员，处于强权之下，无法执行职务，遂不得不停馆返国。而后，"日方复以其压迫我领馆之故技，对我留置东京之外交人员施行同样之压迫，上月（5月——引者）19及22两日，纵任数十浪人，冒充华侨代表，冲入使馆，肆行骚扰。日方事前既未制止，事后亦未干涉，且所谓华侨代表中，竟有台籍日民及日本探员若干人，足以证明两次行动皆为日方所唆使，至是我使馆职员亦感无法自由执行职务"。对此，国民政府外交部发言人表示：日本对华军事侵略，为时已逾十月，但于法律上对我驻日使领馆仍负有国际法上所规定之一切义务。查我国旅日侨胞，为数众多，战事爆发后，殊难于短时期内全部撤退，因此我驻日使领犹于艰难环境之中，力谋继续工作，俾尽保卫之职责。乃日方不顾其在国际法上之义务，且不惜采取卑劣手段，图迫使我使领馆撤退，以陷我未归国之侨民于无保障地位。③ 6月11日，国民政府正式关闭驻日使馆，大使馆参事杨云竹及其他职员均于是日归国。至此，国民政府驻日使领馆全部撤退（驻日各馆撤退日期见表9-1、表9-2、表9-3、表9-4、表9-5、表9-6）。这样，两国虽未正式宣战，但在事实上断绝了外交关系。

表9-1　1938年中华民国驻日使领馆闭锁状况

公馆名称	闭锁年月日	备注
中华民国驻日大使馆	1938年6月11日	昭和13年6月11日
横滨总领事馆	1938年2月5日	昭和13年2月5日
横滨总领事馆函馆办事处	1938年1月31日	昭和13年1月31日
神户总领事馆	1938年2月7日	昭和13年2月7日
神户总领事馆名古屋办事处	1938年1月25日	昭和13年1月25日
神户总领事馆大阪办事处	1938年2月7日	昭和13年2月7日
长崎领事馆	1938年2月5日	昭和13年2月5日
长崎领事馆门司办事处	1938年1月24日	昭和13年1月24日

资料来源：〔日〕内务省警保局编《外事警察概况》（昭和13年度）第4卷，龙溪书舍，1987，第17页。

---

① 台湾"国立"编译馆主编《中华民国外交史料汇编（9）》，渤海堂文化公司印行，第4019页。
② 参见台湾"国立"编译馆主编《中华民国外交史料汇编（9）》，渤海堂文化公司印行，第4015页。
③ 台湾"国立"编译馆主编《中华民国外交史料汇编（9）》，渤海堂文化公司印行，第4097~4098页。

表9-2 1938年中华民国驻日大使馆撤退状况

公馆名	职名	氏名	归国月日	备考
中华民国驻日大使馆	大使	许世英	1月20日	
	参事官	杨云竹	6月11日	大使馆闭锁时撤退
	二等秘书官	孙湜		2月4日辞任，4月12日就任"临时政府"驻日侨务办事处主任
	二等秘书官	黄瑞护	1月20日	与许大使同行
	二等秘书官	马天则	1月20日	与许大使同行
	二等秘书官	柳汝祥	2月6日	2月5日辞任
	二等秘书官	林定平	6月11日	大使馆闭锁后与杨云竹同行
	三等秘书官	储应时	1月20日	与许大使同行
	三等秘书官	胡迈		日政府"不以国民政府为对手"声明（以下简称：声明）前撤退
	三等秘书官	石潮白	1月20日	与许大使同行
	三等秘书官	周一夔	1月20日	与许大使同行
	随员	章鸿宾	6月11日	大使馆闭锁后与杨云竹同行
	随员	王秀钟	6月18日	大使馆闭锁后为整理残务，临时滞留
	随员	李耀商	6月11日	大使馆闭锁后与杨云竹同行
	学习员	林啸谷		声明前撤退
	书记	王武	1月20日	与许大使同伴
	书记	胡卓英	1月20日	与许大使同伴
	书记	周仲波	1月20日	与许大使同伴
	书记	张经武	1月20日	与许大使同伴
	书记	王恒昶		6月11日辞任后，就职于"维新政府"
	书记	傅谊生		声明前归国
	书记	王明章	6月11日	与杨云竹同行
	书记	杨半农		声明前归国
	书记	洪松龄		声明前归国
	书记	崔万秋		声明前归国
	书记	陆久之		声明后归国
	杂役	王达祥		6月11日解雇残留
	杂役	张子乡		声明前归国
	杂役	崔聚华		声明后归国
	杂役	蒋永兴		声明后归国
	厨师	陈金璋		声明前归国
	厨师	陈三俤		6月11日解雇残留
	委托医生	康尚黄		声明后归国

续表 9-2

公馆名	职名	氏名	归国月日	备考
商务官事务所	秘书官	黄艺锡		声明前归国
	随员	李祖煊		声明前归国
	书记	刘陶峰		声明前归国
武官署	陆军武官陆军少将	章鸿春		声明前归国
	海军武官海军大佐	刘田甫		声明前归国
	陆军副武官陆军中佐	周孝培		声明前归国
	陆军武官辅佐官陆军大尉	严泽元		声明前归国
	陆军武官辅佐官陆军大尉	刘开谱		声明前归国
	陆军武官书记	叶秀挺		6月11日辞任,后任"临时政府"驻横滨侨务办事处事务官
	陆军武官书记	强廼锟		声明前归国
	海军武官书记	杨政和		声明前归国

资料来源:〔日〕内务省警保局编《外事警察概况》(昭和13年度)第4卷,龙溪书舍,1987,第17~20页。笔者整理。

表 9-3　1938 年横滨总领事馆及函馆办事处撤退状况

公馆名	职名	氏名	归国月日	备考
横滨总领事馆	总领事	邵毓麟	1月20日	总领事馆闭锁前与许大使一同归国
	领事	郑寿恩	2月6日	
	随习领事	朱宗熹	2月6日	
	主事	陈巽颙	2月6日	
	雇员	冯励图		2月5日解雇后在留
	雇员	章炜	2月6日	
横滨总领事馆函馆办事处	副领事	罗集谊	2月6日	办事处闭锁后,滞留大使馆
	书记	俞少明	2月6日	办事处闭锁后,滞留大使馆
	书记	俞海丰	2月6日	办事处闭锁后,滞留大使馆
	厨师	孙春庆		1月31日解雇

资料来源:〔日〕内务省警保局编《外事警察概况》(昭和13年度)第4卷,龙溪书舍,1987,第20~21页。笔者整理。

表9-4　1938年神户总领事馆及其分馆撤退状况

公馆名	职名	氏名	归国月日	备考
神户总领事馆	总领事	王守善	2月26日	后任"临时政府"神户侨务办事处主任
	领事	魏锡赓	2月7日	
	副领事	潘锦喜		声明后归国
	副领事	孙嘉燮		声明后归国
	主事	马玉生		2月7日解职后，滞留京都
	书记	孙树棠		声明后归国
	书记	孙鹏		声明后归国
	书记	盛家玺		2月7日解职
	学习员	张知耻		声明前归国
	学习员	陈俊		声明前归国
神户总领事馆大阪办事处	领事	杨雪伦	6月11日	2月7日办事处闭锁后任大使馆二等秘书官，大使馆闭锁时一同归国
	随习领事	陈庸	1月28日	
	事务嘱托	吴冲康		
	书记	梁觉民		2月7日转神户总领事馆勤务
	书记	胡德麟	4月11日	
神户总领事馆名古屋办事处	副领事	耿善骝		2月7日转神户总领事馆勤务
	书记	刘同愢		回天津
	女佣	陆贵香		1月24日解雇
	杂役	薛道益		1月24日解雇
	厨师	叶秀堂		1月24日解雇

资料来源：〔日〕内务省警保局编《外事警察概况》（昭和13年度）第4卷，龙溪书舍，1987，第21~22页。笔者整理。

表9-5　1938年长崎领事馆及门司办事处撤退状况

公馆名	职名	氏名	归国月日	备考
长崎领事馆	领事	任家丰	2月7日	2月6日辞任，经由神户归国
	主事	郭建英	2月7日	2月6日辞任，经由神户归国
	随习领事	王廷璟	2月7日	2月6日辞任，经由神户归国
	书记	冯蓬	2月7日	2月6日辞任，经由神户归国
	乙种学习员	詹北辰		声明前归国
	雇员	柳华胜	2月7日	2月6日辞任，经由神户归国
长崎领事馆门司办事处	副领事	周仲敏	2月7日	2月6日辞任，经由神户归国
	事务员	王根福		2月4日辞任残留
	事务员	王松龄	2月7日	2月6日辞任
	事务员	王文乡		声明后归国

资料来源：〔日〕内务省警保局编《外事警察概况》（昭和13年度）第4卷，龙溪书舍，1987，第22页。笔者整理。

表9-6 1938年朝鲜各地领事馆撤退状况

公馆名	职名	氏名	籍贯	归国月日	备考
京城总领事馆	总领事	范汉生	安徽黟县人		范汉生原是国民党政府外交部通商司第五科科长；1938年1月被王克敏伪政权任命为驻汉城总领事
	副领事	苏驭群	江苏人	1月7日	由朝鲜总督府外事局转解至长崎，会同驻日本各地使领人员，一齐遣送归国
	主事	叶俊恺	广东东莞人	5月	回到香港，被国民政府外交部派为驻香港领事签证货单办事处主任
	主事	叶永青	浙江宁波人		1938年1月6日签字附逆
	甲种学习员	王建功	河北深县人		1938年1月6日签字附逆，转任"临时政府"驻仁川办事处主事
	委任办事员	王永晋	山东荣城人		1938年1月6日签字附逆，转任"临时政府"驻镇南浦办事处主事
	书记	袁毓棠	江苏扬州人		1938年1月6日签字附逆
	译员	李相殷	朝鲜咸兴人		1938年1月6日签字附逆
	雇员	金佑行	朝鲜汉城人		1938年1月6日签字附逆
元山领事馆	领事	马永发			附逆后，被任命为驻新义州领事
釜山领事馆	领事	陈祖仙		12月31日	1938年1月4日，范汉生附逆，国民政府外交部从汉口电示："范汉生既已投敌，应予通缉，改派陈祖仙为驻京城总领事，办理善后"。陈祖仙从釜山出发到汉城，行至大邱，被大邱宪兵队拦截，遂返釜山。馆员5人一同归国
新义州领事馆	领事	金祖惠		1月2日	回到上海仍然接受国民政府"留职半薪"待遇，后任汪伪政权实业部参事
	随习领事	张镜微			回到上海仍然接受国民政府"留职半薪"待遇
	主事	张荷屏			回到上海仍然接受国民政府"留职半薪"待遇
仁川办事处	随习领事	杨啸鹤	贵州贵阳人		
	书记	王孝泉	安徽歙县人		
镇南浦办事处	随习领事	张义信	广东中山人		转任"临时政府"驻元山领事馆副领事
	书记	张秉伦	吉林人		

资料来源：参见杨绍权《驻朝鲜各地领事参加王克敏政权的经过》，中国人民政治协商会议全国委员会文史资料委员会编《文史资料存稿选编·日伪政权》，中国文史出版社，2002，第558~564页。

三 日满领事关系

1932年3月,在日本操纵下,"满洲国"建立。3月12日,国民政府发表宣言称:"自上年9月18日以后,日本非法侵占东北各地,威胁中国人民,利用少数叛徒为非法之组织,复将废清帝溥仪挟持赴东省,令其就伪职,成立傀儡政府,中国政府及人民概不承认,业经中国政府发表宣言认为叛徒机关,并迭向日使严提抗议,声明日本政府应负其全责"。①

毫无疑问,"满洲国"是日本一手制造出来的傀儡政权,是日本统治东北地区的工具,"满洲国"完全在日本的控制之下,依靠日本的武力维持,根本说不上成为一个国家。日本制造这样一个"国家",破坏了中国主权和领土完整,是违反国际法的行为,是赤裸裸的侵略行径。此举遭到国际舆论的普遍谴责。

1932年9月4日,国际联盟调查报告书指出,"依各方面所得一切证据,确信助成'满洲国'成立之原动力,虽有若干种,但其中两种,即一为日本军队之在场,一为日本文武官吏之活动,两者联合,发生之效力最大,依我等之判断,若无此两者,新国家不能成立,基此理由,现在政体,不能认为由真正的及自然的独立运动所产生"。②调查团在东北调查期间,多方听取"本地居民所报告之意见,细心研究各方面所获得之证据,无论公私谈话或书信文件,吾人得一结论:即一般中国人对'满洲国政府'均不赞助,此所谓'满洲国政府'者在当地中国人心目中直是日人之工具而已"。③可见,"满洲国"不具备一个独立国家存在的必要条件,缺乏人民意志的基础,不具有稳定性和独立性。对于这样一个傀儡组织,国际联盟大会1933年2月24日所设的顾问委员会于6月7日通过"关于不承认'满洲国'之办法",并通告国联会员国及非会员国分别执行。④

日本政府不顾中国政府的严正声明和国际舆论,于1932年6月14日

---

① 《国民政府文官处为国民政府宣言东北伪组织活动概由日本负责的通电》,中国第二历史档案馆编《中华民国史档案资料汇编》,第5辑第1编(外交一),江苏古籍出版社,1991,第557~558页。
② 《国际联合会调查团报告书》(1932年9月4日在北平签字)白皮书第24号,中华民国国民政府外交部译印,第155页。
③ 《国际联合会调查团报告书》(1932年9月4日在北平签字)白皮书第24号,中华民国国民政府外交部译印,第178页。
④ 转引自周鲠生著《国际法》(上册),商务印书馆,1983,第111页。

通过《承认满洲国决议案》。7月27日，日本将长春领事馆升格为总领事馆，并在锦州设置领事馆，"迈出了正式承认伪满的第一步"。[①] 8月8日，日本政府任命关东军司令官武藤信义为特命全权大使。9月15日，日本与伪满签订《日满协定书》，正式承认"满洲国"。同时，特命全权大使武藤信义在长春设立事务所。11月30日，武藤信义就任驻满大使，12月1日，大使馆正式开设（历任大使见表9－7），事变期间关闭的领事馆陆续恢复开馆。

表9－7 日本驻"满洲国"大使表

到任年月日	职　名	姓　名
1932年12月1日	特命全权大使	陆军大将 武藤信义（1933年7月28日在任所死去）
1933年7月28日	临时代理大使	大使馆一等书记官 栗原正
1933年8月20日	临时代理大使	大使馆一等书记官 吉泽清次郎
1933年8月21日	临时代理大使	大使馆参事官 谷正之
1933年8月22日	特命全权大使	陆军大将 菱刈隆
1934年12月25日	特命全权大使	陆军大将 南次郎
1936年3月28日	特命全权大使	陆军大将 植田谦吉
1939年9月10日	特命全权大使	陆军大将 梅津美治郎
1944年7月18日	特命全权大使	陆军大将 山田乙三

资料来源：参见〔日〕外务省外交史料馆、日本外交史辞典编纂委员会编《日本外交史辞典》，日本大藏省印刷局，1979，第370页。

为提高"满洲国"的国际地位，1935年2月26日，日本与伪满签订

[①] 李广民著《准战争状态研究》，社会科学文献出版社，2003，第203页。

关税协定。1937年底，日本"撤废"其在"满洲国"的治外法权。伴随日本对"满洲国"的全面掌控，在满日领的作用有所下降。1936～1940年间，日本驻"满洲国"领事馆呈逐渐减少的趋势，公馆总数4年间减少了一半，其中总领事馆从6个减少到2个，领事馆由9个减至7个，分馆由13个减为1个（见表9-8）。

表9-8 日本驻"满洲国"公馆统计表

单位：个

年 代	大使馆	总领事馆	领事馆	分 馆	出张所	合 计
1936	1	6	9	13		29
1937	1	6	7	10		24
1938	1	4	9	6	4	24
1939	1	2	6	2	3	14
1940	1	2	7	1	3	14

资料来源：〔日〕外务省编《外务省执务报告·东亚局》第3卷1936年，クレス株式会社，1993，第620页；〔日〕外务省编《外务省执务报告·东亚局》第3卷1937年，クレス株式会社，1993，第794页；〔日〕外务省编《外务省执务报告·东亚局》第6卷，クレス株式会社，1993，第51、76、78页。

伪满在建立时，范围包括辽宁、吉林和黑龙江三省全境、内蒙古东部及河北北部。1934年为14省2特别市：安东省、奉天省、锦州省、吉林省、热河省、间岛省、黑河省、三江省、龙江省、滨江省、兴安东省、兴安西省、兴安南省、兴安北省、新京特别市（长春）、哈尔滨特别市。1939年更改为19省1特别市：安东省、奉天省、锦州省、吉林省、热河省、间岛省、黑河省、三江省、龙江省、滨江省、兴安东省、兴安西省、兴安南省、兴安北省、牡丹江省、通化省、东安省、北安省、四平省、新京特别市。[①] 随着伪满地方行政区划的变更，日驻伪满领事馆管辖区域也相应发生了变化。一、新京领事馆管辖区域为吉林省、新京特别市、奉天省、安东省、锦州省、热河省、通化省、兴安西省及兴安南省（扎赉特旗除外）；二、珲春领事馆管辖区域为间岛省；三、绥芬河领事馆管辖区域为牡丹江省中绥阳及东宁各县；四、绥芬河领事馆东宁出张所主任管辖区域为绥芬领事馆管辖区域内东宁县；五、牡丹江领事馆管辖区域为牡丹

---

① 〔日〕外务省编《外务省执务报告·东亚局》第6卷，クレス株式会社，1993，第51页。

江省中穆绫及宁安各县；六、东安领事馆管辖区域为东安省；七、东安领事馆虎林出张所主任管辖区域为东安领事馆管辖区域内虎林及饶河各县；八、哈尔滨领事馆管辖区域为北安省、滨江省、三江省、龙江省、黑河省、兴安南省中扎赉特旗；九、哈尔滨总领事馆同江出张所主任管辖区域为哈尔滨领事馆管辖区域内抚远、同江、富锦、绥滨及罗北各县；十、哈尔滨总领事馆佳木斯分馆主任管辖区域为哈尔滨领事馆管辖区域内鹤立、汤原、桦川、勃利、依兰、通河及方正各县；十一、哈尔滨总领事馆黑河分馆主任管辖区域为哈尔滨领事馆管辖区域内黑河省；十二、海拉尔领事馆管辖区域为兴安东省、兴安北省中拉伦、新巴尔虎左翼、陈巴尔虎、额尔克纳左翼、额尔克纳右翼各旗及海拉尔市；十三、满洲里领事馆管辖区域为兴安北省中新巴尔虎右翼旗、外蒙古中车臣汗部。①

  为换取第三国对"满洲国"的承认，日本对伪满境内的他国领事馆采取"不干涉政策"，更由于英美等国未承认"满洲国"，仍视"满洲国"为中华民国的一部分，所以其在满的领事馆仍继续开设，领事仍在行使职务。②时美国国务院在答复关于驻满洲领事持有中国政府还是日本政府的领事证书的咨询时表示，在没有承认"满洲国"的情形下，根本无须领有"满洲国"的领事证书，而在日本占领的中国其他地区，当然也照此办理。答复称：简单的事实是，长期以来，对某些国家的政府（其中包括美国政府在内）来说，习惯的做法是以条约规定为基础的，即仅通知中国政府已指派某一领事官在某一领事馆；这种做法将继续下去。③伪满为取得第三国的"承认"，不惜采取外交讹诈手段，"成功"后还沾沾自喜，"自涂粉黛"，"大肆宣传"，"以提高国际地位"。1935年6月，伪满外交部制成"满洲国"护照，让"外交办事处"处长宋淇涵假扮成商人，谎称前往西贡、海防、新加坡、檀香山等地贸易，分别到奉天的法、英、美三国领事馆签署，以试探各国态度。宋淇涵回忆说：

---

① 〔日〕外务省编《外务省执务报告·东亚局》第6卷，クレス株式会社，1993，第52~53页。
② 第三国驻满领事馆：1936年有英美意德等13个国家，1937年仍为13个国家，1938年增为16个国家，1939年增至19个国家，1940年没有变化，仍为19个国家。参见〔日〕外务省编《外务省执务报告·东亚局》第3卷，クレス株式会社，1993，第617~618、802~803页；〔日〕外务省编《外务省执务报告·东亚局》第6卷，クレス株式会社，1993，第53~54、78~79、86~87页。
③ 〔美〕L.T.李著《领事法和领事实践》，傅铸译，商务印书馆，1975，第315页。

我先到法国领事馆，法领事克瑞班毫不思索地在护照上签署，贴上印花后我急速辞开转赴英国领事馆，按法领事的先例让他签署。他问我有多少资本，贩运何货，可见英国人喜欢和人做生意。随之他答称："我们不能签在原照上"，他在另纸上签署。又转赴美国领事馆，用法领事的签署晃动而隐藏英领事所发的另纸。主管人一见愕然，两分钟后他持照入别室商量，出而告我："你须自写一张申请书，应找一个现地著名商号的商人来证明你确是营商才可"。我邀同洪顺茂丝房三号经理王佩伦去作证，询问几句后用另纸发给签署。我回"外交部"复命。当局分别通知各部院以法领事在本国所发护照上签署就是承认"满洲国"，英、美虽签在另纸上，允许"满洲国"人入境，也是大半承认。法领事办事粗疏，自应受其本国政府的责斥；而伪外交部大肆宣传，藉此小事以提高国际地位，也有点自涂粉黛，我作了讹赖者的帮凶。①

如前所述，"满洲国"不具合法性质，其驻日使领馆虽为日本所承认，但在国际社会看来，则为伪政权的一个非法机构。对于伪满这种傀儡政权，第三国是否与之建立外交及领事关系，则视第三国与日本之间的关系，以及第三国与中国政府之间的关系而定。伪满自1932年成立到1937年，世界上绝大多数国家不承认，仅有日本和萨尔瓦多两国承认。1934年5月24日，萨尔瓦多承认"满洲国"，主要目的是在出卖咖啡。据伪满"外交办事处"处长宋淇涵回忆：该国无侨民在满，外交部委任官以下替它包装咖啡，还有几个青年外出推销。大家笑着说："各国都像这样来承认，外交部员变为洋商店员了"。② 1933年1月15日，美国通告世界各国不承认"满洲国"。1934年3月13日，英国政府声称永不承认"满洲国"。1936年11月，意大利承认"满洲国"。1938年2月，德国承认"满洲国"。1940年8月，丹麦承认"满洲国"。1941年开始，泰国等国与之建交。1941年4月，苏联和日本在莫斯科签订《日苏中立条约》，苏联宣称尊重"满洲国"的领土完整与不可侵犯性。到1943年，除日本外，承认伪满并与之建立"外交"关系的有23个国家

---

① 宋淇涵：《伪满"涉外"史料琐忆》，中国人民政治协商会议全国委员会文史资料委员会编《文史资料存稿选编·日伪政权》，中国文史出版社，2002，第76页。
② 宋淇涵：《伪满"涉外"史料琐忆》，中国人民政治协商会议全国委员会文史资料委员会编《文史资料存稿选编·日伪政权》，中国文史出版社，2002，第75页。

(含傀儡组织)，即轴心国：意大利、德国、罗马尼亚、保加利亚、匈牙利、克罗地亚（傀儡政权）、斯洛伐克（傀儡政权）；轴心国《反共产国际条约》成员国：西班牙（佛朗哥政权）、芬兰、丹麦、泰国、汪伪南京政府、蒙疆联合自治政府、自由印度临时政府（日本傀儡）、缅甸巴莫政权（日本傀儡）、菲律宾劳雷尔（日本傀儡）；同盟国：苏联、蒙古人民共和国、多米尼加；其他国家：梵蒂冈（与法西斯意大利达成妥协协议）、波兰（1942年后取消承认）、萨尔瓦多、维希法国（德国扶植）。

在以上23个承认国中，只有德、意、泰和汪伪政权在新京设立了使馆，其他国家和伪政权有的任命驻日公使馆兼驻伪满公使和总领事，有的只设名誉领事、代表部和事务所。

伪满与日本建立"外交"关系后，相应也向日本派驻使领。1932年9月16日~1933年4月26日，设代表部于东京麻布区樱田町50号，鲍观澄为代表。1933年4月26日起改称大使馆，丁士源为特命全权大使。大使馆初设大阪、门司、新泻三个名誉领事馆和朝鲜京城名誉总领事馆（名誉总领事金季洙）。① 1935年6月19日，谢介石接任大使，1937年7月1日，阮振铎接任大使，1940年12月6日，李绍庚接任大使。② 1941年7月17日，大阪名誉领事馆升格为总领事馆（总领事为星野金之助）。③ 1942年5月2日，大使馆又开设函馆名誉领事馆。④ 1942年10月，李绍庚转任，由王允卿接任大使（明治大学毕业，曾任伪满总务厅参事官、热河省长、国务院国务厅次长等职）。⑤ 此间，伪满还先后向各承认国派驻使节及领事官，建立起所谓"外交"关系（参见表9-9）。

撇开"满洲国"的傀儡性质不说，根据日满"外交"实践可以察知，双方领事关系具有以下特点。一、日本在伪满境内领事馆的设立，领事的

---

① 〔日〕外务省编《外务省执务报告·东亚局》第6卷，クレス株式会社，1993，第54~56页；〔日〕内务省警保局编《外事警察概况》（昭和12年度）第3卷，龙溪书舍，1987，第579页；（昭和13年度）第4卷，第30页。
② 〔日〕内务省警保局编《外事警察概况》（昭和16年度）第7卷，龙溪书舍，1987，第49页。
③ 〔日〕内务省警保局编《外事警察概况》（昭和16年度）第7卷，龙溪书舍，1987，第50页。
④ 〔日〕内务省警保局编《外事警察概况》（昭和17年度）第8卷，龙溪书舍，1987，第195页。
⑤ 〔日〕内务省警保局编《外事警察概况》（昭和17年度）第8卷，龙溪书舍，1987，第195页。

派遣，领事事务的处理，伪满不能提出异议；二、伪满在日本本土及朝鲜的领事馆的设立，领事的派遣，领事事务的处理，均由日本决定，伪满不能提出异议；三、伪满的对外关系及与第三国的领事关系，均须听命于日本；四、其领事关系具有战时和临时性质，驻扎在伪满境内的日本领事，一切服务于军令、军事和军队；日本侵华战争的进程与成败，决定此种领事关系的变化。

表9-9 1940年伪满驻外"外交"机关表

类别	机关名	机关长	姓名	所在地
大使馆	"满洲帝国"驻扎日本帝国大使馆	大使	李绍庚	东京
公使馆	"满洲帝国"驻扎意大利国公使馆	公使	罗振邦	罗马
	"满洲帝国"驻扎德意志国公使馆	公使	吕宜文	柏林
	"满洲帝国"驻扎西班牙国公使馆	公使	罗振邦	布尔高斯
	"满洲帝国"驻扎匈牙利国公使馆	公使	吕宜文	布达佩斯
总领事馆	汉堡	总领事代理	泽口诚笃	汉堡
	瓦萨	总领事	朴锡胤	瓦萨
领事馆	赤塔	领事	谷中山	赤塔
	武市	领事	表涛	武市
	新义州	领事	薛大昌	新义州
名誉总领事馆	汉城	名誉总领事	金季洙	京城
名誉领事馆	门司	名誉领事	出光佐三	门司
	大阪	名誉领事	江崎利一	大阪
	新潟	名誉领事	白势量作	新潟
通商代表部	"中华民国"	代表	佐枝常一	北京
	天津	处长	上村辰巳	天津
	济南	处长	宋畛寰	济南
	"中华民国"	代表	王庆璋	上海
代表部	蒙疆	代表	李义顺	张家口
	厚和	处长	张罕台	呼和浩特
办事处	大阪办事处	处长	川畑友吉	大阪
	大连"满洲国"外务局办事处	处长	山本永清	大连

资料来源：〔日〕外务省编《外务省执务报告·东亚局》第6卷，クレス株式会社，1993，第54～56页。

四 汪满领事关系

1937年12月"中华民国临时政府"成立后,在日方操纵下,伪满于1938年7月在北平设置"通商代表部",在天津、济南设置"代表部办事处"。"通商代表部"以生松净为代表,租赁中南海静谷办理公务。① 其后,伪临时政府派周珏为驻伪满洲国通商代表,双方建立了准"外交"关系。

伪满建立后,怕有"信不住"的人混入活动,防范极严,逃入关内的人想回去探亲访友,必须持有日本外交或军事机关的介绍信。"通商代表部"设立后,即以发"入国证"为中心任务,领证人蜂拥而至,平津两处初发时每日近百份,持证人到山海关由伪国境警察检查盖印后即通行无阻。由于联合准备银行与伪满中央银行币制不一,山海关站特设立兑换所。停车40分钟期间,有海关吏验货上税,有防疫所查验病情,"闹得手忙脚乱,身临其境,才体会到'过关'二字"。②

"通商代表部"还负责办理签署外国人护照和发给运货证等事宜。日本人处处着意争取外国承认"满洲国"。据伪满"外交办事处"处长宋淇涵回忆:一次,英国公使馆往奉天运货,来函上款 To all whom it may concern,"生松表示不露出'满洲国'字样,咱不给他办。英人坚决要求,我对生松解释'致有关方面'为西人函件所恒见,推迟几天才发给他"。③

"通商代表部"除办理上述事务外,还宣传"大东亚共存共荣"、"中日满一德一心"思想,宣扬"满洲国"的有关政令和各项"成就",并负责转达司法调查案件、拨寄抚恤金、迎送要人等事务。④

1940年3月汪伪政府成立后,日本政府于11月30日宣布"承认",与之缔结了日华基本条约,日满华三国还发表了《日满华共同宣言》,即:大日本帝国政府、满洲帝国政府及中华民国国民政府:希望三国互相

---

① 参见宋淇涵《伪满"涉外"史料琐忆》,中国人民政治协商会议全国委员会文史资料委员会编《文史资料存稿选编·日伪政权》,中国文史出版社,2002,第77~78页。
② 参见宋淇涵:《伪满"涉外"史料琐忆》,中国人民政治协商会议全国委员会文史资料委员会编《文史资料存稿选编·日伪政权》,中国文史出版社,2002,第78页。
③ 宋淇涵:《伪满"涉外"史料琐忆》,中国人民政治协商会议全国委员会文史资料委员会编《文史资料存稿选编·日伪政权》,中国文史出版社,2002,第78页。
④ 参见宋淇涵:《伪满"涉外"史料琐忆》,中国人民政治协商会议全国委员会文史资料委员会编《文史资料存稿选编·日伪政权》,中国文史出版社,2002,第78页。

尊重其原来的特质，在东亚地区建设以道义为基础的新秩序的共同理想下，互为善邻，紧密合作，以形成东亚永久和平之轴心，并以此为核心，对整个世界和平做出贡献，发表宣言如下。一、日本国、满洲国及中华民国互相尊重其主权和领土；二、日本国、满洲国及中华民国为了实现三国间以互惠为基础的一般合作，尤其是善邻友好、共同防共、经济合作，在各方面采取必要的一切手段；三、日本国、满洲国及中华民国根据本宣言的宗旨，迅速签订协定。① 关于"满华两国政府相互承认经纬"，日本外务省的执务报告中有如下的记载：

1932年3月1日，满洲国脱离中华民国之羁绊，宣布独立以来，旧国民政府不顾满华两国间现实的密不可分之关系，特别在国际联盟内，对满洲国施行压杀政策，两国对立关系逐渐增大，招致国交断绝。近来满洲国飞速发展，俨然具备独立国家之形态，日、德、意三国及其他国家相继承认满洲国，但顽固的蒋介石政权始终妨害其独立，与赤色共党合作，继续扰乱其国内之治安。

1937年7月支那事变爆发后，在北支和中支地区诞生临时、维新两政府，两政府分别与满洲国政府交换通商代表，设定现实的国交关系。蒙疆联合政府也与满洲国交换代表，确立以此特殊关系为基础紧密提携之方针。

1938年末以来，以汪精卫为中心和平运动波及全国，作为和平工作的命题之一，将临时、维新两政府合流，树立新中央政府之议大有进展。关于满洲国的承认问题，在1940年1月的青岛会议上，汪氏作为临时、维新两政府首脑，把承认满洲国作为根本方针，意见取得一致。

1940年7月上旬以来，阿部大使和汪精卫行政院长之间为缔结日支基本条约，开始进行外交交涉。满洲国政府也通过日本政府就其与新支那政府之间的相互承认问题开始折冲。10月末，关于满支开始外交交涉一事，日支间达成谅解。11月6日，日满支三国政府在南京召开关于日满支互相承认的会议，经过7、8两日协商，临时签署宣言案文，三国各完成国内手续，于30日正式签署。

此后，基于该宣言之旨趣，满支两国经过相互开设大使馆的具体

---

① 〔日〕外务省东亚局编《昭和十五年度执务报告》（第2册·第2课关系），クレス出版社，1993年影印版，第48页。

折冲。1941年1月，满洲国派遣吕荣寰作为首任驻华大使；2月，中华民国决定派遣廉隅为首任驻满大使。依据日满华共同宣言，相互予以承认，满华两国国交自此开始新的历史性发展。①

正如外务省报告所披露的那样，汪伪与伪满的"建交"，主要是日本政府居间操纵。1940年汪政府在南京粉墨登场时，日政府在中日亲善的幌子下，特派阿部首相为大使，亲率军政要员一行赴华，督促汪伪当局尽快承认"满洲国"，并与之建立所谓邦交关系，为"大东亚和平新秩序"协力。汪精卫言听计从，派出伪外交部次长徐良一行6人为特使，赴"满洲国"觐见溥仪和关东军司令官。由于访满成功，徐良很快被擢升为"外交部长"。两国"建交"后，伪满提出要在上海、天津设立总领事馆，汪伪表示赞同。1941年10月22日，伪满将北平"通商代表部"和天津办事处改为总领事馆，济南办事处改为领事馆。1942年6月15日，又在青岛开设济南领事馆分馆。② 褚民谊复任"外交部长"后，率员访满，具体商谈设领事宜。1942年6月22日，褚民谊向汪伪行政院提议，按对等原则，在奉天、哈尔滨设立总领事馆。

> 满洲国与我国壤地相接，关系密切，除通常贸易游历外，每年冀鲁两省赴满工作者，恒在百万人以上，而实际上侨满民众，除少数土著外，百分之八十以上皆我北五省人民，自应及早设领，以利侨胞。且中满两国，自邦交调整互派使节后，满方即极力筹划设领事宜，近已在我国天津、济南等重要地方，开设领馆，然则我国在满设领，更为刻不容缓。兹拟先在奉天、哈尔滨两地各设总领事馆，在营口设领事馆，在安东设领事分馆，隶属于驻奉天总领事馆，以上各地，均系商务繁盛，侨民众多之区，且欧美各国领馆林立，我国更未便独付阙如，亟应迅予分别筹设，以慰侨望。③

不久，汪伪即派周逸峰为驻奉天总领事，何希韶为驻哈尔滨总领事。

---

① 〔日〕外务省东亚局编《昭和十五年度执务报告》（第2册·第2课关系），クレス出版社，1993年影印版，第49~50页。
② 宋淇涵：《伪满"涉外"史料琐忆》，中国人民政治协商会议全国委员会文史资料委员会编《文史资料存稿选编·日伪政权》，中国文史出版社，2002，第78页。
③ 中国第二历史档案馆编《汪伪政府行政院会议记录》第14卷，档案出版社，1992，第41页。

伪满"外交办事处"处长宋淇涵在论及"满洲国的外交"时称：

> 日本人兴高采烈，以为取得"母体"的承认，"满洲国"的合法性愈见充实。甚至用英国承认美国的先例来比拟，并谓美国独立条约是在法国凡尔赛签订的，而"三国"共同宣言是在母国首都公布的，法律上的含义更较深长。孰不知汪精卫本身就是卖国叛徒，绝无代表母国的资格，迁都以后南京也非首都。他把国旗上加上黄色横条上有"和平、反共、建国"六字，开千古未有的怪例，见之者浑身肉麻。可是日人藉此生风，使"满洲国"在南京开设"大使馆"，派吕荣寰为首任"大使"。原在北平的通商代表部改为"满洲帝国"大使馆的牌子，由日系参事官处理在华北的事项，由中南海迁至东交民巷，显示与各国驻华使馆一道同"风"。在上海开设总领事馆，原有的天津、济南两办事处改升"领事馆"。1943年5月又开设驻青岛"领事馆"，山田任副领事。①

按一般国际惯例，领事的职务是保护侨民、调查商务和公证。伪满和汪伪都在中国领土之内，既无侨民可保护，也无侨商可管束，更无权处理涉外案件。周逸峰曾在北洋政府担任过外交工作，对自己的总领事职务感到非常茫然，一时竟不知如何办理。"满洲人"在华北任官、经商、寄居者成千上万，本是一家，硬分两"国"，无显然界限可分，从未闻以伤害"侨民"向中国官宪提出抗议的事。②

以上是汪满在国内的"外交"，此外，"两国"还分别在日本派驻使领，进行所谓"外交"往来。时在日华侨，若与"满洲国"发生关系，则寻求"满洲国"使领，若与汪伪发生关系，则寻求汪伪使领，但有时也会出现不知如何是好的情况。总体说来，汪满大使馆之间的"外交"，主要是职务方面升迁调离等书函往来。如："康德"10年（1943年）5月3日，"满洲国"特命全权大使王允卿致函"中华民国"一等秘书官王缵祖：接准4月28日贵函内开，前任大使奉贵国政府命令转任国民政府

---

① 宋淇涵：《伪满"涉外"史料琐忆》，中国人民政治协商会议全国委员会文史资料委员会编《文史资料存稿选编·日伪政权》，中国文史出版社，2002，第79页。此处作者记忆有误，应该是：1941年10月22日，伪满将北平"通商代表部"和天津办事处改为总领事馆，济南办事处改为领事馆；1942年6月15日，在青岛开设济南领事馆分馆。
② 参见宋淇涵：《伪满"涉外"史料琐忆》，中国人民政治协商会议全国委员会文史资料委员会编《文史资料存稿选编·日伪政权》，中国文史出版社，2002，第79页。

委员,于4月28日离任,尔后馆务由一等秘书官王缵祖代办等因,本大臣业已备悉。① 5月13日,蔡培致函"满洲国"大使馆称:奉外交部训令等因,于5月13日驰抵东京,即于是日到馆视事。② 9月29日,蔡培致函王允卿称:本大使因公务于本月30日回国,在离馆期间,大使职务由公使谢祖元代理。③ 10月26日,蔡培照知满大使馆:本大使回任。满大使照复知悉。④ 1944年1月21日,蔡培致函王允卿:贵大使奉命临时归国,在离馆期间,由参事官山梨武夫代理大使知悉。⑤ 1月28日,满大使馆公函内称:向驻日"中华民国"大使馆深表敬意;同时,"康德"11年2月5日以降,馆事务所将移转下记地点,特此报闻。东京都丸之内二丁目十八番地康德会馆内。⑥

关于汪精卫病死一事,"两国"往复信函中,露出兔死狐悲之情。

1944年11月13日,蔡培致函王允卿:本国汪主席在日本名古屋帝国大学病院养疴,突于本月8日病势转重,至10日午后4时20分逝世。灵柩已于12日飞返南京,所有葬仪,除由南京治丧委员会主持外,谨此奉闻。⑦ 11月15日,王允卿函复蔡培如下:接准贵函内开,贵国汪主席在日本名古屋帝国大学病院养疴,于本月10日4时20分逝世。灵柩已于12日飞返南京等因。准此。本大使敬悉之下,不胜哀悼。⑧

滑稽的是,在"新国家"与"新政权"之间的往来照会中,双方用的都是正式的外交辞令,如1944年2月15日,关于王允卿返任一事,蔡培函复王允卿称:

---

① 汪伪驻日大使馆档案《与各国大使馆的往来信件》(1943年),日本东洋文库藏,档号:2-244-19。
② 汪伪驻日大使馆档案《与各国大使馆的往来信件》(1943年),日本东洋文库藏,档号:2-244-19。
③ 汪伪驻日大使馆档案《与各国大使馆的往来信件》(1943年),日本东洋文库藏,档号:2-244-19。
④ 汪伪驻日大使馆档案《与各国大使馆的往来信件》(1943年),日本东洋文库藏,档号:2-244-19。
⑤ 汪伪驻日大使馆档案《与各国大使馆的往来信件》(1944年),日本东洋文库藏,档号:2-244-19。
⑥ 汪伪驻日大使馆档案《与各国大使馆的往来信件》(1944年),日本东洋文库藏,档号:2-244-19。
⑦ 汪伪驻日大使馆档案《与各国大使馆的往来信件》(1944年),日本东洋文库藏,档号:2-244-19。
⑧ 汪伪驻日大使馆档案《与各国大使馆的往来信件》(1944年),日本东洋文库藏,档号:2-244-19。

贵大使本月10日照会，以贵大使日前因公归国，现已公毕，并于同日返任等因。本大使业已诵悉，至深铭感。相应照复查照为荷。本大使顺向贵大使重表最高敬意。此致

驻扎日本帝国满洲国特命全权大使王允卿阁下

中华民国驻日本特命全权大使①

"满洲国"大使王允卿有时甚至用日文致函"中华民国"驻日大使，如1944年1月20日，王允卿关于临时归国一事，用日文致函蔡培称：本使现奉本国政府之命于本月21日临时归国，在离馆期间，由参事官山梨武夫临时代理大使，处理馆务。特此报闻。本大使顺向贵大使重表敬意。1944年2月10日，王又用日文致函蔡培：本使此前因公务归国，本日归任。兹特奉闻。②似此中国人与中国人之间的奇异"外交"，徒遭世人耻笑，今日思之，仍觉可悲可叹。

---

① 汪伪驻日大使馆档案《与各国大使馆的往来信件》(1944年)，日本东洋文库藏，档号：2-244-19。
② 汪伪驻日大使馆档案《与各国大使馆的往来信件》(1943年)，日本东洋文库藏，档号：2-244-19。

第十章　伪政权驻日使领的外交

一　伪政权驻日使领机构及其法律地位

就在国民政府驻日使馆还未关闭之前，日本在华北和华中扶植了两个伪组织——"中华民国临时政府"（1937年12月14日成立）和"中华民国维新政府"（1938年3月28日成立），两个伪组织分别在东京、神户、长崎和函馆开设了侨务"办事处"（"中华民国临时政府"驻日办事机构详见表10-1），"互派专员，以争媚于其主子"，① 专员的任务和待遇是，保护在留华侨，非正式地与日本官宪接冲。②

按近代国际间的实践，新国家建立后，须取得他国的承认，才能以国际法主体的资格，进行国际交往。一般地说，承认政府与承认国家问题是相关联的，但二者也有区别。对一个新政府的承认意味着承认国正式认定这个政府具有代表它的国家的资格，并愿意同它发生关系。在国际关系领域，一个新政府获得承认的必要条件是"有效统治"原则，即新政府须在其控制的领土内能够行使有效权力。汪精卫标榜自己将要建立的政府"系原有之政府，不过更新其内容而已"，不像"满洲国"那样存在一个承认问题。1940年1月19日，汪精卫在回答日同盟通讯社东亚部长横田实有关新政府成立后"承认问题"、"交换大使"、"订立条约"等中日外交根本方针时表示：

> 中日间之关系极简单，不外根据近卫声明，而图其实现而已，但其中不无发生困难之处。盖近卫声明之根本方针，虽已决定，然当其具体表现之际，对于某种事项，日本国民或不满意，而对于其他事项，中国人民表示不平，亦未可知。然两国人民互以诚意考虑两国前途，一致协力，则问题之解决，并非不可能。至于承认问题，亦颇简单，新中央政府系原有之政府，不过更新其内容而已，并非新国家或

---

① 〔日〕内务省警保局编《外事警察概况》（昭和14年度）第5卷，龙溪书舍，1987，第26页。
② 〔日〕内务省警保局编《外事警察概况》（昭和14年度）第5卷，龙溪书舍，1987，第26页。

另新政府之成立，贵国当然派遣大使来华，据所记忆，川越大使已经辞职，然而新任大使当然携带国书来往。如川越大使尚未辞职，则不过返其原任而已，故不必带国书来任也。①

表10-1 "中华民国临时政府"驻日办事处

名称	所在地	开设年月	主要职员		摘要
			职氏名	前历	
"中华民国"临时政府驻日办事处	东京市目黑区下目黑4-979	4月12日	处长 孙湜	驻日大使馆二等秘书官	所有房屋均系租赁
			秘书长 谭觉真	满铁嘱托、国民政府外交部办事员	
			秘书官 耿善飇	国民政府驻神户总领事馆勤务领事、名古屋办事处主任	
			秘书官 张季行	国民政府外交部驻青岛特派员	
			事务官 杨剑青	天津治安维持会社会局政闻月刊主笔	
			事务官 李书香	天津儿童生活社长	
			事务官 王恒昶	驻日大使馆秘书官	
			事务见习 黄书年		
"中华民国"临时政府驻神户办事处	神户市神户区下山手通2-45	8月1日	主任 王守善	国民政府驻神户总领事	使用原国民政府神户总领事馆
			书记 梁觉民		
"中华民国"临时政府驻长崎办事处	长崎市长盘町二	12月24日	主任 潘耀源	上海纺织印染公司兼厂长	使用原国民政府长崎领事馆
			事务官 詹泉官		
			书记 赵起凤	国民政府社会局办事员	
"中华民国"临时政府驻函馆名誉领事办事处	函馆市富冈町三中华会馆内	3月3日	名誉领事 潘莲夫	海产贸易商	使用中华会馆
			嘱托 张定香	海产贸易商	

资料来源：〔日〕内务省警保局编《外事警察概况》（昭和13年度）第3卷，龙溪书舍，1987，第26～27页。

---

① 黄美真、张云编《汪伪政权资料选编·汪精卫国民政府成立》，上海人民出版社，1984，第658页。

1940年3月汪伪成立后，日本政府于4月1日派阿部信行为特命全权大使，与之商谈所谓建交问题。① 8月1日，依汪伪要求，日政府同意将神户、长崎侨务"办事处"升格为领事馆。② 8月20日，汪伪政府行政院第21次会议讨论通过《修正驻外使领馆组织条例草案》，规定驻外大使馆设全权大使1人，参事1人，秘书2～3人，随员1～2人，主事1～3人，并得酌用雇员及译员。③ 据此条例，伪外交部开始筹设驻日使馆。8月22日，伪外交部向行政院呈送驻日使馆及各领事馆经费概算书，经核定大使馆经费为每月法币15750元。伪外交部以为相差甚远，又再拟一份经费概算书呈送行政院讨论，要求增加到每月法币98160元。④ 在驻日使馆开设之前，9月1日，汪伪又将横滨侨务"办事处"升格为领事馆。⑤

1941年1月31日，汪伪大使馆（为行文方便，以下简称大使馆）在东京原中华民国使馆处复开。2月5日，汪伪外交部长褚民谊赴任大使。时大使馆的职员有：正参事官陈伯藩、副参事官孙湜、一等秘书官孙理甫、二等秘书官耿善颽、三等秘书官涂超、三等秘书官陈谟如、随员王丙镛、随员徐义宗、随员杨元亮、随员潘禄、主事徐勉之等。⑥ 10月，褚民谊复任外交部长，由孙湜临时代理大使。11月11日，徐良正式接任大使职务。徐到任后，主脑部馆员更换为：参事官孙湜、顾问谭觉真、一等秘书官吴润、一等秘书官王缵祖、二等秘书官耿善颽、三等秘书官冯禹、三等秘书官涂超、随从秘书官马玉生、随员文亮、随员杨元亮、主事董志

---

① 日驻汪伪大使：1940年8月30日，临时代理大使土田丰（大使馆一等书记官）；1940年12月23日，特命全权大使本多熊太郎；1941年11月10日，临时代理大使中村丰一（大使馆参事官）；1942年1月10日，特命全权大使重光葵；1942年11月4日，临时代理大使堀内干城（特命全权公使）；1943年5月14日，特命全权大使谷正之。至1945年9月29日关闭。参见〔日〕外务省外交史料馆、日本外交史辞典编纂委员会编《日本外交史辞典》，日本大藏省印刷局，1979，第363页。
② 〔日〕内务省警保局编《外事警察概况》（昭和15年度）第6卷，龙溪书舍，1987，第12页。
③ 中国第二历史档案馆编《汪伪政府行政院会议录》第4卷，档案出版社，1992，第29页。
④ 参见中国第二历史档案馆编《汪伪政府行政院会议录》第5卷，档案出版社，1992，第161页。
⑤ 〔日〕内务省警保局编《外事警察概况》（昭和15年度）第6卷，龙溪书舍，1987，第12页。
⑥ 〔日〕内务省警保局编《外事警察概况》（昭和16年度）第7卷，龙溪书舍，1987，第51、52页。

恺、主事鲍启庚等。① 据大使馆统计，到1944年，大使馆共有职员、杂役及家属64人，即：大使蔡培、参事官王缵祖、一等秘书官俞朴、一等秘书官马玉生、三等秘书官周福球、随员谭觉真、随员徐仁怡；陆军武官处中将武官王维潘、上校辅佐官田瑷等8人，加事务员、打字员、杂役、家属等共23人；海军武官处中将武官凌霄、辅佐官王经武等5人，加办事员、书记、杂役、家属等共19人；② 日籍雇员15人：司机3人（岩间林太郎、柳沼清一、真下助次郎），雇工4人（前川绢枝、上木和男、丸里山路、广江诹访子），使用人3人（片桐金子、桥本和子、小濑房），园丁1人（佐藤一马），汽罐夫1人（广田久藏），炊事妇1人（玉木田龟子），杂役妇1人（坂间绫子），来客接待1人（山间留吉）。③

为处理馆务，大使馆设置政务组、总务组、联络组、文化组和侨务组等五组。其中总务组掌管文书、会计、庶务暨典守印章事项；联络组办理仪典、交际及日本各机关并外交团一切联络事务；文化组办理文化教育及留日学生事务；侨务组办理有关侨务事项。④ 大使馆文书主要有两种，一种是工作报告，一种是文书处理报告。文书处理报告又分两类，一类是《收到外交部文电月报表》，一类是《发往外交部文电月报表》。⑤

大使馆下辖4个总领事馆（日本2个、朝鲜1个、台湾1个）、4个领事馆（日本1个、朝鲜3个）、2个总领事馆办事处（朝鲜）。领事馆的职务是，在大使馆的指挥监督下，负责华侨的保护事项、华侨身份证明书发给事项、辖区内教育统制事项、与大使馆联络事项、各领事馆之间联络事项、特殊调查事项等。⑥ 使领机构如图10-1所示。

---

① 〔日〕内务省警保局编《外事警察概况》（昭和16年度）第7卷，龙溪书舍，1987，第53页。
② 汪伪驻日大使馆档案《大使馆杂务档案·通行证明配给等1944年》，日本东洋文库藏，档号：2-2744-14。
③ 汪伪驻日大使馆档案《大使馆人事档案》（1943年10月~1944年3月），日本东洋文库藏，档号：2-2744-6。
④ 汪伪驻日大使馆档案《大使馆工作报告》（1943年5月~1944年11月），日本东洋文库藏，档号：2-2744-1。
⑤ 汪伪驻日大使馆档案《大使馆工作报告》（1943年5月~1944年11月），日本东洋文库藏，档号：2-2744-1。
⑥ 参见〔日〕内务省警保局编《外事警察概况》（昭和13年度）第4卷，龙溪书舍，1987，第29页。

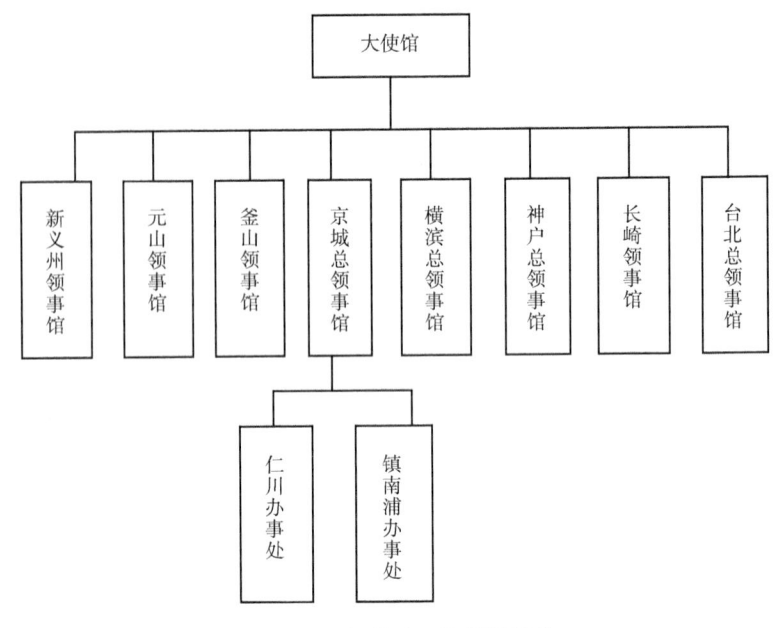

```
                    ┌─────────┐
                    │  大使馆  │
                    └────┬────┘
     ┌──────┬──────┬─────┼──────┬──────┬──────┬──────┐
  ┌──┴──┐┌──┴──┐┌──┴──┐┌─┴───┐┌─┴───┐┌─┴───┐┌─┴───┐┌─┴───┐
  │新义州││元山 ││釜山 ││京城 ││横滨 ││神户 ││长崎 ││台北 │
  │领事馆││领事馆││领事馆││总领事││总领事││总领事││领事馆││总领事│
  │     ││     ││     ││馆   ││馆   ││馆   ││     ││馆   │
  └─────┘└─────┘└─────┘└──┬──┘└─────┘└─────┘└─────┘└─────┘
                    ┌─────┴─────┐
                 ┌──┴──┐    ┌───┴──┐
                 │仁川 │    │镇南浦│
                 │办事处│    │办事处│
                 └─────┘    └──────┘
```

图 10-1　汪伪驻日使领馆机构

　　领事馆职员从官等上来说，并不甚高，"自随习领事至总领事，均为荐任，主事为委任，办事员、书记、译员、雇员均为雇佣人员。但因是所谓国家代表，声势显赫，又加除本俸以外，还有勤俸和各项特别办公费等，一个委任一级的主事，其实际收入已超过国内的简任官，真正是'名利双收'的优差肥缺"。① 各馆职员及其变化情形如下（台北总领事馆职员情形见下节）。

　　长崎领事馆（长崎市长盘町2丁目）：1941年，领事潘耀源（1941年2月2日到任）、随习领事周济人（1941年1月20日到任）、随习领事曾鼎钧（1941年2月19日到任）、主事赵起凤等（1941年2月19日到任）。② 到1943年11月，该馆有领事1人，副领事1人，随习领事1人，主事2人，雇员2人。③

　　神户领事馆（神户市下山手通2丁目45番地）：据1943年6月统计，

---

① 杨绍权：《驻朝鲜各地领事参加王克敏政权的经过》，中国人民政治协商会议全国委员会文史资料委员会编《文史资料存稿选编·日伪政权》，中国文史出版社，2002，第564页。
② 〔日〕内务省警保局编《外事警察概况》（昭和15年度）第6卷，龙溪书舍，1987，第52、56、57页。
③ 汪伪驻日大使馆档案《第二次领事会议》，日本东洋文库藏，档号：2-2744-51。

总领事陈谟如（32岁，江苏吴县）、副领事冯绳荪（33岁，江苏武进）、随习领事杨绍鸿（50岁，广东中山）、主事梁崇圣（34岁，浙江吴兴）。①

横滨总领事馆（横滨市中区山下町87丁目）：据1943年11月调查，有总领事1人，领事1人，副领事2人，随习领事2人，主事2人，雇员2人。

京城领事馆（朝鲜京城府本町1丁目11番地）：据1938年统计，公使衔总领事范汉生、副领事杨啸鹤、主事叶俊恺、主事叶永青、译员李相殷、雇员金佑行、雇员张文登、书记张东宸。1943年，馆员有所变动，全馆职员包括家属共53人，主要有总领事马永发（67岁，广东南海）、副领事马文雄（31岁，广东开平）、主事邓俊山（52岁，河北宛平）、主事杨少峰（34岁，东莞）、随习领事宋军（28岁，镇江）、雇员李先枝（25岁，荣城）、雇员高镇文（23岁，山东文登）等。仁川办事处：主事王建功、雇员王孝泉。镇南浦办事处：主事王永晋、雇员张秉伦。② 管辖区域为京畿道、黄海道、平安南道和忠清南北道。③

新义州领事馆（新义州府真砂町4丁目1番地）：据1938年统计，领事马永发、主事冯文雄（原驻元山领事馆译员）、书记马继常、雇员张文英。到1943年6月，全馆职员包括家属共23名，主要有领事陈辉（44岁，闽侯）、随习领事周冠南（31岁，江苏武进）、主事王孝仪（29岁，歙县）、雇员林志大（24岁，南京）、雇员李觉民（26岁，北京）、雇员周镇柏（20岁，江苏武进）。④ 管辖区域为平安北道。⑤

元山领事馆：1941年，副领事张义信、主事杨绍权。1943年12月，馆员变为副领事王永晋（39岁，荣城）、随习领事徐孜畊（33岁，浙江）、主事程忠猷（33岁，昆山）、主事张文英（33岁，荣城）、书记吴兰如（32岁，文登）。⑥ 管辖区域为江原道和咸境南北道。⑦

釜山领事馆：据1943年12月统计，全馆职员共24人，主要有领事周济人（36岁，无锡）、随习领事章毅（34岁，江苏吴江）、随习领事王

---

① 汪伪驻日大使馆档案《所属领事馆人事》，日本东洋文库藏，档号：2-2744-47。
② 汪伪驻日大使馆档案《所属领事馆人事》，日本东洋文库藏，档号：2-2744-45。
③ 汪伪驻日大使馆档案《第二次领事会议》，日本东洋文库藏，档号：2-2744-51。
④ 汪伪驻日大使馆档案《所属领事馆人事》，日本东洋文库藏，档号：2-2744-46
⑤ 汪伪驻日大使馆档案《第二次领事会议》，日本东洋文库藏，档号：2-2744-51。
⑥ 汪伪驻日大使馆档案《所属领事馆人事》，日本东洋文库藏，档号：2-2744-45。
⑦ 汪伪驻日大使馆档案《第二次领事会议》，日本东洋文库藏，档号：2-2744-51。

寿南（32 岁，无锡）、主事曾成业（29 岁，广东）、主事詹泉官（37 岁，福建）、雇员丁谦（28 岁，无锡）、雇员姚希贤（30 岁，无锡）。① 管辖区域为全罗南北道和庆尚南北道。②

从 1941 年初到 1945 年日本投降，汪伪使领馆在日近 5 年时间。使领馆虽为傀儡组织，但机构齐全，职员分工明确，"外交"活动频繁。由于汪伪政权违背中国人民意志，为中国人民所唾弃，其存在不为中国政府所承认。作为汪伪政权的派出机构，使领的"外交"活动自属非法无疑。驻日使领作为日本政府与汪伪政府之间的桥梁和黏合剂，在日本侵华战争中起到了重要作用。

（一）树立汪伪政权在国际上的"法律地位"

1941 年底日军发动太平洋战争，战线拉长，军力不足，物资匮乏，扶植傀儡政权，利用占领地资源，"以华制华"，成为日本政府维持战争的重要手段。汪伪大使馆的开设，确立了汪伪政权在国际上的"法律地位"，扩大了汪伪政权的"国际影响"，增强了其他傀儡政权为大东亚战争和大东亚共荣圈服务的意识。因为，汪伪是日政府扶持的傀儡政权中对日本意义最大的组织，日政府与之建立"外交"关系，借此向"友好国家"的傀儡组织或亲日派暗示，只要和日本政府合作，就能得到日本政府的"承认"，取得国际上的"合法"地位。

（二）提高汪伪政权的"政治地位"

汪伪政权是在日本军政的操控之下建立起来的，汪精卫叛国投敌，自然受到中国人民的唾弃，汪伪因无民意为后盾，其存在不具备稳定性，也就不可能长久。汪伪深恐末日来临，愈加依靠日本，在叛国的道路上越走越远。汪伪政府在日开设大使馆，与日本建立外交关系，提高了汪集团的政治地位，鼓舞了群丑的"士气"。汪伪政权借与日本的关系，和日本的"友好国家"建立了外交关系，试图向国际间表明，它是一个合法的政权，同时也试图向国人和蒋政权表明，它已与世界他国建立了外交关系，已得到国际间的承认，在"国内法"上当然也应立于合法地位。

---

① 汪伪驻日大使馆档案《所属领事馆人事》，日本东洋文库藏，档号：2-2744-45。
② 汪伪驻日大使馆档案《第二次领事会议》，日本东洋文库藏，档号：2-2744-51。

（三）在事实上断绝了与蒋介石政府的关系

在宣布不以国民政府为对手后，日本撤走了驻华大使，由于没有布告宣战，在法律上仍与国民政府保留交涉的途径。在对国民政府"和平诱降"失败后，日汪互派大使，建立了外交关系，就在事实上与国民政府断绝了往来。此举一方面在日本煽动战争狂热，表明其侵略中国的决心；另一方面用以引诱中国的一些意志薄弱者、动摇者、苟且偷生者，速向傀儡政权靠拢，向日本政府效忠。

（四）以战养战，维持日本在华条约权益

汪伪在日开设大使馆，建立外交关系，日本就不需向中国宣战，因此避免了与全体中国人民为敌的不利局面。在汪伪辖区的条约权益，如内河航行权、租界权、关税权、通商权、领事裁判权、驻军权等，就不会因战争而失效。日政府可将汪伪资源纳入战时体系，加以征收、征用、课税、扣押和实施军管等。日政府还可利用汪伪对英美的宣战，排挤在华的第三国势力，并避免承担宣战的责任，避免与非战公约及九国公约精神相抵触，以继续得到中立国的资源。

（五）便利于日本政府对华侨的控制

中日战争期间，有十多万华侨滞留日本（包括朝鲜及台湾）。华侨身在敌国，心向祖国，成为日本政府的一大隐患。如前所述，大使馆下辖10个领事馆，使领人员达数百人，日本政府就利用他们来控制华侨思想，限制华侨的反日宣传和反日教育，密切观察华侨的动态等。

总之，使领馆作为伪政权的驻外机构，其在日活动，有利于日政府对华侨的控制，有利于日本的侵华战争。使领馆群丑的所作所为，严重损害了中国政府和中国人民的利益。

二 汪伪使领馆的对日"外交"

1940年，汪伪外交部要求增加驻日大使馆经费，其理由是："惟驻日大使在国府还都以后，尚属初次派遣，其对于两国邦交之调整，以及联络

宣传等工作，今后势必加紧推进，以求改善"。① 在汪伪看来，大使馆的主要任务就是调整两国邦交、联络和宣传等。关于大使馆的职务，近代国际法学家奥本海曾将其分为三类，即谈判、观察和保护。② 按国际一般惯例，驻外使节的职务有以下几项：一、在接受国代表派遣国；二、于国际法许可范围之限度内，在接受国中保护派遣国及其国民之利益；三、与接受国政府办理交涉；四、以一切合法手段调查接受国状况及发展情形，向派遣国政府具报；五、促进派遣国与接受国间友好发展及发展两国间经济、文化及科学关系。③ 汪精卫政府为日本政府扶植的傀儡政权，一切皆听命于日本政府和占领军，其驻日大使馆的言行，则须听命于日本政府和外务省。撇开大使馆的非法性质不说，按以上国际间正常外交使节的职务，汪伪大使馆在理论上能够行使的职务如下。

第一项，即大使馆在日本代表汪政府。这在理论上应该是没有问题的。需要特别说明的是，它代表的仅仅是汪伪政府，而非中国政府和中国人民。汪伪政权与"满洲国"、"中华民国临时政府"和"中华民国维新政府"一样，均被中国政府宣布为非法组织。1938年1月18日，对于日本政府"不以国民政府为对手"的声明，国民政府发表宣言称：中国政府于任何情形之下，必竭全力以维持中国领土主权与行政之完整，任何恢复和平办法，如不以此原则为基础，决非中国所能忍受。同时在日军占领区域内，如有任何非法组织，僭窃政权者，不论对内对外，当绝对无效。④ 1938年3月28日，国民政府外交部就"中华民国维新政府"成立一事，再次发表严正声明：国民政府对于一切伪组织之态度，已于去岁12月10日宣告中外，即一切伪组织，完全为日本之傀儡。其参加此项组织人等，自应依国法惩处，而伪组织之存在与其行为，既全在日本控制之下，自应由日本负责，而非寻常叛乱可比。日本此举，显系侵犯中国主权与领土行政之完整，为日本侵略中国日益扩大之重要证明。凡日本军队占领地方，发现任何伪政治组织，皆为日本侵犯中国主权及行政完整之暴

---

① 中国第二历史档案馆编《汪伪政府行政院会议记录》第5卷，档案出版社，1992，第161页。
② 转引自周鲠生著《国际法》（下册），商务印书馆，1983，第535页。
③ 参见周鲠生著《国际法》（下册），商务印书馆，1983，第536页。
④ 台湾"国立"编译馆主编《中华民国外交史料汇编（9）》，渤海堂文化公司印行，第4013页。

行，其一切行为，对内对外，当然无效也。① 汪伪"僭窃政权"，却在1940年3月30日"还都宣言"中指重庆政府为非法，称："国民政府此次还都南京，为统一全国，使向于实现和平、实施宪政之大道勇猛前进。全国以内，只有此唯一的合法的中央政府。重庆方面如仍对内发布法令，对外国缔条约协定皆当然无效"。② 汪精卫集团从出走叛国到建立汉奸政权，分裂了中国抗日阵营，对此，全国掀起了声讨的浪潮。国民政府主席林森当日发布通缉令，称汪兆铭、褚民谊、徐良、蔡培等105人"通敌叛国"，触犯惩治汉奸条例，应"依法惩治"，"以肃奸逆而维法纪"。③ 11月30日，国民政府外交部长王宠惠再次声明：中华民国政府对于傀儡组织，迭经宣示其态度。兹再郑重声明，汪兆铭为中华民国之罪魁，其伪组织全属非法机关为中外所共知，无论其任何行动，对于中国人民或任何外国完全无效，其所签之条约亦属非法，全无拘束。倘有任何国家承认该伪组织者，我政府与人民当认为最不友谊行为，不得不与该国断绝通常关系。……所有构成伪组织之人员，不过为日本之奴隶，其丧尽道德廉耻与爱国天良，自不待言。此辈危害祖国助长日军侵略，中国政府与人民视之为国贼之尤者，应依法予以严处。中国政府于此愿以极端郑重之态度，重申屡经发布之声明，即任何非法组织，如现在南京成立者或中国他处所存在之其他伪组织，其任何行为，当然完全无效，中国政府与人民绝对不予承认。中国政府深信世界自尊之国家，必能维护国际间之法律与正义，对中国境内之日本傀儡组织，决不予以法律上或事实上之承认。无论任何行为涉及任何方式之承认，即属违背国际公法与条约，自应视为对中华民族之最不友谊行为，而承认者应负因是所发生结果之全责。④ 褚民谊、徐良、蔡培等既被国民政府宣布为汉奸，日后何以能作为驻日大使代表中国政府行使职权？

第二项，即大使馆于国际法许可范围内，保护汪伪政权及华侨利益。事实上，汪伪政权的在日利益根本无须大使馆去保护，就算其在日利益受

---

① 台湾"国立"编译馆主编《中华民国外交史料汇编（9）》，渤海堂文化公司印行，第4043~4044页。
② 1940年3月31日《中华日报》，转引自黄美真、张云编《汪精卫国民政府成立》，上海人民出版社，1984，第822页。
③ 台湾"国立"编译馆主编《中华民国外交史料汇编（10）》，渤海堂文化公司印行，第4481页。
④ 台湾"国立"编译馆主编《中华民国外交史料汇编（10）》，渤海堂文化公司印行，第4551~4552页。

到"侵害",它也无从保护。关于"保护华侨利益"一点,大使馆的作用则完全相反,日本政府正是通过控制使领馆,再通过使领馆来控制华侨的。华北伪政权驻日"办事处"开设后,没有归国的华侨,都被迫宣誓效忠,否则就要被遣送回国。1938年1月10日,朝鲜大亚细亚协会主办"欢迎范总领事参加新政权招待大会",除汉城总领事馆全体人员及各地领事到会外,朝鲜总督南次郎及总督府各局局长和汉城日本军政各界首要均到会祝贺,在参拜"京城神社"时,范汉生在"天照大神"前,宣誓为日本及"新政权"效忠,然后发表由大亚细亚协会理事长广江泽次郎以日文起草、范汉生署名的《告朝鲜十万侨民书》,命令全朝鲜各地华侨,迅速成立"新民会"响应华北政权。结集在仁川候船回国的华侨,被日本警宪人员驱逐回居住地点,多数遭到警署的拘讯,在签字参加伪政权后才得释放。① 据日本外事警察报告,"在华北临时政府成立后,东京华侨竞相表明支持新政权,并结成新的团体15个,宣明日支提携及拥护新政权。原有的7个团体也发表了同样的决议。特别是1月26日,旅日华侨联合会东京总会(由张则盛指导)300名华侨召开中华民国临时政府成立祝贺会,在日本华侨中率先明示了支持新政权的态度"。② 2月15日,元山领事馆张义信在元山神社举行就职仪式,发表《告管内侨民书》,规定:管内侨民都要追随领事馆,参加新政权,与友邦提携合作,实现和平;成立新民会,侨民一律要在决议书上签字;所有华侨学校一律采用新政府审定的教科书,学校及学生旧有书籍必须焚毁,高小以上,要增加日语课程。③ 因驻日领事一切均听命于日本官宪,华侨陷入悲惨境地,被日人以各种罪名处罚者甚多。如1938年,14807名中华民国人内,以各种借口被遣送回国者394名,④ 犯罪处罚者334名;⑤ 1939年,16400名中

---

① 参见杨绍权:《驻朝鲜各地领事参加王克敏政权的经过》,中国人民政治协商会议全国委员会文史资料委员会编《文史资料存稿选编·日伪政权》,中国文史出版社,2002,第560页;另据有关资料,在朝华侨不足10万人。
② 〔日〕内务省警保局编《外事警察概况》(昭和13年度)第4卷,龙溪书舍,1987,第25页。
③ 参见杨绍权:《驻朝鲜各地领事参加王克敏政权的经过》,中国人民政治协商会议全国委员会文史资料委员会编《文史资料存稿选编·日伪政权》,中国文史出版社,2002,第564页。
④ 〔日〕内务省警保局编《外事警察概况》(昭和13年度)第4卷,龙溪书舍,1987,第5页。
⑤ 〔日〕内务省警保局编《外事警察概况》(昭和13年度)第4卷,龙溪书舍,1987,第378页。

华民国人内，以各种借口被遣送回国者200余名，① 犯罪处罚者186名；② 1940年，17911名中华民国人内，犯罪处罚者300名。③

第三项，即与日政府办理交涉。这应该是大使馆的首要任务，但大使馆能够做到的，仅是一些职务上的往来和日外务省吩咐的事务。1943年4月28日，大使馆致函外务大臣重光葵称，特命全权大使徐良于4月28日离任归国，以大使馆一等秘书官王缵祖氏临时代理大使，处办馆务。④ 1943年5月21日，蔡培接任徐良为特命全权大使后，于当日上午10时，率同武官暨馆员三等秘书以上，觐见日本天皇，呈递国书。⑤ 1943年11月20日，大使馆照会日本外务省：大使夫人拟觐见贵国皇后陛下，表示最高敬意，请拟定日期，不胜感激之至。⑥ 1943年5月10日，大使馆照复天皇陛下赠给孙湜旭日勋章。⑦ 1944年1月19日，大使馆照复日外务省，天皇陛下赠予本馆武官凌霄等勋章，不胜感激。⑧ 除此之外，大使馆还办理赴日要人和团体的迎送事务，重要的"外交"交涉事件尚不多见。

第四项，即调查日本国状况及发展情形。这是日政府绝对禁止和严加防范的。翻检大使馆报告书，尚未发现关于日本状况的何等调查。相反，大使馆的活动却被日本外事警察调查得一清二楚。1935～1942年间，日本内务省警保局编集年度《外事警察概况》，汪伪大使馆的活动状况便是其中一项重要内容。以1941年为例，在"支那公馆的状况"一节内，大使馆的状况、武官室的状况、横滨总领事馆的状况、神户领事馆的状况、

---

① 〔日〕内务省警保局编《外事警察概况》（昭和14年度）第5卷，龙溪书舍，1987，第5页。
② 〔日〕内务省警保局编《外事警察概况》（昭和14年度）第5卷，龙溪书舍，1987，第405页。
③ 〔日〕内务省警保局编《外事警察概况》（昭和15年度）第6卷，龙溪书舍，1987，第1～2页。
④ 汪伪驻日大使馆档案《与各国大使馆的往来信件》（1943年），日本东洋文库藏，档号：2-2744-19。
⑤ 汪伪驻日大使馆档案《大使馆人事档案》（1943年4～9月），日本东洋文库藏，档号：2-2744-5。
⑥ 汪伪驻日大使馆档案《大使馆人事档案》（1943年10月～1944年3月），日本东洋文库藏，档号：2-2744-6。
⑦ 汪伪驻日大使馆档案《大使馆人事档案》（1943年4～9月），日本东洋文库藏，档号：2-2744-5。
⑧ 汪伪驻日大使馆档案《大使馆人事档案》（1943年10月～1944年3月），日本东洋文库藏，档号：2-2744-6。

长崎领事馆的状况、褚大使的活动情形等,① 都记载得十分详尽。

第五项,即促进日汪间友好发展及发展两国间经济、文化及科学关系。讨好日政府,发展日汪关系,是大使馆的重要"使命"。1944年初,日本侵略战争深陷泥潭,急需补充物资,发起回收金属运动,大使馆积极响应,向日政府贡献物品。2月18日,大使馆致函大东亚省大臣青木:"查自大东亚战争爆发以来,贵国即举其总力,以正义无敌之师,扫灭美英侵略,东亚之毒祸,军行所至,捷报频传,最后胜利,指日可待。现已进入决战阶段,关于贵国收回金属,增强军需、生产之努力,弥深感动。爰本全体馆员之热忱,仰体本国政府之诚意,特将本馆所置之铁质栅栏,全部自动拆卸赠送贵国政府,充作军用"。② 该铁质栅栏原放置于大使馆大门右隅,用作界墙。3月27日,大使馆雇工将铁栅全部拆卸,交大东亚省,转送日本政府。③

至于大使馆在事实上到底行使了哪些职务,照录大使馆1944年6月份的工作报告如下,以窥一斑。

一、总务组:(一)本月份拟办文稿共39件;(二)本月份收发文件共116份;(三)编制各种表册暨工作报告;(四)签发外交护照3件;(五)保管银款,办理关于会计一切事务;(六)办理本馆宴会、申请配给及一切庶务事项;(七)整理档案,保管图书;(八)办理其他不属于各组事项。

二、联络组:(一)本月份联络工作重要者,为盟邦意大利法西斯蒂政府为尊重我国主权,将天津意大利租界交还我国,褚部长特亲莅东京主持办理,经由大使会同该国数度协商,于本月6日下午4时签订草案;(二)本月重要宴会,如招请日本三笠宫殿下、松平宫相、白根次官、日本外务省政务课长、意大利国驻日代办白林齐比尼氏、日本外务省松本次官及各局局长课长、日本外务省顾问本多熊太郎、中村公使等;(三)普通酬谢,有招待华北政务委员会卫生处长沈德、本馆前参事孙湜、日本警视厅员警暨有关系之赤坂、九段两宪

---

① 参见〔日〕内务省警保局编《外事警察概况》(昭和16年度)第7卷,龙溪书舍,1987,第51~57页。
② 汪伪驻日大使馆档案《大使馆杂务档案·文化一般交流》,日本东洋文库藏,档号:2-2744-18。
③ 汪伪驻日大使馆档案《大使馆杂务档案·文化一般交流》,日本东洋文库藏,档号:2-2744-18。

兵队高级官佐等之宴会，借资联络；（四）外宾方面招请者，有日本石渡大藏大臣、青木大东亚大臣、驻日泰国大使韩德赓氏、日本外务省松本次官、日本兴亚运动协会委员会事务局、日本小泉厚生大臣等；（五）本月5日大使率随员赴名古屋参加我国送来千手观音三周年纪念，复于11日出席大东亚观音赞仰会，裹与盛典。

三、文化组：（一）承大使之命，监督办理留日学生事务；（二）本月份出席文化团体集会2起；（三）核发留日学生回国证明书10件；（四）核发留日学生入学介绍信21件。

四、侨务组：（一）续向日本大藏省办理许可华侨申请汇款事；（二）向日本外务省请领各领事馆馆员身份证明票21件。①

从以上大使馆工作报告可以察知，负责对日交涉事务的主要是联络组，整个6月份除办理"收回"天津意大利租界，宴请意大利国驻日代办白林齐比尼，招待华北政务委员会卫生处长沈德、大使馆前参事孙湜，以及驻日泰国大使韩德赓外，其他活动均与日本军政方面有关，机构的傀儡性质显露无遗。

大使馆"杂务"档案显示，大使馆经常进行一些"中日亲善"活动。1943年4月18日，美机击落山本五十六的座机，5月21日，东京电台宣布"山本壮烈捐躯"，大使馆立将消息奉告汪伪政府。1943年5月26日，大使馆奉令函达日本外务省称：山本元帅战死，国民政府已追赠特级同光勋章，国葬典礼，派大使代表参加。② 1943年9月25日，日本大政翼赞会兴亚总本部致函大使馆，请其承认"兴亚志士显彰展"的协赞名义。10月21日，大使馆函复"自应照办"。③ 1944年5月9日，日本古贺元帅"殉职"，大使馆代表汪主席向其家属电唁。④ 10月9日，"中国国民党南京特别市执行委员会"为头山满之死电唁，并请大使馆转头山满先生家属：头山先生致力改造社会，功在东亚民族，侧闻逝世，曷胜惊悼，

---

① 汪伪驻日大使馆档案《大使馆工作报告》（1943年5月~1944年11月），日本东洋文库藏，档号：2-2744-1。
② 汪伪驻日大使馆档案《大使馆杂务档案·政治经济》（1943年），日本东洋文库藏，档号：2-2744-11。
③ 汪伪驻日大使馆档案《大使馆杂务档案·文化一般交流》，日本东洋文库藏，档号：2-2744-15。
④ 汪伪驻日大使馆档案《大使馆杂务档案·文化一般交流》，日本东洋文库藏，档号：2-2744-18。

谨电奉唁。① 此外，大使馆还经常参与靖国神社的参拜活动。

1943年7月17日，"南京基督教学生访日见学团"到东京访问，在大使馆安排下，18日上午9时即去参拜靖国神社。② 10月8日，"中华民国内务总署卫生行政学院学生访日视察团"在大使馆安排下，10月16日参拜伊势神宫，19日到东京宫城遥拜，参拜靖国神社，并访问大东亚省等。③ 1944年3月，北京日人主办的武德报社函请大使馆指导援助"中国女性日本视察团"，其目的是，"多角度体认现下日本的真正姿态，特别是战争后方女性高涨活跃的必胜信念，强化中国女性的决战体制，使参战的中国女性，以新的决意成为全体女性的指导者"。视察团计划参拜伊势神宫、明治神宫及靖国神社等，访问总理大臣、大东亚省、陆军省、海军省和中国大使馆，并在帝国议事堂召开追忆大东亚会议。④ 1944年4月25日，日政府举行靖国神社临时大祭，大使馆洪秘书代表参拜。⑤ 10月26日，大使馆又派人出席靖国神社临时大祭活动。⑥

以上从国际法理论及大使馆实践两个层面考察了大使馆的对日"外交"，因其机构的傀儡性质，即使大使馆职员中有的良知尚未丧尽，想在保护华侨方面多做些努力，但也因日本官宪的监视和威吓而无所作为。至其属下领事馆的活动空间则更为狭小，其受地方官宪管控情形，与大使馆在东京被日政府管控情形并无二致。以下以驻台北总领事馆为例，考察驻日领事馆的活动。

1937年卢沟桥事变后，台湾总督府借机强行封闭设立仅6年多的中华民国总领事馆。汪伪政府成立后，于1941年1月31日再开，总领事张国威、领事杨某、副领事王某等6人到任。至1944年6月，领事馆职员情形见表10-2。

---

① 汪伪驻日大使馆档案《大使馆杂务档案·文化一般交流》，日本东洋文库藏，档号：2-2744-18。
② 汪伪驻日大使馆档案《大使馆杂务档案·文化一般交流》，日本东洋文库藏，档号：2-2744-15。
③ 汪伪驻日大使馆档案《大使馆杂务档案·文化一般交流》，日本东洋文库藏，档号：2-2744-15。
④ 汪伪驻日大使馆档案《大使馆杂务档案·文化一般交流》，日本东洋文库藏，档号：2-2744-15。
⑤ 汪伪驻日大使馆档案《大使馆杂务档案·文化一般交流》，日本东洋文库藏，档号：2-2744-18。
⑥ 汪伪驻日大使馆档案《大使馆杂务档案·文化一般交流》，日本东洋文库藏，档号：2-2744-18。

表10-2 台北总领事馆职员表（1944年6月12日）

职 别	姓 名	年 龄	备 考
总领事	马长亮	57	
副领事	王廷璟	45	
随习领事（主事）	周启新	25	台北总领事馆1931年开设
随习领事	廉树森	35	
主事	霍德康	28	
临时雇员	王廷璧	36	

资料来源：汪伪驻日大使馆档案《台北领事馆家族随员表（1944年6月12日）》，日本东洋文库藏，档号：2-2744-49。

资料显示，中日战争期间，总督府官邸、军司令部、台北警察署和宪兵队对领事馆的控制加强，领事馆不仅要慰劳"日本勇士"，还要参拜神社。其间，领事虽然也处理一些华侨事务，但还是以管束华侨为目的，如将华侨总公会会长的选举改为"指名选举，以资妥善"等。根据领事馆月份报告书，1944年2~10月领事馆的工作概况如下。

2月份：2日，王副领事代表总领事赴高等学校联络商洽收容华侨子弟入学事。3日，华侨总公会顾问刘永溪来馆，接洽总公会会长之改选办法并拟采用指名选举，以资妥善。4日，总领事出席台北州华侨公会定期会议，并致训语。6日，总领事出席基隆华侨公会定期总会，指名选举正副会长暨理监事等各员。王副领事出席华侨总公会第6回定期总会预备会，听取所有议案。7日，上午11时，总领事率同全台湾各公会代表等50余员，参拜神社。下午2时，总领事带同王副领事、廉随习领事、周主事出席华侨总公会第6回改选大会，选举完毕后，并经总领事指定李本为总工会会长，并向侨众代表训话，勉以为大东亚战争前途而努力，情词恳切，听者感奋。9日，新任为总工会会长李本来馆洽商学务，由总领事接见。10日，主席侍从官黄伐、广东储备银行经理陈华伯，由沪飞粤，因气候不良停飞留台。本馆派员前往照料一切。12日，广东省留学生4人来馆，向总领事要求设法飞机位置，以便早日回粤，允予协助。14日，派王副领事与总督府文教局山下正治氏及总工会长接洽，安置华侨李建员作工事，以维生活。王副领事赴航空会社接洽，广东留学生回国飞机座位事，又赴帝国大学医学专科部，谒见该部主事足立氏，商洽关于华侨子弟生入该校肄业事。15日，总领事接见总工会刘顾问，由本馆推荐侨生特别许可入高等学校。16日，总领事率同全体馆员出席新任为总工会会长之披露宴。17日，台北之南华侨公会会长林祥麟氏来馆，向总领事商洽筹开总会事。18日，总领事与高等学校商荐侨生入学办法。19日，南华侨公会会长林祥麟氏来请示本年侨生升学办法，由总领事予以明白指示。王副领事赴总督府金融课及台湾银行，接洽本馆1月份经费申请许可事。21日，宪兵分队高等课员生驹氏来询，日内阁一部分更动之感想。24日，北警署高等课员松本氏来谈侨务及战局，由总领事接见。26日，北署高等课员松本藤三氏向总领事报告南洋两岛失守经过及守军暨军属六千余人全体牺牲，相与惋惜。29日，台北州华侨联合会在公会堂举办慰劳联邦日本白衣勇士大会，总领事带同廉周两随习领事，蒋霍两主事前往参加。

3月份：7日，北署高等课员松本藤三氏来谈岛内自3月10日起，为节约生活开始之日，所有人民衣食住须撙节缩减，以适应战时体制云。8日，王副领事赴总督府外事部，接洽关于全台华侨公会请求补配不敷国旗布料。10日，王副领事赴总督府金融课及台湾银行，申请本馆9月份经费许可事宜。

4月份：1日，台北宪兵分队下林氏来馆，调查本馆现任职员情形，由王副领事接待。29日，总领事及王副领事及华侨总工会李赴总督府官邸及军司令部，谒见总督及军司令官，祝贺日本天长节。

5月份：15日，星野喜平及广田馨两来馆，探询关于丧失国籍所有一切手续，由王副领事接待并做解释。20日，前台中地方法院部长判官松浦嘉七氏来馆访问，并询及华人国籍应行具备之各项手续事由，由王副领事向其说明一切。30日，下午5时半，宴请友邦各当局，以资联络。计到有：外事部长代理太田修吉等、宪兵分队平井氏等、台北州新旧任课长小松、土井两氏、北警察署长六车氏等、南警察署高等主任山川氏等，暨华侨总工会会长、副会长等20余人，总领事带同全体馆员出席招待，席间，情绪异常融洽云云。

6月份：7日，总领事接见台北宪兵分队外事系高等系员。8日，北署高等课员松本藤三氏来谈欧洲战况大概情形，由总领事接见。20日，总领事赴总督府会晤代理外事部长大田，谈华中台湾贸易情形。27日，驻华日本大使馆嘱托代表南聪明来谈华中台湾贸易情形，由总领事接见。

7月份：6日，驻华日本大使馆嘱托代表南聪明来谈，报告上海市政府将派专员来台，与总督府协商物资交换。17日，总督府转知陈粤省长18日来台。22日，北署高等课员松本藤三氏及神谷来谈南洋塞班岛战役。

9月份：2日，总领事率同王副领事赴总督府外事部管理课，接洽公务。5日，王副领事赴市役所见友田课长，接洽本馆一切配给事宜。6日，王副领事赴外事部访问松田课长，接洽公务。30日，在馆宴请中华航空公司重要职员若松、铃木、三桥、河口诸氏，赏月联欢。

10月份：3日，总领事接见总工会刘顾问，来请示双十庆祝问题。7日，基隆郡华侨公会刘会长来商华侨劳务挺身队事宜。10日，上午9时，在馆举行国庆纪念典礼，计到有华侨代表及广东留学生等40余人，总领事即席讲述国庆之意义及今后应有之努力，语多勉励。自本日起，全体馆员办理防空事宜。11日，总领事接见每日新闻记者，并往晤宪兵队狩野氏，谈侨事。28日，是日为台湾神社祭，上午8时，总领事率同王廉两副领事及北华侨公会代表20余人赴神社参拜。31日，总领事率同王副领事赴总督府外事部，代表上海市政府经济局签订沪台物资交换觉书。北警察署高等特务庄原来向总领事拜会。①

三　汪伪大使馆与欧亚诸国驻日使馆的往来

1940年3月，日本以"和平工作"促使蒋政权投降的阴谋破产后，在南京扶持了汪精卫傀儡政权。为迅速解决"日中战争和实行南进政策"，日政府下决心"与德国结成生死与共的坚强联盟"，② 9月27日，《德意日三国同盟条约》在柏林签字。日本政府的外交路线随之相应做出调整，即今后"以此同盟为轴心之运用，将恰如往年之日英同盟"。③

---

① 汪伪驻日大使馆档案《大使馆所管领事馆工作报告》，日本东洋文库藏，档号：2-2744-44。原件缺8月份工作报告。
② 〔日〕信夫清三郎编《日本外交史》下册，天津社科院日本问题研究所译，商务印书馆，1980，第650页。
③ 〔日〕外务省编《日本外交年表和外交文书（1840~1945）》下卷，东京原书房，1972，第479页。

1941年底太平洋战争爆发以前，世界各国驻在日本的大公使馆有美、英、德、意等33国。① 由于日本侵华战争损害了美英等国在华利益，美英等国与日本的矛盾加剧，这种矛盾表现在美英等国对"满洲国"和汪精卫政权的"不承认政策"上。当然，对于汪精卫政权的驻日大使馆，美英也采取同样的态度，这种态度，是日本政府所难以左右的。

1941年2月5日，汪伪政权驻日大使褚民谊到任后，欲对各国驻日大公使致送到任问候状，对此，外交团主席比利时大使福托姆表示须先征求美大使格鲁和英大使克莱琪的意见。美英两大使答复："按此前对非承认国——满洲国大使到任通知状默认的先例，对于褚大使的问候，仅函复知悉该氏到达东京之旨趣"。另外，"两大使还希望其他各友好国驻日大公使也采取同一步调，于2月25日做成一份机密书函，命美大使馆参事官杜曼历访各友好国驻日大公使，并亲手面交该书函"。②

7月1日，德国、意大利、罗马尼亚、斯洛伐克、克罗地亚五国承认汪"国民政府"。是日，"五国驻日大使分别访问支那大使馆，对褚民谊大使表示祝贺"。次日，褚民谊大使回访前记各公馆，表示答礼。③ 11月11日，褚民谊转任"外交部长"，大使职位由徐良接任。徐大使到任后，一一拜访各"友好国家"驻日使节，并于11月30日出席了日满华三国同盟成立一周年纪念与兴亚国民大会。④

1941年12月太平洋战争爆发后，日本与美国及英国等16个国家处于宣战关系，与埃及等6个国家处于断绝国交关系（因不为日本所承认，重庆政府、戴高乐等流亡政权除外），1942年间，宣战及断交国又增加了伊朗、挪威等8个国家，日本政府将前述国家全部编入敌国系列，以采取非常措置。⑤ 至1943年，驻日本的大公使馆，除汪伪南京政府、"蒙疆联

---

① 〔日〕内务省警保局编《外事警察概况》（昭和11年度）第2卷，龙溪书舍，1987，第414~416页；（昭和12年度）第3卷，第597~599页。
② 〔日〕内务省警保局编《外事警察概况》（昭和16年度）第7卷，龙溪书舍，1987，第51页。
③ 〔日〕内务省警保局编《外事警察概况》（昭和16年度）第7卷，龙溪书舍，1987，第52页。
④ 〔日〕内务省警保局编《外事警察概况》（昭和16年度）第7卷，龙溪书舍，1987，第54页。
⑤ 〔日〕内务省警保局编《外事警察概况》（昭和17年度）第8卷，龙溪书舍，1987，第3页。

合自治政府"（代表部）、①伪满政府外，还有意大利、德国、罗马尼亚、保加利亚、匈牙利、克罗地亚、斯洛伐克、西班牙、芬兰、丹麦、泰国、自由印度临时政府、缅甸巴莫政权、菲律宾劳雷尔政权、苏联、萨尔瓦多、维希法国等17国及傀儡组织。

汪伪驻日大使馆作为日本傀儡组织的一员，与驻日各国使馆之间往来繁多，欧洲以轴心国意大利及保加利亚、罗马尼亚等国为主，以职务方面的离任归任等告知事务为中心；亚洲以泰国、缅甸、菲律宾等国为主，活动内容多与"大东亚战争"和"大东亚共荣圈"有关。1943年至1944年，德意日法西斯侵略战争发生重大逆转，大使馆与各国使馆间的往来情形如下。

意大利：1943年11月16日，大使馆向外交部转呈意大利驻日代办的照会，并称：9月30日，我国承认意国法西斯党新政府之电文，业经墨索里尼主席阅悉，并致谢忱。②1944年4月11日，意驻日代办照会大使馆：任命白林齐比尼为驻日意代办业经正式发表，请指定接见时日，借表敬意。蔡培大使当即批示：定13日下午4时接见。③7月29日，意代办函送新颁国旗图样。④8月5日，大使馆照会意大利代办白氏：墨首相诞辰，转达国府贺电，并本使致贺。⑤同日，大使馆又照会白氏，国府赠

---

① "蒙疆联合自治政府"在日开设代表部，初以日人为代表，1941年12月，任命陆军中将特克希卜彦为代表，久光政男为参事官。1944年8月，"蒙疆联合自治政府""为办理鲜蒙交易联络事务之故"，又在朝鲜京城派遣商务官（宇和田源藏），悬挂蒙疆旗帜，开始办公。因代表部事前并未知照汪伪驻京城总领事馆，汪伪驻京城总领事馆总领事陈辉对此表示不满，致函大使馆称：谨按蒙疆为中华民国领土，虽中日基本关系条约因盟约而废止，但该自治政府之派遣驻外人员，似应事前取得我方同意，始为合理。嗣后，职馆对此应否与之联络，抑取何种状态，谨电祈示祗遵"。大使馆不知汪伪政府态度，遂批示：拟暂后再复。汪伪驻日大使馆档案《大使馆所管领事馆报告》（1944年9～12月），日本东洋文库藏，档号：2-2744-41；〔日〕内务省警保局编《外事警察概况》第8卷，龙溪书舍，1987，第198页。
② 汪伪驻日大使馆档案《与各国大使馆的往来信件》（1944年），日本东洋文库藏，档号：2-2744-19。
③ 汪伪驻日大使馆档案《与各国大使馆的往来信件》（1944年），日本东洋文库藏，档号：2-2744-19。
④ 汪伪驻日大使馆档案《与各国大使馆的往来信件》（1944年），日本东洋文库藏，档号：2-2744-19。
⑤ 汪伪驻日大使馆档案《与各国大使馆的往来信件》（1944年），日本东洋文库藏，档号：2-2744-19。

与二等同光勋章。8月7日，白氏函复表示谢意，并请转褚外交部长致谢。① 9月16日，白氏致函大使馆，以该国墨索里尼脱险一周年纪念日，承褚部长贺电，已为转呈，并致谢忱。②

保加利亚：1943年5月30日，大使馆一等秘书王缵祖奉命陪同保加利亚国公使，取道朝鲜、华北，前往南京呈递国书。③ 7月1日，大使馆照复保公使馆，保公使返任知悉。④ 8月31日，保公使照知国王逝世。⑤ 9月2日，保公使照知，在新王未成年前，依照宪法，由该议院选择大员3人摄政。9月3日，保公使照知，前保加利亚国王国葬日期定于9月5日。⑥ 1944年2月18日，保公使照知：该使奉令回国，公使馆秘书充任临时代办。⑦

罗马尼亚：1943年5月3日，罗马尼亚代办函称，罗马尼亚使馆4月30日奉政府令，免去驻华公使职。5月7日，王代办致函罗马尼亚代办，表示知悉，并转知国府外交部。⑧ 5月12日，罗马尼亚代办函知大使馆，奉该国政府命，任为兼驻华代办。⑨

法国：1943年6月9日，大使馆致函法国驻日大使馆：贵大使馆致送日本山本元帅奠仪公份（计日金300元整），本大使馆应摊15元7角9分等由。兹将应摊之数备函送上，即希查收。⑩ 11月19日，法代理大使

---

① 汪伪驻日大使馆档案《与各国大使馆的往来信件》（1944年），日本东洋文库藏，档号：2-2744-19。
② 汪伪驻日大使馆档案《与各国大使馆的往来信件》（1944年），日本东洋文库藏，档号：2-2744-19。
③ 汪伪驻日大使馆档案《与各国大使馆的往来信件》（1944年），日本东洋文库藏，档号：2-2744-19。
④ 汪伪驻日大使馆档案《与各国大使馆的往来信件》（1944年），日本东洋文库藏，档号：2-2744-19。
⑤ 汪伪驻日大使馆档案《与各国大使馆的往来信件》（1944年），日本东洋文库藏，档号：2-2744-19。
⑥ 汪伪驻日大使馆档案《与各国大使馆的往来信件》（1944年），日本东洋文库藏，档号：2-2744-19。
⑦ 汪伪驻日大使馆档案《与各国大使馆的往来信件》（1944年），日本东洋文库藏，档号：2-2744-19。
⑧ 汪伪驻日大使馆档案《与各国大使馆的往来信件》（1944年），日本东洋文库藏，档号：2-2744-19。
⑨ 汪伪驻日大使馆档案《与各国大使馆的往来信件》（1944年），日本东洋文库藏，档号：2-2744-19。
⑩ 汪伪驻日大使馆档案《与各国大使馆的往来信件》（1944年），日本东洋文库藏，档号：2-2744-19。

来照：法故领袖大使22日晨在教堂举行丧礼，请大使及大使馆方面二员参加。大使馆是日决定派王缵祖及杨国智两位秘书参加。①

丹麦：1943年5月10日，丹麦公使馆来函称，丹麦公使因事他往，馆务由秘书代理。②

苏联：1943年11月19日，外交团现领袖苏联大使来函，前外交团领袖法驻日大使于14日晚逝世，将于本月22日上午10时，在台町关口天主教堂举行丧礼，并拟以外交团名义，送致花圈，请予同意大使馆是日下半旗。大使馆批示应予同意。③

匈牙利：1944年3月30日，匈牙利公使馆函知新公使馆地点及电话号码。④

德国：1944年8月21日，德国大使对此前赠送之白麻布，函示谢忱。⑤

缅甸：1943年12月15日，大使馆照复缅甸大使呈递国书，业经阅悉，并致贺忱。⑥ 1944年1月14日，缅甸大使馆通知本月6日业已迁到品川区北品川町3丁目312号。⑦ 1月28日，缅甸大使馆函询中国国庆纪念日期，大使馆批示：拟复10月10日为我国庆日。⑧ 8月4日，缅甸大使馆函送该国巴莫总理致汪主席书：际此缅甸初周独立纪念日，辱承电贺，本人与缅甸国民不胜光荣之至。在此历史喜庆之日，缅甸国民重申，决意联合大东亚各国为一，誓以全力团结完成此道义战争之胜利。同日，缅甸大使馆函送该国外交部长致褚部长书：缅甸初周独立纪念日，辱承电

---

① 汪伪驻日大使馆档案《与各国大使馆的往来信件》（1944年），日本东洋文库藏，档号：2-2744-19。
② 汪伪驻日大使馆档案《与各国大使馆的往来信件》（1944年），日本东洋文库藏，档号：2-2744-19。
③ 汪伪驻日大使馆档案《与各国大使馆的往来信件》（1944年），日本东洋文库藏，档号：2-2744-19。
④ 汪伪驻日大使馆档案《与各国大使馆的往来信件》（1944年），日本东洋文库藏，档号：2-2744-19。
⑤ 汪伪驻日大使馆档案《与各国大使馆的往来信件》（1944年），日本东洋文库藏，档号：2-2744-19。
⑥ 汪伪驻日大使馆档案《与各国大使馆的往来信件》（1944年），日本东洋文库藏，档号：2-2744-19。
⑦ 汪伪驻日大使馆档案《与各国大使馆的往来信件》（1944年），日本东洋文库藏，档号：2-2744-19。
⑧ 汪伪驻日大使馆档案《与各国大使馆的往来信件》（1944年），日本东洋文库藏，档号：2-2744-19。

贺，业已特呈本国元首，至深铭感。在此独立之日，缅甸国民誓与大东亚共荣圈各国合力团结为一，倍加努力，直至最后胜利。① 8月9日，大使馆函复缅甸大使馆：贵大使转送巴莫总理以建国一周年致汪主席书及贵国外交部长致褚部长书已分别电达。② 11月16日，缅甸大使馆函送巴莫总理关于大东亚会议一周年纪念通电，请转呈贵国陈代主席。③ 12月8日，缅甸大使馆函送战时措施法。

自由印度临时政府：1943年11月20日，大使馆向外交部呈送自由印度政府鲍斯国书，并称：我国承认自由印度政府，印度政府对于主座及我国政府深致感谢之忱，并愿二国邦交民族关系，日臻亲密。④ 1944年2月29日，印度独立联盟会日本地区委员会致函大使馆：请大使出席3月1日在筑地本愿寺追悼甘地夫人纪念会。⑤ 3月9日，该委员会再次致函大使馆：函谢本月1日在筑地本愿寺举行甘地夫人追悼会时，大使派员致唁，并馈送花圈。⑥

菲律宾：1944年2月29日，菲律宾大使照知：本日呈递国书，到馆接任。深冀中菲两馆关系日臻亲密。⑦ 7月4日，菲大使馆函送该国外交部组织及法规等1册。7月8日，大使馆函复表示谢意。⑧ 9月8日，菲大使馆函送该国外交部月刊第2期1册。9月11日，大使馆函谢。9月29日，菲大使馆函送外交月刊2册，转呈汪及褚。⑨ 11月18日，菲大使馆函知，菲律宾政府已于本年9月23日上午10时对英美宣战，并附宣战布

---

① 汪伪驻日大使馆档案《与各国大使馆的往来信件》（1944年），日本东洋文库藏，档号：2-2744-19。
② 汪伪驻日大使馆档案《与各国大使馆的往来信件》（1944年），日本东洋文库藏，档号：2-2744-19。
③ 汪伪驻日大使馆档案《与各国大使馆的往来信件》（1944年），日本东洋文库藏，档号：2-2744-19。
④ 汪伪驻日大使馆档案《与各国大使馆的往来信件》（1943年），日本东洋文库藏，档号：2-2744-19。
⑤ 汪伪驻日大使馆档案《与各国大使馆的往来信件》（1944年），日本东洋文库藏，档号：2-2744-19。
⑥ 汪伪驻日大使馆档案《与各国大使馆的往来信件》（1944年），日本东洋文库藏，档号：2-2744-19。
⑦ 汪伪驻日大使馆档案《与各国大使馆的往来信件》（1944年），日本东洋文库藏，档号：2-2744-19。
⑧ 汪伪驻日大使馆档案《与各国大使馆的往来信件》（1944年），日本东洋文库藏，档号：2-2744-19。
⑨ 汪伪驻日大使馆档案《与各国大使馆的往来信件》（1944年），日本东洋文库藏，档号：2-2744-19。

告文等，请转呈。19日，大使馆函复菲大使，已转呈本国政府。①

泰国：1943年12月1日，泰国大使照知，26日呈递国书，业于同日接任视事。② 1944年7月4日，泰国大使馆照知大米只能运至广州等情事。③

1944年11月13日，大使馆函知德、缅甸、菲律宾、泰国大使，西班牙、丹麦、洪都拉斯公使，意大利代办：汪主席本月10日在名古屋逝世，12日灵柩运归南京，不久举行国葬。11月14日，泰国大使馆为汪主席逝世特函吊唁。15日，德国大使馆为汪主席逝世特函吊唁，并函送德驻华大使致汪主席家属唁电。16日，菲律宾大使馆为汪主席逝世特函吊唁；缅甸大使馆为汪主席逝世下半旗志哀，并特函吊唁；意大利大使馆代办代表该馆暨在远东法西斯党吊唁汪主席逝世。各国使节吊唁函电，均经大使馆摘转外交部。④

---

① 汪伪驻日大使馆档案《与各国大使馆的往来信件》（1944年），日本东洋文库藏，档号：2-2744-19。
② 汪伪驻日大使馆档案《与各国大使馆的往来信件》（1943年），日本东洋文库藏，档号：2-2744-19。
③ 汪伪驻日大使馆档案《与各国大使馆的往来信件》（1944年），日本东洋文库藏，档号：2-2744-19。
④ 汪伪驻日大使馆档案《与各国大使馆的往来信件》（1944年），日本东洋文库藏，档号：2-2744-19。

第十一章　日领在汪伪辖区内的活动

一　居留民及领事馆的撤退与复归

1937年卢沟桥事变前，日本驻华领事馆有二十余个（东北除外），华中地区有上海、南京、汉口三个总领事馆，另有苏州、杭州、芜湖、九江、长沙、沙市、宜昌、重庆等领事馆。事变爆发后，日本外务省立即采取措施，积极保护在华居留民。外务省训令各地领事："随战事演进，中国各地抗日排日思想及运动渐趋狂乱，在支邦人的生命财产，深为暴戾的支那民众所危害。基于帝国政府累次声明，将采取不扩大主义及和平的现地解决方针，外务省遂采取相应措施，或将居留民全部加以现地保护，或将居留民收容于最安全之都市，即（一）未涉及战祸的都市及直接受皇军势力保护的各地领事馆，须将居留民安置于安全地域，加以收容保护；（二）因各地情形不同，领事馆临时关闭的地区，须将居留民全员撤至安全都市，如把张家口居留民撤至北京或天津，把芝罘居留民撤至大连，把济南、山东沿线居留民撤至青岛，把长江上游居留民撤至武汉等"。① 据日本外务省统计，七七事变爆发前，日本在华居留民总数为86923人（东北除外），其中日本人62012人，朝鲜人11176人，台湾人13735人，散居于华北、华中、华南各地，各领事馆所辖人数见表11-1。

为展开对上述居留民的撤退及收容救护工作，日本外务省召开第71、72两次特别会议，预计拨发1495145元救护费，包括撤退旅费（即从居住地到目的地的三等车船费）、收容费（即收容所费用，撤离者成人每人5元、小孩每人2元；现地保护者成人每人1元、小孩每人0.4元）救护费（即伙食费及医疗费，撤离者成人每人1元、妇女每人0.8元、小孩每人0.5元；现地保护者成人每人0.25元、妇女每人0.20元、小孩每人0.13元；朝鲜人及台湾人减半）等项。②

---

① 〔日〕外务省东亚局编《昭和十二年度执务报告》第2册，クレス出版社，1993年影印版，第490页。
② 〔日〕外务省东亚局编《昭和十二年度执务报告》第2册，クレス出版社，1993年影印版，第493页。

第十一章 日领在汪伪辖区内的活动

表11-1 1937年前日本各领事馆所辖居留民人数表

单位：人

领事馆所辖别	日本人	朝鲜人	台湾人	合　计
天津（含山海关）	14935	6194	156	21285
张家口	861	68	1	930
芝罘	500	555	1	1056
青岛（含坊子）	15146	1461	16	16623
济南（含张店、博山）	3050	156	8	3214
上海	23772	2227	678	26677
苏州	79	1	0	80
杭州	33	18	8	59
南京	163	243	38	444
芜湖	52	0	6	58
九江	69	10	2	81
汉口	1688	114	9	1811
郑州	14	0	0	14
长沙	94	0	7	101
沙市	9	3	0	12
宜昌	89	18	0	107
重庆	35	0	0	35
福州	419	0	1773	2192
汕头	130	1	610	741
厦门	420	41	10274	10735
广东	419	53	148	620
云南	35	13	0	48
合　计	62012	11176	13735	86923

资料来源：〔日〕外务省东亚局编《昭和十二年度执务报告》第2册，クレス出版社，1993年影印版，第491~492页。

由于日军战事顺利，日本政府旋改所谓"不扩大主义"为"膺惩支那"政策。外务省鉴于"支那各地居留邦人的危险愈加急迫"，一方面与中国外交部交涉，请中国地方官宪保护居留民的遗留财产，以及日本领事馆的房屋及办公用品，一方面紧急训令各地领事馆，除北京、天津、上海等海陆军可以直接保护地区外，迅速组织居留民"全面撤退"。到8月上旬，长江上游各地日人陆续撤至上海，他们根据上海情况，大部分又搭船撤回日本。为调配人员和船只，协助居留民撤退，上海总领事冈本与外务省及海军方面密切联络。8月13~22日，18000余人被"上海丸"、"长崎丸"等送回日本，残留者多为官吏、公务者、会社员、在乡军人等，其数约7000人。① 各地居留民撤完日期如下：太原7月29日，重庆、宜昌、沙市8月1日，张家口8月2日，云南、长沙8月4日，汉口、九江8月7日，芜湖、杭州8月8日，郑州8月9日，苏州、汕头8月12日，坊子8月15日，南京8月16日，济南、张店、博山、广东8月17日，芝罘、福州8月20日，厦门8月28日，青岛9月4日。②

由于各地居留民纷纷撤离，导致民团民会的收入大幅减少，再加居留民撤离、救护等费用的支出，各地民团民会的财政陷入困境。日本外务省为补充不足，命各民团民会做出收支预算书，并命领事官严加查定，于1938年度追加预算救济金20万元，救护费等流动金16465.05元，共计216465.05元，③ 通过各领事馆拨付使用（具体拨发情形见表11-2）。

表11-2 民团民会救济金交付实绩一览表

单位：日元

领事馆名	要求额	实付额	备 考
上 海	68782.38	66450.00	
济 南	54964.85	20000.00	
芝 罘	1448.86	1500.00	含龙口
青 岛	205552.05	72015.05	
张家口	4309.15	1500.00	
北 京	1376.77	5600.00	含古北口
天 津	308904.12	33200.00	含塘沽、唐山、滦州
张 店	14381.89	3000.00	青州
坊 子	3676.00	2000.00	
山海关	2323.47	1800.00	秦皇岛
福 州	1157.92	700.00	付给民会长
汕 头	1381.52	700.00	付给民会长
汉 口	12095.33	8000.00	付给民会长
合 计		216465.05	

资料来源：〔日〕外务省东亚局编《昭和十三年度执务报告》第2册，クレス出版社，1993年影印版，第397~398页。

---

① 〔日〕外务省东亚局编《昭和十二年度执务报告》第2册，クレス出版社，1993年影印版，第503、504页。
② 〔日〕外务省东亚局编《昭和十二年度执务报告》第3卷，クレス出版社，1993年影印版，第53~54页。
③ 〔日〕外务省东亚局编《昭和十三年度执务报告》第2册，クレス出版社，1993年影印版，第396~398页。

据日本外务省统计,从 1937 年 8 月至 1938 年 12 月,由中国撤回日本内地的居留民为 4 万余人。因撤离时匆忙混乱,撤离者多为只身归还,生活陷入困境。随着日军在中国占领地的扩大,撤离者又准备返回中国。1937 年 12 月 28 日长崎特务舰"室户"、1938 年 1 月 5 日长崎医院船"朝日丸"等开始装载居留民返归上海。① 关于居留民的重返问题,外务省采取了极为慎重的态度,规定复归顺序先是民团民会役员,其次为业务上、家庭上及其他有正当目的者。1938 年 1 月 11 日,外务省召开关系各省会议,希望各机关在船只配给方面给予协助,经协定如次:日本邮船"谘访丸",预定人员 500 人,1 月 18 日中午自神户出发,1 月 19 日午后 2 时自门司出发,预计 1 月 21 日上午到达青岛;大阪商船会社"黑龙丸",预定人员 500 人,1 月 19 日中午自神户出发,1 月 20 日中午自门司出发,预计 1 月 22 日午后到达青岛。② 外务省同时规定,所有乘船者,均由外务省发给乘船名、乘船地、乘船月日的证明书,并注明乘船者"系因支那事变撤离内地,现为复归再渡"等字样。为协助居留民到中国后的复业,外务省特别拨发"支那避难民复归救护费"932436 元,其中复归资金 559600 元,复归旅费 372836 元。款内各地领事馆支出费用为:上海 8567.30 元、济南 111189 元、博山 10990 元、张店 28200 元、青岛 357789.20 元、厦门 16500 元。③ 在外务省统一安排下,因战争而撤离中国的居留民,多在短期之内重返原地。

各地领事馆在辖区居留民撤退完毕之后,相继将馆内重要财产转移,再将馆舍等委托中国地方政府保护,闭馆撤退。随着居留民的复归,领事馆也在各地渐次复开。这种关闭了几个月又在日军占领地复开的领事馆,实际上已不为中国政府及国际法所承认。1937 年至 1945 年间,日驻上海、南京及汉口的总领事近 40 人,指导着近千名馆员,成为一支特殊的侵华力量。战时日本驻上海、南京及汉口的总领事见表 11-3、表 11-4、表 11-5。

---

① 〔日〕外务省东亚局编《昭和十三年度执务报告》第 2 册,クレス出版社,1993 年影印版,第 391 页。
② 〔日〕外务省东亚局编《昭和十三年度执务报告》第 2 册,クレス出版社,1993 年影印版,第 391 页。
③ 〔日〕外务省东亚局编《昭和十三年度执务报告》第 2 册,クレス出版社,1993 年影印版,第 395 页。

表11-3 战时日本驻上海总领事表

职　名	到任年月	姓　名	备　注
总领事	1937.5.8	冈本季正	
总领事	1938.3.18	日高信六郎	
总领事代理	1938.8.26	后藤镒尾	领事
总领事	1938.9.30	日高信六郎	
总领事代理	1938.12.12	后藤镒尾	领事
总领事	1939.1.3	三浦义秋	
总领事代理	1939.5.11	佐藤信六郎	领事
总领事	1939.5.27	三浦义秋	
总领事	1939.9.23	堀内干城	
总领事代理	1942.11.1	曾尔益	领事
总领事	1942.11	矢野征记	
总领事	1945.1.10	丰田薰	1946年4月4日撤退回国

资料来源：〔日〕外务省外交史料馆、日本外交史辞典编纂委员会编《日本外交史辞典》，日本大藏省印刷局，1979，附录第377~388页。

表11-4 战时日本驻南京总领事表（1932年2月6日升格为总领事馆）

职　名	到任年月	姓　名	备　注
总领事代理	1937.1.21	松井基树	领事
总领事代理	1937.4.10	福井淳	领事，8月16日因事变临时撤回
总领事	1938.3.6	花轮义敬	
总领事代理	1938.10.26	内田藤雄	领事
总领事	1938.10.29	堀公一	
总领事	1939.4.18	花轮义敬	
总领事	1940.10.25	杉原荒太	
总领事	1941.12.29	涉泽信一	
总领事	1942.10.25	吉竹真治	领事
总领事代理	1942.11.6	好富正臣	领事
总领事代理	1943.4.6	吉竹真治	领事
总领事	1945.1.10	田中彦藏	1946年3月13日撤退回国

资料来源：〔日〕外务省外交史料馆、日本外交史辞典编纂委员会编《日本外交史辞典》，日本大藏省印刷局，1979，附录第380~381页。

表11-5　战时日本驻汉口总领事表

职名	到任年月	姓名	备注
总领事代理	1937.5.29	松平忠久	领事官补，1937年8月11日撤回
总领事	1938.10.27	花轮义敬	
总领事代理	1938.12.27	田中正一	领事
总领事	1939.1.21	花轮义敬	
总领事代理	1940.4.17	田中正一	领事
总领事	1940.5.2	伊东隆治	
总领事代理	1941.1.5	田中正一	领事
总领事	1941.2.26	田中彦藏	
总领事代理	1942.11.10	朝比奈贞治郎	领事
总领事	1942.11.29	高津富雄	
总领事代理	1943.7.4	朝比奈贞治郎	领事
总领事代理	1943.10.12	丸山吉	领事
总领事	1943.10.27	内田源兵卫	
总领事代理	1944.11.24	小嶋一郎	领事
总领事	1944.12.14	中野胜次	1945年12月23日撤退回国

资料来源：〔日〕外务省外交史料馆、日本外交史辞典编纂委员会编《日本外交史辞典》，日本大藏省印刷局，1979，附录第373页。

二　居留民"被害"调查

日本外务省在命令各地领事馆组织居留民撤离的同时，还训令领事馆进行所谓"居留民被害调查"，调查种类包括生命被害、拘禁、财产损害等项。据外务省统计，1937年7月至11月，居留民生命被害267名（日本人153名、朝鲜人114名，另有台湾人数名）、重轻伤303名（日本人291名、朝鲜人12名）、扣留监禁17名（日本人8名、朝鲜人9名）、财产损害44件（掠夺11件、工场烧失2件、学校烧失1件、汽船沉没6只、小轮船没收使用3只、筏船没收使用5只、不法占据13件、不法侵入3件）。[①]为进行此项调查，外务省计划于1938年度拨款67165元，[②]专供该省及在华各公馆使用。

除命令现地领事馆进行调查外，外务省还令居留民主动申告"支那事变帝国臣民在身体上及财产上所受损害"，"以作为将来向支那方面要

---

① 〔日〕外务省东亚局编《昭和十二年度执务报告》第2册，クレス出版社，1993年影印版，第527~528页。
② 〔日〕外务省东亚局编《昭和十三年度执务报告》第2册，クレス出版社，1993年影印版，第455页。

求损害赔偿或作为帝国政府救恤的依据"。① 1938年4月27日，外务省以敕令第二九六号发布"支那事变被害调查委员会官制"，决定成立"支那事变被害调查委员会"，以调查中国各地居留民被害情况。4月28日，"调查委员会"正式成立，外务大臣广田弘毅为会长。委员有法制局参事官森山锐一、外务次官堀内谦介、外务省东亚局长石射猪太郎、外务省通商局长松嶋鹿夫、外务省条约局长三谷隆信、大藏省理财局长关原忠三、陆军少将中村明人、海军少将井上成美、商工省工务局长小岛新一、递信省管船局长伊势谷次郎等10人。干事有外务书记官土田丰、总领事内田五郎、大藏书记官枏田光男、陆军辎重兵大佐柴山兼四郎、海军中佐神重德、商工书记官美浓部洋次、递信书记官新谷寅三郎等20余人。书记有外务省竹佐音吉、大藏省土屋喜太郎、商工省柏场喜久雄、递信省小仓明等8人。②

6月1日，"调查委员会"在外务次官官邸召开第一次会议，审议通过该"调查委员会"提出的《支那事变帝国臣民被害申告规程》和《支那事变帝国臣民被害调查规程》，并审议在华各公馆长训令案及其他事宜。6月14日，外务大臣致函各领事馆馆长，命令各馆颁布馆令，进行被害调查。训令内称：

> 支那事变中帝国臣民在身体上及财产上遭受损害，将来或可向支那方面提出损害赔偿，或可作为帝国政府救恤的依据，有鉴于此，有关损害程度及损害额，此际若不明确，则后日调查审议时，有资料失却之虞，故本省设置"支那事变被害调查委员会"，整理现地领事馆的被害调查。现令各地领事馆发布馆令，命帝国臣民依6月份颁布的《支那事变帝国臣民被害申告规程》，将其所受损害如实正确申告，并请民团或民会大力予以协助，进行现场调查，并依同时颁布的《支那事变帝国臣民被害调查规程》进行查实。

《支那事变帝国臣民被害申告规程》规定：申告者须提具姓名、年龄、职业、原籍、现住所、受损事由及前后情形、受损种类、金额及其算出依据等。《支那事变帝国臣民被害调查规程》规定：调查受损发生的原因及损害范围为：1937年7月支那事变时，因日支两军

---

① 〔日〕外务省东亚局编《昭和十三年度执务报告》第2册，クレス出版社，1993年影印版，第486页。
② 〔日〕外务省东亚局编《昭和十三年度执务报告》第2册，クレス出版社，1993年影印版，第459~462页。

的战斗行为，或支那军、支那官宪、排日支那人、乘治安紊乱的支那民众，乃至匪贼之抢掠、放火、破坏、其他暴行、扰乱等所造成的损害。调查损害分为甲种损害即直接损害和乙种损害即间接损害两种。甲种损害为身体上的损害即死亡及负伤、被绑架、行踪不明，以及财产上的损害如动产、不动产的损害等；乙种损害为因契约不履行而造成的损失、因债权不能回收而造成的损害、因避难所需的旅费、休业失业损害及公共经费等。撤退时投资损害、因商况混乱而造成的损害、撤退留置财产的自然破坏或变质、地价的下落或商品价值的降价、避难撤退支付的费用或付给原使用人诸种费用、各种精神的苦痛及损害，因事变所得的间接疾病损害、不履行契约预设利益丧失的损害等，虽为间接损害，特列为丙种损害，调查除外。①

随日军在华进展，关于被害调查一事，外务省此后分别电训各地日领：7月19日以支被机密第八号训达石家庄兴津领事、7月29日以支被机密第一号训达九江田中领事、11月9日以支被机密第四号训达广东冈崎总领事、11月10日以支被机密第三号训达汉口花轮总领事，嘱各领事切实进行居留民被害调查，不得疏漏延误。各馆接训后，分别以馆令公布《因支那事变帝国臣民被害申告规程》，命辖区内居留民如实申告损害状况：上海领事馆1938年7月9日、南京领事馆1938年7月9日、杭州领事馆1938年7月9日、九江领事馆1938年12月20日、汉口领事馆1938年12月16日。②

时损害申告书分为两种，即第一号身体损害和第二号财产损害（详见表11-6、表11-7），由外务省统一分发到各领事馆。其中北京总领事馆第一号50份，第二号2000份；天津总领事馆第一号70份，第二号7000份；张家口总领事馆第一号20份，第二号1000份；青岛总领事馆第一号70份，第二号17000份；济南总领事馆第一号30份，第二号2300份；上海总领事馆第一号200份，第二号28000份；南京总领事馆第一号20份，第二号550份；厦门总领事馆第一号1000份，第二号11500份；芝罘领事馆第一号20份，第二号1150份；杭州领事馆第一号10份，第

---

① 〔日〕外务省东亚局编《昭和十三年度执务报告》第2册，クレス出版社，1993年影印版，第489~494页。
② 〔日〕外务省东亚局编《昭和十三年度执务报告·东亚局》第6卷，クレス株式会社，1993年影印版，第50~51页。

二号80份；苏州分管主任第一号10份，第二号100份；芜湖分管主任第一号10份，第二号70份；唐山分管主任第一号10份，第二号500份；包头分管主任第一号10份，第二号500份；塘沽出张所主任第一号10份，第二号500份；坊子出张所主任第一号10份，第二号300份；张店出张所主任第一号20份，第二号600份；博山出张所主任第一号20份，第二号750份；大同出张所主任第一号10份，第二号500份；厚和出张所主任第一号10份，第二号500份。①

表11-6 损害申告书（身体损害）第一号

申告者	姓名 生年月日 原籍地 现住地 被害时住所 职业	
损害	被损害者	姓名 生年月日 原籍地 现住地 被害时住所 职业 申告者与被害者的关系
		被害者在其地期间
		被害者被害时年收入及其明细
		被抚养者或抚养者的姓名、生年月日、职业、地位、生活状况及与被害者的关系
	损害的种类	
	损害发生场所	
	损害发生时间	
	损害发生的事由及其前后情形	
	损害的程度、总额及其算出依据	
	保险金及救恤金、慰藉费领取的有无及其金额	
备考	添加并开示本申告书有关事项之证据书类及证据物件目录	
	其他相关事项	

资料来源：〔日〕外务省东亚局编《昭和十三年度执务报告》第2册，クレス出版社，1993年影印版，第478页。

---

① 〔日〕外务省东亚局编《昭和十三年度执务报告》第2册，クレス出版社，1993年影印版，第487~489页。

表11-7 损害申告书（财产损害）第二号

申告者	姓名 生年月日 原籍地 现住地 被害时住所 职业	
损害	被损害者	姓名 生年月日 原籍地 现住地 被害时住所 职业 申告者与被害者的关系 被害者在其地期间
	损害财产的种类、数量、程度、价格及算出依据	
	损害发生场所	
	损害发生时间	
	损害发生的事由及其前后情形	
	保险金及救恤金、补偿金领取的有无及其金额	
备考	添加并开示本申告书有关事项之证据书类及证据物件目录	
	其他相关事项	

资料来源：〔日〕外务省东亚局编《昭和十三年度执务报告》第2册，クレス出版社，1993年影印版，第478页。

据各地领事馆所报数据，截至1938年10月末，日本居留民"被害者"达944人，其中上海死49人，伤343人，被绑架28人，计420人；南京死5人，被绑架12人；苏州被绑架3人，杭州被绑架5人（详见表11-8、表11-9）。①

表11-8 日人被害调查表

单位：人

类别	死	伤	被绑架	计	绑架归还
日本人	204	336	60	600	18
朝鲜人	131	54	74	259	15
台湾人	64	3	18	85	
合计	399	393	152	944	33

资料来源：〔日〕外务省东亚局编《昭和十三年度执务报告》第2册，クレス出版社，1993年影印版，第495页。

---

① 〔日〕外务省东亚局编《昭和十三年度执务报告》第2册，クレス出版社，1993年影印版，第495~496页。

表 11-9　各领事馆辖区日人被害调查表

单位：人

领　馆	死	伤	被绑架	计	绑架归还
北　京	249	28	23	300	
上　海	49	343	28	420	2
苏　州			3	3	
天　津	7	1	12	20	5
山海关			5	5	5
塘　沽					
唐　山	7	3	9	19	6
石家庄	1	1		2	
青　岛	5	10	1	16	
威海卫					
坊　子	5			5	
济　南	2	1	32	35	3
张　店	3	2		5	
博　山					
汉　口					
广　东			4	4	
南　京	5		12	17	
芜　湖					
厦　门	59		5	64	
张家口	4	1	4	9	4
大　同			1	1	1
厚　和			1	1	
包　头					
芝　罘	2		6	8	4
杭　州			5	5	3
香　港		3		3	
合　计	398	393	151	942	33

资料来源：〔日〕外务省东亚局编《昭和十三年度执务报告》第二册，クレス出版社，1993年影印版，第495~496页。

三 领事馆警察事务

1937年11月日军攻陷上海后，分兵两路，一路沿京沪线正面进攻南京，一路沿太湖南岸进攻皖南，扼南京后路。正面日军攻取苏州、无锡等地后，于12月13日占领南京。1938年3月，日军扶持梁鸿志等成立"中华民国维新政府"，管辖苏浙皖三省和上海、南京两市，因"维新政府"是个地方性的临时组织，控制力微弱，并未引起日方的重视，故在1940年3月汪伪政府成立前，华中日占区基本处于"无政府"状态。苏浙皖三省民殷财阜，县人口均在三四十万以上，总人口7000多万。由于日军各师团要继续承担"攻略"任务，为对攻陷的城乡实施有效占领，实行政治经济统制，日本向华中派遣了大批领事馆警察官。

1937年8月上海战事开始时，上海领事馆警察官即编成警察队，之后又将长江上游及华南等地撤来的警察官编成临时警察队，在上海市内及苏州等地配置派出所（见表11-10、表11-11、表11-12、表11-13）。在日军占领地，警察官作为嘱托，直接附属于日军特务机关，担当的"要务"主要有对付空袭、搜查便衣队、检举间谍、居留民营业管理、灯火管制、卫生防疫、取缔流言蜚语及安定人心等。

表11-10 上海警察队编成表

单位：人

队　别	警部	警部补	巡查部长	巡　查	合　计
本　部		1	5	6	12
第一小队	1	2	4	19	26
第二小队	1	2	4	19	26
第三小队		1	4	19	24
合　计	2	6	17	63	88

备注：总指挥署长；1937年8月14日编成。

1938年初，上海总领事与现地陆海军方面协商占领地军政事务的处理权限问题，几经折冲，决定采取与北京方面相同的政策，即实行军方与领事馆警察分掌的措施。一、事变前配置领事馆警察地区，日人的取缔由领事馆警察掌管，但关于军事事项，须与军方协议；二、前项以外地域，以下事项属军方掌管，亦可由军方要求，由领事馆警察协力：关于入境取缔事项、关于居住地域限制事项、关于防谍防共事项、关于取缔流言蜚语事项、关于取缔作战地域内有害安全事项、其他军事上必要事项；三、以下事项由军部掌管，但施行时，可由军部委托领事馆警察执行，具体要求由该地高级指挥官明示有关领事人员：关于军队的卫生取缔事项、关于军事营业的许可事项、有关危害作战地域安定的不正业者取缔事项。① 以下以南京领事馆警察署为中心，考察领事馆警察在汪伪政府建立前的主要活动。

表 11-11　长江上游撤回警察官临时警察队编成表

单位：人

队　别	警部	警部补	巡查部长	巡查	合计
本　部	2	2	7	6	17
第一小队	1	2	4	17	24
第二小队	1	2	4	17	24
第三小队	1	2	5	16	24
第四小队	1	2	4	16	23
合　计	6	10	24	72	112

备注：总指挥警察部长、副指挥第一课长；1937 年 8 月 17 日编成。

表 11-12　华南撤回警察官临时警察队编成表

单位：人

队　别	责任者	人　数	备　考
本　部	北村总指挥以下	42	
第一小队	小野崎警部以下	40	
第二小队	和田警部以下	40	
第三小队	堤警部以下	39	1937 年 9 月 20 日编成
第四小队	高浦警部以下	40	
第五小队	川崎警部以下	32	
合　计		233	

---

① 〔日〕外务省东亚局编《昭和十三年度执务报告》第 2 册，クレス出版社，1993 年影印版，第 163~165 页。

第十一章 日领在汪伪辖区内的活动

表11-13 1937年11月上海市及苏州派出所警察官配置

单位：人

配置场所	警视	警部	警部补	巡查部长	巡查	合计	备考
本署	1	2	4	10	32	49	
昆山路派出所				4	16	20	
北四川路派出所				3	16	19	
海宁路派出所				3	18	21	
狄思威路派出所				3	16	19	
杨树浦派出所			1	3	14	18	
本馆警备				3	17	20	
西部派出所		1		2	8	11	11月30日派遣其中6名
南市派出所				3	7	10	
浦东派出所				3	7	10	
松江派出所				3	7	10	
苏州派出所				3	7	10	预定12月1日派遣
合 计	1	3	5	43	165	217	

资料来源：本表及以上《上海警察队编成表》、《长江上游撤回警察官临时警察队编成表》、《华南撤回警察官临时警察队编成表》参见〔日〕外务省东亚局编《昭和十二年度执务报告》第2册，クレス出版社，1993年影印版，第623～626页。

1937年12月12日，伴随日军在前线的进攻，松井方面军特务部嘱托、原南京领事馆警察署警察吉野、鹈泽、高玉等在田中领事带领下，由陆路自上海向南京出发，准备恢复南京领事馆。田中一行于14日上午到达句容，"在向汤山前进的途中遭遇大约一百名敌军败兵，遂一边向敌人攻击，一边前进"，是日午后4时30分，田中等进入了南京城。① 1938年1月10日，警视安田谦太郎（此前为松井方面军特务部派往南京负责治安工作的队长）带领8名人员，开始以原南京总领事馆警察署的名义处理事务。警察署配置人员如下：巡查部长佐佐木龄三，巡查鹈泽新八、吉野胜、村田辰男、中山光、藤井嘉吉、高玉清亲、原田正德。② 3月6日晚，新任南京总领事花轮义敬从上海乘汽车抵达南京，南京总领事馆正式复馆。③ 7日，花轮亲往陆海军各有关单位，进行到任拜访。开馆后的南

---

① 〔日〕外务省外交史料馆藏《外务省警察史·支那之部（中支）：在南京总领事馆》第48卷，不二出版社，2001，第207页。
② 〔日〕外务省外交史料馆藏《外务省警察史·支那之部（中支）：在南京总领事馆》第48卷，不二出版社，2001，第210～211页。
③ 〔日〕《1942年在南京领事馆报告》，日本国会图书馆藏《领事会议关系杂件》，档号：N8-1-498。

京总领事馆，阵容"明显比以前强大，有1名总领事、1名领事、3名副官、3名书记员、1名警视、20名警察官，以应付皇军占领南京后的新事态，以图居留民在支那得以发展"。①

1938年4月16日，日本陆海外三省有关人员在南京总领事馆就滞留日人的各种营业许可及管理事项举行协商会议，会议出席者如下。陆军方面：兵站司令部千田大佐、第三师团参谋栗栖中佐、南京特务机关大西少佐、南京宪兵队小山中佐、堀川大尉、北原中尉；海军方面：海军武官中原大佐、嵯峨舰长上野中佐；领事馆方面：花轮总领事、田中领事、清水警察署长、佐佐木警部补。会议议决事项如下。一、各种营业的许可方针及许可限度：普通营业在不影响居留民生计的前提下适当予以限制。管制性营业如当铺、古董、浴场、中草药、药品等应慎重审批。特殊营业则按如下方针进行处理：舞厅及咖啡馆暂时不予许可；制药业须监督药品的品质，并限定其生产品种；游乐场仅限于不涉及赌博的营业；赛马场应同有关当局协商之后再做决定；艺妓馆及妓女酒馆须在接受申请后，在调查的基础上决定是否许可；汽车行业一般准予营业；爆炸品的制造与销售仅限于爆竹；电影院已经许可两家，戏剧院还有一家可以许可；旅馆业除已经申请的两家外，由兵站部指定的一家正准备开业；日式饭馆（带有女招待）、饮食店和茶馆已经饱和，暂不许可；冰糖的生产和销售不予批准，冰淇淋可以营业。二、日人在指定区域外居住营业的指导方针：对于已经指定的日人居住区，基本方针是将来要让中国新政权予以认可。对于打算在指定区域外居住营业的日人，只要该区域治安有保障，且不属于军事禁止区域，即予许可。另外，在指定的日人居住区内，只要对日人没有妨碍，则许可中国人居住营业。三、对以中国人为对象的日人营业以及土产购销的统制方针：虽然日人可以与中国人做生意，但不是毫无统制的，需要严加监督与指导。四、关于军营商店和慰安所面向非军人营业的问题：尽管原则上专属于陆海军的军营商店和慰安所应为陆海军直接经营和监督，而不受领事馆的干预，但其中面向普通人营业的军营商店及慰安所不在此范围之内。此类商店和慰安所的普通管理由领事馆担当，对于出入此类军营商店和慰安所的军人及军属的管理，应由宪兵队采取随机、临时检查等方式进行。宪兵队及领事馆应合作保护军人及居留民的安全与利益，并促进经营者事业朝健康的方向发展。将来根据兵站部指示而设立的军方专属的特殊慰安所当处于宪兵队的管理之下，对于已经设立的慰安所，兵

---

① 〔日〕1938年3月8日《东京朝日新闻》。

站部方面在考虑到普通居留民的需求与便利后，将把其中部分慰安所纳入特殊慰安所之列。如果军方专属的军营商店及特殊慰安所是由陆海军双方共同许可经营的，为了方便领事馆处理事务，当由陆海军的宪兵队随时将经营状况、经营者的籍贯、住址、姓名、年龄、出生年月、死亡等身份上的变动情况向领事馆方面通报。①

根据以上方针，1938年5月25日，南京领事馆重新制订警察署勤务规程细则，规定警察署设立警务系、外勤系、行政系、高等系、司法系等系，各系设主任及副主任1人，具体分担事务如下。

警务系：核查巡查身份事务；巡查的教育、训练及监督事务；署员的非常召集事务；领事馆内火灾预防、消防、清洁卫生、警备等事务；署员宿舍事务；汽车的使用以及司机、勤杂人员的监督事务；枪支弹药的保管、借用登记等事务；署员的武术事务；遗失物、漂流物、埋藏物的处理事务；会计事务；外务省共济会事务；根据警察署勤务规程第二十二条，制作警察事务统计表。

外勤系：码头、车站等管理事务；户口调查事务；行政搜查事务；各种营业等调查和监察事务；交通警察事务；消防事务；依据警察署勤务规程第二十二条，制作警察事务统计表。

行政系：各种营业的申请处理事务；文件的收发、整理、编纂、保存等事务；整理在留者名册事务；开具各种证明事务；身份证及有关征兵事务；救助和遣返精神病人、路旁病人及谋生者事务；各种统计事务；传染病预防等卫生诊疗事务；风俗管理事务；取缔危险品事务；电影机构的振兴和管理事务；教导及人事方面的事务；临时检查各种严加取缔营业的事务；居留民的其他事务；依据警察署勤务规程第二十二条，制作警察事务统计表。

高等系：汇集和报告情报事务；朝鲜人和台湾人事务；中国共产党及其他思想问题事务；抗日分子及敌方散兵游勇事务；监视要人等事务；外事警察及对外谈判事务；取缔结社与集会事务；居留民会选举事务；宗教事务；管理出版物及新闻杂志事务；指导与中国机关联络事务；禁止滞留事务；根据警察署勤务规程第二十二条，制作警察事务统计表。

司法系：搜查和检举犯罪事务；行刑和押送犯人事务；拘留及监狱事务；对奇异死伤者进行医学检查验证事务；处理罪犯没收物等事务；检察官事务；司法文件的收发、整理、编纂、保存等事务；管理流浪者事务；

---

① 〔日〕外务省外交史料馆藏《外务省警察史·支那之部（中支）：在南京总领事馆》第48卷，不二出版社，2001，第216~219页。

根据警察署勤务规程第二十二条，制作警察事务统计表。①

截至1938年底，南京领事馆警察署共有99名警察官，分别在职权范围内行使职务。各系人员配备及分掌事务见表11-14。

表11-14 1938年南京领事馆警察署分掌事务表

单位：人

区分	类别	警视	警部	警部补	巡查部长	巡查	合计	备注
内勤	署长	1					1	
	警务方面			1	1	5	7	其中3名为领事馆会计助理
	行政方面			1	1	5	7	其中交通员2名
	高等警察方面		1		2	5	8	
	司法方面				1	4	5	由主任兼任高等警察
	合计	1	1	2	5	19	28	
外勤	特别警戒					1	1	
	监牢值班甲部					2	2	
	监牢值班乙部					2	2	
	本署外勤甲部				1	6	7	
	本署外勤乙部				1	6	7	
	中山路派出所			1			1	
	中山路派出所甲部				1	6	7	
	中山路派出所乙部				1	6	7	
	下关派出所甲部				1	6	7	
	下关派出所乙部					7	7	其中1名代理部长
	正在卸甲甸出差				1	6	7	
	因病回国休养者				1	4	5	
	未到任者				1	1	2	
	合计			1	8	53	62	
总计		1	1	3	13	72	90	

资料来源：〔日〕外务省外交史料馆藏《外务省警察史·支那之部（中支）：在南京总领事馆》第48卷，不二出版社，2001，第233页。

---

① 〔日〕外务省外交史料馆藏《外务省警察史·支那之部（中支）：在南京总领事馆》第48卷，不二出版社，2001，第224~226页。

1938 年，南京警察署共办理特种营业、艺妓女招待等许可事项 304 件（艺妓 63 件、陪酒女 94 件、女佣 31 件、女侍 116 件）、身份调查 8 项、营业调查 550 项、营业临时检查 1 项、住宅搜查 10 项、说教 9 项、拘留违反馆令 12 人、罚款 5 人、处罚刑事被告 22 人、监禁 3 人、拘留 15 人。① 居留民的普通营业许可及日人犯罪处理情形详见表 11－15 及表 11－16。

表 11－15　1938 年日本居留民普通营业许可表

单位：件

职业类别	开业	关闭	年末状况
饮食店	107	9	98
甲种料理店	15	2	13
乙种料理店	14	1	13
旅馆、寄宿及租赁	20	2	18
游乐场	4		4
浴室	1		1
剧院、电影院	3		3
理发业	4		4
当铺、古董商	3		3
普通医师、牙科医师	9		9
接生婆	2		2
护士	1		1
中药商、销售批发业	11	1	10
针灸推拿	1		1
代书业、中介业	1		1
兑换业	2		2
土木建筑承包业	21		21
汽车业	34	1	33
仓库业、运输业	2		2
石油汽油销售业	2		2
洗衣业	3		3

---

① 〔日〕外务省外交史料馆藏《外务省警察史·支那之部（中支）：在南京总领事馆》第 48 卷，不二出版社，2001，第 235 页。

续表 11-15

职业类别	开业	关闭	年末状况
百货店	1		1
制造厂	4		4
铸铁业	1		1
杂货商贸易商	169	2	167
照相业（照相及像材销售）	25	1	24
和服商	7		7
洋服商	5		5
鞋业及皮革商	4		4
酿造业	3		3
生鱼、海产品商、蔬菜商	8		8
水果商	2		2
面粉业	3		3
豆腐、魔芋	6		6
糕点商	41	1	40
书报杂志文具商	6	1	5
草席店	1		1
建筑材料	3		3
乐器店	1		1
导游业	1		1
电器商	8		8
燃料焦炭煤球	2		2
殡仪馆	1		1
保险代理店	3		3
木材商	1		1
印刷业	4		4
自行车商	7		7
刀剑商	1		1
钟表商	7		7
广告制作销售	1		1
裁缝业	1		1
合计	588	21	567

资料来源：〔日〕外务省外交史料馆藏《外务省警察史·支那之部（中支）：在南京总领事馆》第48卷，不二出版社，2001，第234~235页。

表 11-16 1938年警察官处理日人犯罪件数及检举件数

单位：件

类别	犯罪件数	检举件数	
		辖区内	辖区外
杀人未遂	1	1	
盗窃	32	12	
诈骗	2	2	
私吞他人钱财	2	2	1
诱拐人口	2	2	
猥亵	1	1	
教唆他人通奸	1	1	
出售赃物	1	1	
侵吞公家财产	1	1	
失火	2	2	
业务上过失伤人	1	1	
业务上过失伤人致死	3	3	
违反鸦片麻醉剂取缔令	18	19	
合计	67	48	1

资料来源：〔日〕外务省外交史料馆藏《外务省警察史·支那之部（中支）：在南京总领事馆》第48卷，不二出版社，2001，第236～237页。

四 占领地的宣抚工作

日本占领华中后，视华中为"以战养战"的基地，统治方针与东北、华北地区基本相同。但华中毕竟是蒋介石政权统治中心，英美势力在此盘根错节。为控制华中各县，上海日军特务部选拔满铁会社成员、"满洲国"日本官吏、东亚经济调查局人员、刚毕业的日本学生和在华领事馆警察等"支那通"和"知识人"，迅速组成宣抚班，分赴华中各县市，展开"枪后的工作"，以期巩固战果和安抚民心。

日人在中国设置宣抚班，始于1932年。时关东军为讨伐中国义勇军，临时配置一支宣传队，对占领区民众实施怀柔政策。伪满建立后，日人为开展宣传工作，在中央设置"中央宣抚小委员会"，省设置省宣抚小委员会，县设置县宣抚小委员会，县宣抚小委员会编成宣抚班，班内有日本人，也有"归化的中国人"，班长一般由伪县长担任。① 宣抚班的任务是依托地方伪组织，"进行民心安定、秩序恢复等斡旋工作，并逐次普及亲日反共思想"，宣抚品有传单、标语、昭和糖、仁丹、洋烟、洋火等。② 1937年七七事变后，东北的宣抚头目八木沼丈夫应支那驻屯军的电请到天津组建华北宣抚班。1938年初，华北宣抚班本部迁至北京，隶属于日本华北方面军宣传部。到汪伪成立，华北389个县已有275个县设置了宣抚班，宣抚班员达2925人。③

1937年11月，上海日军特务部制订《宣抚班工作要领》，决定在总务班内设置宣抚班，"使作战地域内的支那民众了解此次事变之帝国真意，消除排日抗日及依存欧美之思想，在政治经济思想等方面营造亲日气氛，使庶民信赖皇军之恩惠，迅速复归正业"。④ 基于以上方针，《要领》要求宣抚班进入现地后，要与驻屯部队（警备队）紧密联络，依靠警备队展开宣抚事务，工作重心在政治上是指导治安维持会及自治委员会的成立，在社会经济上是救恤难民，谋求人心的安定。

伴随日军占领地的扩大，1937年11月下旬，日军特务部要求上海领事馆方面协助宣抚治安工作，上海领事馆遂向外务省请示是否同意。外务省回训表示：应欣然参加。⑤ 11月20日，上海领事馆在与现地军方协议后，决定编成3个班，每班10个人，在冈村宪兵大尉的指挥下，在南市、浦东和松江地区进行宣抚工作。其中南市宣抚班成员为巡查部长中西常藏、范忠常、原茂，巡查宫重静、石井谦吉、渡边章夫、冈岛范兴、斋藤运次郎、伊藤义雄、长谷川八郎；浦东宣抚班成员为巡查部长久家藤吾、平川猪一、田口正则，巡查潘薯、佐藤尚善、山口芳雄、木内卫、岸本国藏、渡边茂雄、深川唯男；松江宣抚班成员为巡查部长大内佐武、藤武猛、市川直彦、巡查田代清人、酒井甚一、藤井嘉吉、筑岛岁雪、刘有、

---

① 参见〔日〕"满洲国"中央宣抚小委员会编《宣抚月报》（1936、1937年），第35页。
② 《满铁·1937年宣抚工作计划》，参见〔日〕井上久士编《华中宣抚工作资料》（十五年战争极秘资料集·13），不二出版社，1989，第2～5页。
③ 〔日〕青江舜二郎著《大日本军宣抚官》，芙蓉书房，1970；另参见〔日〕井上久士编《华中宣抚工作资料》（十五年战争极秘资料集·13），不二出版社，1989，第12～18页。
④ 〔日〕井上久士编《华中宣抚工作资料》（十五年战争极秘资料集·13），不二出版社，1989，第51页。
⑤ 〔日〕外务省外交史料馆藏《外务省警察史·支那之部（中支）：在上海总领事馆》第42卷，不二出版社，2001，第83页。

秋冈元道、中村辰藏。①11月30日，上海领事馆另以6名警员组成宣抚班，在东川宪兵少尉的指挥下，在上海西部曹家渡活动。之后，上海领事馆又以原苏州领事馆员为主，编成苏州宣抚班，在宪兵队的指挥下返回苏州活动。苏州宣抚班成员为巡查部长冈村有次、冈田茂一、伊藤宇惠知，巡查鹤田龙助、安藤竹次郎、吉川伊佐、平野胜三、岩田利雄、春日柾雄、林溪。②以上宣抚班的初期工作是：难民复归斡旋、军情报告、各种宣传传单之张贴、抗日文字之消抹、尸体收容、组织保安队（胸部有标识，手持棍棒）、职业周旋（人力供给、计划设立生活无力者收容所）、食品调查及商谈斡旋、命自治委员会恢复病院等。第二期的工作是：电灯事业复活、道路扩张及市区改正、小学校开设、城市增设、电话事业复活、交通机关整理等（见表11-17）。③

表11-17 上海领事馆宣抚班及其活动区域表

单位：人

区域	指挥	警部	警部补	巡查部长	巡查	计	摘要
南市	冈村宪兵大尉			3	7	10	11月20日决定编成
松江				3	7	10	11月20日决定编成
浦东	东川宪兵少尉			3	7	10	11月20日决定编成
上海西部曹家渡		1		1	4	6	11月30日决定编成
苏州				3	7	10	
合计		1		13	32	46	

资料来源：参见〔日〕外务省外交史料馆藏《外务省警察史·支那之部（中支）：在上海总领事馆》第42卷，不二出版社，2001，第83页。

最初，上海日军宣抚班总部仅有管野中佐等3人，而到1938年3月则增至30多人，并设置企划、庶务、文书、人事、会计、自治、经济、救疗、情报、宣传、教化、治安等12个课。随华中战事演进，宣抚班总部开始调整宣抚计划，决定在华中日占区派遣宣抚班支部，其设置以

---

① 〔日〕外务省外交史料馆藏《外务省警察史·支那之部（中支）：在上海总领事馆》第42卷，不二出版社，2001，第90~91页。

② 〔日〕外务省外交史料馆藏《外务省警察史·支那之部（中支）：在上海总领事馆》第42卷，不二出版社，2001，第91页。

③ 〔日〕外务省外交史料馆藏《外务省警察史·支那之部（中支）：在上海总领事馆》第42卷，不二出版社，2001，第83页。

"一县一班"为原则,每班2~6人不等。汪伪成立前各地共设4个支部37个班:上海支部13个班,其中南市11人、嘉定5人、宝山4人、崇明3人、真茹4人、昆山3人、太仓4人、青浦5人,计39人;苏州支部5个班,其中苏州3人、常熟2人、无锡2人、吴江4人,计11人;嘉兴支部6个班,其中嘉兴5人、松江6人、南浔6人、嘉善3人,计23人;镇江支部5个班,其中镇江6人、扬州和丹阳均5人、常州2人,合计13人,另杭州市7人,南京市5人,湖州7人,芜湖6人,总计宣抚员二百四五十名,其中满铁派员近70人。① 为增加宣抚力量,特务部还请日本在华领事馆馆员作为军队顾问,受特务部长官的指挥,担当占领区的治安及宣抚工作。

一般情况下,领事馆宣抚班到达现地后,首先进行住民调查,在警备队协力下,扫荡"不良分子",清除抗日宣传布告,散发亲日传单,印发良民证等。随后,积极网罗地方"贤达",成立治安维持会及"自治委员会"等傀儡组织,以稳定地方秩序。为搜刮当地物资,宣抚班实行严格的物资统制,直接与伪组织的附属机构如合作社等进行物资交换。由于占领地区金融机关多已倒闭,宣抚班还在占领区强制推行军票。为收揽民心,宣传"皇军的德政",宣抚班用简单的医疗器具,对当地百姓施行医疗,并设置难民收容处,将日本军队没收的米粮,配给各"自治会"统一发放。如镇江设4个难民收容处,收容约4000名妇女儿童,按时配给白米;扬州设5个难民收容处,收容妇女儿童约2000名,一日两次配发白米粥;杭州设5个施粥厂;苏州设10个难民施粥处,并补助自治委员会2000元资金等。② 为推行奴化教育,宣抚班还在上海、杭州、苏州、嘉定、无锡、松江等地开办日语学校多所,教材或由宣抚班临时编纂,或直接使用"满洲国"的教科书。

综观日本占领初期华中宣抚班的活动情形,较之东北、华北地区有很大差异。在数量上,华中宣抚班总数仅及华北的十分之一左右,更不能与东北相提并论。就一个班来说,华中只有三四个人,东北却在10人上下;在人员构成上,东北的宣抚班内,中国人占相当大的比例,华北、华中则多为日本人;在形式上,东北宣抚班附属于"满洲国",在伪满辖区内宣

---

① 〔日〕井上久士编《华中宣抚工作资料》(十五年战争极秘资料集·13),不二出版社,1989,第48~50页。
② 〔日〕井上久士编《华中宣抚工作资料》(十五年战争极秘资料集·13),不二出版社,1989,第51~52页。

抚，华北宣抚班附属于各作战部队，从事战地宣抚，而华中宣抚班则主要是在日军的经过地实施宣抚，虽受日军特务部的指导监督，却有很强的独立性；在职能上，东北宣抚班较为单一，纯粹是一支战时宣传队，华中宣抚班和华北宣抚班一样，除进行思想宣传外，还要负责物资统制，扮演"以战养战"的角色，其最重要的职能，则是组建所谓"自治机关"，维持地方治安。总体看来，东北、华北、华中的宣抚班均为日军的附属组织，是日军的特务宣传机关。日军当局认为，战争时期，依靠军队进行宣传，有利有弊："由于蒋政权的抵抗、共产党的宣传和抗日分子的活跃，占领地民心极易动摇，这就需要一个强大的力量加以控制，而军队就是这样一种力量，因为军队长期研究中国，拥有优秀的理论家和思想家，比日本任何专家学者都了解中国，军人比任何人都具有坚定的信念和实践经验。但依靠军队进行宣传，有一个无法克服的限制，即只要支那军队还在抵抗，军队就要从文化工作的第一线退出，而将宣抚工作托付于一些'专家学者'，处于从背后支持的地位"。① 因此在日军全力进攻南京的情形下，宣抚班开进华中各地，控制华中的基层组织，成为日军风卷残云过后废墟上的最高统治者。由于有警备队协助其"讨伐"新四军、游击队，又有维持会、"自治委员会"等帮助其维持治安，宣抚班发挥出巨大能量。

审察宣抚班运行机制图（图11-1），华中宣抚班统治的奥秘其实就是"以华制华"。对如何选择"会长"或"委员长"来"制华"，宣抚班慎之又慎，他们希望有一些"德高望重"的人为自己服务，不希望役使者是个"三流人物"。而网罗一些有影响的人与之为伍，这不仅表明日人的统治符合"王道"，更会省去许多麻烦。一般情形下，傀儡机关所使用的要人，日人均要对其"思想动向"进行考核，具体内容有"对支那事变及大东亚战争的认识程度"、"对职务的忠实态度"、"对日本的态度感情"、"人格"、"德望"、"政治手腕"、"可否任现职"等。② 宣抚班任命伪组织正职后，一面对其严格监视，一面给予优厚的待遇，以使他们俯首帖耳听任使唤。而对于伪组织内部或属下的人选，如会员、委员、镇长、村长、街长等，宣抚班则让他们互选推举，并规定推举人负连带责任。③

---

① 〔日〕宇田尚著《对支文化工作草案》，改造社，1939，第166~168页。
② 上海市档案馆藏《中国方面要人考核资料》，转引自上海市档案馆编《日本帝国主义侵略上海罪行史料汇编》（上编），上海人民出版社，1997，第321页。
③ 参见上海市档案馆编《日伪上海市政府》，档案出版社，1986，第142页。

如此，在纵的方面，宣抚班自上而下层层节制，横的方面则使中国人相互牵制，人人自危，从而构成牢固的基层控制体系。

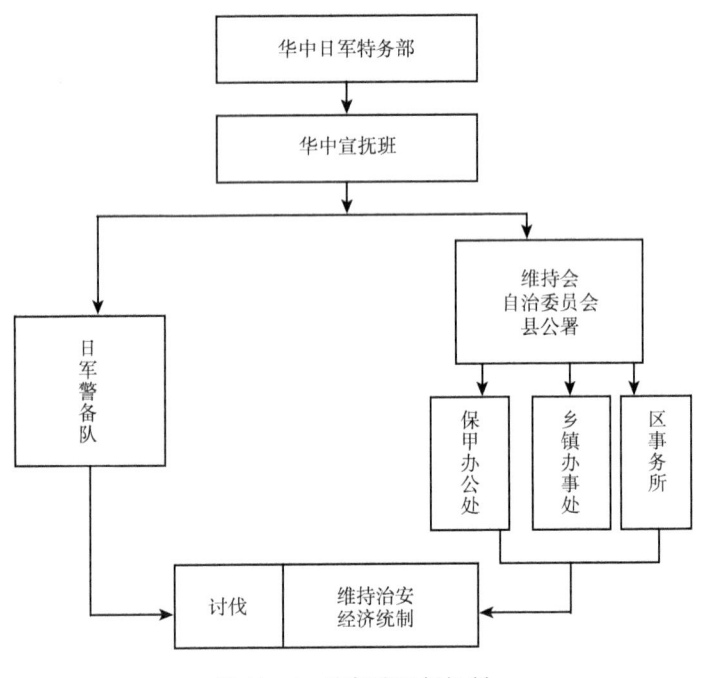

图 11-1　宣抚班运行机制

日本华中方面军攻取华中，目标是占领南京，推翻国民政府，征服全中国，不成，则起码要建立一个统一的伪政权。军事进攻成为日军要务，对于所过各地，无暇顾及。宣抚班进入各县后，立即组建地方行政机关，之后除将"自治委员会"改为县公署外，并未受到来自"维新政府"的压力。但终因宣抚人员有限，控制力盲点较多，给游击队的活动留下余地。1940年汪精卫上台后，一次又一次地对华中地区进行"清乡"，宣抚班控制体系的缺陷是一个重要原因。随着中日战争相持阶段的到来和汪伪势力的稳固，宣抚班的政治职能逐渐萎缩，最终变成一个纯粹的战时宣传组织，融入伪政府的宣传机构。

第十二章 日本在华领事裁判权的撤废

一 清末民初中日法权的交涉（1902～1927）

清廷被迫与他国签订不平等条约，允他国在中国行使领事裁判权后，领事裁判权不仅在条约上束缚中国，外人损害中国法权的事实也经常发生。为废除领事裁判权，清廷一面命沈家本、伍廷芳等"效制欧美"，"整顿司法"，① 以消弭西方行使领事裁判权的借口，一面坚持条约壁垒，"努力防护"外人条约外之侵略，② 并寻找时机，设法与各国重新订约。

根据《辛丑和约》第十一款规定，中国嗣后应和有约诸国重订通商行船续约，清廷于是借机和列强商讨废除领判权问题。1902年1月10日，中英谈判在上海举行，9月5日，两国签订《续议通商行船条约》。该约第十二款内载："中国深欲整顿本国律例，以期与各西国律例改同一律，英国允愿尽力协助，以成此举，一俟查悉中国律例情形及其审断办法及一切相关事宜皆臻妥善，英国即允弃其治外法权"。③ 此款成为以后各国有条件放弃领事裁判权的参照。1902年9月，中美谈判在上海开始，双方共会议60余次，历时几近一年，辩论不下数十万语，终将"英约所有、美约所无之治外法权"问题，"强令增入"，此即中美《通商行船条约》第十五款："中国政府深欲整顿本国律例，以期与各西国律例改同一律，美国允愿尽力协助，以成此举。一俟查悉中国律例情形及其审断办法并一切相关事宜皆臻妥善，美国即允弃其治外法权"。④

中日两国的治外法权问题，也于通商续约内言及。1903年6月，中日两国专员在上海、北京迭次会商通商续约问题，磋磨三月之久，10月8日始行订约。⑤ 议约大臣吕海寰、盛宣怀、伍廷芳、张之洞、刘坤一等后

---

① 梁敬錞著《在华领事裁判权论》，商务印书馆，1930，第160页。
② 梁敬錞著《在华领事裁判权论》，商务印书馆，1930，第160页。
③ 王铁崖编《中外旧约章汇编》第2册，三联书店，1957，第109页。
④ 参见《清季外交史料》，第159、162、175、179卷。
⑤ 参见中华人民共和国海关总署研究室编译《辛丑和约订立以后的商约谈判》，中华书局，1994，第209～253页。

来会奏议约经过，内称："上年五月间，即准日使日置益、小田切万寿之助（日驻上海总领事——引者）开送约款十三条，索我在沪开议……臣等往返会商准驳宗旨，全以抱定英约为主，凡英约所有者，自应均照英约办理，不能丝毫有异；英索而我未允者，仍不能稍予迁就"。① 奏章逐款言明磋商经过，表达十分不易、全力争取之意，讲到第十一款时，仅轻描淡写的一句，即："第十一款曰治外法权，系照英约向其索添"。② 查第十一款原文为："中国深欲整顿本国律例，以期与东西各国律例改同一律，日本国允愿尽力协助，以成此举。一俟查悉中国律例情形及其审断办法及一切相关事宜皆臻妥善，日本国即允弃其治外法权"，其约文与中英、中美的表述并无二致。未几，日俄战争爆发，日人在东北大肆蹂躏中国人民，所谓"允弃其治外法权"之承诺，遂成一纸具文。

孙中山一直主张废除不平等条约，并为此奔走呼号。民国元年元旦，孙中山在临时大总统就职宣言中称："临时政府成立以后，当尽文明国应尽之义务，以期享文明国应享之权利。满清时代，辱国之举措及排外之心理，务一洗而去之"。③ 1914 年 11 月，孙中山北上解决国是，绕道日本神户，24 日在欢迎宴上演讲时称："若是日本真有诚意来和中国亲善，便先要帮助中国废除不平等的条约"。④ 12 月 1 日，孙中山在门司接受日本记者采访，在回答"二十一条是否在改良之列"时指出："所有中国同外国所立的一切不平等条约，都是要改良，……二十一条的要求，也当然是在要改良之列"，他并反问日本记者："己所不欲，勿施于人。假若美国对于日本也有二十一条的要求，你们日本是不是情愿承受呢？"1925 年 3 月 11 日，孙中山病笃，临终仍在其遗嘱内谆谆告诫："最近主张开国民会议及废除不平等条约，尤须于最短期间，促其实现"。⑤

北京政府时期，时局混乱，但对于法权仍全力维护。1914 年欧战开始，1917 年 8 月中国加入协约国方面向德奥宣战。1917 年俄国爆发十月革命，1920 年苏俄政府宣布不承认原沙俄驻华使节，并宣布废除在华领

---

① 王芸生著《六十年来中国与日本》第 4 卷，三联书店，1980，第 153～154 页。
② 王芸生著《六十年来中国与日本》第 4 卷，三联书店，1980，第 156 页。
③ 洪读：《国父关于废除不平等条约之主张》，载于林泉编《抗战期间废除不平等条约史料》，台湾正中书局，1983，第 471 页。
④ 洪读：《国父关于废除不平等条约之主张》，载于林泉编《抗战期间废除不平等条约史料》，台湾正中书局，1983，第 477 页。
⑤ 洪读：《国父关于废除不平等条约之主张》，载于林泉编《抗战期间废除不平等条约史料》，台湾正中书局，1983，第 478～479 页。

事裁判权。9月23日，中国政府以大总统名义，命令停止在华俄使领待遇，并宣告收回俄在华领事裁判权。1924年5月，中苏签订"解决悬案大纲"予以确认。此外，中国虽于宣战期间，制定捕获审检厅章程，管理德奥侨民在华诉讼，但此纯为战时临时措施。巴黎和会时，中国对德和约，未有签字，对奥和约，虽经签字，而领事裁判权条款却为约中所无，未能作为撤废奥国在华领事裁判权的依据。直至1921年中德协约成立，1925年中奥通商条约成立，德奥在华之领事裁判权，始正式告终。①

1919年巴黎和会期间，中国代表要求撤废各国在华领事裁判权，具体提案如下。甲、中国请求有约诸国先于一定期间内，俟中国实行下列两条件后，将现行于中国境内领事裁判权之陋制，实行撤废。一、刑法、民法及民刑诉讼法，完全颁布；二、各旧府治所在之地（即实际上外国人普通居住之地）地方审检厅，完全成立。中国允于五年内实行上列两条件，同时要求有约诸国允俟该条件实行后，即将领事裁判权撤废，其在中国境内设有特别法庭者，同时一并裁撤。乙、在领事裁判未实行撤废之前，中国要求有约诸国立为下列两项之许可：一、华洋民刑诉讼被告为中国人，则由中国法院自行讯断，无庸外国领事观审参预；二、中国法院依法发布之传票拘票判决书，得在租界或外国人居宅内执行，无庸外国领事或司法官预行审查。②

上述提案，为中国法权运动在国际正式声明之第一次。收回法权的办法，极为慎重小心，其程度亦甚低微。关于甲项，有五年时间以为限制，且以完成民刑全部法典（其时民刑法律均已部分制定施行）为条件；关于乙项，中国对于有约国的要求，毫无过当。与会各国代表对于领事裁判权的弊害，虽亦相当承认，而对于中国如此低度的要求，竟漠置不理。和会议长法国总理克里孟梭于1919年5月14日照会中国代表团称："联盟领袖会议充量承认此项问题之重要，但不能认为本和会权限以内，拟请俟

---

① 两约中相关条文如下。《中德协约》第三条第二项：两国人民于生命以及财产方面，均在所在地法庭管辖之下。《中德协约声明》文件：兹正式声明如次，允认取消在华之领事裁判权。《中奥通商和约》第四条：两国人民之民刑事诉讼案件，均在所在地法庭管辖之下，该人民为行使及防卫自己权利起见，有向所在地法庭声诉之自由，并得与所在国本国人民一体委任律师及代理人。在中国奥人之诉讼案件，应由新法庭以新法律通常手续审理之，并有上诉之权，在诉讼期间，奥籍或他国籍之律师及翻译，如经法庭正当之承认者，得许其出庭。参见梁敬錞著《在华领事裁判权论》，商务印书馆，1930，第165页。

② 参见梁敬錞著《在华领事裁判权论》，商务印书馆，1930，第174~175页。

国际联盟会行政部能行使职权时,请其注意"。① 于是中国代表在巴黎和会上收回法权运动,遂告失败。

1921年华盛顿会议召开,中国代表被邀到会。在太平洋远东委员会第六次开会时,王宠惠就各国撤废领事裁判权问题,提出下列意见:

> 各国在华之领事裁判权,固基于条约,但当中国许与领事裁判权之时,外人贸易居住之地,仅有五埠,今则约定通商口岸,已达五十处,自辟商埠亦有五十处,是住居中国领土以内之外人,不受中国法权之管辖者,日见其多,此种非常情形,已成为中国地方行政棘手之难题,中国领土与行政上之完整,如应不加侵犯,则此难题应即解决。今日之中国,非二十年前英美鼓励改革司法制度时之中国,且尤非八十年前以领事裁判权许与各国时之中国,本席并非要求各国应将领事裁判权立时废止,不过要求各国与中国协同办理改良或撤废现行领事裁判制度之种种办法,盖现行该制度之不能使中外人民满意,已为世界所公认……本席今以代表团名义,请求参与此次会议之各国,协允于一定时期届满后,放弃其在华之领事裁判权,在此时期内,拟请各国于一定日期指派代表与中国商议分期修改与完全撤废之办法,并于上述时期内实施。②

从王宠惠所提撤废办法来看,比巴黎和会更加平和。巴黎和会上的提案,并不要求分期撤废,最长期限不过五年,此次会议仅要求各国自定放弃领事裁判权的时期,并与中国协议分期修改与完全撤废办法。即便如此,与会各国代表对此仍难赞同,卒由美主席休斯提出调停办法,由与会各国组织调查机关,调查中国司法实施情形,然后再决定撤废其在华领事裁判权的态度。该办法于1921年12月10日在太平洋远东委员会上通过。③

根据华盛顿会议议决案,法权委员会应于会议闭幕后三个月,即1922年5月6日来华调查。后因北京政府准备未周,请求延至1923年11月1日到京开会。而法国又以"金佛郎案"为由延批华盛顿条约,直至1924年始认该约。五卅惨案后,中国掀起废除不平等条约

---

① 参见梁敬錞著《在华领事裁判权论》,商务印书馆,1930,第175页。
② 转引自梁敬錞著《在华领事裁判权论》,商务印书馆,1930,第176页。
③ 参见梁敬錞著《在华领事裁判权论》,商务印书馆,1930,第176~177页。

运动，日本政府遂决定率先促成召开"法权调查委员会"，以便掌握主动权。

1925年9月10日，日本驻美大使松平依外务大臣币原训令，面晤美国务卿，请美国政府照会各国政府，从速召集法权委员会会议，美国政府欣然表示同意。① 日本外务省得知美国意见后，决定提议在12月18日召开，并将计划函示驻华公使和驻美大使，令其与当地政府交涉。② 9月17日，日本驻华公使芳泽致电外务大臣币原称：已向中国外交总长建议，在12月18日召开委员会会议，并提议该委员会不仅限于调查，而且有议决的权限，对此，段祺瑞执政表示同意，并感谢日本的好意。10月11日，驻美大使松平报告外务省，据闻各国对日本所提的召集日期并无异议。15日，松平又致函外务省，称"美政府对日本所提12月18日开始治外法权调查一案，亦表赞成"。③ 当时，日本政界对于日本政府此项提议甚为满意："盖日本首先提倡，并觉中国对于彼之行为必表感谢，治外法权实行调查，则日本对华政策必可开一新局面，日本愿与中国为友，日本又愿设法铲除从前所发生之恶感，且欲华人重视日本态度之诚恳，日本期望利于对华贸易之增加，与铲除华人继续抵制日货之忧虑"。日本政界同时也预见到："取消治外法权断非调查后立即实现，据日本各派之意见，数年后此项计划方有结果之可言，并在调查竣事与向列国报告后，列强是否全体

---

① 〔日〕外务省编《日本外交文书》1926年第2册下卷，日外务省发行，1987，第870页。

② 关于法权会议延期召开一事，各国认为责任全在中国。而中国政府认为，虽曾因翻译律例，未告完竣，请求展缓，但此后则屡催各国派员到华调查，而各国借词延宕，不欲实行。中国先后催促各国派员调查函件如下：1922年4月8日，外交部电致驻美施使商美政府，改于1923年秋间派员；1922年4月21日，电驻美施使，商美政府，派员展期；1923年4月7日，电驻美容代办，告美政府，请委员于1923年11月内开会；1923年4月23日，驻美容代办电称，美政府赞成1923年11月1日在北京开会；1923年11月18日，中国政府收驻美施公使电，称美外部照会，本年11月1日会期，各国未能一致赞同，拟改为1924年11月1日；同年12月12日，中国政府电驻美使，称美政府提议可表同意；1924年1月26日，驻美施公使电称，美外部照会，1924年11月1日会期，各国未能一致赞同；1924年2月23日，中国政府电驻美施使转告美政府，对于未赞成之国，解释劝告；1924年4月15日，美施使电称，美外部照会，现在时机不宜，俟获良好结果时，自必促订准期。至定于1925年12月18日召开一事，根据日本外交文书，自称先由日本政府提出，再商之于美国和中国。参见季啸风、沈友益主编《中华民国史史料外编——前日本末次研究所情报资料》，广西师范大学出版社，2000，第411页。

③ 〔日〕外务省编《日本外交文书》1926年第2册下卷，日外务省发行，1987，第871页。

容纳,当不在不可知之数,甚或有故意延期致数月或数年之久,亦未可知"。① 可见,日本首倡召开法权会议,不仅可获中国人的好感,且不会真正危及切身利益,实为一箭双雕之举。

1925年11月12日,日本外务省任定参加大会全权委员:日置益为特命全权大使,随员有外务省通商局长佐分利贞男、公使馆一等书记官重光葵、公使馆二等书记官泽田廉二、外务省事务官守屋和郎、外务省事务官盐崎观三、司法省参事官兼检事三宅米太郎等。② 东京政府电训法权会议各代表,要从法理和实际两方面调查司法制度,先行考查现行法律制度(以开会后三个月为期),在实地考查时,由交通便利的城市渐至内地,最后将司法制度的真相编成报告书。③ 关于调查报告书部分,12月6日,日政府阁议决定:一、调查中国治外法权制度之现状,做成中国法律司法制度及司法运用手续之事实调查报告书;二、拟订能令各国首肯之关于撤销治外法权具体办法案;三、调查报告书及具体办法案,于调查委员第一次会议后一年以内提出;四、各国于接到报告书及具体办法案后协议是否另行召集会议,抑仍令旧委员会继续开会讨论;或由各国政府间往返交涉,将中国国内特殊地方先行单独撤销等。12月15日,外务大臣币原致函治外法权委员会委员日置益,再次强调:日本政府之所以提倡召开委员会,一是冀图安定支那人心,二是在该国增进日本之经济利益。④ 币原同时密训各委员:调查项目须参照外务省编纂的支那司法制度、支那警察制度等调查书适当做成,调查报告内,应提出撤废时期、方法以及撤废后内地开放及外国人居住营业等建议。⑤

1926年1月12日,调查法权委员会在北京中南海居仁堂举行开幕典礼(原定于1925年12月18日召开,因交通阻塞,代表未齐而推迟),与会13国(即美、比、英、法、丹、意、日、荷、挪威、葡萄牙、西班牙、中国),代表37人,王宠惠为临时主席。会上,北京政府司法总长马君武

---

① 季啸风、沈友益主编《中华民国史史料外编——前日本末次研究所情报资料》,广西师范大学出版社,2000,第440页。
② 季啸风、沈友益主编《中华民国史史料外编——前日本末次研究所情报资料》,广西师范大学出版社,2000,第441页。
③ 季啸风、沈友益主编《中华民国史史料外编——前日本末次研究所情报资料》,广西师范大学出版社,2000,第461页。
④ 〔日〕外务省编《日本外交文书》1926年第2册下卷,日外务省发行,1987,第871页。
⑤ 〔日〕外务省编《日本外交文书》1926年第2册下卷,日外务省发行,1987,第872页。

首先致辞，表示中国政府"对于司法事务，次第改良，未尝稍懈"，希望各国容纳中国国民要求，"使治外法权，由此可望早日废除，而成为历史上之陈迹也"。① 委员代表日置益强调，会议的召开完全是"日本方面斡旋的结果"。② 会上，日置益致辞，委婉表示领事裁判权的即行废止，须符合"领事裁判权发生之原因"。

> 本会职务甚为重大，各国委员之以今日开会为欣幸，犹贵总长之以为欣幸也。各国委员应召而来会，系根据1922年华盛顿会议议决案，各国政府对于在华领事裁判权问题至为关切，已有年矣。各国委员以为领事裁判权之初入中国，本为便利中外关系之暂时办法，故领事裁判权发生之原因销灭时，领事裁判权当然即行废止。委员等顷闻贵国二十年来司法制度之改良，以为凡中国之进步皆各国之所乐闻者也。中国人民热心主张废除领事裁判权，委员等甚为谅解，极望此次之调查，能使各委员得表示如何可以从速达到此重要之目的。各委员集合于此，皆抱共同之志愿，以最善之意及友谊公平协助之精神进行会务。各委员赖中国政府尽力之襄助，予以调查之资料及其他之便利，必能制成公平及具体办法之报告，此委员等所深信不疑者也。③

此次法权大会凡21次，历时八个月又四日（自1926年1月12日至9月16日）。其间，委员会组团调查了中国各地司法实情，计：高等厅7所，地方厅13所，地方分庭1所，哈尔滨特别法院2所，外国法院及会审公廨5所，监狱14所，看守所15所，外国法院及会审公廨之监狱及看守所9所。委员会在北京会议时，还调查了大理院、京师高等审判厅、京师地方审判厅、北京第一及第二新式监狱等处。④

1926年2月10日，日本治外法权委员会委员日置益向币原报告调查团日程，称调查团预定视察各地两个多月，5月下旬或6月上旬返回北京。视察地点为中国内地，分中部、南部、北部三个区域，南部为厦门、

---

① 季啸风、沈友益主编《中华民国史史料外编——前日本末次研究所情报资料》，广西师范大学出版社，2000，第454页。
② 〔日〕外务省编《日本外交文书》1926年第2册下卷，日外务省发行，1987，第869页。
③ 北京政府外交部编《外交公报》第55期，专件，第2~3页。
④ 参见季啸风、沈友益主编《中华民国史史料外编——前日本末次研究所情报资料》，广西师范大学出版社，2000，第539页。

福州、广东、汕头、宁波；中部为天津、太原、汉口、长沙、宜昌、重庆、芜湖、九江、南京、上海、青岛、张家口；北部为奉天、吉林、长春、哈尔滨。① 4月10日，广东国民政府通令外交部及司法行政委员会，转电各埠交涉员暨各级法庭，拒绝接待"法权考察委员会"到粤调查。令文称："国民政府唯一之职责，在奉行先大元帅之遗嘱，其最先着手，即在废除不平等条约。领事裁判权当然收回，无须由外人调查。"② 4月12日，日本驻广东总领事森田宽藏向币原报告了广东政府的立场。③ 4月15日，日本驻汕头领事代理内田致电币原，内称："据支那新闻报道，广东政府训令当地交涉员，司法制度调查委员一行前来调查之际，不准给予任何便利。本日，已从交涉员处得到证实，因此，调查委员一行，以暂不来此地为宜。"④ 币原立即函示法权委员日置益，委员会的华南调查，遂成泡影。

5月10日，委员会一行十余人开始调查各地法院监所，日置益大使等未能出京，法权委员守屋和郎随行。至6月16日，共行程4200英里。⑤ 调查期间，守屋和郎随时将调查情形密报日置益，日置益再奉报外务大臣。⑥ 如5月16日，守屋和郎在汉口日本总领事馆向日置益报告调查团在汉口及武昌的司法调查情况，分为"汉口支那官员的欢迎、视察汉口的司法制度、视察中国方面的司法机关、视察各国居留地内会审法庭"等部分。⑦ 5月20日，守屋和郎在九江向日置益报告南昌地区的司法制度调查情况，分为"江西省的欢迎状况、江西省的司法状况"等部分。⑧ 5月24日，守屋和郎向日置益报告在江苏、南京的司法制度调查情

---

① 〔日〕外务省编《日本外交文书》1926年第2册下卷，日外务省发行，1987，第889页。
② 参见《国民政府公报》第29号22页；《中国民国史事纪要》1926年1月至7月，第314页。
③ 〔日〕外务省编《日本外交文书》1926年第2册下卷，日外务省发行，1987，第913~914页。
④ 〔日〕外务省编《日本外交文书》1926年第2册下卷，日外务省发行，1987，第914页。
⑤ 参见季啸风、沈友益主编《中华民国史史料外编——前日本末次研究所情报资料》，广西师范大学出版社，2000，第539页。
⑥ 日置益转报外务大臣情形，参见〔日〕外务省编《日本外交文书》1926年第2册下卷，日外务省发行，1987，第924、931、936页。
⑦ 〔日〕外务省编《日本外交文书》1926年第2册下卷，日外务省发行，1987，第925~928页。
⑧ 〔日〕外务省编《日本外交文书》1926年第2册下卷，日外务省发行，1987，第928~931页。

况，分为"在南京与支那官员的联欢、南京的司法制度实况、江苏的司法制度实况"等部分。① 5月27日，守屋和郎向日置益报告上海的司法调查情况，分为"与上海官民的联欢、支那方面司法制度的调查、上海公共租界会审衙门及法租界会审衙门的视察、英美两国在上海正式法庭的视察"等部分。② 1926年6月5日，守屋和郎向日置益报告杭州的调查情况，分为"与杭州官民的联欢、杭州的司法制度视察"等部分。③ 6月6日，守屋和郎向日置益报告青岛视察情况，分为"与青岛支那官民的联欢、青岛司法制度视察"等部分。④ 6月10日，守屋和郎向日置益报告大连奉天调查情况，分为"大连及奉天的欢迎、奉天的司法制度视察"等部分。⑤ 6月16日，守屋和郎向日置益报告哈尔滨调查情况，分为"与哈尔滨官民的联欢、哈尔滨的司法制度视察"等部分。⑥ 6月18日，守屋和郎向日置益报告在吉林的调查情况，分为"与吉林官民的联欢、吉林的司法制度视察"等部分。⑦ 在调查团到达最后一站——天津前，天津司法界唯恐招待不周，"各级法厅大加整顿，修理外观，监狱与看守所亦均极力讲求卫生，以免外人之指责"，"高等及地方审检等厅以各国调查司法委员会不久即将抵津，故日来赶及筹备欢迎，除将一切事务，特加清理，再令模范监狱等额外清扫外，职员等服务亦须更加勤惕，以免该委员等到津，致有遗笑之处"。6月16日，法权会议考察团乘车到津，"由日本司法领事宇佐美六郎氏介绍，参观各级法院"。⑧ 日本方面积极参与法权调查活动情形，可见一斑。

---

① 〔日〕外务省编《日本外交文书》1926年第2册下卷，日外务省发行，1987，第931~934页。
② 〔日〕外务省编《日本外交文书》1926年第2册下卷，日外务省发行，1987，第937~942页。
③ 〔日〕外务省编《日本外交文书》1926年第2册下卷，日外务省发行，1987，第942~943页。
④ 〔日〕外务省编《日本外交文书》1926年第2册下卷，日外务省发行，1987，第943~944页。
⑤ 〔日〕外务省编《日本外交文书》1926年第2册下卷，日外务省发行，1987，第944~945页。
⑥ 〔日〕外务省编《日本外交文书》1926年第2册下卷，日外务省发行，1987，第946~949页。
⑦ 〔日〕外务省编《日本外交文书》1926年第2册下卷，日外务省发行，1987，第949~950页。
⑧ 天津市地方志编修委员会办公室、天津市图书馆编《〈益世报〉·天津资料点校汇编》，天津社会科学院出版社，2001，第526页。

1926年6月23日，法权报告起草委员开始以日美方面提出的报告案为基础，参酌英法等国的建议，会商讨论起草报告书。① 在最后一次会议上，美国委员兼委员会主席司注恩宣告调查委员会报告书成立，并由各国代表签字，他表示："各委员在调查期间，切实进行，诸事甚为顺利，以至短之岁月，成此伟大之工作，于中华民国收回法权，关系甚钜"。② 该报告书分为四编，第一编叙述在华领判权之实施，第二编为中国法律、司法及监狱制度，第三编为中国司法之行使，第四编是该委员会的劝告案。

在报告书第一编内，委员会承认领判权对中国司法主权的某些损害，如法院之复杂及法律之参差，但又声称"各国法庭所适用之法律原则，皆大致相同，无论如何，如有法律冲突问题，仍可循例适用国际法以资救济"。再如领判权造成赴诉法院之不便，但却说"惟大多数外侨居于较大之通商口岸，此等口岸，必有领事，且各国亦有设'轮回审判制'以审理远地案件者，故此种不便亦已消减"等。第二、三两编则对中国司法制度做出严厉指责，并列案证明中国军人对法令、法庭的严重干预，外人生命之安全难得保障，司法行政令人不满等，用以说明中国律例改良并非"皆臻妥善"。③

第四编即该委员会之所谓"劝告案"，此"劝告案"完全出自日本之手，贯穿了日本政府的意图。早在1925年12月6日，日本政府即决定，俟委员会调查后，关于治外法权的撤废方法，将做成建议案，包括：一、地域的渐进撤销方法，即先将通商口岸铁路沿线主要都市的领事裁判权最先撤销，然后徐徐扩充；二、时期的渐进撤销方法，即按照中国司法制度改良情形，先定一撤销时期；三、中间制度采用方法，即混合裁判权、共同裁判所、移审裁判所等制度，设置某一暂行方法等。④ 在起草报告书的"劝告案"部分时，日法权委员会委员代理佐分利慎重审议美国劝告案及中国方面的意见，做成日方提案。1926年8月2日，佐分利在法权讨论会事务所访问王宠惠，与王宠惠商谈"劝告案"问题，并解释

---

① 〔日〕外务省编《日本外交文书》1926年第2册下卷，日外务省发行，1987，第951页。
② 季啸风、沈友益主编《中华民国史史料外编——前日本末次研究所情报资料》，广西师范大学出版社，2000，第482页。
③ 参见季啸风、沈友益主编《中华民国史史料外编——前日本末次研究所情报资料》，广西师范大学出版社，2000，第501~540页。
④ 参见季啸风、沈友益主编《中华民国史史料外编——前日本末次研究所情报资料》，广西师范大学出版社，2000，第498页。

日本方案内关于"撤废治外法权之际，内地开放为当然条件"等条项。委员会代理委员重光葵将会谈结果报告外务大臣，称王宠惠大体同意日方劝告案。① 起草委员会在9月8日以日方提案为基础，加以修正，发给各国委员讨论。② 9月16日，英国表示同意法权委员会"劝告案"的日方修正案，仅对"劝告案"第三节稍做修正，③ 以后各国均表赞同。以日本方案为基础的"劝告案"最终出笼。"劝告案"计有四款，概要如次。

劝告第一款：关于普通人民的司法事项，须归法院掌管。法院须有确实保障，不受行政机关或其他民政或军政机关不正当之干涉。劝告第二款：中国政府应采纳下列计划，以期改良现有法律、司法与监狱之制度。一、中国政府应参酌报告书第二及第三编关于中国法律及司法、警察、监狱制度各节，容纳其意见，对认为有改良之必要者实行改良；二、中国政府应完成及公布下列法律：民事法典、商事法典（包括票据法、海商法及保险法）、第二次刑法修正案、银行法、破产法、专利法、土地收用法、公证人法；三、中国政府关于法律的制定公布与废止等事，应确定并实行一划一之制度，俾中国法律之内容悉臻明了；四、中国政府应推广新式法院、监狱及看守所，以期裁撤县知事审判制度与旧式监狱及看守所；五、中国政府应有相当经费之设备，以便维持法院、看守所、监狱及其职员。劝告第三款：上项所述各建议实行至相当程度以前，如主要部分业经实行，关系各国应中国政府之请求，可商议渐进撤销治外法权之办法，或分区，或部分，或以其他方法，可由双方协定。劝告第四款：治外法权未撤销以前，关系各国政府应参酌报告第一编所述各节，容纳其意见，改良现行治外法权之制度及习惯，遇于必要时应请中国政府协助。一、适用中国法律：关系各国于其在华外国法院或领事法庭，应尽实际上之可能，适用所认为应采用的中国法令；二、华洋诉讼案件及会审公廨：关系各国之人民为原告，受中国法律支配之人民为被告之诉讼，原则上应为中国新式法院（审判厅）办理，无须外国官吏观审或其他之参与。至现有之会审公廨，其组织与程序应尽租界内特别情形所能允许之范围内，加以改革，俾与中国新式司法制度之组织与程序，愈趋一致。享有治外法权国人民为

---

① 〔日〕外务省编《日本外交文书》1926年第2册下卷，日外务省发行，1987，第960页。
② 〔日〕外务省编《日本外交文书》1926年第2册下卷，日外务省发行，1987，第964页。
③ 〔日〕外务省编《日本外交文书》1926年第2册下卷，日外务省发行，1987，第973页。

律师，而在华外国法院或领事法庭，有出庭执行职务之资格者，对于所有华洋诉讼案件，准其代表中外当事人，但除准免考试外，仍须遵守中国关于律师之法令；三、对于中国人或中国人实际上所有之商业航业，受外人（享有治外法权者）保护之流弊，应革除之；享有治外法权国，现在尚无强制其在华人民按期注册者，应设定按期注册办法；四、关于司法互助（包括嘱托讯问），中国机关与享有治外法权各国机关及各该外国之机关，相互间应协定办法。例如：外国人民与受中国法律支配之人民所订关于民事之一切公律协定，应认为有效。依此协定所为之公断，享有治外法权国人民者，由该国在华法院或领事法庭执行，受中国法律支配之人民者，由中国法院执行，但该管法院对于其公断认为有违背公共秩序或善良风俗者不在此限；中国政府与关系各国应订定妥善办法，以备中国法院对于受中国法律支配之人民，依法定程序发出的判决书、传票、拘票或押票，经中国该管机关证明者，得以迅速执行，其由享有治外法权国法院发出者，如需中国机关执行时亦应照办。治外法权未撤销以前，关系各国人民对于中国政府该管机关依法定程序公布法令所制定之税捐，经关系国认为适用于其人民者，应负纳税之义务。①

"劝告案"还称：依各委员之意见，此项劝告实行至相当程度时，各国自可放弃其享有之治外法权。治外法权放弃后，各关系国人民在中国各处，得依照国际普通习惯及公平之标准，以享受居住与通商之自由及私法上之权利，自属当然谅解之事。②

综观该"劝告案"内容，与日政府阁议大体一致，其拖延撤废之伎俩，暴露无遗。因为，中国司法制度何时"实行至相当程度"，不是中国人说了算，也不是一国说了算，而是操之于列国之手。时中国法学家评论称："相当二字，并无明晰界限，则该报告书使用此种字义不明之文字，未免含有伸缩自如之地步，其无诚意，可窥见也"。③退一步说，即使中国法律进步到令列国无可非议的地步，列国无奈放弃治外法权，也还取得"享受居住与通商之自由"等权利。劝告书第一款称，"关于普通人民的司法事项，须归法院掌管。法院须有确实保障，不受行政机关或其他民政或军政机关不正当之干涉"。同样道理，司法独立为一国内政，岂有受外

---

① 参见北京政府外交部编《外交公报》第65期，专件，第1~5页。
② 参见季啸风、沈友益主编《中华民国史史料外编——前日本末次研究所情报资料》，广西师范大学出版社，2000，第489页。
③ 渊泉：《评法权会报告书》，转引自季啸风、沈友益主编《中华民国史史料外编——前日本末次研究所情报资料》，广西师范大学出版社，2000，第490页。

权干涉之理？外人岂能诘问中国法院是否受其他机关"不正当之干涉"？此点又岂能成为撤销治外法权的条件？外人若以此为条件，中国岂不永无收回法权之期日？劝告书第二款称，中国政府应参酌报告书各节，容纳其意见，完成所列各项法律。中国制订何种法律，乃中国司法内政，外人岂能置喙？再如劝告第三款内"各建议实行至相当程度以前，如主要部分业经实行，关系各国应中国政府请求，可商议渐进撤销治外法权之办法"等语，何为"主要部分"，则各国与中国之间必有争议。关于撤销方法，劝告书第三款表明，可采取"或分区，或部分"的"渐进主义"。所谓"分区"，似指某省某地，若能完成报告书中所列之法典，保障法官独立，则该处外侨即受中国法权管辖；所谓"部分"，似指中国若完成某项法典，凡遇诉讼，外人即服从该项法律。按此劝告，则外人在甲处发生案件，尽可取巧迁往乙处，以免受中国法律之审判。另若刑事法典首先完成，刑事部分领事裁判权先行撤销，而民事部分仍未撤销，那么，因刑事案件而牵连于民事者，则一案须受两国法权审判，其审判结果，定有偏差。至于治外法权未撤销以前，关系各国所负纳税义务，按照劝告，也须经过关系国认定，若认为不适用，则无疑不必纳税。

　　该报告书于12月1日在华盛顿、伦敦及各关系国首都，同时公布。[①] 中国代表王宠惠虽然签字，但特别注明："署名于本报告书，不能认为对于第一第二第三编所载各节，悉表赞同"。[②] 他并发表宣言称：中国政府曾以诚意及毅力，极力改良中国司法制度和司法行政，"因此切望享有治外法权各国对于即行放弃其国人所享受之治外法权一事，认为适当，乃调查法权委员会以为按中国现状未便即时为撤销之建议，中国对此殊行失望"。[③] 但是，日本报章却发表社论，认为该报告之劝告案"公正妥当"，称："报告书中之劝告事项，系对中国之现状加以严正之调查，同时对于治外法权之撤废，而示以渐进的实施之道，此种提案可谓公正妥当，且各关系国于中国之撤废治外法权，均欣然同情，而于其实施示以十分援助之诚意，此实与吾人全然同感者也"。并再次"劝告"中国人民，"对于报告书之内容，十分咀嚼玩味，而理解其精神，自今日起，自动而为撤废治

[①] 参见季啸风、沈友益主编《中华民国史史料外编——前日本末次研究所情报资料》，广西师范大学出版社，2000，第495页。
[②] 季啸风、沈友益主编《中华民国史史料外编——前日本末次研究所情报资料》，广西师范大学出版社，2000，第487页。
[③] 参见季啸风、沈友益主编《中华民国史史料外编——前日本末次研究所情报资料》，广西师范大学出版社，2000，第490页。

外法权之准备可也"。① 至此，华府会议上中国撤废领事裁判权之要求，与巴黎和会一样遭临失败。

1926年的法权调查委员会，对于日本及与会各国代表来说，数次召开会议，南下北上调查，提具报告书等，看似"伟大之工作"，实则空忙一场。因为他们仅有调查、建议之责，并无代表本国政府签约之权。其行为与其说是调查中国司法制度，为撤废法权做准备，不如说是干涉中国内政，践踏中国主权。对于中国方面来说，编纂法典，完备设施，接待调查，呼吁奔走，其结果仅对中国的法制建设有所促进，但领事裁判权的撤废，仍是一条漫漫长路。

当中国政府冀图在外交上撤废领事裁判权之际，国内各种政治力量也全力与之呼应。1921年中国共产党成立后，即号召全国人民反对不平等条约和领事裁判权。1922年6月，中共在第一次对时局主张中，将改正协定关税、取消"治外特权"作为斗争的首要目标。1925年5月31日，上海学生联合会为英捕惨杀学生事，派代表赴江苏特派交涉公署，提出废除领事裁判权等十项最低限度条件。② 6月3日，北京3万学生罢课游行，就"五卅惨案"向执政府呈交涉意见书，提出废除领事裁判权等九项要求。③ 6月7日，上海工商学各界向北京政府派来的调查官员，提出惨案交涉意见十三项，其中第十项为收回会审公廨，第十二项"要求取消领事裁判权"，即：民事案及华人互控案，由华法官独自裁判，领事无陪审、观审权。洋人控告华人案，领事有观审权，但不得干涉审判。刑事案：洋人控告华人案，其有关领事行到堂观审，但不得干涉审判；华人互控案，华法官独自审判，领事无权观审或陪审。会审公廨法官均由中国政府委任之。会审公廨一切诉讼章程，完全由中国法官自定之。④

在"五卅运动"背景下，北京政府开始以民意为后盾与列强展开交涉。1925年6月，北京政府照会外国公使团，希求列强满足中国修正条约的提议。1926年11月6日，北京政府于交涉无效后，宣布废止1865年中比条约。⑤ 同年11月10日，北京政府通告西班牙驻华公使，要求修改1864年中西条约，尽管西班牙有意拖延，但北京政府仍于1927年末单方

---

① 季啸风、沈友益主编《中华民国史史料外编——前日本末次研究所情报资料》，广西师范大学出版社，2000，第494页。
② 1925年6月1日《上海时报》。
③ 《东方杂志》卷22，第14号，第134页。
④ 参见《东方杂志》卷22，"五卅事件"临时增刊，重要函电记录，第1~3页。
⑤ 参见习五一：《论废止中比不平等条约》，载于《近代史研究》1986年第7期。

面终止中西条约，收回了西班牙在华领判权。废除领事裁判权之漫漫长路，终于迈出了艰难的一步。

二 南京国民政府初期中日法权的交涉
（1928～1931）

南京国民政府建立后，开始以改订商约为契机，与日本交涉撤除领事裁判权问题。商约是规定国家之间相互通商的契约。在商务未甚发达以前，国际通行原则，仅限于允许他国往来贸易而已。迨至近世，商务繁盛，竞争日趋激烈，各国之间遂订立商约，以使本国与他国的商业关系立于平等地位。关于商约内容，虽因各国而异，一般不外居留条件、游历经商、政治保护、沿海贸易、港口贸易、入港检疫、港湾规则、出入税则、特许权、商标权等项。通商条约常有一定期限，约中往往附有一款，即在期满以后双方应互相预告废弃或改订，如到期以前双方并未互为通告，则所订商约即自动延长，其期限或与原约时间相若或稍短，均应预行声明。

1928年7月12日，中国外交部照会日本驻华公使芳泽谦吉，声明1896年中日所缔《通商行船条约》及1903年所缔《通商行船续约》，至1926年10月8日第三次期满，要求立即改订新约。7月25日，日本首相兼外相田中义一发表声明，宣称根据"中日商约"第二十六条，该约应继续有效10年，不承认中国片面废约具有任何意义，并威胁"当采取认为必要之行动，以维护其利益"。7月31日，芳泽照复外交部，要求国民政府收回实施临时办法的主张，承认现行条约为有效，否则"帝国政府为维护条约上之权益计，将不得不采取认为适当之措置"。8月14日，外交部照会芳泽，声明中国政府认为中日商约已期满失效，请日本方面速订新约，新约未订立以前，一切依照旧时办法办理。8月28日，外交部再次照会日本政府，重申旧约必须废除，双方应根据平等、相互尊重主权的原则另订新约。9月18日，日本驻沪总领事矢田访晤国民政府外交部长王正廷，商定中日就改订新约问题先行谈判。①

10月8日，日本外务省电令驻沪总领事矢田向南京交涉宁案、济案及汉案三大悬案。18日，矢田由上海抵达南京并会晤蒋介石，声明奉日本政府训令全权谈判中日悬案。19日，王正廷与矢田在南京正式开谈。

---

① 孙慧荣、侯明主编《中华民国实录·内战烽烟》第2卷（上），吉林人民出版社，1997，第1279页。

关于中日修约一事，日方表示日本政府原则上赞同，主张双方在上海开修约会议；关于中日宁案，① 中方表示赔偿日方所有损失；关于汉口事件，② 中方表示日方应负完全责任，日方表示请示田中首相，并建议此案与济案同时解决；关于济南惨案，③ 中方提议先撤退济南驻军再开谈判，日方向中国政府道歉，日方应允转告日本政府。双方共举行 9 次会议，25 日，联合发表声明书，宣布中日之间协议，分别报告政府，以待训令。26 日，矢田返回上海。④

11 月 8 日，矢田奉日本政府训令第二次赴南京，与王正廷具体交涉宁、汉两案，双方对"中日宁案协定草案"、"中日汉案协定草案"逐条修正。宁案中方先对日方表示歉意，汉案日方应允向中方道歉，由中日双方派代表组成宁汉案调查会，协议草案须经两国政府核准后方能签署。中方坚持中日各悬案同时解决，矢田应允请示政府后再谈。次日，矢田离开南京返回上海。⑤

11 月 19 日晚，矢田再次抵达南京，次日上午与王正廷举行第三次谈判，双方就宁案、汉案商妥草案，但济案与中日修约问题未能达成协议。21 日，国民政府财政部长宋子文赴日驻沪总领事馆，与矢田正式商议关税问题。矢田表示反对中国实行关税自主，要求以裁撤厘金为交换条件。22 日，矢田在南京与王正廷再次交涉。王正廷提出驻济南日军全部撤退，宁案、汉案、济案及修约须同时解决，矢田未置可否，当晚返沪。

12 月 24 日，王正廷在上海举行记者招待会，向新闻界阐明外交方面

---

① 1927 年 3 月 23 日，北伐军攻占南京。在秩序未定之际，"城内地痞勾结敌人余孽，乘机蠢动，打家劫舍，全城恐惶，并及外侨"。时英、日、美三国领事馆遭袭，外侨商店、住宅、学校、医院，以致外侨生命财产，皆有损失。英美借机下令停泊在下关江面的军舰对南京开炮，造成数十人死伤。此即"南京惨案"，日本人称之为"南京事件"。
② 即 1927 年日本人制造的"四三惨案"。
③ 1928 年 4 月 4 日，蒋介石宣布再度"北伐"。4 月 19 日，日本田中内阁决定再次出兵山东，4 月 20 日，由天津派出的日军先期抵达济南，4 月 25 日，由青岛登陆的日军也向济南推进。中国政府就日本出兵一事提出抗议，日方置之不理。5 月 3 日，日军在济南公开启衅，软禁南京政府外长黄郛，残杀交涉员蔡公时等 17 人，并在济南城攻击中国军队和居民，造成死伤 1.1 万余人的大惨案。济南惨案发生后，中国政府向日本提出严重抗议，日本政府非但拒不接受，反于 5 月 18 日发出通告，扬言：如果中国南北两军的交战，使战祸延及京津地方及满洲，日本为维持治安计，将采取"适当之有效措置"。
④ 孙慧荣、侯明主编《中华民国实录·内战烽烟》第 2 卷（上），吉林人民出版社，1997，第 1301 页。
⑤ 孙慧荣、侯明主编《中华民国实录·内战烽烟》第 2 卷（上），吉林人民出版社，1997，第 1309 页。

的四个问题：一、最近外交现状；二、不平等条约问题。指出不平等条约有五点，即关税不自主、外国侨民不受中国法律裁判、外国可以在中国驻军、租界及租界地、内河航行权。因关税关系国家命脉，中国政府废除不平等条约的步骤，先从向各国争关税自主做起；三、改订新约问题。指出从中美关税新约签订后，国民政府已与11个国家改订了新约，只有日本不愿改订新约；四、撤销领事裁判权问题。指出撤销领事裁判权为政治问题，当用政治条约解决。①

综观1928年中日法权交涉，由于日本政府坚持"渐进放弃原则"，并无实质性进展。蒋介石在1928年末的日记中写道："今年1月4日入京，至今岁云暮矣；幸全国已告统一，列邦除日本外，其余皆已承认我关税自主与放弃领事裁判权"。②

1929年初，日本对华态度微有转变，"其原因不外张学良易帜之后，国民政府的统治权力日见扩大；各国关税条约之签订，使中国之国际地位，日益增高。此外尚有一点值得注意者，五三惨案后，国人的抵货运动，使日商大感痛苦，纷向政府抗议。于是日政府不得不重行考虑其对华之方针，并派遣芳泽来华交涉"。③ 1月16日，芳泽在赴华前发表声明称，解决中日重要悬案，增进两国间亲善关系之事，向为中日两国国民所期望，然关于解决之条件两国间意见有所不合，表示"此行拟与国民政府当局会见，披沥日本之意见，同时倾听国民政府方面之言论，以求解决之端绪，务思竭其全力谋圆满之解决"。19日，芳泽抵达上海，对记者谈称来华目的有二：一、求华当局取缔反日；二、冀望解决各悬案。④

1929年1月18日，全国反日会第四次执委会在南京开幕，参加大会的有南京、北平、山东、湖北、湖南、四川、黑龙江等地代表百余人。19日，大会通过决议，对芳泽来华应发宣言，并举行市民大会予以警告；呈请国民政府饬各总部对日交涉绝对公开等。21日，会议闭幕后，会议代表向中央请愿，提出饬外交部严重抗议日本扣留津浦路车辆，宣布东三省与日缔结密约一律无效，从速收回旅大及南满、安奉路，对济案坚持撤

---

① 孙慧荣、侯明主编《中华民国实录·内战烽烟》第2卷（上），吉林人民出版社，1997，第1322~1323页。
② 〔日〕古屋奎二著《蒋介石秘录》，翻译组译，《蒋介石秘录》第3卷，湖南人民出版社，1988，第19页。
③ 林泉编《抗战期间废除不平等条约史料》，台湾正中书局，1983，第446页。
④ 孙慧荣、侯明主编《中华民国实录·内战烽烟》第2卷（上），吉林人民出版社，1997，第1341页。

兵、惩凶、道歉、赔偿，取消不平等条约等要求。①

1929年1月25日，王正廷与芳泽就中日悬案问题在南京晤谈。芳泽表示日本愿意解决各案，提出先自济案谈起。王正廷表示同意，请日方早撤驻济日军，双方就撤兵问题进行了长时间讨论。26日，王正廷与芳泽第二次会晤，续商济案问题。王正廷要求芳泽明确表示撤兵及撤兵日期。芳泽回答：撤兵非不可能，但鉴于中国排日运动极为严重，须中国先加取缔，并保证日侨安全。王正廷说："今日所以全国排日，实由贵国不应出兵而出兵，应撤兵而不撤兵，只要日本政府速撤兵，速与我订平等之约，则保侨通商我政府自有办法"。芳泽又提出中方道歉、赔偿损失、处罚责任者等条件。王亦提出应由日方道歉、赔偿损失、保证今后不发生类似事件之要求。29日，王正廷与芳泽在南京续谈济案撤兵问题，王请日方迅速宣布撤兵确期，芳泽表示接受，但撤兵日期须请示政府后再答复。30日，芳泽离京回沪，称俟政府训令后再行交涉。2月2日，王正廷与芳泽在上海就济案继续会谈，对责任问题略有争执。日方声明决定撤济南驻军，但未宣布撤军日期。4日，济案交涉经王正廷与芳泽长时间晤谈，将大纲谈妥，细目亦略定原则，芳泽表示会后即将详情报告政府，请明示撤军日期；对济案责任问题决定组织中日联合委员会赴济南实地调查，赔偿以相等为原则。8日，王正廷与芳泽举行第六次晤谈，芳泽奉日政府令将济案交涉原案推翻，尤其对赔偿损失采相等原则表示异议，王正廷对此提出抗议。此后，芳泽托病不出，中日交涉暂停。16日，芳泽发表谈话称：已接到外务省训令，中日济案交涉将继续进行。3月24日，王正廷与芳泽在上海重开济案谈判。28日，王正廷与芳泽在南京正式会谈，互换解决济案照会，签订议定书和声明书各一件，决定山东日军至多两月内全部撤去，撤兵前后之措置由两国各派委员就地商办；关于济案损害问题，决定双方各任命同数委员设共同委员会实地调查解决之；中国政府负责保护"在中国之日本臣民之生命财产之安全"。当天，上述文件在南京和东京同时发表。4月14日，中日双方就中日悬案问题又举行正式谈判。5月2日，中日宁、汉两案最后解决，王正廷、芳泽分别代表本国政府签字。②

中日悬案问题解决之后，领事裁判权问题又提上议事日程。截至

---

① 孙慧荣、侯明主编《中华民国实录·内战烽烟》第2卷（上），吉林人民出版社，1997，第1342页。
② 参见林泉编《抗战期间废除不平等条约史料》，台湾正中书局，1983，第446页；孙慧荣、侯明主编《中华民国实录·内战烽烟》第2卷（上），吉林人民出版社，1997，第1358页。

1929年，原先在华拥有领判权的19个国家中，已有苏联、德国、奥地利、墨西哥正式宣布放弃该项特权，另有五国即意大利、比利时、丹麦、葡萄牙、西班牙作了有条件的承诺。① 其余10国内，瑞典、瑞士、巴西、荷兰、秘鲁等国因在华侨民甚少，态度都以英美日为转移。1929年7月8日，胡汉民在立法院纪念周上发表《努力取消不平等条约》的演说，在讲到英美不愿意放弃领事裁判权的原因时称："他们所借口的，或是说我国法律太不完整，或是说我们的习惯，与他们的习惯相差太远，甚且说我们的司法机关还没有改良，如果放弃了领事裁判权，怕要吃大亏。推他们说这些话的用心，如果是善意促进我们司法的一切改善也罢了，如果专门想保留他们七八十年来对我所获的不正当的权利，企图借此继续压迫我国到无穷无尽，那就太荒谬了"。胡汉民进一步指出："以我们想来，日本尤其不应该说这样的话。因为我国近来司法上的改革，是事实，不是宣传，监狱的改善，也有了显著的成效；我们现在的情形，实在比日本当日要求修正条约时，国内所有的司法成绩好多了。明治四十二年（1909年——引者）的时候，兄弟参观日本京都各地的监狱，觉得他们设备的完美，真值得我们赞美，但是日本同志宫崎寅藏②对兄弟说：'你不要太过誉了，再看看普通都市的监狱情形怎样，再到乡下去看看情形怎样，那里司法的黑暗，真不知要叫你替我们失望到什么地步呢'？于是他随便拿出几张新闻纸来给兄弟看，关于各地监狱情形的记载，真有令人不堪卒读之处。某地的监狱官竟教犯人们喝醉了啤酒，乱闯到女监狱里去，向女犯人身上乱吐乱搅。其他类此的情形，不一而足。他们情形既然如此，何以

---

① 条件为：一、时间上须在1930年元旦生效；二、中国对该五国侨民行使司法权之方式，须双方同意；三、条约国废除领事裁判权，须多数国家同时废除。因为有了这样的条件，撤废领事裁判权一事，结果还是"未生实效"。参见林泉编《抗战期间废除不平等条约史料》，台湾正中书局，1983，第970页。

② 应为宫崎寅藏（1871～1922），别号白浪庵滔天，日本熊本县人。早年接受"支那革命主义"思想，帮助中国革命。1892年赴华，旋因经费告罄归国。1897年经犬养毅斡旋，获外务省秘密经费，与平山周再度赴华考察，结识康有为、梁启超。8月，与孙中山见面并成为知交。1899年前后往返于康梁与孙之间，极力说两派联合反清。义和团运动后，协助孙联络两广总督李鸿章据华南"自主"，无果。1902年出版《三十三年落花梦》一书，介绍孙中山的革命事迹。1906年7月，与萱野长知等创办《革命评论》，介绍孙的革命主张。武昌起义后，参加东京日比谷公园浪人大会，主张日本严守中立。1912年元旦，参加孙中山就任临时大总统典礼。1921年，为《上海日日新闻》撰写时评，抨击日本军国主义的侵略扩张，是年，最后一次赴华，在广州会见孙中山。次年在日本东京病逝。著作编为《宫崎滔天全集》。

他们当时便自以为有资格,足与国际间的司法平等呢?"①胡进而强调:"倘若英日等国政府对于我们真有相当的认识与谅解,即不应只顾表面高唱虚伪的调子,而将事实上彼此国民的需要,无限制的延搁起来,或仍用帝国主义的侵略政策,妨碍人家的生存,使我国的文化经济一切都无从发展,于他们也是无利"。②

1929年12月30日,王正廷外长发表撤废领事裁判权宣言。指出:中国受领事裁判权束缚已有八十余年,民国19年为最紧要之时期,定于该年元旦起撤废领事裁判权,恢复中国主权,并称已令行政院、司法院拟具办法,以便施行。③ 1930年1月1日,国民政府下令废止外人在华领事裁判权,上海公共租界法院改隶司法部。2日,美国国务卿史汀生声称,"南京政府所下关于领事裁判权之命令,未可视为废除在华美侨所享领判权已告成功"。同日,法国驻华公使玛德照会国民政府,声明法国政府不能接受中国取消法国人在华所享领事裁判权。6日,日本公使驻沪办事处对中国撤废领事裁判权发表非正式声明,表示:日本的利害关系与英、美相同,决定与英、美采取同一态度。④

1930年1月7日,各国召开改组上海临时法院会议第20次会议,就取消领事观审权、收回监狱管理权、限制该法院终审权及工部局不得干预法院行使职权等问题进行讨论,各国代表以所奉各国政府训令范围有限为借口,对中国所提各点未能完全接受,讨论无结果。30日,国民政府司法院决定改组上海临时法院,名称改为江苏上海特区地方法院,其上诉机关为江苏高等法院第二分院,预定于2月1日实行。这是中国司法机关在上海租界执行职务之始。2月17日,改组上海公共租界临时法院协定由中国代表徐谟与英国、美国、挪威、荷兰、巴西代表在南京正式签字,法国代表以未奉法使训令缺席,22日补行签字。关于公共租界法院协定,日本政府认为并未参与,不受拘束,中日须另行直接交涉,日本保留期满

---

① 胡汉民:《努力取消不平等条约》,转引自秦孝仪主编《革命文献》第72辑《抗战前国家建设史料—外交方面》,台湾中国国民党中央委员会党史委员会,1977,第179页。
② 胡汉民:《努力取消不平等条约》,转引自秦孝仪主编《革命文献》第72辑《抗战前国家建设史料—外交方面》,台湾中国国民党中央委员会党史委员会,1977,第179~180页。
③ 孙慧荣、侯明主编《中华民国实录·内战烽烟》第2卷(上),吉林人民出版社,1997,第1390页。
④ 孙慧荣、侯明主编《中华民国实录·内战烽烟》第2卷(上),吉林人民出版社,1997,第1394页。

未修旧约精神，不放弃领事裁判权。①

3月29日，中日就法权问题进行交涉，王正廷向日代表重光葵提案：一、请日本承认撤废原则；二、1930年起内地日侨受中国法庭裁判；三、间岛韩民应归中国地方官厅管辖；四、日本在华租界期满后，所有日侨一律受中国法律保护。②日方未置可否。4月2日，外交部照会英国、美国、法国、挪威、荷兰、巴西六国驻华公使，谓中国各地交涉员业已撤裁，此后所有华洋诉讼案件，均归各省区高等法院处理。

1930年12月22日，中国外交部发表《过去一年中外交部工作的问题》，言及领事裁判权交涉问题如下。一、完全服从中国法权之国家：苏、德、奥、墨、芬、波（斯）、希、玻（利维亚）、捷九国；二、有关条约经两国批准后服从中国法权的国家：波兰；三、附有条件撤废领事裁判权的国家：比、意、西、葡、丹及瑞士；四、旧约期满，领事裁判权丧失，正在谈判新约者：日本、秘鲁、瑞典；五、拒绝撤废领事裁判权的国家：英、美、法、荷、挪、巴。国民政府宣布从1930年1月1日起商谈废除领事裁判权，有关详则已通报以上六国，为此而进行的谈判正在进行；六、关于重组前上海公共租界临时法院的协定已于本年2月签订，两个月后生效。③

1931年初，王正廷继续与日方交涉法权事宜。3月12日，重光葵来华，提出日方条件如下：

一、上海、天津、北平、汉口、广州五口岸之民事诉讼及轻微刑事诉讼立时放弃领事裁判权。

二、前述中日混合案，中国应于各口岸设立特别法院审理之，院中设日籍法官数人，与中国法官会审。

三、日本人在中国内地为民事被告之案件，须移送特别法院审讯。

四、上开五口，日本人民应与中国人民享有同等权利。

五、日本在东三省特别区域之利益，中国应承认之。④

---

① 孙慧荣、侯明主编《中华民国实录·内战烽烟》第2卷（上），吉林人民出版社，1997，第1406页。
② 孙慧荣、侯明主编《中华民国实录·内战烽烟》第2卷（上），吉林人民出版社，1997，第1407页。
③ 参见孙晓楼、赵颐年著《领事裁判权问题》，商务印书馆，1936，第269~270页。
④ 参见孙晓楼、赵颐年著《领事裁判权问题》，商务印书馆，1936，第269~270页。

审察日本五项条件，除以中国承认"日本在东三省特别区域之利益"为条件，换取日本放弃五口岸之民事诉讼及轻微刑事诉讼的领事裁判权外，较前未有丝毫松动。对此，中国政府完全予以拒绝。可见，南京国民政府初期，日美在坚持领事裁判权这一点上是一致的，中国政府虽"放弃全般交涉方式，而着重于个别的谈判"，最后"仍无结果"。[1] 5月4日，国民政府公布《管辖在华外人实施条例》十二条，并规定自1932年1月1日起实行。该条例规定：所有享有领事裁判权的外国人，均应受中国法院的管辖；在有关地区设立特别法院，受理涉及外人的民刑案件，外人的逮捕及其房屋或办公室的搜查均应依中国刑法典规定执行。[2] 此后，数月之内，中国与英美之间先后达成协议：中方同意将英美在上海的领事裁判权保留10年，将英国在天津的领事裁判权保留5年（美国在津领判权的放弃仍待协商），英美则将其他各地的领事裁判权立即取消。但九一八事变后，中国的对外交涉，全以中日问题为中心。12月29日，国民政府宣布："兹因本年各地天灾变故，所有应行筹备事项，尚未就绪，该项管理外人实施条例，应即暂缓进行"。[3] 有关领事裁判权的交涉，不得不"暂时搁置"，[4] 中国"数十年来之法权约束，遂因以延长"。[5]

三 伪满治外法权的撤废（1931～1937）

1931年九一八事变后，日本侵占东北，破坏了美国的"门户开放"政策。1932年1月7日，美国务卿史汀生向中日两国政府发出内容相同的照会。内称：

> 美国政府不能承认任何事实上之情势为合法，凡中日两国政府，或其代表所订立之任何条约或协定，足以损及美国或其人民在华条约上之权利，或损及中国主权独立或领土及行政之完整，或违反国际间

---

[1] 吴颂皋：《国民政府废除不平等条约工作概述》，载于林泉编《抗战期间废除不平等条约史料》，台湾正中书局，1983，第447页。
[2] 《国民政府公报》，第764号，第1～2页。
[3] 《中国国民党对于废除不平等条约之主张》，载于林泉编《抗战期间废除不平等条约史料》，台湾正中书局，1983，第381页。
[4] 1942年10月11日《时事新报》，载于林泉编《抗战期间废除不平等条约史料》，台湾正中书局，1983，第971页。
[5] 《中国国民党对于废除不平等条约之主张》，载于林泉编《抗战期间废除不平等条约史料》，台湾正中书局，1983，第381页。

关于中国之政策，即通常所谓门户开放政策者，美国政府均无意承认。又凡以违反一九二八年八月二十七日中日美三国在巴黎签字之非战公约之方法，而造成之情势，或缔结之条约或协定，美国政府亦无意承认之。①

这个照会，即有名的史汀生"不承认主义"。1月15日，即将就任总统的富兰克林·罗斯福又向各国发出不承认"满洲国"的通告，表示了对日本的强硬态度。② 针对史汀生的"不承认主义"，1月16日，日本政府照复辩称：一、日本尊重在东三省实行门户开放政策，近年来该项政策之所以未能有效实行，是因中国秩序之不宁；二、美照会中所称不能承认任何妨害美国权利之事件为合法，并不能承认以违犯非战公约之方法而造成之情势两点，日本均予以注意；三、华盛顿会议订立九国公约时，并未料及中国近来局势之纷乱，该约之拘束力虽不能变更，而其适用，须视环境如何而定；四、东三省行政人员之变更，是因为原任官吏之逃避及辞职，不得不由他人代为维持；五、日本对东三省无领土野心，但东三省之安宁发展及贸易，均与日本之关系非常重大。③

日本在照会内声明"尊重在东三省实行门户开放政策"，并称已注意到"美照会中所称不能承认任何妨害美国权利之事件为合法"等情事，表明日本此时并不想与美国发生冲突，反而希望能以承认列强在满既得权益，来换取各国对"满洲国"的承认。

1932年2月24日，国际联盟特别大会通过决议，为了寻求实现国联各会员国及非会员国"不承认政策"的道路和方法，成立了一个咨询委员会，它对驻"满洲国"领事的地位问题有如下的见解：

在此情况下，派遣领事并不意味着承认"满洲国"，因为任命这些代理人是为了使他们的政府了解情况，并且为了保护他们的国民。此外，这是符合大会的建议的，建议要求各国政府应提醒其领事尽可能地，特别在他们职务上所进行的接触中，不做可能被明示地或暗示地解释为把设在满洲的当局当作该地区的正式政府的任何事情。各国

---

① 南京国民政府《外交部公报》民国21年1月至3月号，附录，第12页。
② 参见〔日〕信夫清三郎编《日本外交史》下册，天津社科院日本问题研究所译，商务印书馆，1980，第582页。
③ 转引自李广民著《准战争状态研究》，社会科学文献出版社，2003，第207~208页。

政府在任命驻满洲的领事时，可以把满洲在中国的法律上的特殊地位作为指导准则，同时，如果必须的话，也可以把中国某些地方如广州等地的先例作为指导准则，因为这些地方的当局在某些时候还没有承认中央政府的权力。①

1932年3月12日，伪满照会各国，宣称愿意"根据国际法"，尊重"各国因和中华民国签订条约而产生的权利"，并表示"满洲国"决不侵害各国的"既得权益"。此项照会发出后，各国并无响应，日本只好站出来表示"承认"。伪满相应声明它将尊重日本国民在"满洲国"的一切权益，日本随即表示为帮助"满洲国""建立国际信誉"，将尽快撤销其在"满洲国"的治外法权。

1933年9月，日本政府确立撤销"满洲国"治外法权指导方针，即"为使满洲国迅速健全法制及组织，养成普遍遵法之良好风气，并建立国际信誉起见，必须努力实现治外法权的逐步撤销。日本帝国为实现在满洲国治外法权的撤销，应提供尽可能的援助和努力"。因治外法权的撤销，须以"满洲国"的法制健全为条件，日本政府预计撤销准备期间为二至五年。此间，"满洲国"（一）为充分保障在满外国侨民，特别是日本侨民之权益，应以健全法制与税制，改善法院、监狱、警察及征税等有关制度为重点，基本上遵照1926年中国法权撤销委员会劝告之宗旨；（二）在采用日本人司法官的同时，力求提高"满洲国"人司法官之素质，从而充实并加强"满洲国"司法官队伍；（三）采用日本人警察官及征税官吏，以充实"满洲国"警察及征税等有关机关；（四）加强民政部及司法部等机关。关于撤销手续，日本政府规定："满洲国"政府应声明进行撤销治外法权的准备工作，与"满洲国"政府声明相呼应，日本政府也应发表适当声明，当"满洲国"实际着手撤销治外法权之准备充分时，日本政府应建议"满洲国"政府就缔结有关撤销治外法权条约问题开始进行谈判。两国间缔结条约，须以治外法权的"逐步撤销"为原则。在治外法权撤销之前，日本应尽可能减少由于治外法权之存在而使"满洲国"所蒙受的不利与不便。为此，采取下列及其他适当之过渡性办法，即认为"满洲国"应有适当之关税，当日本人纳税时，应予以默认，并尽可能向"满洲国"提供方便；日本认为满洲国应有适当之法规，日本应采取必要措施，尽可能在日本领事裁判中加以运用；为彻底贯彻"满

---

① 参见〔美〕L. T. 李著《领事法和领事实践》，傅铸译，商务印书馆，1975，第319页。

洲国"关于鸦片等毒品之取缔规定，对此类事项，日满两国间应考虑缔结协定，在必要保障下，由"满洲国"政府收回裁判管辖权；日满两国官宪应做出必要决定进行司法方面的合作。①

按照前述指导方针，1934年，"满洲国"成立了"废除领事裁判权委员会"，表示要废除外国人在满特权。1935年7月，日本外务省发言人天羽英二对新闻界表示，由于其他国家不承认"满洲国"的独立，所以日本是唯一在"满洲国"享有领事裁判权的国家。但随着日本"对满国策之演变，其重要意义已逐渐丧失"。② 1935年8月9日，日本阁议通过"关于撤销帝国在满洲国之治外法权及调整并移交南满洲铁道附属地行政权案"，责成有关机关研究具体方策，并逐步付诸实施。具体方针如下：一、关于帝国在满洲国之治外法权，应遵循以往的条约和阁议决定之精神，适应满洲国制度及设施的整备情况，尤其应特别考虑：不使驻满帝国臣民之生活发生急剧变动、进一步确保遍及全满洲国各地之帝国臣民的生活安定，以及顺利执行帝国对满洲国之国策等，采取渐进的方式加以撤销。二、南满洲铁路附属地本身无疑仍属我方所有，但关于在该地区行使之帝国行政权，鉴于与上述治外法权的撤销相关，适应满洲国制度及设施的整备情况，根据与前项同样的考虑，同治外法权的逐步撤销采取一致步调，根据各项事务的性质进行调整以至移交。③

1936年6月10日，日本驻满特命全权大使植田谦吉与"满洲国"外交部大臣张燕卿在新京签订《日本国与满洲国间关于在满洲国内日本国臣民居住及满洲国课税等问题之条约》，声称大日本帝国"为促进满洲国之健康发展，并永远巩固日满两国间现存的密不可分之关系"，现决定逐步废除日本国在"满洲国"享有的治外法权，并调整乃至转让南满洲铁道附属地之行政权。关于日本人在"满洲国"的居住营业及各种权益问题，两国附属协定如下：日本国臣民得在满洲国领域中自由居住往来；得从事农业、工商业及其他各种公私业务和职务；并享有有关土地的一切权利。关于日本国臣民在满洲国领域内享有一切权利和利益问题，不受到较满洲国臣民不利之待遇，且不得影响日满间特别约定之日本臣民或法人的

---

① 参见中央档案馆、中国第二历史档案馆、吉林省社会科学院合编《伪满傀儡政权》，中华书局，1994，第124~125页。
② 中央档案馆、中国第二历史档案馆、吉林省社会科学院合编《伪满傀儡政权》，中华书局，1994，第127页。
③ 中央档案馆、中国第二历史档案馆、吉林省社会科学院合编《伪满傀儡政权》，中华书局，1994，第126页。

权利、特权、特典及豁免。①

根据以上这一条约及附属协定，日本宣称将逐步废除在东北的领事裁判权。6月11日，美驻日大使格鲁电呈国务卿赫尔，称条约已在当天用英文公布，并称这可能是废除领事裁判权的第一步。7月1日，伪满外长发表声明，邀请外国政府代表到满商谈领事裁判权问题，美英对此未加理会。此后，日本为免除撤废治外法权的后顾之忧，加强了对伪满境内共产党的镇压。

1936年7月8日，关东军司令部向关东宪兵队司令部发出《处理共产党有关人员要纲》，规定：一、根据思想对策工作，对共产党有关人员处理办法仍如过去，由宪兵加以严重处分；二、日满警务机关在宪兵指挥下，可执行严重处分；三、对不适宜严重处分的共产党有关人员，原则上以军法处置；四、关东宪兵队司令官依此要纲统辖日满警务机关。为施行该要纲，宪兵队司令部特别拟定了《关于要纲的说明》，要求属下"对共产党有关人员采用消灭生命不允许生存的方针"，为了掩人耳目，也将一部分人送交法院，用所谓合法的手段处理。②之后，宪兵队在伪满境内对共产党及外围组织进行了严密防范与疯狂捕杀。③

1937年卢沟桥事变后，日本加紧了撤废治外法权的步伐。11月5日，植田谦吉与张景惠在新京签订《日本国与满洲国间关于废除在满洲国的治外法权及转让南满洲铁道附属地行政权条约》，声称废除在"满洲国"的领事裁判权和"转让"满铁附属地行政权。双方协定条款如次：

> 第一条 日本国政府根据本条约附属协定之规定，应废除目前日本国在满洲国所有之治外法权。
>
> 第二条 日本国政府根据本条约附属协定之规定，应将南满洲铁道附属地行政权转让给满洲国政府。
>
> 第三条 日本国臣民根据本条约附属协定之规定，在满洲国领域内应从该国之法令。关于前项规定之适用，日本国臣民在任何情况下均不受较满洲国人民不利之待遇。前两项规定对于法人应得适应之

---

① 参见中央档案馆、中国第二历史档案馆、吉林省社会科学院合编《伪满傀儡政权》，中华书局，1994，第128～129页。
② 参见中央档案馆、中国第二历史档案馆等编《伪满宪警统治》，中华书局，1993，第152～153页。
③ 参见中央档案馆、中国第二历史档案馆等编《伪满宪警统治》，中华书局，1993，第216页。

处，亦适用于日本国法人。

第四条 根据日本国法令成立之会社或其他法人，于本条约实施时在满洲国领域内设有总店或主要办事处者，应承认其为于本条约实施同时依据满洲国法令成立的同类会社、其他法人或类似的法人。满洲国政府承认根据日本国法令成立的会社及其他法人，于本条约实施时在满洲国领域内设有支店或办事处者的存在。

第五条 本条约之规定不影响基于日满两国间特别约定之特定日本国臣民或法人的权利、特权、特典及豁免。

第六条 本条约自昭和十二年十二月一日、即康德四年十二月一日起实施。

第七条 本条约之正文为日本文及汉文，如日本文正文与汉文正文遇有不同解释时，应以日本文正文为准。

日满在签署《关于废除在满洲国的治外法权及转让南满洲铁道附属地行政权条约》的同时，还就审判管辖、南满洲铁道附属地之行政、警察及其他行政权、设施及职员的交接等问题，签订《附属协定》如下：

一、审判管辖

第一条 日本国臣民在满洲国所保存之领事裁判制度，与条约实施同时废止。尔后日本国臣民须服从满洲国审判管辖权。

第二条 满洲国政府约定，对日本国臣民的生命和财产保障，在符合国际法和法的一般原则的审判上之保护，予以保障。

第三条 条约实施时，日本国领事裁判所未判决之民事及刑事诉讼案件及不起诉案件，仍继续按惯例处理。日本国领事裁判权为此目的仍继续完全有效。按前项规定处理之案件，满洲国有关机关须应日本国有关机关之请求，就有关案件的一切事项予以援助。

第四条 关于条约实施前日本国臣民之行为，限于其行为触犯当时之日本国刑罚法规，而同时根据满洲国刑罚法规亦为犯罪者，或触犯日本国承认适用于日本国臣民之满洲国刑罚法规者，满洲国法院得对上开有关案件进行审理和审判。满洲国政府约定，对前项日本国臣民的犯罪行为所作出之裁决，不得重于根据日本国法令所作之裁决。

第五条 条约实施前日本国臣民在满洲国领域内犯有日本国刑法第七十三条至七十九条、第八十一条至八十九条及第一百九十七条之罪行，以及犯有违反治安维持法罪，满洲国政府应将犯人和证物一并引渡给日本国政府。

第六条　条约实施时，日本国领事官正在进行搜查的刑事案件，得依据满洲国法令处罚者，应将材料及证物一并交给满洲国有关机关。满洲国政府依据前项规定接收之案件，应承认在接收前根据日本国法令所进行的起诉、检举、自首及搜查手续，与根据满洲国法令进行者具有同一效力。

第七条　满洲国政府承认条约实施前根据日本国法令所形成的债权名义之效力。关于根据本协定第三条第一款规定处理之事件所形成者亦同。

第八条　满洲国政府应承认条约实施前日本国领事官根据日本国法令所进行的登记，同满洲国有关机关根据满洲国法令所进行的登记具有同一效力。

二、南满洲铁道附属地之行政

第九条　日本国政府应在条约实施同时，将南满洲铁道附属地的课税、警察、通信及其他行政转让给满洲国政府。

第十条　满洲国政府约定根据前条规定，在行政转让后行使南满洲铁道附属地的行政权时，保证采取适当措施，以免妨碍一般文化的提高和产业的发展。

第十一条　在南满洲铁道附属地的行政转让之际，属于日本国政府课税权之租税，应根据大日本帝国驻满洲帝国特命全权大使同满洲帝国国务总理大臣间的协商决定，由满洲国政府赋课或征收。联系前项规定，满洲国政府应将由大日本帝国驻满洲帝国特命全权大使同满洲帝国国务总理商定之金额交付日本国政府。

三、警察及其他行政权

第十二条　日本国政府在条约实施同时，在满洲国领域内不向日本国臣民行使警察及其他行政权；尔后日本国臣民须遵守满洲国的警察及其他行政权。满洲国政府约定，在对日本国臣民行使警察及其他行政权时，必须就保护日本国臣民之生命财产提供一切保障。

第十三条　条约实施时，日本国有关机关正在处理之警察及其他案件，原则上须同材料一并移交给满洲国有关机关。

四、关于神社、教育和兵事行政

第十四条　满洲国政府承认，在条约实施后对于在满洲国领域内，日本国或其臣民根据日本国法令设置神社，以及日本国政府行使有关其神社的行政权。

第十五条　满洲国政府约定，对日本国臣民应行使之教育行政权有关重大事项，暂按大日本帝国驻满洲帝国特命全权大使与满洲帝国国务总理大臣的预先协议决定办理。满洲国政府根据大日本帝国驻满洲帝国特命全权大使与满洲帝国国务总理大臣之间的协商决定，在条约实施后暂时应承认在满洲国领域内日本国或其臣民根据日本国法令开设、经营或管理学校及其他教育设施，以及日本国政府行使有关日本国臣民教育之行政权。日本国政府为开设、经营或管理上述学校及其他教育设施，在满洲国领域内可根据日本国法令设立具有公法人资格的学校工会和学校工会联合会。满洲国政府承认上开学校工会和学校工会联合会的成立。

第十六条　满洲国政府在条约实施后，应承认日本国政府在满洲国领域内对日本国臣民行使有关征募、服役、征兵入伍等有关兵事之行政。

第十七条　根据本章规定之日本国法令之适用，须履行司法手续者，由日本国司法机关办理。

第十八条　满洲国政府应对根据本章规定之日本国法令之适用给予援助。为此，须根据日满两国有关机关的协商决定采取必要措施。

五、设施及职员的交接

第十九条　满洲国政府随着治外法权的废除和南满洲铁道附属地行政权的转让，应根据大日本帝国驻满洲帝国特命全权大使同满洲帝国国务总理大臣间的协商决定，将日本方面之有关设施（包括土地、建筑物及各种附属设备）及职员，原则上按照条约实施当时状态，予以接收。

六、杂项

第二十条　满洲国政府应对条约实施前日本国有关机关依据日本国法令所作出的批准、准许和许可等行政处理，承认其与满洲国有关机关根据满洲国法令作出的上述行政处理具有同样效力。关于上述行政处理，在满洲国法令和日本国法令规定之条件如有不同之处，满洲国政府得设一定缓冲期间，令受行政处理者遵守满洲国法令规定之条件。

第二十一条　日本国政府应将实施本协定所需要之司法、警察、课税、通信及其他的有关记录、登记册、图纸、证书等物品移交给满洲国政府。

第二十二条　有关实施本协定之细节，应由大日本帝国驻满洲帝国特命全权大使同满洲帝国国务总理大臣协商决定之。[1]

---

[1] 中央档案馆、中国第二历史档案馆、吉林省社会科学院合编《伪满傀儡政权》，中华书局，1994，第132~137页。

按照日满之间的协议，从1937年12月1日起，撤废治外法权和转让附属地行政权进入实施阶段，到12月底，各项撤销事宜基本完成。时铁道附属地移交事项如下：一、新京、范家屯、四平街、开原、铁岭、奉天、苏家屯、抚顺、鞍山、辽阳、大石桥、营口、瓦房店、本溪湖、凤凰城、安东等地，各警察署及其管内派出所之一切设备及警备设施；二、警视、警部、警部补、巡查、巡捕，合计3500名（包括锦州、承德、赤峰、郑家屯等领事馆警察）；三、关东州厅长官御影池辰雄被派为伪满洲国内务局长官，关东军警务部警务课青木被派为伪满警务司特高科长；四、警备之主要设施为飞机1架、步枪及手枪各3000支、轻机枪30挺、迫击炮20门、弹药多数、大汽车及载货大汽车约40辆，其他30辆（推算）；五、铁道附属地的所得税、营业税、法人所得税、各种税法、征税机构及税务职员多数移交给满洲国。①

综观日本撤销治外法权和移交满铁附属地行政权的过程，治外法权的撤销和附属地行政权的移交，并未给日方造成何等损失，相反，此举却成为日政府进一步控制"满洲国"的契机。按照日满条约的附属协定，"满洲国"须对日本人的生命和财产"予以保障"。在条约生效前的1937年11月25日，伪满司法部公布《涉外事件管辖之件》，规定：治外法权撤废后，对日本人的裁判，由司法部大臣指定设立的法院涉外庭及涉外审判官（日本人担任）管辖；为处理刑事事件，并特别设置日本人警务指导官及日本人书记官担当检察事务。"这样，关于日本人的事件，无论刑事裁判，还是民事裁判，均在涉外庭由日本人裁判官审理判决"。②伪满法制局参事官武藤富男表示："此举作为撤废治外法权的临时措施，在法制上有不合理之处，即治外法权不但未有撤废，反而得到了扩大强化"。③为收容日本人受刑者，在原有哈尔滨外国人监狱之外，又在奉天新设一所模范监狱。《满洲国现势》对此评价称："治外法权撤废后之处置，较之撤废前并无不便。换言之，为维护日本人利益，以万全之策，建立了更加优良的制度，即使撤废治外法权，与从前比较，日本人并未陷入恶劣状态。"④

再从撤销治外法权的核心部门——司法部的情况来看，总务、民事、刑事、行刑四司中，总务、民事、刑事三司均由日本人控制。各司共有

---

① 潮海辰亥曾任关东州厅警察部部长。参见中央档案馆、中国第二历史档案馆、吉林省社会科学院合编《伪满傀儡政权》，中华书局，1994，第142~143页。
② 〔日〕山本有造编《满洲国之研究》，京都大学人文科学研究所，1993，第152页。
③ 〔日〕山本有造编《满洲国之研究》，京都大学人文科学研究所，1993，第152页。
④ 参见〔日〕山本有造编《满洲国之研究》，京都大学人文科学研究所，1993，第152页。

13个科，重要的8个科，科长都是日本人，还有73名日本官吏。法院、检察厅、监狱共配备日人官吏907名。① 1937年前，伪满境内日本警察分为关东州厅警察部、关东局警务部及大使馆警务部三个系统，直属于日本驻伪满大使。1937年12月1日，日本将关东局警察及大使馆警察（包括领事馆警察，见表12-1）全部转入伪满警察系统，进一步强化了伪满警察阵容。接收前，关东局警察的活动范围主要限于满铁附属地，而接收后在地区上已不受任何限制。1938年4月，伪满治安部大臣在警务厅长会议上高兴地表示："治外法权的撤销和附属地行政权的移交……为我国警察的扩充和加强带来了划时代的效果，其实力倍增，实堪同庆"。②

表12-1 1937年伪满领事馆警察表

名　　称	管辖区域	所辖派出所或出张所数
奉天总领事馆警察署	除各分馆管辖之地域外全境	24
奉天通化分馆警察署	除桓仁、兴京管辖地外之全境	1
奉天桓仁分署	桓仁全境	1
奉天兴京分署	兴京县全境	1
奉天山城镇分馆警察署	分馆管内全境	8
新京总领事馆警察署	除农安分馆管辖地外之全境	8
安东领事馆警察署	除各县管辖之全境	9
安东领事馆临江分署	临江县全境	1
安东领事馆庄河分署	除第六区外庄河县全境	1
安东领事馆大孤山分署		1
锦州领事馆警察署	除绥中外所管辖全境	6
锦州领事馆阜新分署	阜新县	1
锦州领事馆朝阳分署	朝阳县第一、第二、第三区	1
锦州领事馆北票分署	朝阳县第四、第五、第六区	1
赤峰领事馆警察署	除各分署管辖外之全境	1
赤峰领事馆承德分署	承德、滦平、丰宁、隆化、围场各县	1
赤峰领事馆平泉分署	平泉、青龙、宁城设置局管辖区域	1
赤峰领事馆凌源分署	凌源、建平第三区、凌源设置局管区域	1
郑家屯领事馆警察署	辽源县、双山县	1
郑家屯通辽分署	通辽县境	1
郑家屯领事馆白城分馆	郑家屯领事馆管内的其他地域	

资料来源：1937年《满洲国年报》，转引自中央档案馆、中国第二历史档案馆等编《伪满宪警统治》，中华书局，1993，第470~471页。

---

① 参见中央档案馆、中国第二历史档案馆、吉林省社会科学院合编《伪满傀儡政权》，中华书局，1994，第138页。
② 中央档案馆、中国第二历史档案馆等编《伪满宪警统治》，中华书局，1993，第459页。

四　汪伪政府治外法权的撤废（1937～1945）

1937年日军全面侵华后，日占区逐步扩大，对于日本来说，拥有领事裁判权已无任何实际意义。为"维持中国方面的面子而不放弃实权"，日本政府故伎重演，像撤废东北的治外法权一样，欲以"放弃"领事裁判权为诱饵，来"强化汪伪政权的政治力量"，"赢得占领地区内的民心，并使非占领地区民众倒向过来"。①

1938年1月11日，日本御前会议通过《处理中国事变的根本方针》，允诺"考虑废除以往所有的对华特殊利益（例如治外法权、租界、驻兵权等）"，以引诱重庆方面承认"满洲国"，放弃抗日立场。② 此招失败后，即于1月16日发表"不以国民政府为对手"的声明。3月27日，"维新政府"外交部发表声明响应，称它将按国际法和国际惯例去处理各国在华合法权利，但不承认前政府及地方当局和外国签订的任何条约及协定，并拒绝承担由此而产生的一切责任。11月30日，日本御前会议又通过《调整日华新关系的方针》，该方针第七条称，"日本应考虑逐步归还租界和撤销治外法权"。12月22日，日本首相近卫文麿发表第三次对华声明，表示重庆政府若放弃"抗日的愚蠢之举和对满洲国之成见"，实现日满华合作反共，"日本不但尊重中国之主权，对于中国完成独立所必须之条件，如废除治外法权，交还租界等，也愿进一步予以积极的考虑"。③ 12月29日，汪精卫在河内发表"艳电"响应，强调："日本不但尊重中国之主权，且将仿明治维新前例，以允许内地居住、营业之自由为条件，交还租界，废除治外法权，俾中国能完成其独立。日本政府既有此郑重声明，则吾人依于和平办法，不但北方各省可以保全，即抗战以来沦陷各地亦可收复，而主权及行政之独立完整亦得以保持"。④ 1940年3月30日汪伪政府"还都"之际，又对日本愿意废除治外法权、交还租界一事表示

---

① 〔日〕信夫清三郎编《日本外交史》下册，天津社科院日本问题研究所译，商务印书馆，1980，第691页。
② 黄美真、张云编《汪伪政权资料选编·汪精卫集团投敌》，上海人民出版社，1984，第73～75页。
③ 〔日〕外务省编《日本外交年表和主要文书（1840～1945）》下卷，外务省印行，1969，第407页。
④ 1939年1月1日《新闻报》，转引自黄美真、张云编《汪伪政权资料选编·汪精卫集团投敌》，上海人民出版社，1984，第373页。

感谢，并称"愿以最善之努力，达到中日两国之共同目标"。① 11月8日，日本与上海法租界当局签订协约，迫使法租界当局承认汪伪政府。11月15日，美驻日大使格鲁向日本外务省声明："美国政府获知上海法租界当局和当地的日本政府官员已达成一项协定，将该市法租界的中国法庭的管辖权转移到由日本扶植的南京政权"，格鲁提请日本政府注意：美国公民在法租界遇有华洋诉讼时，必须向中国法庭上诉。所以美国政府认为，上述法庭的地位如有变化，须经重庆国民政府同意，否则，这些行动将会给美日关系增加麻烦。② 日本政府没有理会美国的抗议，并想进一步染指公共租界，遭到工部局的抵制。11月30日，汪日签订《中日间基本关系条约》，声称"两国将在建设东亚新秩序之共同理想下，互为善邻，紧密提携，以确立东亚永久之和平，并希望以此为核心，而贡献于世界全体之和平"。该条约第七条规定：随着中日关系之新发展，日本政府将撤废其在中华民国所享有之治外法权，并交还其租界，而中华民国政府则应开放其领域，使日本国臣民得居住、营业。③

1937~1941年太平洋战争以前，由于日本侵华战争，美英等国在华领事机构纷纷关闭撤离，侨民也陆续返国，领事裁判权已无从行使。1937年12月27日，日军当局在上海宣称：日本无意否认包括美国人在内的外国在华领事裁判权，这完全是各国与中国之间的问题。但由于中日间的敌对行动，日本从军事观点出发，认为有权采取一切必要措施。如有危害日军安全等企图，那就不问行动者的国籍如何，这和领事裁判权是两码事。④ 1938年6月24日，上海日本总领事冈崎向外界表示：某些居住在中国的日本占领区的第三国人，似乎因误解而吃尽苦头。他们以为享有领判权，便将自己置于日本的法律之上，这是荒谬可笑的，"和外国人在日本不享受领事裁判权一样，他们在中国的日占区内也没有什么特别待遇"。⑤ 7月4日，美驻日大使格鲁就一年以来日本对美国所造成的"巨

---

① 汪精卫：《国民政府还都对日交换广播词》，转引自黄美真、张云编《汪精卫国民政府成立》，上海人民出版社，1984，第830页。
② 转引自吴孟雪著《美国在华领事裁判权百年史》，社会科学文献出版社，1992，第229页。
③ 参见中国第二历史档案馆编《中华民国史档案资料汇编》第5辑第2编附录（上），江苏古籍出版社，1997，第226~227页。
④ 《美国外交文件·日本（1931~1941）》第1卷，第615页，参见吴孟雪著《美国在华领事裁判权百年史》，社会科学文献出版社，1992，第222~223页。
⑤ W. R. 费适著《在华领事裁判权之终结》，第198~199页，参见吴孟雪著《美国在华领事裁判权百年史》，社会科学文献出版社，1992，第223页。

大的、广泛的损害",向日本政府提出抗议,称:"我们希望以后不要干涉由于美中条约而给予美国的领事裁判权和其他权利……本国政府的这一立场决无任何改变,其在华国民的领事裁判权地位必须得到尊重"。① 为向重庆政府示好,并受日汪"废约"言行的影响,美国政府于1938年12月、1940年7月两次宣称将在战后与中国商讨取消领事裁判权等问题。英国政府也于1939年1月14日、1940年7月18日发出含义相同的声明。② 1941年4月,中国驻英大使郭泰祺奉调回国出任外交部长,取道美国返华,在华盛顿与国务卿赫尔等商谈了废约事宜。5月31日,赫尔致电郭泰祺,表示美国政府在和平恢复以后,"准备以合法之手续",与国民政府商谈放弃在华特权问题。③

"随着日本对大陆的侵略,由满洲事变扩大到日中战争,日美对立日益尖锐起来"。④ 从1940年11月起,美日之间进行了长达一年的谈判。1941年11月26日,赫尔在给日方的照会内建议,美日两国政府为实现太平洋地区和平,须积极支持并实际运用下述各项根本原则:一、维护一切国家领土及主权不可侵犯的原则;二、不干涉他国内政的原则;三、包括通商上的机会均等及待遇平等的平等原则;四、为防止发生纠纷与和平解决纠纷,为用和平手段改善国际局势,遵守国际合作与国际调停的原则。在处理中国问题上,赫尔希望:合众国政府及日本国政府除对临时以重庆为首都的中华民国政府外,不给中国的任何其他政府或政权以军事、政治及经济上的援助;两国政府放弃在中国的一切治外法权,包括放弃在中国的外国租界和租借地内的有关各种权益及根据1901年义和团事件议定书(指《辛丑条约》)所获得的各种权利;关于放弃上述在华权益的方法问题,两国政府将努力求得英国政府以及其他各国政府的同意。⑤ 日本政府认为赫尔照会与日方的历来主张有天壤之别,"不言而喻,赫尔备忘录是在向日本提出如下要求:一、从中国和法属印度支那全面撤退日本陆海空军及警察;二、放弃日华间彼此毗邻的特殊紧密关系;三、使三国同

---

① 《美国外交文件·日本(1931~1941)》第1卷,第611~615页,转引自吴孟雪著《美国在华领事裁判权百年史》,社会科学文献出版社,1992,第224页。
② 《英国宣布放弃在华特权声明》,参见林泉编《抗战期间废除不平等条约史料》,台湾正中书局,1983,第529页。
③ 林泉编《抗战期间废除不平等条约史料》,台湾正中书局,1983,导言第2页。
④ 〔日〕信夫清三郎编《日本外交史》下册,天津社科院日本问题研究所译,商务印书馆,1980,第671页。
⑤ 〔日〕服部卓四郎著《大东亚战争全史》第1册,张玉祥等译校,商务印书馆,1984,第238~240页。

盟条约变成一纸具文；四、否认重庆政权以外的中国其他一切政权"。①在11月27日的内阁会议上，东乡外相详细汇报了日美谈判经过，提出了如下结论性意见："蒋介石统治下的中国，依赖英美的倾向将更加增大，帝国将失信于（南京）国民政府，日华友谊也将永遭破坏，进而帝国不得不从亚洲大陆全面撤退，其结果，满洲国的地位也必然发生动摇。这样，我国结束中国事变的政策将从根本上破产"。②于是，日本政府全盘拒绝了赫尔照会。12月8日，太平洋战争即告爆发。

12月9日，重庆政府正式对德意日宣战，同时宣布"所有一切条约协定合同，有涉及中德或中意间之关系者一律废止"，"所有一切条约协定合同，有涉及中日间之关系者一律废止"。③翌年初，中国与美英正式结盟，改变了自九一八事变以来的孤军抗日局面，成为世界反法西斯阵营中的重要一员。

1942年春，日军战事顺利，上海公共租界美籍总董及英美荷董事被迫辞职，工部局为日人独占，租界内的江苏高二分院、最高法院分庭和上海第一特区地方分院分别被汪伪接收，美英人士的司法管辖权全部落入日伪之手。汪伪外交部还发表声明，宣布对与日本发生战争关系的各国外交官、领事官，"今后再不承认其职务之执行"。④这就意味着，在汪伪辖区内，美英等国的领事裁判权已正式终止。但此时此地，日本领事官却在继续行使职务。1942年7月22日，上海总领事堀内致函东乡外务大臣，内称："目下邦人华人之间关于军管下之敌产诉讼日益增多，将对军管企业之运营产生阻害"，关于以敌国人为被告案件之裁判问题，望外务省速与陆海军方面协商，"并请军方从速决定具体方针"。堀内同时建议，"支那派遣军"在上海设立涉外审判所，以裁判派遣军占领地域内敌性国人违反军律以外的案件，审判所以总司令官为长官，领事官为审判官。7月31日，日驻汪伪大使重光葵就设立涉外审判所一事致函东乡，表示已与当地军方达成协议，且已以军令形式发表："请阁下训令在支各总领事、领事，以陆海军嘱托名义担任审判所的审判官、检察官及书记员"。依据该军令，涉外审判所设于上海，发生于北京、天津、广东等地的事件，先由

---

① 〔日〕服部卓四郎著《大东亚战争全史》第1册，张玉祥等译校，商务印书馆，1984，第240~241页。
② 〔日〕服部卓四郎著《大东亚战争全史》第1册，张玉祥等译校，商务印书馆，1984，第244~245页。
③ 参见重庆1941年12月10日《中央日报》。
④ 蔡德金、李惠贤著《汪精卫伪国民政府纪事》，中国社会科学出版社，1982，第140页。

当地领事进行和解斡旋，和解不成，则由上海的审判官出发到该地处理，若最后仍不成，即任命该地领事馆的领事为审判官进行裁判。此外，在特殊场合，还设立审判所支所，处理临时突发事件。①

鉴于美英的在华领事裁判权已遭破坏，更由于旧约的存在与中国的大国地位极不相称。1942年10月9日，美英政府同时通知中国驻美英使节，准备立即与中国政府就废约问题进行谈判。次日，即在双十"国庆节"之际，美英公布了这一决定。此后，中国与美英分别进行了新约谈判。1943年1月11日，驻美大使魏道明与赫尔在华盛顿签署了《关于取消美国在华治外法权及处理有关问题之条约》。同日，外交部长宋子文与英国驻华大使薛穆在重庆签署了《关于取消英国在华治外法权及处理有关问题之条约》。两条约规定废除美英在华的特权有：领事裁判权、通商口岸特别法庭权、使馆区及一些铁路沿线的驻兵权、沿海贸易与内河航行权、外人引水权、英籍海关税务司权等。条约还宣布废除《辛丑条约》，将上海、厦门的公共租界，天津、广州的英租界及北平使馆区的各种权益归还中国。由于上海、厦门、天津、广州尚在日军控制之下，国民政府事实上无法收回这些租界。

但在此之前，日本已抢先一步，与汪伪政府完成所谓交还租界及撤废治外法权协议。1月9日，汪伪政府宣布对美英作战，一小时后，日本即与之签订《关于协力完遂战争之中日共同宣言》和《关于交还租界及撤废治外法权等之协定》，宣称"出于尊重中华民国主权之旨趣"，两国协定如次：

一　专管租界

第一条　日本国政府，应将日本国在中华民国国内现今所有之专管租界行政权交还中华民国政府。

第二条　两国政府应各任命同数之委员，使协议决定关于前条实施之细目。

第三条　中华民国政府于依据前二条租界交还实施后，在该地域内施政时，关于日本国臣民之居住、营业及福祉等至少应维持向来之程度。

二　公共租界及公使馆区域

---

① 〔日〕《关于以敌国人为被告案件之裁判》，日本外务省史料馆藏《领事会议关系杂件》，档号：D1-2-0-2。

第四条　日本国政府依据另行协议所定，应承认中华民国政府尽速收回上海公共租界行政权及厦门鼓浪屿公共租界行政权。

第五条　日本国政府应承认中华民国政府迅速收回北京公使馆区域行政权。

三　治外法权

第六条　日本国政府对于日本国在中华民国国内现今所有之治外法权业经决定速行撤废，两国政府应各任命同数之委员设置专门委员会，使审议拟订关于上述之具体方案。

第七条　中华民国政府应随日本国之撤废治外法权而开放其领域，使日本国臣民得居住营业，且对于日本国臣民不予以较中华民国国民为不利益之待遇。①

在签字仪式当日，日本政府发布《帝国政府声明》，宣布断然交还在中华民国之一切帝国专管租界，并"撤销治外法权"。②

2月9日，汪伪政府特派褚民谊、李圣五、吴颂皋、周隆庠、罗君强、汤应煌等6人为"撤废治外法权委员会"委员。2月23日，褚民谊发表关于交还租界与撤废治外法权的谈话，表示"自我国政府以独立自主之立场在本年1月9日对英、美宣战后，深得友邦各国之同情与协助，是以宣战后一小时，友邦日本即与我国签订协力完遂战争之共同宣言，同时又签订交还租界与撤废治外法权之协定……此种真正友好之实证，诚具有划时期之历史性，足使我国政府与人民非常兴奋与感谢"。③ 3月9日，日伪签订《日本交还专管租界实施细目条款》，确定"在杭州、苏州、汉口、沙市、天津、福州、厦门及重庆之日本专管租界行政权，定于中华民国32年3月30日……实施交还"，"专管租界内之道路、桥梁等等以及堤防等诸设施，均无偿移让于中国方面"。3月30日，汪伪政府"接收"汉口、杭州、苏州、天津等日租界；5月28日，汪伪政府"收回"厦门鼓浪屿公共租界；6月5日，汪伪政府"收回"天津、汉口、广州3个法租界。6月30日，褚民谊与日本大使谷正之订立《关于实施收回上海公共

---

① 中国第二历史档案馆编《中华民国史档案资料汇编》第5辑第2编附录（上），江苏古籍出版社，1997，第200~201页。

② 〔日〕服部卓四郎著《大东亚战争全史》第1册，张玉祥等译校，商务印书馆，1984，第666页。

③ 参见中国第二历史档案馆编《中华民国史档案资料汇编》第5辑第2编附录（上），江苏古籍出版社，1997，第201页。

租界之条款》及"了解事项",并就有关事宜互换照会,宣布该租界将于8月1日由汪伪政府收回。同时日汪还协定上海法租界"当与公共租界同时收回"。① 7月30日和8月1日,上海两租界分别被汪伪政府"收回"。9月10日,日军"协助"伪天津市政府强行将意租界"接收管理"。至此,除重庆日租界由重庆国民政府收回外,其余11个专管租界和两个公共租界均被汪伪政府"收回"。因汪伪统治区为日方掌控,其"收回"的外国租界,实质上从"国中之国"变成了沦陷区。

  1945年8月第二次世界大战结束,11月24日,国民政府外交部正式公布《接收租界及北平使馆界办法》。该办法规定:上海及厦门公共租界的收回,根据中国与英、美、比、挪、加、瑞、荷等国分别订立的平等新约进行办理;天津、广州英租界的收回,根据1943年1月11日的中英新约进行办理;天津、上海、汉口、广州等处法租界的收回,根据维希政府于1943年2月23日放弃其在中国不平等特权的声明,及中国于1943年5月19日取消法国通过不平等条约取得的一切特权的声明进行办理;天津意租界的收回,根据中国对意大利宣战后废止两国间一切条约的声明进行办理。日本在华各租界的收回,不在该办法规定的范围以内,但盟邦及中立国在这些租界内的公私产业,应参照该办法的有关规定进行办理。② 1946年2月28日,中国政府与戴高乐临时政府订立《中法关于法国放弃在华治外法权及其他有关特权条约》,追认了中国对上海、厦门两地公共租界及各地法租界的收回。③ 3月13日中国和瑞士、5月20日中国和丹麦分别订约,两国宣布取消在华领事裁判权和其他任何特权。④ 葡萄牙是最后放弃在华特权的国家。1947年4月1日,中葡订立新约,葡萄牙自动声明放弃在华特权。⑤ 至此,中国依约正式收回全部外国租界和治外法权,洗雪了百年国耻。

---

① 上海市档案馆编《日伪上海市政府》,档案出版社,1986,第94页。
② 参见1945年12月13日《大公报》。
③ 王铁崖编《中外旧约章汇编》第3册,三联书店,1957,第1363页;另参见林泉《从不平等到平等》,载于林泉编《抗战期间废除不平等条约史料》,台湾正中书局,1983,第940页。
④ 参见林泉《从不平等到平等》,载于林泉编《抗战期间废除不平等条约史料》,台湾正中书局,1983,第940页。
⑤ 参见林泉编《抗战期间废除不平等条约史料》,台湾正中书局,1983,第948页。

第十三章　日本在华领事群体分析

一　领事群体的数量及地域分布

1869年8月，日本政府公布《职员令》，规定百官之上设置神祇官，并设置总揽大政的太政官，太政官之下，设民部、大藏、兵部、刑部、宫内和外务等六省，官制中首次出现"掌管外国交际，监督贸易"的外务省机构，其职员由幕府末期结成联盟的萨摩藩和宇和岛藩权要及旧幕府外务官僚混合组成，前者决定政策，后者处理实际事务，① 表现出"官僚专制"的外交体制。到1878年，外务省在人事配备方面，出现了一些微妙变化（见表13-1），这些变化，说明日本外交体制已开始向近代转变。

表13-1　明治初期日本外务省职员表

人事配备		1872年10月		1878年5月	
负责政策		事务总裁 少辅	副岛种臣（肥前） 山口尚芳（肥前）	卿	寺岛宗则（萨摩）
派往各国	清帝国	大丞	柳原前光（公卿）	全权公使	森有礼（萨摩）
	朝鲜	大丞	宗重正（对马藩主）	代理公使	花房义质（冈山）
	英国	全权公使	寺岛宗则（萨摩）	全权公使	上野景范（萨摩）
	法国	代办	鲛岛尚信（萨摩）	全权公使	青木周藏（长州）
	德国	代办	鲛岛尚信（萨摩）	全权公使	青木周藏（长州）
	意大利			全权公使	河濑真孝（长州）
	俄国			全权公使	榎本武扬（幕臣）
	美国	代理公使	森有礼（萨摩）	全权公使	吉田清成（萨摩）
负责常务		小丞 小丞 小丞 小丞	楠本正隆（长崎） 宫本小一（幕臣） 田边太一（幕臣） 津田真道（幕臣）	大书记官 大书记官 大书记官 大书记官（兼）	宫本小一（幕臣） 田边太一（幕臣） 盐田三郎（幕臣） 花房义质（冈山）

资料来源：〔日〕信夫清三郎编《日本外交史》上册，天津社科院日本问题研究所译，商务印书馆，1980，第166页。

---

① 参见〔日〕信夫清三郎编《日本外交史》上册，天津社科院日本问题研究所译，商务印书馆，1980，第128页。

上表显示，肥前出身的副岛种臣和山口尚芳从外务省首脑部消失，寺岛宗则从驻英公使晋升为外务卿，暗示欧美派外交已占据主导地位。能够说明这种趋势的还有1878年柳原前光和宗重正两位大丞的退位。柳原前光为公卿出身，1870年曾以遣清小使身份赴清，担任修好条规的预备谈判，次年作为全权办理大臣伊达宗城的副使再次赴清，当副岛大使赴清时又作为一等书记官随同前往，1874年还被任命为驻清特命全权公使，是明治初期日本对清外交的重要人物。宗重正是旧对马藩主，因有应付朝鲜事务的经验而备受器重。当新政府把"入欧"作为目标而否定华夷秩序时，他们不得不退出外交界。此间，日本渐次在世界各国开设了公使馆：1870年在英国、法国、德国和美国，1873年在意大利、奥地利、俄国、比利时、荷兰和中国，1880年在瑞典、丹麦、瑞士、西班牙和朝鲜。公使馆的开设，欧洲先于亚洲，反映了日本与各国邦交首先从欧美各国开始这一历史事实。①

1885年12月，日本政府废除太政官制，实行内阁制度。井上馨就任首届外务大臣，其职责是推行对外政策，负责保护对外贸易，并监督交际官及领事官。② 外务省官房长官助理斋藤修一郎、调查局长兼翻译局长鸠山和夫、调查局次长助理栗野慎一郎及翻译局次长助理小村寿太郎等人，是东京帝国大学法科大学（后改称法学部）的同学，为文部省第一批留美学生。这批首次受过正规大学教育的"职业外交官"，承担了明治后期到大正时期的日本外交工作。③

1899年6月，日本政府以敕令第二百八十号公布《外交官及领事官官制》，官制规定，领事官分为总领事、领事、副领事及领事官补四类，为奏任官。但总领事由敕任外交官转任者，得为敕任。不设外交官的地方，得设外交事务官，外交事务官由领事官兼任；不设领事官的地方，得设贸易事务官，或名誉总领事、名誉领事、名誉副领事。官制还规定，大使馆、公使馆、领事馆及贸易事务馆得设置外务书记生，为判任官，各馆需要英语、法语、德语之外其他外国语者，得设置外务通译生，同样为判

---

① 参见〔日〕信夫清三郎编《日本外交史》上册，天津社科院日本问题研究所译，商务印书馆，1980，第167页。
② 参见〔日〕信夫清三郎编《日本外交史》上册，天津社科院日本问题研究所译，商务印书馆，1980，第212~213页。
③ 参见〔日〕信夫清三郎编《日本外交史》上册，天津社科院日本问题研究所译，商务印书馆，1980，第213页。

任官。① 官制显示，敕任外交官可转任总领事，领事官可在不设外交官的地方，兼任外交事务官，表明日本领事官最初就属于外交官系统，除管理居留民、航务及商务等一般事务外，还可以部分或全部掌理外交事务。这一点，与西方国家在华领事制度有所不同，欧美诸国特别是美国，在很长一段时间内实行商人领事制度，直到发现这种制度的弊端后，才改派专职领事官。②

从表13-2可以得知，日本领事官属于高等文官中的奏任官，总领事一般为奏任三等，也有的为敕任二等，其待遇相当于特命全权公使或大使馆参事官。领事一般为奏任四等、五等、六等、七等，副领事及领事官补一般为奏任七等。

按政府规定，领事官年俸因驻地及官阶不同而有所差异，如驻伦敦、莫斯科、纽约等地总领事年俸为8000元，领事、总领事代理为6000～7000元，副领事、总领事馆事务代理为3500～4500元，书记生为2800元。③ 同一级别驻华领事官的年俸要比西方国家少2000元左右，当然，驻华领事官之间年俸也有差别，如苏州、沙市等地领事要比哈尔滨、奉天等地领事低800元左右（见表13-3）。

从1872年日本向上海派遣领事开始，整个近代，日本共有多少领事官驻华，并无确切统计数据，总的趋势是在数量上逐渐增多，在官阶上越来越高。在日本颁布帝国宪法的1889年，日本在外公馆数为公使馆10个，领事馆37个，其中驻清领事馆7个，馆员（包括公使馆）18名。1896年甲午战争以后，日本在中国的活动领域扩大，驻清领事馆增到11个，馆员增至66名。1913年即第一次世界大战爆发前，日本驻清领事馆增加到25个（不含出张所），馆员增至145名。可见"日本外交与中国关系之紧密"。④

第一次世界大战后，日本的国际活动渐趋"活泼"，外交机构扩大，外务省的经费增加。⑤ 1926年日本《外务省年鉴》显示，外务省职员总

---

① 〔日〕外务省大臣官房人事课编《外务省年鉴》大正2年，クレス株式会社，1999年影印版，第11~12页。
② 转引自吴孟雪著《美国在华领事裁判权百年史》，社会科学文献出版社，1992，第73、79页。
③ 〔日〕外务省大臣官房人事课编《外务省年鉴》大正2年，クレス株式会社，1999年影印版，第49页。
④ 〔日〕外务省百年史编纂委员会编《外务省百年》，东京原书房，1969，第1253页。
⑤ 〔日〕外务省百年史编纂委员会编《外务省百年》，东京原书房，1969，第1260页。

计973人（高等官413人、判任官560人），曾在中国任过领事官的高等官为251人，曾在中国任过书记生、通译生或警察官的判任官为313人，两者合计多达564人（见附录三）。

表13-2　外务省高等官官等表

敕任			奏任					
亲任	一等	二等	三等	四等	五等	六等	七等	八等
特命全权大使	特命全权公使	特命全权公使						
	大使馆参事官	大使馆参事官	大使馆一等书记官、公使馆一等书记官	大使馆一等书记官、公使馆一等书记官				
		办理公使		大使馆二等书记官、公使馆二等书记官	大使馆二等书记官、公使馆二等书记官			
					大使馆三等书记官、公使馆三等书记官	大使馆三等书记官、公使馆三等书记官		
		总领事	总领事	总领事				
				领事	领事	领事	领事	
				贸易事务官	贸易事务官	贸易事务官	贸易事务官	
						大使馆一等通译官、公使馆一等通译官	大使馆二等通译官、公使馆二等通译官	
							副领事	
						外交官补	外交官补	
						领事官补	领事官补	

资料来源：参见〔日〕外务省大臣官房人事课编《外务省年鉴》大正2年，クレス株式会社，1999年影印版，第40页。

表13-3 1913驻华领事官及外务省书记生年俸

单位：日元

任所	总领事	领事	总领事代理	领事代理	副领事领事官补	总领事馆事务代理	领事馆事务代理	书记生
哈尔滨	5500	3600	4200		2400以下	3000		1800以下
奉天	5000	3600	4000		1400以下	2400		1000以下
间岛	5000	3300	4000		1400以下	2400		1000以下
天津	5000	3300	4000		1400以下	2400		1000以下
上海	5000	3300	4000		1400以下	2400		1000以下
汉口	5000	3300	4000		1400以下	2400		1000以下
广东	5000	3300	4000		1400以下	2400		1000以下
香港	5000	3300	4000		1400以下	2400		1000以下
齐齐哈尔		3600		2900	1500以下		2200	1200以下
吉林		3500		2800	1400以下		2000	1000以下
长春		3600		2900	1500以下		2000	1000以下
铁岭		3500		2800	1400以下		2000	1000以下
辽阳		3500		2800	1400以下		2000	1000以下
安东		3000		2400	1300以下		1800	1000以下
牛庄		3000		2400	1300以下		1800	1000以下
芝罘		3000		2500	1400以下		2000	1000以下
苏州		2800		2300	1200以下		1800	900以下
杭州		2800		2300	1200以下		1800	900以下
南京		3000		2500	1400以下		2000	1000以下
长沙		3000		2400	1200以下		1800	1000以下
沙市		2800		2300	1200以下		1800	900以下
重庆		2800		2300	1200以下		1800	900以下
福州		3000		2500	1400以下		2000	1000以下
厦门		3000		2500	1400以下		2000	1000以下
汕头		3000		2500	1400以下		2000	1000以下

资料来源：参见〔日〕外务省大臣官房人事课编《外务省年鉴》大正2年，クレス株式会社，1999年影印版，第49~52页。

根据南京国民政府外交部的统计（见表13-4），1929年即南京国民政府建立初期，日本在华总领事馆为7个，次于英国的9个，居第二位，但领事馆却有23个，远远超过英国的7个，为各国之首。在领事人数上，日本最多为45人，次为美国43人，再次为英国31人。

表13-4　1929年各国驻华领事馆及领事统计表

国别	总领事馆	领事馆	副领事馆	合计(个)	总领事	代理总领事	领事	代理领事	副领事	代理副领事	名誉领事	随习领事	不明职业者	合计(人)
日　本	7	23		30	7		19	4	11				4	45
英　国	9	7		16	8	1	7	3	11				1	31
美　国	4	7		11	4		18		21					43
法　国	1	12		13	1		13	2	4					20
意大利	2	4		6	2		4		1				1	8
德　国	5	1		6	4	1	2		4					11
比利时	3	3		6	1	1	1	1	1	1		1		7
荷　兰	1	3		4	1		3		4				4	8
葡萄牙	2	2		4	2		1	1	2				1	7
丹　麦	1	3		4	1		3		2					6
奥地利		3		3			2		1		1			4
瑞　典	1	1	3	5	1		1		5					7
瑞　士	1	1		2	1		1							3
西班牙	1			1	1									1
芬　兰	1	2		3	1						2			3
巴　西	1	1		2		1					1			2
挪　威	1			1	1				1					2
墨西哥		1		1		1								1
总　计	41	74	3	118	35	5	76	11	65	1	4	1	11	209

说明：在假者概不计入，以符实数。
资料来源：南京国民政府外交部编《外交部公报》第3卷第1号。

在九一八事变前的1930年，日本在外公馆数为大使馆9个，公使馆18个，总领事馆29个，领事馆53个，总计190个。其中驻华总领事馆12个，馆员61名；领事馆22个，馆员49名。[①] 另据1936年3月日本外

---

① 〔日〕外务省百年史编纂委员会编《外务省百年》，东京原书房，1969，第1260页。

务省统计，日本外交官总数 623 人中，驻"支那" 142 人 (22.8%)，"满洲国" 135 人 (21.7%)，整个中国共计 277 人，约占总数的 45%。具体配置，详见表 13 - 5。

表 13 - 5 1936 年日本外交机关人员配置表

单位：人

地 域	高等官	判任官	陆军武官	陆军补佐官	海军武官	海军武官补佐官
满洲国	48	87	1		1	
支那	64	78	1	2	1	2
苏联	14	20	1	1	1	1
亚细亚						
南洋	27	35	3		1	
美国	6	10				
北中南美	59	59	3	2	6	2
欧洲	74	42	9	5	4	4
合计	292	331	18	10	14	9

资料来源：〔日〕外务省东亚局编《昭和十三年度执务报告》第 2 册，クレス出版社，1993 年影印版，解说第 6~7 页。

日外务省职员略历显示，当时驻华领事官最高年龄为 60 岁，最小为 21 岁。可见，一个领事官有近 40 年的时间可能驻在中国，一般领事官在某地任期为 1~2 年，期间，有的一任即转调他地，或调回本国，极少连任 40 年者，但于一地或数地任职累计 10 年左右者也不乏其人。近代，日本在华领事馆总数保持在 30 个上下，各馆领事官配置不一，汉口、上海、奉天、天津等总领事馆 3~5 人（总领事、领事、副领事、司法领事等），① 领事馆及分馆（不包括出张所）一般两人，以平均每馆 3 人计算，同一时期，中国各地约有 90 名领事官在活动。七十余年间（1872~1945 年），则有六千余名（人次）领事官驻华，不仅如此，他们还领导着一支为数万余的书记生、通译生及警察官队伍，作为职业外交官，这是一个惊人的数字。

---

① 〔日〕外务省大臣官房人事课编《外务省年鉴》大正 2 年，クレス株式会社，1999 年影印版，第 71、74、76、77 页。

近代日本在华领事馆的地域分布，一般由外务省依据实情自行决定。一般设总领事馆10个（1939年总领事馆东北以外地区即达12个），① 东北设于哈尔滨、奉天、间岛等处，华北设于天津，华中设于上海及汉口，华南则设于广东、香港等地。领事馆时增时减，大体保持二十余个。东北地区有齐齐哈尔、吉林、长春、铁岭、辽阳、安东、牛庄等地，华北地区有济南、青岛、张家口、芝罘等地，华中地区有苏州、杭州、南京、长沙、沙市、重庆等地，华南则有福州、厦门、汕头等地。总体分布情形，东北最多，华中次之，华北再次之，华南最少。这种分布，与日本侵华大陆政策有着密切关系。

二 领事群体的教育背景及中国观

近代日本在华领事群体多来自东京帝国大学、东京高等商业学校、东京外国语学校、京都帝国大学、早稻田大学及东亚同文书院等高等学校，虽有极少数领事毕业于中等学校，也都是外交官及领事官考试的合格者（见附录三）。1893年10月，日本政府颁布《外交官及领事官试验委员会官制》，成立外交官及领事官试验委员会，以外务次官为委员长，以外务省政务局长、外务省通商局长、外务省调查局长、二名文官高等试验委员及二名帝国大学教授为委员，组织监督每年的外交官及领事官考试。② 外交官及领事官第一次考试为1894年9月，合格者仅4人，以后每年合格者不等，约在4~40人之间。③

1918年1月，日本政府颁布《高等试验令》，将奏任文官的任用资格考试、外交官及领事官的任用资格考试及裁判官的任用资格考试统称为"高等试验"。考试目的是"检查受验者是否通晓学理原则及现行法令，并是否有实际运用的能力"。考试分为"预备试验"和"本试验"两种，"预备试验"合格方可参加"本试验"。"预备试验"受验者须为中等学校毕业者或同等学历，高等学校大学预科或由文部大臣认定的同等以上的学校毕业者可免除"预备试验"。"本试验"每年在东京举行一次，分为

---

① 参见〔日〕英修道著《列国在中华民国的条约权益》，东京丸善株式会社，1939，第537~538页。
② 〔日〕外务省大臣官房人事课编《外务省年鉴》大正2年，クレス株式会社，1999年影印版，第37页。
③ 〔日〕外务省大臣官房人事课编《外务省年鉴》大正15年，クレス株式会社，1999年影印版，第221~237页。

行政科、外交科及司法科等三科。行政科必考科目有宪法、行政法、民法、刑法、国际公法及经济学六科，选考科目为商法、民事诉讼法、刑事诉讼法及财政学（四选一）；外交科必考科目有宪法、国际公法、国际私法、经济学、外交史、外国语（英法德三选一或受验者自己选择其他语种），选考科目为行政法、民法、商法、刑法、财政学、商业学、商业史等（七选一）。司法科必考科目为宪法、民法、商法、刑法、民事诉讼法、刑事诉讼法、国际私法，选考科目为行政法、国际公法、经济学等（三选一）。① 各高校毕业生纷纷按此规定参加考试，外交科的合格者则进入外务省，成为一名职业外交官。

上海东亚同文书院是日本在中国开办的培养"中国通"的学校，学生要想成为外交官，也须参加有关考试。20世纪初该院建立时，仅有教师14人，其中教授2人，课程设置以中国政治、经济、外交、地理、文化及语言为主（见表13-6、表13-7）。到三四十年代，教师增至40余人，50%具有教授资格，还有中国教师教中文，外籍教师教英语，"支那经济事情"、"支那时事问题研究"、"支那史"、"支那文化概论"、"国际法"、"战时国际法"等课目相应增多，显出重视中国知识和时事政治的倾向。② 几十年间，该院共有118名毕业生出任过驻华领事官，如林出贤次郎、石射猪太郎、米内山庸夫、山本熊一等。③

表13-6 1900年东亚同文书院课程设置

政治科（预科）	商务科（预科）	政治科（本科）	商务科（本科）
伦理	伦理	国际公法	财政学
清语（汉语）	清语（汉语）	国际私法	清国近代通商史
英语	英语	经济学	清国制度律令
清国政治地理	清国政治地理	财政学	商品学
清国商业地理	清国商业地理	清国制度律令	清国商品学
法学通论	法学通论	清国近时外交史	商业算术
宪法	民法	近代政治史	商业学
民法	商法	汉文	簿记
刑法	国际法	汉字新闻	汉字新闻
商法	经济政策	汉文尺牍	汉文尺牍
行政法	经济学	实地修业旅行	实地修业旅行

---

① 〔日〕外务省大臣官房人事课编《外务省年鉴》大正15年，クレス株式会社，1999年影印版，第182～184页。
② 参见〔日〕薄井由著《东亚同文书院大旅行研究》，上海书店出版社，2001，第27页。
③ 参见〔日〕薄井由著《东亚同文书院大旅行研究》，上海书店出版社，2001，第43页。

表 13-7　1930 年东亚同文书院课程设置

第一年级	第二年级	第三年级	第四年级
伦理及哲学概论	伦理及哲学概论	伦理及哲学概论	伦理及哲学概论
宪法及法学通论	民法	民法	商法
经济原论第一部	交通论	货币论	国际法
商业通论	保险论	统计学	经济原论第二部
簿记	簿记	银行及金融	商业政策
商业算术	商业算术	外汇兑换	贸易实务
珠算	商品学	商工经营	会计学
商业地理	支那史	簿记	支那经济事情
支那制度律令	汉文	支那经济事情	支那时事问题研究
支那史	支那时文及尺牍	支那时事问题研究	汉文
汉文	支那语	心理及伦理学	支那时文及尺牍
支那语	英语	汉文	支那语
英语	体育	支那时文及尺牍	英语
体育	(34 学分)	支那语	体育
(34 学分)		英语	(34 学分)
		体育	
		(34 学分)	

备注：第三年级选修课目有工业政策、交易所论、仓库论、支那经济史、商工心理及社会学等；第四年级选修课目有经济学史、殖民政策、财政学、工业概论、支那思想史及商事关系法等。

资料来源：〔日〕薄井由著《东亚同文书院大旅行研究》，上海书店出版社，2001，第 25~26 页。

由于在华领事官均有一定的教育背景，他们不仅通晓中西历史，还具备很深的理论水平和专业知识，在大陆政策推行过程中，他们的经历变得十分重要，许多人因此升任驻华公使和外务大臣。如：伊集院彦吉（驻天津领事、驻华公使、外务大臣）、堀义贵（驻汉领事、驻华公使）、吉田茂（驻天津和奉天领事、外务大臣）、芳泽谦吉（驻汉领事、驻华公使、外务大臣）、松冈洋右（驻上海领事、外务大臣）、重光葵（驻上海领事、驻华公使、外务大臣）、石射猪太郎（驻吉林及上海领事、外务省东亚局长）、天羽英二（驻哈尔滨和广东领事、外务省情报部长）、有吉明（驻上海领事、驻华公使）等（详见附录一、二）。总体而言，领事群体的中国观，既受个性、知识背景、经验等影响，也受日本侵华大陆政策的支配，其对中国政府、中国人民及中国文化的看法，存在诸多偏见，如他们普遍认为中国人圆滑刁钻，缺乏诚信，有着各种各样的陋习等，这种蔑视和敌意的态度，成为其强硬外交的历史渊源。略举数端如下。

1905年日俄战争期间，有数名日人在福建三都一带以游历为名，刺探情报，测绘地图，被福建地方官厉行禁阻。① 5月22日，福州领事中村就此事致函小村外务大臣，对福建地方官的性格进行了描述，称：清国地方官最惧外国特别是欧美领事之抱怨，唯恐招致北京政府麻烦，一旦发生对外交涉案件，常常倾向于强势一方，或仰北京政府之鼻息，汲汲于保全己之地位。关于此次事件，应乘彼等之弱点，使出一些高明手段，假以态度，将直接间接获取诸多益处。②

1911年2月22日，驻清公使伊集院（曾任天津总领事兼牛庄领事）③致电外务大臣内田，对辛亥革命后中国政治形势及中国人的性格进行了分析。内称：

> 吾人必须特别记取，清国人之特点在于不知事物之发展各有极限。……清国人一旦得势，如不在适当时机加以扼制，即将肆无忌惮，不知自制，甚至难保不招致自我毁灭之灾。……若坐视其狂妄恣肆，甚至坐视其实现共和制度，则将一发不知自制，甚或想入非非，以为万事均可按照彼等之意愿推进。其结果，必然是排外思潮更加泛滥，以致掀起回收利权之狂潮，动辄与外国人作对，必使外国之处境较前更加困难数倍。如此下去，愈演愈烈，其结果不问自明。④

1928年，日驻奉天（沈阳）总领事林久治郎⑤主张对华实施高压外交，扶持张作霖维护东北利益，皇姑屯事件后，林久治郎又试图威吓张学良，阻止其与南方妥协，破坏中国统一。张拒不听从，毅然宣布东北易帜。林久治郎后来分析干涉失败原因时遗憾地表示：

> 中国人受3000年文化陶冶，其对外策略之巧妙，为其他国人所

---

① 〔日〕外务省编纂《日本外交文书》（别册·日俄战争Ⅰ），日本国际联合协会，1987，第984~985页。
② 〔日〕外务省编纂《日本外交文书》（别册·日俄战争Ⅰ），日本国际联合协会，1987，第984页。
③ 伊集院彦吉，1864年6月生于萨摩国鹿儿岛，东京帝国大学法科大学毕业。曾任天津总领事兼任牛庄领事，以及驻清特命全权公使等职。
④ 《日本外交文书选译——关于辛亥革命》，邹念之译，中国社会科学出版社，1980，第306页。
⑤ 林久治郎，1910年任吉林领事；1914年任济南领事；1919年任福州总领事；1923年任汉口领事；1928年任奉天总领事。

不及。只是多年来的恶政恣意行事，习惯于敷衍一时，并无定见。因此，对于这样的中国人，如果以坚定不移的意志和方针，未必没有办法。但过去日本对华方针，摇摆不定，经常采取恫吓的态度，不能贯彻始终，因而功亏一篑之例不胜枚举。①

  1938年12月22日近卫内阁发表第三次对华声明，林久治郎对此表示，该声明"不要领土，不要赔偿，唯一希求调整满支国交、防共和日支两国的经济提携，如此宽大的条件，竟不为支那人所容，继续抗日，其非无疑在支那方面"。② 1939年，林久治郎在《日支的将来》一文内称，"支那人表里均无信用可谈，依数千年的历史和无数的经验，彼等的态度可以说是天生的，彼等的猜疑心，同时又是其保护色"。林久治郎进而断言，正因为中国人"猜疑心"太重，对日本"诚心诚意的亲善方针，共存共荣大计"抱有疑念，所以才导致两国间的冲突乃至战争。③

  1936年"成都事件"发生后，日本驻华川越大使于12月5日中止谈判暂回上海，南京的日本居留民不明究竟，有着种种的猜测，居留民会长就此拜访了时任南京总领事兼大使馆一等秘书的须磨总领事，④ 听取了须磨对于谈判结果和时局的意见。对谈中，须磨表露了"支那四千年来一直都没有诚意"的中国观。

    会长问：即使在您的努力下谈判取得成功，如果国民政府没有诚意落实协定，时局就不会好转到居留民能够安居乐业的程度。那么，总领事认为国民政府是否有诚意呢？
    须磨答：期待支那方面有诚意是个很大的错误。支那方面也不是现在才没有诚意，持续的诚意是从来没有的。说得彻底一点，支那四千年来一直都没有诚意。所以对于我们来说，不能期待支那方面具有

---

① 天津编译中心编《日本帝国主义侵华人物》，中国文史出版社，1994，第238～239页。
② 〔日〕一又正雄、大平善梧编辑《战局关系国际法外交论文集》，东京岩松堂书店，1940，第92页。
③ 〔日〕林久治郎：《日支的将来》，载于一又正雄、大平善梧编辑《战局关系国际法外交论文集》，东京岩松堂书店，1940，第92～94页。
④ 须磨弥吉郎，1892年9月生于秋田县南秋田郡土崎港町。曾就读于东京帝国大学英文专业和中央大学法律学科，1918年通过行政专业的高等考试，次年从东京帝国大学中途退学进入外务省。1920年从中央大学毕业，同年通过了外交专业的高等考试。其后历任外务省事务官、日本驻英大使馆书记官、日本驻德大使馆书记官、日本驻华公使馆书记官、驻南京总领事兼大使官一等书记官等职。

诚意，而是要做到，即使支那不愿意，也不得不跟我们走。

问：您是说我方要对支那采取强制手段吗？

答：那是当然。作为目前的对支政策，不管你喜欢不喜欢，除了实力外交之外一切都是没有实际效果的。满洲事变以后更是如此，除此之外别无他法。①

领事群体对中国的鄙夷与轻蔑，在近代中日交涉中，经常有所表现，无须再加引证。这里仅以他们把中国称为"支那"为例，以透视其长期抱持的中国观。

清代，日人称呼中国，有的叫清国，有的叫"支那"。"支那"为"秦"的译音，并无特别意义。甲午一战，日本打败清朝，"支那"一词开始带有蔑视意味，最初感受到这种变化的留日学生曾投书报章表示不满，但未为日人理会。1912年中华民国宣告成立，日本迟迟不愿"承认"，原因之一即不知如何称呼中国。日政府认为，中国素来维持"华夷秩序"，"中华""中国"都具有世界中心意义，不愿照称"中华民国"，犹豫再三，遂决定以"支那共和国"称呼之。1913年7月，外务大臣牧野致函驻清公使伊集院："（中国）革命后，在历来之邦语公文中依然袭用'清国'名称已显不合时宜，承认新政府乃早晚之事。现阁议决定：在条约国书中将来理应使用'中华民国'之名称又当别论，在帝国政府内部及与第三国之寻常往来公文中，今后一律废除'清国'之称而以'支那'代之。"②自此，在日方致送中方公文中，多以"支那"、"支那国"、"支那共和国"等来称呼中国，此举引起中国政府的强烈抗议。1913年10月，中国驻日代理公使奉令拜访牧野，要求废除"支那"蔑称，牧野声言断难适应中国政府之希望。在"二十一条"交涉、巴黎和会及五四运动时，中方都曾提出过严正抗议，直至南京国民政府成立，日本依然沿用"支那"一词。

1930年5月6日，国民党中央政治会议通过议决，责令外交部照会日本政府：今后往来公文，须称中华民国，倘若使用"支那"之类的文字，中国外交部可断然拒绝接受。19日，国民政府文书局长杨熙绩又在

---

① 〔日〕庄司得二著《日本居留民志》，南京居留民团发行，1940，第242~243页。
② 〔日〕《牧野外务大臣致渡边宫内大臣等机密公文关于支那国决定之件》，外务省外交史料馆藏，转引自单冠初《民国时期中国官民反对日本对华"支那"蔑称交涉始末》，《上海师范大学学报（社会科学版）》2002年第3期，第39页。

总理纪念周政治报告中声明:"倘日本再有如此无理之字样,我务当予以退还并严词诘责之"。① 5月21日,日本驻宁领事上村伸一将杨熙绩的报告转呈币原,大阪《每日新闻》等报刊纷纷载文,指责中方干涉其语言文字的独立。《民国日报》、《武汉日报》等立即发表长篇评论予以批驳。日本外务省迫于压力,于11月1日向驻华公使及各总领事发出《对中国国名使用"中华民国"之训令》。1931年2月4日,外务省再向驻华使领发布训令:将大正4年(1915年)7月外务省令第一号在外帝国领事馆管辖区域及大正14年外务省令第十一号在外帝国领事馆分馆主任及领事馆出张所主任管辖区域内的"支那国"改称"中华民国"。② 此后,在日本对华正式公文内,大都改称"中华民国",但私下场合,仍称中国为"支那"。翻检领事官与外务大臣的往来函件,"支那"之称俯拾皆是,不胜缕指。

三 领事群体的外交行为模式

明治维新以后,日政府制定了"脱亚入欧"的外交路线。通过外务省的努力,1871年日本与中国签订《修好条规》,取得了对朝鲜的优势地位,在1894~1895年甲午战争中,日本打败中国,取得了在亚洲的优势地位。1902年日本与英国结成同盟,在1904~1905年的日俄战争中打败强大的俄国,真正实现了"入欧"。基于外交实践取得的成绩,日本外务省长期认为,在对外关系中,军队是外交政策的工具,是为外交政策服务的。1913年被指在兖州事件、汉口事件及南京事件③中交涉不力遇刺身亡的外务省政务局长阿部守太郎曾表示:"外交完全由外务省

---

① 《"支那"源流考》,1999年5月7日《人民日报》,转引自单冠初《民国时期中国官民反对日本对华"支那"蔑称交涉始末》,《上海师范大学学报(社会科学版)》2002年第3期,第39页。
② 〔日〕《在支帝国公馆关系杂件·管辖区域关系》,外务省外交史料馆藏,档号:M-1-3-0-2-6。
③ 兖州事件:1913年8月3日,日本的天津驻屯军所属陆军步兵大尉川崎亨一在济南、兖州一带进行军事侦察,8月5日在兖州被张勋属下武卫前军拘禁于兵营,8日释放。汉口事件:1913年8月12日,日本驻汉口华中派遣队步兵少尉西村彦马带领士兵,闯入驻扎江岸车站附近袁军第二师兵营警戒线以内进行军事侦察,经第二师士兵阻止不听,竟用短刀刺伤值勤的中国官兵,中国官兵出于自卫,不得不将该少尉及士兵暂时监守,稍后送还。南京事件:1913年9月1日,袁军攻入南京之际,有3名日本人被张勋士兵杀死,在南京的日本人房屋有的遭到破坏。

统一之，陆海军省自不待言，即参谋本部、军令部等官署，亦均须遵循政府之方针，不仅决不能与之背道而驰，且应按照外交机关之要求，为其活动创造条件，此点至为重要。① 但是，事与愿违，日本国力强盛以后，军部的势力逐步增大，在对外侵略扩张过程中，不可能"按照外交机关之要求，为其活动创造条件"，外交一元化的局面被打破，出现了所谓"双重外交"的现象。日本史学家信夫清三郎分析了这种"双重外交"的根源。

> 由于军部在所谓多元化统治结构的天皇制机构中占据着特殊的地位。也就是说，外交原则上是由外务省主管，但实际情况却是，由于统帅权独立，对于担负战争——对外政策的重要表现形式之一——的军队统帅部门，议会或内阁都不能控制。这里统帅部门就有根据离开以外务省为中心的政府所决定和执行的对外政策，而独自按照自己的利害和判断来执行外交政策，这里就有了出现所谓"双重外交"的根源。而日本帝国主义所具有的两面性又进一步促进了"双重外交"。这种两面性就是：一方面由于它是后起的帝国主义国家，资本不足，不得不依靠欧美先进国家，这就产生了与欧美协调的趋向性；另一方面，在地理上与大陆接近，这一条件又产生了武力侵犯大陆的倾向性。多元的统治结构和日本帝国主义对外的两面性所造成的对外政策的分裂倾向，由于实际上对此起着一元化统一作用的元老们在第一次世界大战前后或者死亡或者衰老，其全面统一的能力削弱了，"双重外交"便由此趋于表面化。②

1931年关东军发动的九一八事变是"双重外交"的典型表现。9月19日晨，币原外相在早餐时看报，才得知爆发了九一八事变，其时关东军已经占领了沈阳，而他对此却一无所知。③ 当时，沈阳总领事馆的森岛守人等主张用外交谈判来解决事件，但板垣参谋却责问道："已经发动了统帅权，难道总领事还想干涉统帅权吗？"花谷少佐甚至拔出军刀威胁

---

① 《日本外交文书》大正2年第2册，第1067～1076页，转引自〔日〕信夫清三郎编《日本外交史》上册，天津社科院日本问题研究所译，商务印书馆，1980，第383页。
② 〔日〕信夫清三郎编《日本外交史》上册，天津社科院日本问题研究所译，商务印书馆，1980，第415～416页。
③ 〔日〕外务省百年史编纂委员会编《外务省百年》，东京原书房，1969，第148页。

说："对干涉统帅权者绝不姑息"。① 随着关东军侵略的步步升级，外务省只能以招架之势为关东军的军事行动辩解。② 时日本驻满机构有领事馆、关东厅、关东军等，分属于外务省、拓务省、陆军省等指挥系统，政府为此绞尽脑汁，设计一套又一套统一方案，均因各省意见对立，未能实现。1932 年 8 月，日本政府采取以关东军司令官武藤信义兼任特命全权大使和关东厅长官的临时措施，在形式上实现了各机关的统一，但下层机构照旧并立，"三位一体"因此被讥为"酸味一体"。③ 于是陆军以林铣十郎留任陆相为条件，要求实现驻满机构的一元化。1934 年 8 月，陆军发表如下方案：一、把现在驻满机构的三位一体制改为军司令官和全权大使的二位一体制；二、全权大使受总理大臣的监督，只在有关涉外事项上受外务大臣的指挥监督；三、在内阁中新设对满事务局，把拓务省所管一切事项移交该局管理；四、在关东州设置知事，由全权大使指挥监督。该方案欲把一切权力都集于军部，当然遭到外务省和拓务省的反对。嗣后日本政府依陆军方案提出了妥协案，于 12 月公布了对满事务局官制，决定由林铣十郎陆相兼任首任总裁。④

1937 年七七事变后，近卫内阁为谋求对华政策一元化，计划建立一个"对华中央机构"。1938 年 1 月，企划院提出成立东亚事务局方案，法制局和外务省也都宣布了各自设想。后因设置了五相会议，才平息了纷争。8 月中旬，问题再被提出，军部与外务省的对立表面化，结果外务省让步，制定了《对华院要纲》。此后，按照当地军队的意见，将对华院改名为"兴亚院"，12 月，日本政府公布"兴亚院"官制。兴亚院是以首相为总裁，以外务、大藏、陆军和海军各大臣为副总裁的"对华中央机关"。总务长官由柳川平助中将担任，政务部长为铃木贞一少将，陆军掌握了实权。1939 年 3 月 10 日，兴亚院成立华北（北京）、蒙疆（张家口）、华中（上海）、厦门（厦门）四个联络部，以及华北联络部青岛出张所，天津、济南、徐州、太原、开封、广东、汉口、南京等派遣员事务

---

① 参见〔日〕外务省百年史编纂委员会编《外务省百年》，东京原书房，1969，第 149 页。
② 参见〔日〕信夫清三郎编《日本外交史》下册，天津社科院日本问题研究所译，商务印书馆，1980，第 557 页。
③ 参见〔日〕信夫清三郎编《日本外交史》下册，天津社科院日本问题研究所译，商务印书馆，1980，第 588 页。
④〔日〕信夫清三郎编《日本外交史》下册，天津社科院日本问题研究所译，商务印书馆，1980，第 588~589 页。

所，并在杭州、蚌埠派驻了调查官，以取代占领区的陆海军特务部。① 驻华领事官均以嘱托名义加入联络部，受当地军方的调遣。按有关规定，在日军占领地，领事馆警察须听命于宪兵队，特别是关于中国人及第三国人事务，警察官更不能随便处断。②

1941年1月，日本政府修正《文官任用令》和《文官分限令》（身份待遇），并颁布《敕任文官铨衡委员会令》，该委员会令把高等文官考试的行政科和外交科合并为行政科，外交官和一般行政官无须加以区别了。③ 1893年制定的外交官及领事官考试制度，实际上已被废除。因日军占领地的扩大，日本使领馆失去了部分存在的意义。1942年8月，日本政府决定取消兴亚院，新设大东亚省，建立一个与陆海军密切协作的一元化综合机构。由于该案要求外务省牺牲利益，东乡外相表示反对，被迫提出辞职，东条首相兼任外相，原方案正式通过。10月28日，枢密院特任青木一男国务大臣为第一任大东亚大臣。④ 11月1日，日本政府正式公布《大东亚省官制》，规定大东亚省设置总务局、满洲事务局、中国事务局、南方事务局等机构。大东亚大臣管理大东亚地区（除日本本土、朝鲜、台湾、库页岛以外）的各种政务（除纯外交以外），指挥监督大东亚地区的外交官及领事官，处理该地区的侨民事务、移民殖民、海外开拓事业以及对外文化事业等。⑤ 按该官制规定，"有关东亚地区的外交和有关其他地区的外交被分割开来，外交权一分为二，形成了按地区设立两个外务省的不可理解的奇怪现象，换言之，外交方面弄出来两个辅弼大臣"。⑥ 此后，军部、大东亚省和外务省仍在继续争权夺利，外务省仅在"纯外交"领域保有发言权，大东亚地区的外交官和领事，已变为披着外交、领事外衣的一般行政官员。东条英机对此表示："现有外交观

---

① 〔日〕东亚同文会编《第二回新支那现势要览》，东亚同文会印行，1940，第84~91页。
② 参见〔日〕外务省外交史料馆藏《外务省警察史·支那之部（中支）：在上海总领事馆》第42卷，不二出版社，2001，第181页。
③ 〔日〕信夫清三郎编《日本外交史》下册，天津社科院日本问题研究所译，商务印书馆，1980，第655页。
④ 〔日〕服部卓四郎著《大东亚战争全史》第1册，张玉详等译校，商务印书馆，1984，第645~646页。
⑤ 〔日〕外务省编《日本外交年表和外交文书（1840~1945）》下卷，东京原书房，1972，第578页。
⑥ 〔日〕信夫清三郎编《日本外交史》下册，天津社科院日本问题研究所译，商务印书馆，1980，第684页

念乃以对立之国家为对象，此种事实在大东亚区域内则不存在，而只有以我国为领导者之外交；我国外交正是由于大东亚圈内和圈外而实际上分成两个，故其措施不同乃属当然"。① 这就是说，"外交乃是对等国家之间的交涉，与弱小国和后进国之间是不能有外交的，甚至在外务省内部。也出现了战时外交无用论"。② 这样，日本对华政策正式实现了由双重外交向军事一元化的转变。

如前所述，外务省与军部之间在侵华政策上一直存在着主导权之争，双方较量的结果，是军部赢得胜利，即由外交一元化，到双重外交，最后实现军事一元化。在这个过程中，驻华日领与侵华日军之间相应也存在着矛盾纷争，如占领地的领事裁判权问题、日本在华居留民的管束问题、关于营业的许可及取缔问题等。但应该看到，日领与日军的矛盾系属日方内部矛盾，他们在维护国家利益、攫取在华利益、推行大陆政策方面是高度一致的，其矛盾可以通过日本政府的协调来解决，或由军方退让，或由领事默认，一般不致发生激烈冲突。相反，他们却在一些具体问题上默契配合，大演政治双簧，或是领事以军队为后盾，进行外交斡旋；或是军方以领事出面，收拾局面，达到武力难以达到的效果。在日本侵华过程中，由于军方渐渐得势、外务省的权限相应衰落，领事群体的外交行为不可避免地出现以下特点：一是唯军方马首是瞻，听命于军方调遣；二是以武力为后盾，与中国地方政府交涉。以下以日俄战争为中心，考察日本领事的外交行为模式。

1904年2月10日日俄宣战，两国处于交战状态，外交及领事关系自当断绝。因战场是在中国东北，而清廷又宣布中立（2月12日），中日关系因而变得十分复杂，涉及三个方面：一、平时的条约国关系；二、战时的中立国与战国关系；三、日本与第三国的关系。日本外务省显然被这种复杂的国际关系弄糊涂了。在中国的中立地，领事关系的保持自不待言；在东北战地，领事关系的处理就不那么简单了。因为战争伊始，胜负难料，外务省首先从领事本身的安全来考虑，在宣战后的第2天即11日就将牛庄领事馆封闭，命濑川领事归国。而事实证明，这样的处理是十分轻率的——外务省不得不在6个月以后改正这个错误。7月29日，外务大

---

① 〔日〕信夫清三郎编《日本外交史》下册，天津社科院日本问题研究所译，商务印书馆，1980，第685页。
② 〔日〕信夫清三郎编《日本外交史》下册，天津社科院日本问题研究所译，商务印书馆，1980，第685、694页。

臣小村急电驻天津伊集院总领事，命其兼任牛庄领事，"迅从贵地出发，赶赴营口，所需属员可从贵馆员中酌量选择，俟濑川总领事归任后，再交接返津"。关于营口施政方针，小村在电内训示：一、设置军政厅，执行军事必要之诸般措置；二、准许清国地方官复归，除军事必要外，可使清国地方官掌管民政；三、税关事务，不在军事必要范围内，可由现在职员处理之。① 8月2日，小村又函示即将归任的濑川领事，告之于同样的营口施政规则，并特别叮嘱："各种关系颇为烦杂，贵官须从内部辅助军政官"，"且甫经占领，诸事尚未整顿，各种重大事件须与军政官协议，具体事情亦须接受本大臣之训令"。② 伊集院接小村训令后，立即自天津出发，8月4日，牛庄领事馆重新开馆。③ 日俄战前，中国东北为俄国势力范围，日本在战地仅有一处领事馆即牛庄领事馆，开仗后，外务省命天津总领事兼任该馆领事，实际上提高了牛庄领事馆级别。牛庄领事馆编制齐全，馆员超过同时期的上海总领事馆，就日本所有驻外领事馆而言，在规模上仅次于驻韩国的京城领事馆（11人）。④ 日军占领牛庄后，馆址临时设在军政署内，后移借中国人房屋办理公务。此后，领事官在外务省指导下，一面协助占领军施行军政，一面管束居留民，处理与中国及第三国关系事务，在战地异常活跃。

根据日本政府1890年4月19日公布的《日本帝国领事规则》第二十八之规定："领事须向外务大臣报告其职务上之有关事宜"。⑤ 日俄开战前夕，牛庄领事濑川即多次致电小村外务大臣，报告当地俄军动向。如：2月2日，关于盖州、海城、辽阳等地俄军动静之报告；⑥ 2月3日，关于

---

① 〔日〕小村外务大臣致天津总领事伊集院电《天津总领事兼任牛庄领事在营口施政之密件》，1904年7月29日，《日本外交文书》（别册·日俄战争Ⅲ），第338号。另，日本外交文书别册日俄战争卷：Ⅰ卷由外务省1958年编辑；Ⅱ卷由外务省1959年编辑；Ⅲ卷由外务省1958年编辑；Ⅳ卷由外务省1959年编辑；Ⅴ卷由外务省1960年编辑，共5卷，日本国际联合协会发行1987年出版发行，以下引文不再注明发行年份。
② 〔日〕小村致即将归任的濑川领事函《营口施政规则》，1904年8月2日，《日本外交文书》（别册·日俄战争Ⅲ），第368号。
③ 〔日〕《牛庄领事馆再开告示》《官报抄录》，1904年8月6日，《日本外交文书》（别册·日俄战争Ⅲ），第380号。
④ 〔日〕外务省百年史编纂委员会编《外务省百年》，东京原书房，1969，第1509~1512页。
⑤ 〔日〕外务省百年史编纂委员会编《外务省百年》，东京原书房，1969，第182页。
⑥ 〔日〕牛庄领事濑川致小村外务大臣函《盖州、海城、辽阳等地俄军动静之报告》，1904年2月2日，《日本外交文书》（别册·日俄战争Ⅳ），第591号。

辽阳方面俄军动静之报告;① 2月6日,关于俄军动静之情报等。② 伊集院领事到任后,立即进行实地调查,也于8月11日致函小村,详细奉报营口现状,内容包括:市内一般状况、自治团体公议会之组织及现状、日本人在留者情况、各国领事馆及在留外人之情况、外国人游历规程、税官及邮电局、占领后船舶出入情况、帝国领事馆事务等。③ 濑川归任后,日俄战事正酣,遂将现地军情、陆海战况、俄军动态及清国对日人态度等详报外务大臣。④

1905年3月初,日军在新民府设兵防守,"并将府署改为军政署,颇有久占之意"。⑤ 清外务部照会日本政府,责其违犯中立,请速撤兵,守军福岛少将却将此地视为交战地,拒不撤兵,并表示是否作为中立地乃视情形而定。⑥ 为协助军方行动,濑川领事特派柴田领事官补出差新民屯,面晤新民府知府增韫,巧以辞令,转圜关系。晤谈中,柴田言明:我军在此地屯扎,实因作战之必要,无此必要时,守备队当自行撤退。并劝告知府:贵官可借我军之力,而免除俄军之压制,贵国人民亦因我军而脱离俄军之暴行,何云报以忧心?我军并无妨碍贵国官宪施政,或有违贵国人民生命财产之意。且本来我国多半为贵国而战,贵国政府并人民久为俄国所苦,贵国政府及人民应尽可能给予我军便利,应尽可能给予我民利益,此报酬亦为道德之所系。会谈后,柴田又与福岛少将相商,决定请外务省简派文官,以启发清民智力,期通过和平商战,而达雄霸

---

① 〔日〕牛庄领事濑川致小村外务大臣函《辽阳方面俄军动静之报告》,1904年2月3日,《日本外交文书》(别册·日俄战争Ⅳ),第592号。
② 〔日〕牛庄领事濑川致小村外务大臣函《关于俄军动静之情报》,1904年2月6日,《日本外交文书》(别册·日俄战争Ⅳ),第598号。
③ 〔日〕牛庄伊集院领事致小村外务大臣函《营口现状之报告》,1904年8月11日,《日本外交文书》(别册·日俄战争Ⅲ),第387号。
④ 〔日〕牛庄领事濑川致小村外务大臣函:1904年9月4日《关于占领辽阳之反响报告》、1904年9月18日《关于奉天方面敌情之情报》、1904年9月23日《关于奉天近况之情报》、1904年10月7日《关于奉天、铁岭方面之情报》、1904年11月18日《关于奉天铁岭敌情之报告》、1904年11月23日《关于清国官员所谈旅顺陷落对于战局影响之报告》、1904年8月27日《关于清国人对日军感情之报告》、1904年8月27日《营口之军队配置》。参见《日本外交文书》(别册·日俄战争),第825号(Ⅳ)、856号(Ⅳ)、869号(Ⅳ)、893号(Ⅳ)、971号(Ⅳ)、976号(Ⅳ)、397号(Ⅲ)、398号(Ⅲ)等。
⑤ 穆景元等著《日俄战争史》,辽宁大学出版社,1993,第193页。
⑥ 〔日〕牛庄领事濑川致小村外务大臣函《柴田领事官补新民屯出差复命书》,1905年4月14日,《日本外交文书》(别册·日俄战争Ⅲ),第455号。

宇内之目的。①

战前，辽东半岛南部有英、美两国领事馆，德、法两国领事代办处。日本牛庄领事馆辖区共有91名外国人，多以税关、邮政、商贸、旅馆及杂货交易等为业，国别如次：德国18人（男11人、女7人）、瑞典9人（男6人、女3人）、挪威4人（男）、英国43人（男）、奥地利3人（男）、美国13人（男7人、女6人），此外还有临时滞留者四五十名。日军占领营口时，曾惹起不少混乱，对实施军政，"内外人多少夹有疑惑"。按国际惯例，该地域内若有外国人犯罪等情事，应送所属国领事处分。若日人与外国人发生纠纷，情形就比较复杂。为处理外国人关系事务，军政署幕僚内专设了一名外交官或领事官。

伊集院任内，曾亲自面晤营口英美领事，探听营口外国人对日军态度。② 1904年8月27日濑川到任后，迭次会见当地有影响之外国人及中国人，征询彼等对军政的看法。濑川还参加领事团会议，发表日本政府意见，监视领事团与中国地方官之交涉，在军政厅与各国领事之间疏通意见等。③ 1904年11月，军政署制订《外国人游历规程》，濑川当即将其照会各国领事。④ 为打探战地军情，濑川多次与跟随第一军、第二军的若干名外国武官及军事通信员会谈，并将会谈情形上报外务大臣，函内表示："彼等对我军待遇，并未抱有何等不满，如跟随第一军之《标准报》新闻通信员马科思威尔，即对我国抱持友情，曾声言将主动驳击其他通信员对我国不利之报道"。⑤

战地领事馆的另一要务，即对在留日人的取缔及管束。开战前，牛庄在留者仅百名。1904年7月日军占领牛庄后，日人渐渐增多，经领事馆许可者已达891名（男子821名、女子70名）。"鉴于军事上及风纪约束方面之必要"，除在留人妻子外，军政署禁止一切女子在留，并对渡航男子的职业及渡航目的严加调查。战前该地日人均从事日清贸易，后来者主

---

① 〔日〕牛庄领事濑川致小村外务大臣函《柴田领事官补新民屯出差复命书》，1905年4月14日，《日本外交文书》（别册·日俄战争Ⅲ），第455号。
② 〔日〕驻清公使内田致小村外务大臣电《关于伊集院总领事赴任营口途中之电报》，1904年8月3日，《日本外交文书》（别册·日俄战争Ⅲ），第370号。
③ 〔日〕外务省省议《关于满洲占领地施政方针》，1904年6月30日，《日本外交文书》（别册·日俄战争Ⅲ），第260号。
④ 〔日〕牛庄伊集院领事致小村外务大臣函《营口现状之报告》，1904年8月11日，《日本外交文书》（别册·日俄战争Ⅲ），第387号。
⑤ 〔日〕牛庄濑川领事致小村外务大臣电《与外国武官及外国通信员之会谈》，1904年11月16日，《日本外交文书》（别册·日俄战争Ⅲ），第132号。

要从事船舶业、杂货商、旅店、糕点店、饮食店、理发师、照相师、典当等行业，其中不乏乘机"一攫千金"者。① 随着渡航者的增多，生计之道愈加困难，新来者不堪其苦，直接归国者不在少数。特别是妙龄女子，并无何等目的前来，身陷苦境，"不独为本人之不幸，亦败坏该港全体之风纪"。1905年8月，濑川一面致电外务大臣桂太郎，要求"今后对此等渡航者可于本邦出发前密加注意，以防彼等到达当地后后悔不及"，② 一面禁止新料理店的开业，并规定9月1日以后，艺妓或下女提出营业者，一律禁止许可。③

新民屯为蒙古贸易的关门，货物集散之地。1905年3月日军占领后，濑川预料日商赴新民屯者将大大增加，为视察该地方状况，特派馆员柴田（领事官补）前往侦察。④ 3月15日，柴田奉命至新民屯，发觉日人来此居住者甚多，"然彼等多无永住之意，并无自活资产，仅以军用为目的，不外一些投机之流，利用战胜余威，有伤国体"，遂主张对此等邦人严加取缔。该地守军福岛少将也表示，施政方针正考虑中，因责任者未定，而本邦商民往来甚多，难以处置，特委任柴田为全权临机决断。柴田依其委嘱，开始对日人身份、职业、目的及旅券、护照等进行调查，发现持有营口军政署许可证者甚少，无职业者甚多，鱼龙混杂，然若一概命其退去，则有失公平。之后，柴田与福岛少将协商，力争军方同意有信用之商家往来，并允持有牛庄领事馆或营口军政署证明书者居住。为赢得清朝地方官的支持，柴田还威胁新民府知府增韫，指出"当地事实上为我军权利之下，我军借本邦人之力而补充军需，应允许外国人尤其是本邦人居住营业"。⑤

驻在战地以外的日本领事，显然不能因为远离战场而置身于日俄战争之外。战时，经常有俄国战舰或运输船遁入中立港，处于港口的领事，一面要监视俄国舰船的动向，一面要与地方官宪交涉，以防清朝中立态度及

---

① ［日］牛庄领事濑川致小村外务大臣函《牛庄港日本人状况之报告》，1904年11月18日，《日本外交文书》（别册·日俄战争Ⅲ），第405号。
② ［日］牛庄领事濑川致外务大臣桂太郎电《关于本邦女子渡航一事》，1905年8月3日，《日本外交文书》（别册·日俄战争Ⅲ），第412号。
③ ［日］牛庄领事濑川致外务大臣桂太郎电《关于本邦艺妓及下女渡航取缔一事》，1905年8月21日，《日本外交文书》（别册·日俄战争Ⅲ），第413号。
④ ［日］牛庄领事濑川致小村外务大臣电《为视察新民屯状况而派遣馆员一事》，1905年3月11日，《日本外交文书》（别册·日俄战争Ⅲ），第450号。
⑤ ［日］牛庄领事濑川致小村外务大臣函《柴田领事官补新民屯出差复命书》，1905年4月14日，《日本外交文书》（别册·日俄战争Ⅲ），第455号。

举措有所偏离。在驱赶俄舰"满洲号"事件中,中立地领事与军方密切配合,最终迫使"满洲号"离开了上海。

1904年日俄两国开战前,俄国炮舰"满洲号"即碇泊上海。① 该舰自2月10日起,添装大量煤炭,之后又离开原来锚地,转泊东清铁道会社仓库前之栈桥,有装载弹药形迹。日本驻上海总领事小田切万寿之助当即将上述情形,照会清国地方官,提请注意。上海道台遂函请"满洲号"舰长,迅即退出该港,该舰长未表同意。清政府在日俄开战时,曾发布中立规则,声明交战国军舰除特定场合外,不得碇泊清国港湾二十四小时以上。日本政府深恐和平交涉,不能使俄舰离沪,遂以防止商务利益被俄侵害及辅助清国中立为借口,于2月19日派遣军舰"秋津洲号"火速赴沪,监视俄舰。同日,日本外务省训令驻上海总领事,须向清国地方官言明,"满洲号"碇泊上海,不仅一般通商受其胁迫,且有违清国政府制定之中立规则,应请该舰退出,并声明赴吴淞之日本军舰"秋津洲号",将遵守同一规则,于二十四小时后直接离开该港。几经交涉后,3月28日,"满洲号"终将主要机械起除上陆,小田切经法国领事之手,接俄舰舰长送交的"不再参与此后战争"的宣誓书(3月30日法国邮船出海,将兵员送还俄国)。30日,小田切与秋津洲舰长一起查验俄舰取除机件,总表满意。31日,日本军舰"秋津洲号"完成武力恫吓任务后,即自上海退航。②

"满洲号"停泊上海一月有余,上海总领事一面致函南洋大臣及上海道台切实交涉,一面向外务大臣报告交涉进展情况,函件往复竟达40余次。③ 关于上海港的中立态度问题,总领事也迭次报闻于小村。④ 此外,

---

① 俄舰满洲号泊沪借口,一曰保护领事,一曰保护商民。
② 〔日〕驻上海总领事小田切致小村外务大臣函《关于俄舰乘员宣誓归国及解除俄舰武装之报告》,1904年3月31日,《日本外交文书》(别册·日俄战争Ⅰ),第1106号。
③ 〔日〕驻上海总领事小田切万寿之助致外务大臣函《关于上海港俄舰交涉情况之报告》,参见《日本外交文书》(别册·日俄战争Ⅱ),第1136号、1152号、1161号、1206号、1210号、1212号、1254号、1255号、1257号、1258号、1259号、1260号、1417号、1220号、1224号、1244号、1251号、1252号等。
④ 〔日〕上海总领事小田切万寿之助致外务大臣函:1904年2月25日《关于战争上海地方报刊之动向》,1904年11月4日《波罗的海舰队东航清国当局者动摇传闻》、1904年2月20日《东乡舰队满洲号配置等报告》、1904年2月20日《关于俄舰撤离问题俄国领事及道台之交涉》、1904年3月8日《俄舰解除武装后上海道台恳请日本军舰撤出》、1904年9月9日《关于俄人运输食品及铁类等传闻》、1904年9月10日《关于密告俄国运输船之报酬》等。参见《日本外交文书》(别册·日俄战争),第403号(Ⅰ)、817号(Ⅰ)、1061号(Ⅰ)、1065号(Ⅰ)、1086号(Ⅰ)、1752号(Ⅱ)、1753号(Ⅱ)等。

战时还有数艘俄舰先后遁入青岛港，芝罘领事水野遂与当地德国官员交涉，并将入港俄舰动态，① 以及日军炮击清国帆船等事件一概禀报外务大臣。② 天津总领事伊集院、③ 厦门领事上野专一、④ 香港领事野间、⑤ 苏州副领事白须直、⑥ 福州领事中村巍等，⑦ 均视日俄战事为急务，纷将波

---

① 〔日〕芝罘领事水野致小村外务大臣函：1904年7月30日《民间商社渡航牛庄通知营口军政委员》、1904年8月31日《芝罘东俄人所设无线电信正撤除中》、1904年3月27日《关于牛庄航行之中立船舶》、1904年12月14日《关于俄国士官上海旅行之情报》、1905年1月2日《俄船悬挂英国国旗入港》、1905年2月18日《俄国水兵对德国士官之暴行》、1904年8月11日《关于俄舰入港一事照会上海道台》、1904年8月12日《捕拿敌舰行动中俄舰乘员之暴行及自爆行为》、1904年8月16日《该港捕获敌舰列西号与道台之往复文书抄件》、1904年9月15日《俄领事非难我军队对红十字旗开炮之有关记事》、1905年4月20日《俄国伤病者乘英船出发》、1904年9月13日《外国随军通信员对我待遇不满退出一事》、1904年4月20日《关于繁荣号搭载鱼雷一事》。参见《日本外交文书》（别册·日俄战争），第349号（Ⅲ）、806号（Ⅰ）、733号（Ⅰ）、1410号（Ⅱ）、1421号（Ⅱ）、1435号（Ⅱ）、1274号（Ⅱ）、1279号（Ⅱ）、1290号（Ⅱ）、26号（Ⅲ）、94号（Ⅲ）、112号（Ⅲ）、48号（Ⅳ）等。

② 〔日〕芝罘领事水野致小村外务大臣函《道台关于日军炮击清国帆船事件之照会》，1904年9月19日，《日本外交文书》（别册·日俄战争Ⅱ），第1751号。

③ 〔日〕天津总领事伊集院致小村外务大臣函：1904年9月17日《俄国劝诱外国通信员从军》、1905年1月5日《旅顺陷落后该地外国人之意向》、1905年2月19日《关于牛庄残留邦人情况之报告》、1904年2月27日《清人关于哈尔滨以南情况之报告》、1904年2月29日，《抚顺煤矿清人劳动者骚动及辽阳城、海城等地俄军之配置》、1904年3月8日《俄军占领新民屯铁道停车场及电信局》、1904年3月25日《袁总督所派密使拍发有关旅顺最新情报之电报》、1904年3月26日《撤回者关于旅顺及其他情况之谈话》、1904年7月2日《天津地方俄国无线电信架设计划调查及俄国水雷驱逐艇密航营口之报告》、1905年3月17日《关于关外铁道停止运行之报告》、1904年10月3日《关于偷渡旅顺之富平号出航报告》、1904年2月14日《关于俄舰损伤并旅顺居民人心惶惶等情报》。参见《日本外交文书》（别册·日俄战争），第122号（Ⅲ）、123号（Ⅴ）、297号（Ⅰ）、298号（Ⅰ）、622号（Ⅱ）、634号（Ⅱ）、652号（Ⅱ）、654号（Ⅱ）、784号（Ⅱ）、893号（Ⅱ）、437号（Ⅱ）、547号（Ⅱ）。

④ 〔日〕厦门领事上野专一致小村外务大臣函《通知清国政府辽东半岛沿岸宣告封锁》，1904年5月29日，《日本外交文书》（别册·日俄战争Ⅳ），第430号。

⑤ 〔日〕香港领事野间致小村外务大臣函《英船斯科兹曼号有向浦盐输送战时违禁品之嫌疑》，1905年2月1日，《日本外交文书》（别册·日俄战争Ⅱ），第1708号。

⑥ 〔日〕苏州副领事白须直致小村外务大臣函《北洋来电及巡抚请送交居留民名册等情事》，1904年2月9日，《日本外交文书》（别册·日俄战争Ⅰ），第672号。

⑦ 〔日〕福州领事中村致小村外务大臣函：1905年5月17日《关于波罗的海舰队东航并福州俄国方面行动之报告》、1905年5月11日《俄国领事关于我笼络清国官宪之抗议》、1905年5月13日《关于为取得情报等使用金钱目的之电报》、1905年5月1日《关于福州俄国方面行动与闽督之照复》、1905年5月1日《关于驻福州俄领事之不满与闽督之往复公函》、1905年5月2日《闽督关于俄领照会之照复》、1905年5月17日《波罗的海舰队监视人问题与署理闽督之交涉》、1905年5月22日《波罗（转下页注）

罗的海舰队东航及当地俄国方面的动向等报告于外务省，以供决策参考。

综观日俄战争时期的日领外交行为，明显带有军事色彩，具有强硬外交的性质。他们一面"从内部辅助军政官"，各种重大事件均"与军政官协议"，一面以武力为后盾，威胁清地方官，允许日人通商营业，并严防清地方官中立态度有所偏离等，其活动不仅有助于日军对俄战争，而且有助于日本谋取在华的长远利益。

四 领事群体的协调机制

近代日本在华领事制度是一种以外务大臣为决策者，以驻华公使（大使）及领事为执行者的运行机制（见图13-1所示），领事受外务大臣的指挥监督，直接对外务大臣负责。这种上下组织结构，既利于上情下达，顺利贯彻日本政府的意志，又有利于下情上达，使外务大臣得以制定切实的外交政策。如1935年11月9日，上海发生"中山事件"，日本海军陆战队一等水兵中山秀雄被人枪击毙命。驻上海总领事石射猪太郎立即将事件呈报外务大臣。11日，石射在外务大臣指示下要求上海市长吴铁城缉拿凶手。上海市政府遂悬赏千元缉凶，并令公安局限期破案。此时，上海南京路日商比节洋行被捣毁，石射再次往访上海市府，声称比节洋行事件系排日团体所为，要求予以取缔。12日，日外务省训令驻南京总领事须磨，要求中国政府对上海日兵被袭事件及洋行被毁事件说明真相，严行取缔排日运动，并依其结果如何，采取有效行动。14日，须磨往访外交部次长唐有壬，要求中方严缉凶手，取缔排日行动。15日，军政部长何应钦出面辟谣，声称对日亲善政策绝未变更，并向日方道歉，事件方告解决。在"中山事件"交涉过程中，外务大臣与上海、南京总领事之间完全是纵向联系，总领事处于一种执行外务省指令的地位。翻检近代日领

（接上页注⑦）的海舰队监视人之报告及洋务局照会并有关意见》、1905年5月24日《清国军舰靖海派遣闽江河口并关于各国船舰信号之照会》、1905年4月12日《关于波罗的海舰队接近福州方面之请训》、1905年4月22日《俄国领事请求闽督波罗的海舰队东航之际严守中立》、1905年4月28日《警告闽督俄国方面之行动》、1905年4月28日《关于波罗的海舰队东航俄国方面之行动探明及致闽督之照会》、1905年5月3日《福州税关长等照会及相应照复》、1905年4月24日《本邦人侵犯中立传闻及俄国领事向闽浙总督之抱怨》。参见《日本外交文书》（别册·日俄战争Ⅰ），第937号、931号、934号、922号、923号、925号、938号、941号、943号、907号、913号、919号、921号、926号、916号。

致外务大臣的函件，"兹特呈报，俾资明察"、"谨此禀闻，以供参考"、"采取如何措置，尚乞明示"等语句不胜枚举。而日领在与中国官员的往来文书内，也经常使用"尚须请示帝国政府"、"待帝国政府回训后方可答复"等托词。这种传达方式，有利于外务大臣迅速掌握实情，在处理中日摩擦或冲突时十分奏效。

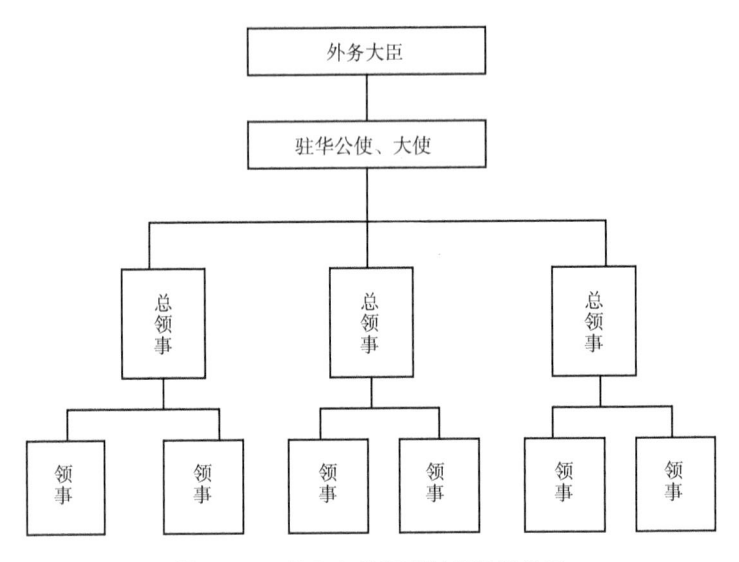

```
                    外务大臣
                       │
                 驻华公使、大使
          ┌────────────┼────────────┐
        总领事        总领事        总领事
       ┌──┴──┐      ┌──┴──┐      ┌──┴──┐
      领事  领事   领事  领事   领事  领事
```

图 13-1　日本在华领事制度运行机制

但是，应该看到，这种结构模式，也有它的缺陷，即领事之间缺乏横向沟通，结果造成外务大臣对全局把握的困难，在处理重大中日事件时，其训示则难免有失偏颇。在另一方面，由于信息阻隔，当事件发展波及其他领事辖区时，事件外围的领事极易陷入措手不及境地。因此，加强领事之间的协调与协作，使领事发挥个体所不具备的群体效应，就成为日本政府面临的重要问题。揆诸近代日本外交实践，主要采用以下手段来解决这一问题。

（一）以外务省为中心，以函电形式沟通信息

这是外务省加强领事协作的最常用手段。1932 年一二八事变期间，驻华使领纷纷向外务大臣报告驻地情况，外务大臣一面指示各地领事处理有关事宜，一面迅速将掌握情况转告其他领事，以使他们了解整个政局，采取相应措施。兹将驻华使领与外务大臣往来信函，开列于下。

驻华公使重光葵致电芳泽谦吉

1月31日,自29日起战斗停止,但事态仍难预测,劝告杭州方面邦人避难。① 2月2日,南京总领事请训,乘云阳丸航往上海。② 2月2日上午9时,发生掠夺日清汽船哈尔克事件,本馆馆员用电话要求谷正伦司令维持治安,并取缔其他挑衅行为。③ 2月6日,转达九江领事报告:关于南京炮击事件当夜之状况。④ 2月7日,通知驻中国各公馆陆军增援之目的。本电除满洲之外,转致在支各公馆,由济南青岛转电各分馆,由汉口转报宜昌、重庆、成都、郑州、沙市、长沙等地领事馆。⑤ 2月11日,唤起北平方面注意,早期处置居留民越轨行动。⑥

上海总领事村井仓松致电芳泽谦吉

1月29日,我方空袭破坏情形及公共租界之混乱状况。⑦ 1月30日,日中预定于31日在英国总领事馆签订停战协定。⑧ 2月7日,通知英美法总领事,我将派遣陆军。⑨ 2月15日,伴随日中纷争,外国人生命财产受到损害,中国政府提出不负何等责任,对此,本官与美国总领事谈话表示,应由日中双方共同承担责任。⑩ 2月18日,因上海事变,发生英国士兵死亡事件,本官向英国总领事表示悼念。⑪ 2月23日,非正式劝告残留

---

① 〔日〕外务省编纂《日本外交文书》昭和期Ⅱ第1部第1卷(昭和7年对中国关系),外务省发行,1996,第449页。
② 〔日〕外务省编纂《日本外交文书》昭和期Ⅱ第1部第1卷(昭和7年对中国关系),外务省发行,1996,第454页。
③ 〔日〕外务省编纂《日本外交文书》昭和期Ⅱ第1部第1卷(昭和7年对中国关系),外务省发行,1996,第461页。
④ 〔日〕外务省编纂《日本外交文书》昭和期Ⅱ第1部第1卷(昭和7年对中国关系),外务省发行,1996,第467页。
⑤ 〔日〕外务省编纂《日本外交文书》昭和期Ⅱ第1部第1卷(昭和7年对中国关系),外务省发行,1996,第472页。
⑥ 〔日〕外务省编纂《日本外交文书》昭和期Ⅱ第1部第1卷(昭和7年对中国关系),外务省发行,1996,第484页。
⑦ 〔日〕外务省编纂《日本外交文书》昭和期Ⅱ第1部第1卷(昭和7年对中国关系),外务省发行,1996,第446页。
⑧ 〔日〕外务省编纂《日本外交文书》昭和期Ⅱ第1部第1卷(昭和7年对中国关系),外务省发行,1996,第447页。
⑨ 〔日〕外务省编纂《日本外交文书》昭和期Ⅱ第1部第1卷(昭和7年对中国关系),外务省发行,1996,第470页。
⑩ 〔日〕外务省编纂《日本外交文书》昭和期Ⅱ第1部第1卷(昭和7年对中国关系),外务省发行,1996,第490页。
⑪ 〔日〕外务省编纂《日本外交文书》昭和期Ⅱ第1部第1卷(昭和7年对中国关系),外务省发行,1996,第490页。

上海的日本妇女儿童撤回内地。① 4月7日，关于上海事变后对居留民之谕告、对民团之非正式劝告及关于日本人被害一事向工部局抗议等事。②

南京领事上村伸一致电芳泽谦吉

1月23日，伴随上海情势，南京市内日益紧迫化。③ 1月29日，我海军通告中国政府，今后将采行必要自卫手段，领事馆已向下关撤离。④ 2月1日，与美国总领事派克晤谈，南京方面在留美国人之撤退问题由其自己判断。⑤ 2月1日，云阳丸收容邦人困难，命令居留民乘南阳丸撤退。⑥ 2月5日，日清汽船哈尔克号掠夺事件，已由中国方面支付损害赔偿金。⑦ 2月5日，上海日本陆战队对中国市民发生暴行，外交部长提起抗议。⑧ 2月6日，关于南京我军舰炮击事件之实情。⑨ 2月7日，关于杭州领事馆员向南京撤退状况，与米内山领事之谈话。⑩ 2月8日，南京方面中国民心安定。⑪ 2月9日，柳原书记生关于苏州居留民撤退情况等报告。⑫

汉口总领事坂根准三致电芳泽谦吉

1月30日，湖北省何成濬主席声明，伴随上海事变，湖北省为维持

---

① 〔日〕外务省编纂《日本外交文书》昭和期Ⅱ第1部第1卷（昭和7年对中国关系），外务省发行，1996，第492页。
② 〔日〕外务省编纂《日本外交文书》昭和期Ⅱ第1部第1卷（昭和7年对中国关系），外务省发行，1996，第501页。
③ 〔日〕外务省编纂《日本外交文书》昭和期Ⅱ第1部第1卷（昭和7年对中国关系），外务省发行，1996，第445页。
④ 〔日〕外务省编纂《日本外交文书》昭和期Ⅱ第1部第1卷（昭和7年对中国关系），外务省发行，1996，第445页。
⑤ 〔日〕外务省编纂《日本外交文书》昭和期Ⅱ第1部第1卷（昭和7年对中国关系），外务省发行，1996，第451页。
⑥ 〔日〕外务省编纂《日本外交文书》昭和期Ⅱ第1部第1卷（昭和7年对中国关系），外务省发行，1996，第452页。
⑦ 〔日〕外务省编纂《日本外交文书》昭和期Ⅱ第1部第1卷（昭和7年对中国关系），外务省发行，1996，第463页。
⑧ 〔日〕外务省编纂《日本外交文书》昭和期Ⅱ第1部第1卷（昭和7年对中国关系），外务省发行，1996，第463页。
⑨ 〔日〕外务省编纂《日本外交文书》昭和期Ⅱ第1部第1卷（昭和7年对中国关系），外务省发行，1996，第469页。
⑩ 〔日〕外务省编纂《日本外交文书》昭和期Ⅱ第1部第1卷（昭和7年对中国关系），外务省发行，1996，第471页。
⑪ 〔日〕外务省编纂《日本外交文书》昭和期Ⅱ第1部第1卷（昭和7年对中国关系），外务省发行，1996，第474页。
⑫ 〔日〕外务省编纂《日本外交文书》昭和期Ⅱ第1部第1卷（昭和7年对中国关系），外务省发行，1996，第480页。

治安将采取必要措施。① 1月31日，伴随上海事变的报道，汉口当地民心动摇，敝职采取相应措施。② 2月2日，汉口当地状况不稳，处理上海事变有何重大决策，乞请早日传达。③ 2月2日，由于上海事变，汉口当地状况不稳，关于邦人撤离要领等之请训。④ 2月2日，关于南京炮击事件之影响。⑤ 2月6日，通告九江警备司令，九江居留民中止撤退，我方将削减停泊军舰。⑥ 2月9日，关于日本租界境界线铺设电网一事，中国方面提出抗议。⑦ 2月12日，为防止九江发生事端，本官与日本军舰舰长一起往见九江警备司令。⑧ 3月11日，盐泽第一遣外舰队司令官访问武汉，对种种问题提出意见。⑨

福州田村总领事致电芳泽谦吉

2月2日，居留民中妇女儿童大半撤往基隆。⑩ 2月3日，中国方面希望，为防止福州民心动摇，妇女儿童撤退暂停。转电驻华公使、广东、汕头、厦门领事，并由驻华公使转报上海总领事。⑪ 2月8日，上海事变对福州之影响。⑫ 2月24日，当地派遣北上舰长无视领事馆之越轨行动，禀请与海军方面进行交涉。请奉天总领事转电哈尔滨、齐齐哈尔及除满洲

---

① 〔日〕外务省编纂《日本外交文书》昭和期Ⅱ第1部第1卷（昭和7年对中国关系），外务省发行，1996，第449页。
② 〔日〕外务省编纂《日本外交文书》昭和期Ⅱ第1部第1卷（昭和7年对中国关系），外务省发行，1996，第450页。
③ 〔日〕外务省编纂《日本外交文书》昭和期Ⅱ第1部第1卷（昭和7年对中国关系），外务省发行，1996，第455页。
④ 〔日〕外务省编纂《日本外交文书》昭和期Ⅱ第1部第1卷（昭和7年对中国关系），外务省发行，1996，第456页。
⑤ 〔日〕外务省编纂《日本外交文书》昭和期Ⅱ第1部第1卷（昭和7年对中国关系），外务省发行，1996，第457页。
⑥ 〔日〕外务省编纂《日本外交文书》昭和期Ⅱ第1部第1卷（昭和7年对中国关系），外务省发行，1996，第468页。
⑦ 〔日〕外务省编纂《日本外交文书》昭和期Ⅱ第1部第1卷（昭和7年对中国关系），外务省发行，1996，第479页。
⑧ 〔日〕外务省编纂《日本外交文书》昭和期Ⅱ第1部第1卷（昭和7年对中国关系），外务省发行，1996，第486页。
⑨ 〔日〕外务省编纂《日本外交文书》昭和期Ⅱ第1部第1卷（昭和7年对中国关系），外务省发行，1996，第500页。
⑩ 〔日〕外务省编纂《日本外交文书》昭和期Ⅱ第1部第1卷（昭和7年对中国关系），外务省发行，1996，第454页。
⑪ 〔日〕外务省编纂《日本外交文书》昭和期Ⅱ第1部第1卷（昭和7年对中国关系），外务省发行，1996，第460页。
⑫ 〔日〕外务省编纂《日本外交文书》昭和期Ⅱ第1部第1卷（昭和7年对中国关系），外务省发行，1996，第475页。

里以外驻满各领事；请上海总领事转电福州、厦门、南京领事；请香港总领事转电广东、汕头领事。①

济南总领事西田畊一致电芳泽谦吉

2月4日，关于保护邦人问题民团等之措置。② 2月5日，伴随上海事变展开，设定山东方面之危急，关于居留民保护方面之意见。③ 2月13日，东京军部要员等言辞助长居留民之妄动，望采取相应措施。④

广东须磨弥吉郎总领事代理致电芳泽谦吉

1月30日，关于上海事变广东方面之情势。⑤ 2月22日，由上海前来的中国避难者增多，请居留民自重。⑥

外务大臣芳泽谦吉致电各地使领

2月2日，芳泽致电英国松平大使、驻美出渊大使及国联事务局长泽田：关于南京炮击事件转达海军电报。⑦ 并致电重光葵：为救护苏州居留民，向中国方面提出保护要请，并请英国总领事居间斡旋（转电上海、苏州、杭州等地领事）。⑧ 2月3日，芳泽致电广东领事：上海形势难以判断，华南方面妇女儿童，采取措施，撤往内地或台湾（转电福州、厦门、汕头、南京、上海、香港等地领事，转报驻华公使及台湾总督）。⑨ 同日，芳泽致电九江领事馆事务代理西田长康、长沙领事糟谷廉二、宜昌领事代理浦川昌义、沙市领事馆事务代理浦和四郎：上海状况难以判明，

---

① 〔日〕外务省编纂《日本外交文书》昭和期Ⅱ第1部第1卷（昭和7年对中国关系），外务省发行，1996，第495页。

② 〔日〕外务省编纂《日本外交文书》昭和期Ⅱ第1部第1卷（昭和7年中国关系），外务省发行，1996，第461页。

③ 〔日〕外务省编纂《日本外交文书》昭和期Ⅱ第1部第1卷（昭和7年对中国关系），外务省发行，1996，第464页。

④ 〔日〕外务省编纂《日本外交文书》昭和期Ⅱ第1部第1卷（昭和7年对中国关系），外务省发行，1996，第488页。

⑤ 〔日〕外务省编纂《日本外交文书》昭和期Ⅱ第1部第1卷（昭和7年对中国关系），外务省发行，1996，第448页。

⑥ 〔日〕外务省编纂《日本外交文书》昭和期Ⅱ第1部第1卷（昭和7年对中国关系），外务省发行，1996，第492页。

⑦ 〔日〕外务省编纂《日本外交文书》昭和期Ⅱ第1部第1卷（昭和7年对中国关系），外务省发行，1996，第453页。

⑧ 〔日〕外务省编纂《日本外交文书》昭和期Ⅱ第1部第1卷（昭和7年对中国关系），外务省发行，1996，第453页。

⑨ 〔日〕外务省编纂《日本外交文书》昭和期Ⅱ第1部第1卷（昭和7年对中国关系），外务省发行，1996，第458页。

迅将妇女儿童等先期撤退（转电驻华公使、上海南京汉口领事）。① 2月8日，芳泽致电国联事务局长泽田及驻美大使出渊：因上海事变，长江、华南方面领事馆及居留民避难撤退情况（转电各驻外使臣）。② 2月9日，芳泽致电汉口、福州、青岛、天津等地领事：伴随上海事变，中国各地居留民妄动取缔之训令。③ 同时并致电广东总领事代理：上海十九路军败退之际，有反戈一击之虞，注意保护当地居留民（转电驻华公使及上海、南京、九江、长沙、沙市、宜昌等地领事并台湾总督）。④ 2月24日，芳泽致电国联事务局长泽田及驻美大使出渊：上海闸北支那军攻击状况。⑤ 同时并致电奉天、上海、香港等地领事：19日对市长之要求，国民政府未予回答，我军将自20日午前7时半开始攻击。⑥ 3月4日，芳泽致电驻法国、苏联及美国大使出渊：我军发动总攻击，中国军队向我要求之撤退区退却。⑦ 5月12日，芳泽致电国联事务局长泽田及驻美大使出渊：关于上海停战协定，中国各方面之反应。⑧

以上，一二八事变之际，各地领事先将辖区形势报告于外务大臣，外务大臣再将所得信息转电于他地领事乃至驻他国使领，体现以外务省为中心，以函电形式进行信息交流的运作模式。但此种由领事→外务大臣→领事或由驻华公使→外务大臣→领事的公文往来，毕竟不能实现领事之间的完全沟通。为直接听取领事的意见和建议，制定切实可行的对华政策，日本政府又以会议形式，加强领事之间的协作。

---

① 〔日〕外务省编纂《日本外交文书》昭和期Ⅱ第1部第1卷（昭和7年对中国关系），外务省发行，1996，第458页。
② 〔日〕外务省编纂《日本外交文书》昭和期Ⅱ第1部第1卷（昭和7年对中国关系），外务省发行，1996，第473页。
③ 〔日〕外务省编纂《日本外交文书》昭和期Ⅱ第1部第1卷（昭和7年对中国关系），外务省发行，1996，第477页。
④ 〔日〕外务省编纂《日本外交文书》昭和期Ⅱ第1部第1卷（昭和7年对中国关系），外务省发行，1996，第491页。
⑤ 〔日〕外务省编纂《日本外交文书》昭和期Ⅱ第1部第1卷（昭和7年对中国关系），外务省发行，1996，第493页。
⑥ 〔日〕外务省编纂《日本外交文书》昭和期Ⅱ第1部第1卷（昭和7年对中国关系），外务省发行，1996，第494页。
⑦ 〔日〕外务省编纂《日本外交文书》昭和期Ⅱ第1部第1卷（昭和7年对中国关系），外务省发行，1996，第499页。
⑧ 〔日〕外务省编纂《日本外交文书》昭和期Ⅱ第1部第1卷（昭和7年对中国关系），外务省发行，1996，第503页。

(二) 召开领事会议，加强领事协作

领事会议不仅能使领事参与国策的商讨，更有利于对华政策的贯彻执行。为此，日本政府经常召开有总领事参加的东京高层会议和现地领事会议。

1921年5月，原敬内阁时期，为审议对华方针，曾以阁员和中国关系文武官等为主，召开"东方会议"。① 1927年4月田中内阁成立后，仿效前例，于6月27日以田中为委员长，再次召开"东方会议"。会议代表共30余名，驻华使领4人出席，与外务、陆军、海军各省代表数相当，即：公使芳泽谦吉、奉天总领事吉田茂、汉口总领事高尾亨、上海总领事矢田七太郎。② 此次会议是日本政府制订侵华大陆政策的重要会议，著名的田中奏折即源于此。会间，驻华使领根据中国政局纷纷提出自己见地。芳泽公使表示："日本若要利用丰富的支那资源，就必须对支那民众有充分的了解"；③ 矢田总领事认为：广东新兴势力给支那带来不可忽视的影响，南京、武汉两政府联合的可能性很大。④ 高尾总领事分析称：国民政府以党为基础，而非以个人为中心，根基甚为牢固；⑤ 吉田总领事则对华北及东北的局势提出了自己的看法。⑥ 会议讨论了各领事提出的问题，如：满蒙铁道铺设案、⑦ 长江流域居留民救恤问题、⑧ 对支经济发展案、⑨

---

① 〔日〕外务省编纂《日本外交文书》昭和期Ⅰ第1部第1卷，外务省发行，1988，第17页。
② 〔日〕外务省编纂《日本外交文书》昭和期Ⅰ第1部第1卷，外务省发行，1988，第18页。
③ 〔日〕外务省编纂《日本外交文书》昭和期Ⅰ第1部第1卷，外务省发行，1988，第26页。
④ 〔日〕外务省编纂《日本外交文书》昭和期Ⅰ第1部第1卷，外务省发行，1988，第23页、第25~26页。
⑤ 〔日〕外务省编纂《日本外交文书》昭和期Ⅰ第1部第1卷，外务省发行，1988，第23页。
⑥ 〔日〕外务省编纂《日本外交文书》昭和期Ⅰ第1部第1卷，外务省发行，1988，第23~24页。
⑦ 〔日〕外务省编纂《日本外交文书》昭和期Ⅰ第1部第1卷，外务省发行，1988，第29页。
⑧ 〔日〕外务省编纂《日本外交文书》昭和期Ⅰ第1部第1卷，外务省发行，1988，第30页。
⑨ 〔日〕外务省编纂《日本外交文书》昭和期Ⅰ第1部第1卷，外务省发行，1988，第30页。

对支投资整理问题、① 不平等条约改定问题等。② 会议结束之际即 7 月 7 日，外务大臣田中发表八点训示，提出满蒙特殊地位论。③ 总领事返回中国驻地后，立将会议精神传致所属。"东方会议"体现出日本侵华政策由外务大臣→总领事→领事的运作特征。此种高层会议，成为日本政府制定对华政策的重要方式。但驻华使领往返与会，多有不便，召开现地领事会议遂成为加强领事协作的另一种方式。

现地领事会议的召集者为驻华大（公）使、外务省特派官员或总领事，与会者除领事官外，还有海陆军关系人员。会议一般以地域为中心，如东北（满洲）领事会议、华北（北支）领事会议、华中（中支）领事会议、华南（南支）领事会议等。现地领事会议不仅能促成领事之间的协作，还能谋求与现地驻军的谅解，减少"双重外交"矛盾。略举如次。

东北领事会议

1927 年 5 月 27～28 日，第一次东北领事会议在奉天召开，除各馆领事外，关东军、关东厅、满铁等均派员参加。④ 1932 年 11 月 17～18 日，间岛总领事在间岛总领事馆召开领事分馆主任会议，间岛总领事馆的永田总领事、庄子领事、泷山领事、杉浦副领事、芥川警视、福井警视以及书记生米田、滨田、小森、加藤、大贯、油下等出席。驻满使馆上谷参事官及大使馆官员做了"满洲国"指导方针要纲、国际政局、日本地位、日本对诸外国方针等报告，其间，各分管主任就地方特种事情如商租问题、鲜人鸦片官卖问题等做了报告。⑤ 1933 年 2 月 20～24 日，第二次东北领事会议在新京（长春）大使馆举行（伪满成立后第一次领事会议）。⑥ 1934 年 5 月 8 日，日关东军司令官兼驻伪满大使菱刈隆在新京召开第三次"全满领事会议"，外务省特派两人参加。会议决定：一、在日满合作

---

① 〔日〕外务省编纂《日本外交文书》昭和期Ⅰ第 1 部第 1 卷，外务省发行，1988，第 30 页。
② 〔日〕外务省编纂《日本外交文书》昭和期Ⅰ第 1 部第 1 卷，外务省发行，1988，第 30 页。
③ 〔日〕外务省编纂《日本外交文书》昭和期Ⅰ第 1 部第 1 卷，外务省发行，1988，第 34 页。
④ 〔日〕《外务省文书·一般领事会议》，日本国会图书馆宪政资料室藏，档号：N8-1-645。
⑤ 〔日〕《外务省文书·一般领事会议》，日本国会图书馆宪政资料室藏，档号：N8-1-645。
⑥ 〔日〕《外务省文书·一般领事会议》，日本国会图书馆宪政资料室藏，档号：N8-1-645。

有进展后撤废领事裁判权；二、如客观条件容许，可交还附属地行政权；三、在日人居留地区设置日警；四、课税应求"合理化"；五、与"满洲国"进行卫生合作；六、要求"满洲国"政府饬令人民遵行商租权；七、保护与鼓励鲜农来满，但严防鲜满农民纠纷；八、取缔不良日人，免贻国家百年大计之失败。① 1944年6月11日，全满非正式领事会议在长春召开。大东亚省有今井参事官、田中调查官与会；外务省有松井和朝海两书记官出席；大使馆方面参加者有花轮参事官、宫崎书记官、山津书记官、中村书记官、新居电信官、永山理事官、石仓理事官、本岛理事官、园部副领事等；领事馆方面有哈尔滨总领事馆宫川、满洲里领事馆松本书记生、牡丹江领事馆松田领事、黑河领事馆三井副领事及川添书记生等参加。会间，哈尔滨、满洲里、牡丹江、黑河等领事做了馆内情势报告，关东军笹井中佐做了关于苏联军情的讲话，警务局长西辻特高课长做了关于国内治安情形的报告，外务省上野政务科长做了关于满苏关系现状的讲话。②

华北领事会议

1931年4月4~8日，济南总领事在青岛召开山东领事会议，参加者有济南总领事西田、芝罘领事内田、张店出张所主任福士、博山出张所主任町田、坊子出张所主任草野等。会议讨论事项：青岛设置商务官一事、治外法权事件交涉情形、民团施行法改正一事、在外医疗机关的补助及利用一事、治外法权撤废后警察官事务等。会议内容秘密，未向外界泄露。③ 1935年10月25日，天津总领事在英租界日总领事馆召集华北领事会议。外务省东亚局第一课长守岛、驻南京总领事须磨偕同堀内书记官、济南总领事西田、青岛代理总领事田尻义一、日使馆参事官若杉要、驻满大使馆谷参事官等与会。守岛课长宣达日政府对华根本方针，并做具体说明。会议内容为：一、行政问题；二、军政当局最近决定对华国策的执行问题；三、关税问题；四、经济开发及官厅如何协助问题。华北日驻军司令多田骏23日赴北宁沿线检阅，25日由唐山回津，当晚即在司令官邸宴请各领事。26日上午，续开会议，并分组审查。此后，日领馆发表公报

---

① 孙慧荣、侯明主编《中华民国实录·内战烽烟》第2卷（下），吉林人民出版社，1997，第1718页。
② 〔日〕《外务省文书·一般领事会议》，日本国会图书馆宪政资料室藏，档号：N8-1-645。
③ 〔日〕《外务省文书·一般领事会议》，日本国会图书馆宪政资料室藏，档号：N8-1-645。

称：日本之海陆外三省，对于一切问题均已协调，密切合作，故希望在华之日本外交与军事官吏间，今后能培养较以前更密切之关系云云。① 1936年8月21日，驻华大使川越在天津日总领事官邸再次召集华北领事会议，青岛、济南、张家口等领事馆20余人出席。会议首由川越致训，继由各地日领分别报告现地情形，后汇集各领提案，交换意见，最后川越大使介绍外务省特派来华的太田事务官，并由太田传达日本政府意旨及会晤关东军当局经过情形。会议要点为：一、对华整体外交方策及华北外交应付方针；二、关税减低问题；三、华北经济开发问题等。②

华中领事会议

1930年12月16～18日，上海总领事在馆内召开华中领事会议。会议主要议程：馆内一般政情、居留民状况、排日风潮、共产党及共产军活动情况、治安情况、中国一般经济状况、最近特殊事件、低利息资金、租界回收问题、对邦人诸般措施、武器输入、日本医疗机关设置、长江航路船舶内中国人关系纷争事件、要人取缔联络方法、给外务省经济通商诸报告、旅行券查证形式等。③ 1931年12月21～24日，汉口总领事在汉口召开长江上游领事会议，九江、沙市、宜昌、长沙各馆长及郑州田中领事参加。会议讨论事项：各馆联络及希望事项；火灾、民团、救济等相关事宜；在满将士慰问及警备舰慰安等。④ 1935年4月8日，驻华公使有吉明在上海领事馆召开华中领事会议。华中及华南领事馆的须磨（南京）、石射（上海）、河相（广州）、川越（天津）、三浦（汉口）、坂根（青岛）、塚本（厦门）、西田（济南）、宇佐美（福州）等数人与会。会议讨论了中国各地民众反日情绪及抵制日货情形、日侨现状、中日经济关系现状等事项。15日，有吉在回国前向汪精卫辞行，对中国政府禁止排日运动表示满意。20日，有吉携驻华总领事会议报告书返日，呈报广田外相。⑤ 1942年6月10日，上海总领事再次于馆内举行华中领事会议，主要内容：大东亚战争完成之必要施策、与军方协力特别是非军事业务方面减轻

---

① 天津市地方志编修委员会办公室、天津市图书馆编《〈益世报〉·天津资料点校汇编》，天津社会科学院出版社，2001，第45页。
② 天津市地方志编修委员会办公室、天津市图书馆编《〈益世报〉·天津资料点校汇编》，天津社会科学院出版社，2001，第50页。
③ 〔日〕《总领事会议议事录》（1931年1月12日），日本外务省史料馆藏《领事会议关系杂件》，档号：D1-0-0-1-1。
④ 〔日〕《外务省文书·一般领事会议》，日本国会图书馆宪政资料室藏，档号：N8-1-645。
⑤ 《东方杂志》32卷9号，第2页。

军方负担之方策、大东亚战争爆发后一般情势、居留民状态及其恒久发展方策、日支双方重要物资增产并消费节约方策等。①

华南领事会议

1924年4月，台湾总督内田延袭前任总督的南支南洋政策，在台北召开对岸领事会议，总督府各部局及华南领事馆派员参加。会间，华南领事官报告了华南局势及居留民状况。各部局纷向领事官咨询台湾经济文化发展对华南的影响，如：官房调查科要求华南领事提供该地贸易状况调查报告书；内务局要求提供台岛日人子弟在华南各类学校的留学及其指导状况；财务局要求知道华南各地的台湾、华南、商工各银行营业状况，以及在留邦人意向和希望等；殖产局要求知道对岸各地英美及其他资本注入状况等。② 1934年4月15日，总督府召开华南各领事及海陆军省特派员会议，决定华南问题诸政策：一、开放台湾人移居闽省，由厦门向内地伸展；二、改组"台湾公会"及"青年团"，派退伍军人指导训练，使之成为有力的军事组织；三、在知识分子及"上流社会"宣传"中日亲善"，成立"亚洲同志会"及"亚细亚协会"等组织；四、由岩奇在厦门设总机关，竭力收买分化该地民军；五、鼓动下层贫民加入台湾籍，如遇中国方面干涉，即由日方出面保护等。③ 1934年7月18~22日，台湾总督府在台北召开华南领事会议。福州总领事宇佐美、厦门领事冢本毅、汕头领事竹内、广州领事股部、香港代领事芦野、总督府局部长、台军方首脑、外务省东亚局、台湾银行、华南银行及大阪商船等部门代表与会。会议讨论了指导籍民殖产、奖励振兴台湾与华南贸易、扶助华南日台人金融机关、恢复台湾总督府外事课、确定"中日亲善"宣传纲要等38项提案。最后决定在总督府恢复设立外事课，以加强与华南各领事馆的联系。④

---

① 〔日〕《外务省文书·一般领事会议》，日本国会图书馆宪政资料室藏，档号：N8-1-645。
② 〔日〕井出季和太编《台湾治绩志》，成文出版社，1985，第720页。
③ 参见孙慧荣、侯明主编《中华民国实录·内战烽烟》第2卷（下），吉林人民出版社，1997，第1712页。
④ 〔日〕《对岸领事会议议事录》，第13页，外务省外交史料馆藏，档号：M.2.3.0-1-4。

结　语

日本明治维新以后，外交体制逐步近代化。在大陆政策推动下，日本在华领事制度渐趋完备，形成独特的运行机制。从1871年中日建立近代外交关系到1945年日本战败投降，日本在华领事制度经历了70余年的历史。这段历史，大概可分三个时期。

清末即1871~1911年间，是日本在华领事制度的确立时期。1871年中日签订《修好条规》，两国建立外交关系、领事关系同时建立。按相关条款，两国的领事关系是互等的，驻在对方国家的领事均可行使裁判权，保护己国商民。1888年，日本政府公布《驻扎清国及朝鲜领事裁判规则》，其中规定了日本驻清领事行使裁判权的一般原则。① 1890年，日本政府又公布《日本帝国领事规则》，规定了领事职务的一般范围，即在接受国内保护日本政府和商民的利益、依约行使领事裁判权和向外务大臣报告所在地情事等。② 这些规则，虽随日本国内及世界政治经济形势的发展有所调整，但基本原则没有改变。1896年甲午战争以后，中日签订《通商行船条约》，中国失去了在日的领事裁判权，而日本依然享有该权，确立了片面独惠的领事制度。这一时期，日本政府利用强权攫取了种种在华权利，如开辟租界、割地赔款、驻兵权、设警权、内河航行权、关税协定权、居住营业权、设厂制造权、开采矿山权、铁路建筑权、森林采伐权等，日领遂成为这些"条约权益"及"条约衍生权益"的积极维护者。

民国时期的1912~1937年间，是日本在华领事制度的兴盛时期。1915年，日本政府逼迫中国接受"二十一条"。1927年，日本政府召开"东方会议"，"田中奏折"出笼。随着侵华大陆政策的逐步实施，日本政府扩大在华领事机构，强化领事职能，在华领馆及领事之多，为他国所不及。这一时期，日本在领事法庭、监狱设置、分级审理、诉讼程序、判决执行、司法协助等方面日趋完备，领事裁判权渐成体系。领事裁制权的滥

---

① 〔日〕日本外交史料馆藏《外务省警察史·警察关系条约及诸法规类（满洲及支那）等》，不二出版社，2001，第199页。
② 〔日〕外务省百年史编纂委员会编《外务省百年》，东京原书房，1969，第178~182页。

用，严重侵害了中国主权。为向政府提供决策咨询，为日军发动侵华战争作准备，日领加强了对辖区内地理物产、商贸市场、文化习俗、地方政局等调查。1932年伪满成立后，日满建立了所谓领事关系，日领成为伪满境内重要的统治力量。

民国时期的1937~1945年间，是领事制度在中国的畸形发展和衰亡时期。这一阶段的中日领事关系，战时色彩浓厚，成为中国外交史上的特例。日蒋领事关系从七七事变一直维系到1938年6月驻日大使馆的关闭。在军事一元化方针的指导下，日领在伪政权辖区内的活动，无一不与侵华日军相关。"满洲国"与汪精卫政权，一个自称为"新国家"，一个标榜为"新政府"，实系两个傀儡组织，"两国"之间的"领事关系"是在非正常的历史背景下产生的，不为中国政府和国际社会所承认。领事裁判权是日本为害中国最烈的一种特权，中国政府和中国人民一直强烈要求撤废，却屡遭日本坚拒。1937年，为提高"满洲国"的国际地位，并排挤东北地区的第三国势力，日本"积极"撤废伪满境内的治外法权。1943年，日本政府为笼络亲日派，故伎重演，又"主动"撤废汪伪地区的治外法权。"失去"了裁判权的领事，没有撤退回国，而是改任他种角色，继续进行侵华活动。

按一般国际惯例，两国领事关系建立后，领事即成为两国政治、经济及文化发展的友好桥梁。应该看到，日本在华领事在行使职权特别是领事裁判权时，对在华的日本居留民起到了一定的管制及约束作用，但此点积极作用，与对不法居留民的纵容和庇护给中国人民所带来的危害相比，是微不足道的。在复杂多变的近代中日关系中，驻华领事官升为外交官、驻华公使乃至外务大臣者不乏其人，他们不仅是日本侵华国策的执行者，也是侵华国策的制定者。在大陆政策支配下，领事群体不可避免地卷入侵华国策之中，成为一股重要的侵华力量：平时，他们以外交官、商务官的身份，与中国地方政府交涉，极力维护日本在华利益，并以武力为后盾，为居留民的发展拓展空间；战时，则在占领地担任宣抚官，负责"维持地方治安"，或亲自操起刀枪，参与侵华战争。领事群体的诸种活动，严重破坏了中国主权，侵害了中国人民的利益。

总体而言，日本在华领事制度较之于欧美诸国，有以下特征。

（1）日本在华领事制度有一个从互等到片面独惠再到废止的发展过程，而欧美在华领事制度一开始就是一个不平等的制度。就中日关系来说，这既是华夷体制的崩溃过程，也是日本跻身列强入侵中国的过程。

（2）日本在华领事制度不仅是日本维护己国权益的工具，同时还是对付第三国势力的重要武器。如：对欧美等国驻伪政权的领事馆采取"不干涉政策"，来换取他国对伪政权的"承认"；以"撤废"治外法权来提高伪政权的政治地位，并借机消除第三国的利益等。

（3）日本在华领事官比欧美在华领事官所扮演的角色更为复杂。在日本侵华过程中，领事群体丧失了外交官、商务官的应有良知，恃强凌弱，推行强硬无理外交，其所作所为，助长了日军气焰，加快了日本军国主义的侵略步伐，同时也加速了日本帝国主义的灭亡。

附录一　日本外务卿、外务大臣历任表

姓　名	内　阁	就任年月	离任年月	代　序
泽宣嘉	右大臣三条实美	1869.7.8		外务卿第1代
岩仓具视	太政大臣三条实美	1871.7.14		2代
副岛种臣	太政大臣三条实美	1871.11.4		3代
寺岛宗则	太政大臣三条实美	1873.10.28		4代
井上馨	太政大臣三条实美	1879.9.10		5代
井上馨	第一次伊藤内阁	1885.12.22	1887.9.16	外务大臣第1代
伊藤博文	第一次伊藤内阁	1887.9.16	1888.2.1	2代
大隈重信	第一次伊藤内阁，留任黑田内阁	1888.2.1	1889.12.24	3代
青木周藏	第一次山县内阁	1889.12.24	1891.5.29	4代
榎本武扬	第一次松方内阁	1891.5.29	1892.8.8	5代
陆奥宗光	第二次伊藤内阁	1892.8.8	1896.5.30	6代
西园寺公望	第二次伊藤内阁	1895.6.5	1896.4.3	陆奥大臣疗养中
西园寺公望	第二次伊藤内阁，留任第二次松方内阁	1896.5.30	1896.9.22	7代
大隈重信	第二次松方内阁	1896.9.22	1897.11.6	8代
西德二郎	第二次松方内阁，留任第三次伊藤内阁	1897.11.6	1898.6.30	9代
大隈重信	第一次大隈内阁	1898.6.30	1898.11.8	10代
青木周藏	第二次山县内阁	1898.11.8	1900.10.19	11代
加藤高明	第四次伊藤内阁	1900.10.19	1901.6.2	12代
曾祢荒助	第一次桂内阁	1901.6.2.	1901.9.21	13代
小村寿太郎	第一次桂内阁	1901.9.21	1906.1.7	14代
桂太郎	第一次桂内阁	1905.7.3	1905.10.8	15代
桂太郎	第一次桂内阁	1905.11.4	1906.1.2	16代
加藤高明	第一次西园寺内阁	1906.1.7	1906.3.3	17代
西园寺公望	第一次西园寺内阁	1906.3.3	1906.5.19	18代
林董	第一次西园寺内阁	1906.5.19	1908.7.14	19代
西园寺公望	第一次西园寺内阁	1906.8.30	1906.9.18	20代

续附录一

姓　名	内　阁	就任年月	离任年月	代　序
寺内正毅	第二次桂内阁	1908.7.14	1908.8.27	21代
小村寿太郎	第二次桂内阁	1908.8.27	1911.8.30	22代
内田康哉	第二次西园寺内阁	1911.8.30	1912.12.21	23代
林董	第二次西园寺内阁	1911.8.30	1911.10.16	24代
桂太郎	第三次西园寺内阁	1912.12.21	1913.1.29	25代
加藤高明	第三次西园寺内阁	1913.1.29	1913.2.20	26代
牧野伸显	第一次山本内阁	1913.2.20	1914.4.16	27代
加藤高明	第二次大隈内阁	1914.4.16	1915.8.10	28代
大隈重信	第二次大隈内阁	1915.8.10	1915.10.13	29代
石井菊次郎	第二次大隈内阁	1915.10.13	1916.10.9	30代
寺内正毅	寺内内阁	1916.10.9	1916.11.21	31代
本野一郎	寺内内阁	1916.11.21	1918.4.23	32代
后藤新平	寺内内阁	1918.4.23	1918.9.29	33代
内田康哉	原内阁,留任高桥内阁、加藤内阁	1918.9.29	1923.9.2	34代
山本权兵卫	第二次山本内阁	1923.9.2	1923.9.19	35代
伊集院彦吉	第二次山本内阁	1923.9.19	1924.1.7	36代
松井庆四郎	清浦内阁	1924.1.7	1924.6.11	37代
币原喜重郎	加藤内阁留任第一次若槻内阁	1924.6.11	1927.4.20	38代
田中义一	田中内阁	1927.4.20	1929.7.2	39代
币原喜重郎	浜口内阁,留任第二次若槻内阁	1929.7.2	1931.12.13	40代
犬养毅	犬养内阁	1931.12.13	1932.1.14	41代
芳泽谦吉	犬养内阁	1932.1.14	1932.5.26	42代
斋藤实	斋藤内阁	1932.5.26	1932.7.6	43代
内田康哉	斋藤内阁	1932.7.6	1933.9.14	44代
广田弘毅	斋藤内阁,留任冈田内阁	1933.9.14	1936.3.9	45代
广田弘毅	广田内阁	1936.3.9	1936.4.2	46代
有田八郎	广田内阁	1936.4.2	1937.2.2	47代
林铣十郎	林内阁	1937.2.2	1937.3.3	48代
佐藤尚武	林内阁	1937.3.3	1937.6.4	49代
广田弘毅	第一次近卫内阁	1937.6.4	1938.5.26	50代

续附录一

姓　名	内　阁	就任年月	离任年月	代　序
宇垣一成	第一次近卫内阁	1938.5.26	1938.9.30	51代
近卫文麿	第一次近卫内阁	1938.9.30	1938.10.29	52代
有田八郎	第一次近卫内阁，留任平沼内阁	1938.10.29	1939.8.30	53代
阿部信行	阿部内阁	1939.8.30	1939.9.25	54代
野村吉三郎	阿部内阁	1939.9.25	1940.1.16	55代
有田八郎	米内内阁	1940.1.16	1940.7.22	56代
松冈洋右	第二次近卫内阁	1940.7.22	1941.7.18	57代
近卫文麿	第二次近卫内阁	1941.3.12	1941.4.22	
丰田贞次郎	第三次近卫内阁	1941.7.18	1941.10.18	58代
东乡茂德	东条内阁	1941.10.18	1942.9.1	59代
东条英吉	东条内阁	1942.9.1	1942.9.17	60代
谷正之	东条内阁	1942.9.17	1943.4.20	61代
重光葵	东条内阁，留任小矶内阁	1943.4.20	1945.4.7	62代
铃木贯太郎	铃木内阁	1945.4.7	1945.4.9	63代
东乡茂德	铃木内阁	1945.4.9	1945.8.17	64代
重光葵	东久迩内阁	1945.8.17	1945.9.17	65代
备　考	一、明治之初，实行太政官制，外务卿共5代； 二、1885年12月22日，创始内阁制度（内阁总理大臣），至1945年，外务大臣共65代。			

资料来源：〔日〕外务省百年史编纂委员会编《外务省百年》（下卷），东京原书房，1969，第1189~1195页。

附录二 近代日本驻华大公使表
（含汪伪）

到任年月日	姓　名	职　　务	备　　考
1873.11.24	山田显义	二等特命全权公使	
1874.7.31	柳原前光	二等特命全权公使	
1874.11.29	郑永宁	临时代理公使	外务一等书记官
1875.11.10	森有礼	特命全权公使	
1878.3.10	郑永宁	临时代理公使	外务一等书记官
1879.3.8	宍户玑	特命全权公使	
1881.1.20	田边太一	临时代理公使	外务大书记官兼外务书记官
1882.8.12	榎本武扬	特命全权公使	
1883.12.7	吉田二郎	临时代理公使	外务书记官
1884.8.31	榎本武扬	特命全权公使	
1885.10.11	岛田胤则	临时代理公使	外务书记官
1886.3.31	盐田三郎	特命全权公使	
1887.6.23	梶山鼎介	临时代理公使	公使馆书记官
1887.11.27	盐田三郎	特命全权公使	
1889.5.12	今立吐醉	临时代理公使	公使馆书记官
1889.6.3	大鸟圭介	特命全权公使	
1893.6.1	桥口直右卫门	临时代理公使	公使馆书记官
1893.11.20	小村寿太郎	临时代理公使	公使馆一等书记官
1895.6.22	林董	特命全权公使	
1896.11.3	内田康哉	临时代理公使	公使馆一等书记官
1897.6.12	矢野文雄	特命全权公使	
1899.11.17	石井菊次郎	临时代理公使	公使馆一等书记官
1899.11.26	西德二郎	特命全权公使	
1901.1.3	小村寿太郎	特命全权公使	
1901.9.9	日置益	临时代理公使	公使馆一等书记官
1901.11.10	内田康哉	特命全权公使	
1906.5.19	阿部守太郎	临时代理公使	公使馆一等书记官
1906.7.14	林权助	特命全权公使	
1908.5.15	阿部守太郎	临时代理公使	公使馆一等书记官

到任年月日	姓　　名	职　　务	备　　考
1908.10.15	伊集院彦吉	特命全权公使	
1911.1.14	本多熊太郎	临时代理公使	公使馆一等书记官
1911.4.15	伊集院彦吉	特命全权公使	
1912.3.22	水野幸吉	临时代理公使	公使馆一等书记官
1912.4.28	伊集院彦吉	特命全权公使	
1913.7.29	山座円次郎	特命全权公使	
1914.5.28	松平恒雄	临时代理公使	公使馆一等书记官
1914.6.4	小幡酉吉	临时代理公使	公使馆一等书记官
1914.8.20	日置益	特命全权公使	
1915.8.30	小幡酉吉	临时代理公使	公使馆一等书记官
1915.11.19	日置益	特命全权公使	
1916.7.16	小幡酉吉	临时代理公使	大使馆参事官
1916.8.14	林权助	特命全权公使	特命全权大使
1917.12.25	芳泽谦吉	临时代理公使	大使馆参事官
1918.3.16	林权助	特命全权公使	特命全权大使
1918.9.6	芳泽谦吉	临时代理公使	大使馆参事官
1918.11.6	林权助	特命全权公使	特命全权大使
1918.12.5	芳泽谦吉	临时代理公使	大使馆参事官
1918.12.22	小幡酉吉	特命全权公使	
1921.5.8	吉田伊三郎	临时代理公使	大使馆参事官
1921.8.8	小幡酉吉	特命全权公使	
1922.4.6	吉田伊三郎	临时代理公使	大使馆参事官
1922.5.8	小幡酉吉	特命全权公使	
1923.4.26	吉田伊三郎	临时代理公使	大使馆参事官
1923.7.16	芳泽谦吉	特命全权公使	
1926.7.24	堀义贵	临时代理公使	大使馆参事官
1926.10.15	芳泽谦吉	特命全权公使	
1927.6.13	堀义贵	临时代理公使	大使馆参事官
1927.8.22	芳泽谦吉	特命全权公使	
1928.10.17	堀义贵	临时代理公使	大使馆参事官
1929.6.12	芳泽谦吉	特命全权公使	
1929.7.15	堀内谦介	临时代理公使	大使馆参事官
1929.8.16	芳泽谦吉	特命全权公使	
1929.8.20	堀内谦介	临时代理公使	大使馆参事官
1929.10.27	佐分利贞男	特命全权公使	
1929.11.11	堀内谦介	临时代理公使	大使馆参事官（1930.10.31把支那国改称中华民国）
1931.6.6	重光葵	特命全权公使	

附录二 近代日本驻华大公使表（含汪伪）

续附录二

到任年月日	姓 名	职 务	备 考
1932.1.3	守屋和郎	临时代理公使	公使馆一等书记官
1932.1.31	重光葵	特命全权公使	
1932.6.17	堀内干城	临时代理公使	公使馆一等书记官
1932.8.11	矢野真	临时代理公使	大使馆参事官
1932.9.4	有吉明	特命全权公使	特命全权大使
1932.11.8	堀内干城	临时代理公使	公使馆一等书记官
1932.11.23	有吉明	特命全权公使	特命全权大使
1933.3.24	堀内干城	临时代理公使	公使馆一等书记官
1933.4.24	有吉明	特命全权公使	特命全权大使
1934.4.25	堀内干城	临时代理公使	公使馆一等书记官
1934.5.30	有吉明	特命全权公使	特命全权大使
1935.4.20	堀内干城	临时代理公使	公使馆一等书记官
1935.5.17	堀内干城	临时代理大使	大使馆一等书记官（1935.5.17公使馆升格为大使馆）
1935.6.12	有吉明	特命全权大使	
1936.2.7	若杉要	临时代理大使	大使馆参事官
1936.2.26	有田八郎	特命全权大使	
1936.3.30	若杉要	临时代理大使	大使馆参事官
1936.6.22	川越茂	特命全权大使	
1937.4.28	日高信六郎	临时代理大使	大使馆参事官
1937.7.3	川越茂	特命全权大使	
1938.12.18	森岛守人	临时代理大使	大使馆参事官
1940.1.25	藤井启之助	临时代理大使	大使馆参事官
1940.4.1	阿部信行	特命全权大使	特派汪兆铭国民政府
1940.8.30	土田丰	临时代理大使	大使馆一等书记官
1940.12.23	本多熊太郎	特命全权大使	
1941.11.10	中村丰一	临时代理大使	大使馆参事官
1942.1.10	重光葵	特命全权大使	
1942.11.4	堀内干城	临时代理大使	特命全权公使
1943.5.14	谷正之	特命全权大使	1945.9.29关闭

资料来源：〔日〕外务省外交史料馆、日本外交史辞典编纂委员会编《日本外交史辞典》，日本大藏省印刷局，1979，附录第362～363页。

附录三　大正年间（1913～1926）日本驻华领事官表

一　大正年间日本驻华领事官高等官表（1913～1926）

姓　　名	原　　籍	生　年	学　　历	曾任职及任职领事馆	备　注
赤塚正助	鹿儿岛县蒲生村	1872.9	东京帝国大学法学部法律科、外交官及领事官试验合格	广东总领事	关东都督府事务官
秋山理敏	长野县上伊那郡藤泽村	1890.4	东京高等商业学校、高等试验外交科试验合格	奉天领事官补	
天羽英二	德岛县板野郡	1887.9	东京高等商业学校专攻部、外交官及领事官试验合格	安东领事官补、广东总领事	台湾总督府事务官
青木新	熊本县熊本市寺原町	1881.2	东京帝国大学法学部政治科、外交官及领事官试验合格	苏州领事	
荒川充雄	熊本县八代郡八代町	1883.5	东京外国语学校德语学科、高等试验外交科试验合格	牛庄领事、安东领事	
荒川己次	鹿儿岛	1880.5	工部大学校	天津副领事；苏州、杭州领事	
有田八郎	新泻县佐渡郡相川町	1884.9	东京帝国大学法学部法律科、外交官及领事官试验合格	奉天总领事、天津总领事	
有吉明	京都府	1876.4	东京高等商业学校专攻部、外交官及领事官试验合格	汉口领事、牛庄领事	国联第四次会议代表
珍田捨己（子爵）	陆奥国中津轻郡弘前町	1856.12		上海总领事兼苏州领事	驻德、美特命全权大使
朝冈健	东京市	1887.8	东京高等商业学校专攻部领事科、外交官及领事官试验合格	牛庄领事	对支文化事务局事务官
千叶乐一	千叶县君津郡久留里町	1896.6	高等试验外交科试验合格、东京帝国大学法学部	牛庄领事	

续附录三（一）

姓　名	原　籍	生　年	学　历	曾任职及任职领事馆	备　注
出渊胜次	东京市	1878.7	东京高等商业学校专攻部、外交官及领事官试验合格	上海领事	国联第二次会议代表、对支文化事务局长
渊时智	新泻县中蒲原郡村松町	1878.7	长野县文官普通试验合格	上海领事馆外务书记生	
伊集院彦吉	萨摩国鹿儿岛	1864.6	东京帝国大学法学部	天津总领事兼任牛庄领事	驻清特命全权公使
藤井启之助	群马县群马郡国府村	1888.3	东京帝国大学法学部政治科、外交官及领事官试验合格	长春、济南、厦门领事	
藤井庆三（男爵）	东京市小石川区江户川町	1896.12	高等试验外交科试验合格、东京帝国大学法学部政治科	汉口领事官补	
藤村俊房	大分县直入郡冈本村	1882.12	东亚同文书院	铁岭外务通译生；广东、云南领事	
藤田荣介	鹿儿岛县鹿儿岛市加治屋町	1881.4	东京帝国大学法学部法律科（德法兼修）、外交官及领事官试验合格	安东领事官补；厦门、济南领事	台湾总督府事务官
深田荣次郎	新泻县	1892.5	东京帝国大学法学部法律科学士试验合格、高等试验外交科试验合格	汉口领事官补	对支文化事务局事务官、解决山东悬案委员
福井淳	神奈川县	1898.2	高等试验外交科试验合格	上海领事官补	
福间丰吉	福冈县嘉穗郡饭冢町	1891.9	东京帝国大学法学部法律科、文官高等试验合格	奉天领事官补	
船津辰一郎	佐贺县杵岛郡顺古村	1873.9	外务省留学生试验合格、留学北京	芝罘外务书记生；上海、牛庄、南京、天津、奉天总领事	关东都督府事务官、中国治外法权委员会代表
后藤禄郎	岐阜县武仪郡小金田村	1888.6	东亚同文书院政治科	奉天外务通译生、重庆副领事	
郡司智庆	北海道占守郡占守岛	1884.7	东京外国语学校俄语科本科	吉林外务通译生；长春、哈尔滨领事	

续附录三（一）

姓　名	原　籍	生　年	学　历	曾任职及任职领事馆	备　注
峰谷辉雄	东京市本乡区真砂町	1895.10	东京高等商业学校专攻部领事科、高等试验外交科试验合格	广东领事官补、奉天领事	
荻尾和市郎	爱媛县东宇和郡中筋村	1873.11		奉天、沙市、长沙、北京、济南、青岛、天津等警察署长	
花里初太郎	熊本县熊本市新屋敷町	1873.8	警察监狱学校警察科	头道沟、天津、青岛、上海等警察署长	
花轮义敬	山梨县	1892.8	东京帝国大学法学部政治科、高等试验外交科试验合格	广东领事官补	
埴原正直	山梨县	1876.8	东京专门学校英语政治科、外交官及领事官试验合格	厦门领事官补	
原二吉	东京市小石川区	1880.1	东亚同文书院	上海警察署、青岛警察署长	
原田忠一郎	长野县北佐久郡御代田村	1877.8	早稻田大学法学部	南京外务书记生	关东都督府翻译官
张间利眷	青森县青森市浦町	1893.11	东京帝国大学法学部政治科	香港领事官补	
林权助（男爵）	福岛县若松市徒町	1861.3	东京帝国大学法学部政治科	芝罘副领事、上海领事	国联第三次会议代表
林久治郎	枥木县下都贺郡壬生町	1872.10	早稻田大学英语政治科	吉林领事官补、天津、济南、汉口、福州等地总领事	青岛守备军民政部事务官
林　安	福岛县若松市徒町	1884.2	东京帝国大学法学部法律科、高等试验外交科试验合格	广东领事官补	国联第五次会议代表
林出贤次郎	和歌山县日高郡汤川村	1872.8	东亚同文书院	奉天外务通译生、上海副领事	解决山东悬案委员、中国治外法权委员会代表
日置益	三重县员辨郡门前村	1861.11	东京帝国大学法学部法律科		中国治外法权委员会代表、1903年日清通商续约谈判代表

续附录三（一）

姓　名	原　籍	生　年	学　历	曾任职及任职领事馆	备　注
平田稔	和歌山县和歌山市	1882.11	东京外国语学校俄语科本科	吉林外务通译生、哈尔滨外务通译生	
平冢晴俊	茨城县筑波郡北条町	1879.11	东京外国语学校俄语科本科	赤峰领事	
平冢信三	茨城县久慈郡中里村	1897.11	东京帝国大学法学部政治科、高等试验外交科试验合格	汉口领事官补	
广田弘毅	福冈县福冈市锻治町	1878.2	东京帝国大学法学部政治科、外交官及领事官试验合格	外交官补，中国任职	外务省通商局第一课长、欧美局长
堀公一	石川县金泽市川岸町	1897.2	东京帝国大学法学部、高等试验外交科试验合格	上海领事官补	
堀义贵	鹿儿岛县鹿儿岛市加治屋町	1885.2	东京高等商业学校专攻部领事科、外交官及领事官试验合格	广东领事官补	中国关税特别会议代表
堀内谦介	兵库县多纪郡	1886.3	东京帝国大学法学部政治科、外交官及领事官试验合格	青岛总领事	
市毛孝三	茨城县东茨城郡缘冈村	1894.7	东京帝国大学法学部、高等试验外交科试验合格	香港领事官补	
市川信也	鹿儿岛县鹿儿岛市西千石町	1887.2	东亚同文书院、外务省留学生试验合格	留学北京上海，奉天、铁岭、沙市、汉口、长沙等地外务书记生	
市河彦太郎	静冈县骏东郡沼津町	1896.9	东京帝国大学法学部政治科、高等试验外交科试验合格	天津领事官补	
井田守三	神奈川县稻田村	1877.10	东京帝国大学法学部、外交官及领事官试验合格	安东天津领事官补	
井上庚二郎	神奈川县横滨市	1890.8	东京帝国大学法学部政治科、外交官及领事官试验合格	外交官补，任职中国	台湾总督府事务官
井上武	佐贺县东松浦郡滨崎村	1895.12	东京帝国大学法学部	奉天领事官补	中国关税特别会议代表

续附录三（一）

姓　名	原　籍	生　年	学　历	曾任职及任职领事馆	备　注
井上豪	冈山县上道郡财田村	1890.10	东京商科大学专攻科、高等试验外交科试验合格	间岛领事官补	
石射猪太郎	福岛县西白河郡川崎村	1887.2	东亚同文书院商务科	上海、天津、广东领事官补	华盛顿会议代表、外务省通商局第三课长
石井菊次郎（子爵）	东京市麻布区	1866.3	东京帝国大学法学部法律科		国联第二、第七次会议代表
石井康	东京市	1895.6	东京帝国大学法学部法律科、高等试验外交科试验合格	天津领事官补	
石川清	茨城县水市户下市代官町	1881.7	水户中学校	外务书记生，中国任职	
石泽丰	奈良县牛驹郡郡山町	1896.7	东京帝国大学法学部政治科	广东领事官补	
岩村成允	东京市	1876.9	外务省留学生试验合格	芝罘外务书记生、奉天副领事、郑家屯领事	关东都督府事务官、中国关税特别会议代表
岩崎寿藏	熊本县八代郡文政村	1883.8	熊本县中学校	汉口、苏州、上海、济南外务书记生	
岩手嘉雄	东京府丰多摩郡淀桥町	1888.3	东京高等商业学校专攻部领事科、外交官及领事官试验合格	上海领事官补	
城友二	京都市上京区麦屋町	1879.11	横滨英语专门学校、外务省书记生试验合格	牛庄外务书记生	
糟谷廉二	爱知县渥美郡田原町	1883.2	东亚同文书院政治科	新民府、奉天、厦门、云南外务通译生	
嘉纳久一	兵库县武库郡御影町	1894.1	东京帝国大学法学部、高等试验外交科试验合格	奉天领事官补	

续附录三（一）

姓　名	原　籍	生　年	学　历	曾任职及任职领事馆	备　注
加瀬俊一	东京市	1897.10	东京帝国大学法学部德法科中途退学、高等试验外交科试验合格	广东领事官补	
加藤成次郎	福井县丹生郡吉川村	1892.3	东京外国语学校法语科本科	天津领事官补	
加藤日吉	佐贺县三川村	1892.1	东亚同文书院商务科	上海副商务官、上海副领事	
加藤外松	富山县高冈市本町	1890.3	神户高等商业学校、外交官及领事官试验合格	奉天领事官补	国联第三次会议代表
片桐秀一	新泻县刈羽郡田尻村	1894.4	东京帝国大学法学部政治科、外交官及领事官试验合格	牛庄领事官补	
河相达夫	广岛县福山市西町	1889.7	东京帝国大学法学部政治科、高等试验外交科试验合格	上海领事官补	
河野清	高知县土佐郡旭村	1883.9	东亚同文书院	齐齐哈尔外务书记生；厦门、汉口副领事	
川越茂	宫崎县宫崎郡赤江村	1881.1	东京帝国大学法学部法律科、外交官及领事官试验合格、文官高等试验合格	哈尔滨领事官补、吉林总领事	
川南省一	鹿儿岛县鹿儿岛市清水町	1886.9	鹿儿岛县立第一中学校、外务省留学生试验合格	哈尔滨、头道沟、局子街等外务书记生	
川村博	宫城县刈田郡白石村	1893.5	东京帝国大学法学部政治科、高等试验外交科试验合格	上海领事官补	
川西丰藏	熊本县术名郡滑石村	1883.9	裁判所书记登用合格	天津外务书记生	
川岛信太郎	京都府与谢郡京都府与谢村	1880.3	东京高等商业学校专攻部领事科、外交官及领事官试验合格	长春领事官补	国联第二次会议代表
木村锐市	岛根县簸种郡古志村	1879.5	东京帝国大学法学部政治科、外交官及领事官试验合格	外交官补，中国任职	外务省亚细亚局长

续附录三（一）

姓　名	原　籍	生　年	学　历	曾任职及任职领事馆	备　注
木下武雄	大分县速见郡别府町	1890.7	东京帝国大学法学部政治科、文官高等试验合格	广东领事官补、哈尔滨副领事	
木内良胤	东京市麦町区四同町	1897.9	东京帝国大学法学部法律科、高等试验外交科试验合格	广东领事官补	
菊地义郎	大阪市东区北滨町	1877.2	东京帝国大学法学部、外交官及领事官试验合格	福州领事官补	
金雨英	朝鲜京城府仁寺洞	1886.10	东京帝国大学法学部政治经济科	安东副领事	
岸仓松	秋田县秋田郡阿仁合町	1878.11	外务省书记生试验合格	汉口、杭州外务书记生	
岸田英治	三重县宇治由田市中之切町	1896.10	东京外国语学校英语科本科	奉天领事官补	中国关税特别会议代表
清野元吉	东京市牛入区新小川町	1877.12	递信省通信书记官补、外交官及领事官试验合格	奉天外务书记生	中国关税特别会议代表
小村欣一（侯爵）	宫崎县南那珂郡饫肥町	1883.5	东京帝国大学法学部政治科、外交官及领事官试验合格	外交官补，中国任职	
小柳雪生	熊本县苇北郡水俣村	1884.2	东京外国语学校俄语科本科	哈尔滨、长春外务通译生	
桑折铁次郎	爱媛县北宇和郡宇和岛町	1884.11	东京外国语学校英语科		华盛顿会议代表
近藤信一	东京市有乐町	1881.3	东京外国语学校韩语科本科	间岛外务通译生、间岛副领事、局子街领事分馆任职	
越田佐一郎	东京市麻布区	1883.2	东京邮便电信学校行政科、外交官及领事官试验合格	天津外务书记生	
久我成美	千叶县	1887.5	郁文馆中学校、外务省书记生试验合格	安东外务书记生、香港副领事	

续附录三（一）

姓 名	原 籍	生 年	学 历	曾任职及任职领事馆	备 注
隈部种树	熊本县鹿本郡千田村	1893.8	东京帝国大学法学部英法科、高等试验外交科试验合格	汉口领事官补	
榑松宇平治	静冈县盘田郡上浅羽村	1882.1	静冈县中学校、外务省留学生试验合格	铁岭、天津、苏州、长春、赤峰外务书记生	
栗原作次郎	茨城县东茨城郡大贯町	1892.10	东京外国语学校英语科半途退学、高等试验外交科试验合格	奉天领事官补	
栗原正	茨城县久慈郡金乡村	1890.3	东京帝国大学法学部、文官高等试验合格、外交官及领事官试验合格	广东领事官补、福州领事	关东都督府事务官
栗山茂	东京府丰多摩郡	1886.10	东京帝国大学法学部法律科、外交官及领事官试验合格	香港领事官补	华盛顿会议代表
黑泽二郎	东京市小石川区宫下町	1890.6	东京帝国大学法学部、外交官及领事官试验合格	外交官补，中国任职	
来栖三郎	神奈川县横滨市本町	1886.3	东京高等商业学校专攻部领事科、外交官及领事官试验合格	汉口领事官补	
桑岛主计	香川县绫歌郡山田村	1884.3	早稻田大学政治学部（经济专攻）、外务省书记生试验合格、外交官及领事官试验合格	奉天、汉口领事官补	
真木薰	爱媛县	1895.8	东京帝国大学法学部政治科、高等试验外交科试验合格	吉林领事官补	
町田襄治	鹿儿岛县鹿儿岛市上之园町	1893.11	东京帝国大学法学部、高等试验外交科试验合格	奉天领事官补	
松平恒雄	东京市小石川区	1877.4	东京帝国大学法学部政治科、外交官领事官试验合格	外交官补，中国任职；天津总领事	

续附录三（一）

姓　名	原　籍	生　年	学　历	曾任职及任职领事馆	备　注
松永直吉	佐贺县佐贺市赤松町	1883.4	东京帝国大学法学部政治科、外交官及领事官试验合格	天津、长沙领事官补	
松岛肇	长野县上伊那郡手良村	1883.2	东京帝国大学法学部政治科、外交官及领事官试验合格	哈尔滨总领事	
松岛鹿夫	兵库县神户市	1888.1	东京高等商业学校专攻部、文官高等试验合格		中国海关总办、国联第二次会议代表
峰友菊助	德岛县三好郡佐马地村	1888.3	东京高等商业学校专攻部领事科、高等试验外交科试验合格	香港领事官补	
三田胜	京都市上京区圣护院山王町	1887.6	东京帝国大学法学部政治科、文官高等试验合格	奉天领事辽阳任职	
三浦武美	青森县弘前市北瓦町	1892.8	东京帝国大学法学部政治科、高等试验外交科试验合格	奉天领事官补	
三浦义秋	滋贺县犬上郡彦根町	1890.9	东京帝国大学法学部政治科、高等试验外交科试验合格	汉口、哈尔滨、牛庄领事官补	对支文化事业局事务官
三宅哲一郎	和歌山县那贺郡纷河町	1888.9	东京高等商业学校专攻部、文官高等试验合格、外交官及领事官试验合格	广东领事官补、杭州领事	关东都督府事务官
宫腰千叶太	东京府丰多摩郡	1892.2	东京帝国大学、高等试验外交科试验合格	上海领事官补	
宫崎申郎	大阪府泉北郡高石町	1896.1	东京帝国大学法学部、高等试验外交科试验合格	天津领事官补	
茂垣长作	栃木县芳贺郡中川村	1886.9	东京外国语学校英语科本科半途退学、外务省书记生试验合格	香港外务省书记生	

附录三 大正年间（1913~1926）日本驻华领事官表

续附录三（一）

姓　名	原　籍	生　年	学　历	曾任职及任职领事馆	备　注
森安三郎	福冈县筑紫郡住吉村	1880.7	东京帝国大学法学部政治科、外交官及领事官试验合格	厦门领事官补、安东领事、济南总领事	关东都督府事务官、山东悬案谈判代表
森冈正平	冈山县久米郡父西村	1885.3	东亚同文书院政治科、外务省书记生试验合格	天津外务省书记生；宜昌、南京领事	山东悬案谈判代表
森岛守人	石川县金泽市高冈町	1896.2	东京帝国大学法学部法律科、高等试验外交科试验合格	外交官补，中国任职	
森田宽藏	长崎县长崎市高野平乡	1876.2	东京帝国大学法学部政治科、外交官及领事官试验合格	哈尔滨领事官补；吉林、长春、广东总领事	关东都督府事务官
守屋和郎	宫城县远田郡富永村	1893.11	东京帝国大学法学部政治科、高等试验行政科合格		关东厅事务官、中国关税会议代表、中国治外法权会议代表
本野亨三	东京市芝区三田纲町	1895.9	东京帝国大学法学部法律科、高等试验外交科试验合格	天津领事官补	
宗村丑生	熊本县熊本市户组町	1877.10	第五高等学校、外务省书记生试验合格	汕头、天津、济南外务省书记生	
村井仓松	青森县上北郡百石村	1888.1	东京高等商业学校专攻部领事科、外交官及领事官试验合格	长春、哈尔滨领事官补	
村上义温	石川县金泽市樱岛三番町	1889.4	神户高等商业学校、外交官及领事官试验合格	上海、南京领事官补；长春领事	
武者小路公共（子爵）	东京市曲町区	1882.8	东京帝国大学法学部法律科、外交官及领事官试验合格	上海、天津领事官补	
武藤义雄	熊本县菊池郡户崎村	1897.4	东京帝国大学法学部政治科、高等试验外交科试验合格	牛庄领事官补	

续附录三（一）

姓　名	原　籍	生　年	学　历	曾任职及任职领事馆	备　注
永井松三	爱知县	1877.3	东京帝国大学法学部政治科、外交官及领事官试验合格	天津领事官补	国联第七次会议代表
长冈半六	紫波郡日诘町	1892.3	东亚同文书院商务科	留学北京；济南外务书记生；沙市、上海副领事	
内藤启三	大分县下毛郡中津町	1875.5	第五高等学校半途退学、外务省书记生试验合格	南京、牛庄外务书记生	
中川兼雄	冈山县冈山市七番町	1892.4	东京帝国大学法学部英法科	青岛领事	
中村丰一	大阪市东区平野町	1895.8	东京帝国大学法学部法律科（德法）	济南领事官补	
中野高一	佐贺县小城郡三日月村	1885.7	东京外国语学校清语科本科	奉天、长春总领事馆农安分馆外务书记生	
中野勇吉	东京市麻布区	1875.11	东京邮便电信学校邮便行政科、外务省书记生试验合格	奉天、铁岭、汕头外务书记生	
中山详一	京都市	1889.4	私立京都同志社专门学校经济科、京都帝国大学法学部政治科	汉口领事官补、牛庄领事	外务省亚细亚局第二课长
成濑俊介	香川县木田郡井户村	1897.4	东京帝国大学法学部政治科	牛庄领事官补	
根津芳造	山梨县东山梨郡日川村	1879.12	东亚同文书院商务科	牛庄、哈尔滨、铁岭外务通译生；张家口领事	
二瓶兵二	福岛县耶摩郡翁岛村	1883.3	东京帝国大学法学部法律科	齐齐哈尔领事、云南任职	
西春彦	鹿儿岛县川边郡加世田村	1893.4	东京帝国大学法学部法律科	香港领事官补、长春领事	关东厅事务官
西田畊一	京都府爱宕郡大宫村	1884.1	东亚同文书院政治科	天津、上海外务省书记生	山东悬案谈判代表

续附录三 (一)

姓 名	原 籍	生 年	学 历	曾任职及任职领事馆	备 注
野田实之助	京都府何鹿郡佐贺村	1889.1	京都府立第三中学校、外务省书记生试验合格	香港任职、上海副领事、长沙任职	
小幡酉吉	神奈川县镰仓郡	1897.7	东京帝国大学法学部法律科	天津领事官补、芝罘领事	山东悬案谈判代表
小川升	东京市四谷区北伊贺町	1891.10	东京帝国大学法学部政治科	广东领事官补	
冈部长景（子爵）	东京府荏原郡目黑町三田	1884.8	东京帝国大学法学部政治科		亚细亚文化局事业部长、对支文化事业调查会干事
冈田兼一	山形县西田川郡鹤冈若叶町	1882.4	东京外国语学校半途退学、外交官及领事官试验合格	广东领事官补、牛庄领事	国联第三次会议代表
冈本一策	大分县大野都三重町	1889.8	锦城中学校	长沙外务书记生	
冈本季正	京都府兴谢郡宫津町	1892.8	东京帝国大学法学部政治科、高等试验外交科试验合格	香港领事官补	
冈本武三	京都府兴谢郡宫津町	1883.12	东京帝国大学法学部法律科、外交官及领事官试验合格	上海领事官补、芝罘、长沙领事	
冈崎胜男	东京市芝区白金今里町	1897.7	东京帝国大学经济部	广东领事官补	
大桥忠一	岐阜县羽岛郡小熊村	1893.12	东京帝国大学法学部法律科、高等试验外交科试验合格	香港领事官补	
大磐诚三	滋贺县东浅井郡连水村	1890.1	早稻田大学政治经济科、文官高等试验合格	青岛副领事	青岛守备军民政部政务官
大久保利隆	鹿儿岛县鹿儿岛市长田町	1895.5	东京帝国大学法学部、高等试验外交科试验合格	天津领事官补	山东悬案谈判代表
大熊正七郎	埼玉县北足立郡	1893.10	东京帝国大学法学部政治经济科、高等试验外交科试验合格	牛庄领事官补	山东悬案谈判代表

续附录三（一）

姓　名	原　籍	生　年	学　历	曾任职及任职领事馆	备　注
大熊兴吉	埼玉县南足立郡	1891.8	东京帝国大学法学部法律科、高等试验外交科试验合格	牛庄领事官补	中国关税特别会议代表
大森元一郎	岛根县簸川郡出东村	1894.2	东京帝国大学法学部政治科、高等试验外交科试验合格	广东领事官补、香港任职	
大野守卫	山口县都浓郡德山町	1879.3	东京帝国大学法学部法律科、外交官及领事官试验合格	福州领事官补、牛庄任职	
大关英达	福岛县北会津郡门田村	1893.2	东洋学会专门学校支那语科、外务省书记生试验合格	天津外务书记生	
大崎文雄	福冈县筑紫郡岩户村	1875.12	东京法学院邦语法律科	奉天外务书记生、安东副领事	
太田为吉	岛根县志高郡青谷村	1880.11	文官高等试验合格	香港领事官补	关东都督府事务官
大鹰正次郎	岩丰县加贺郡黑泽尻町	1892.2	东京帝国大学法学部、高等试验外交科试验合格	哈尔滨、天津领事官补	
大谷和三郎	广岛县广岛市大手町	1873.7	私立日本法律学校、裁判所书记登用试验合格	长春副领事	
大和久义郎	千叶县长生郡	1881.12	正则英语学校	留学北京；福州、九江、重庆、苏州外务书记生；间岛副领事、九江领事	
奥山清治	山形县北村山郡大富村	1876.11	东京帝国大学法学部法律科、外交官及领事官试验合格	芝罘领事官补	国联第四次会议代表
尾见昭	茨城县	1896.1	东京帝国大学文学部英语科、高等试验外交科试验合格	奉天、广东领事官补	
乙津锋次	东京市四谷区爱住町	1887.3	秋田县文官普通试验合格	任职上海	
佐分利贞男	东京市	1879.1	东京帝国大学法学部、外交官及领事官试验合格	外交官补，任职中国	中国关税特别会议代表、外务省条约局长

续附录三（一）

姓　名	原　籍	生　年	学　历	曾任职及任职领事馆	备　注
佐久间信	千叶县印幡郡丰住村	1893.8	东京帝国大学法学部、外交官及领事官试验合格	安东领事官补	
佐佐木胜三郎	德岛县名东郡加茂名町	1891.6	神户高等商业学校、高等行政科试验合格	上海领事官补	台湾总督府事务官
佐佐木静吾	东京府荏原郡大井町	1877.6		农安分馆领事；齐齐哈尔、哈尔滨副领事	
佐藤清吉	秋田县秋田市上通町	1894.1	东京帝国大学法学部（德法兼修）	厦门领事、上海任职	
佐藤忠雄	福岛县相马郡新地村	1893.11	东京帝国大学法学部政治科	广东领事官补	
佐藤敏人	东京府荏原郡口川町	1891.6	东京帝国大学法学部政治科、文官高等试验合格	汉口领事官补	
斋藤辉宇良	福井县坂井郡丸冈町	1898.11	福井中学校、外务省书记生试验合格	安东外务书记生	
斋藤音次	大阪市北区堂岛	1895.10	东京帝国大学法学部政治科、文官高等试验合格	天津领事官补	
斋藤良卫	福岛县耶麻郡喜多方町	1880.11	东京帝国大学法学部政治科、外交官及领事官试验合格	天津、汉口领事官补	
境田驹藏	秋田县秋田市	1872.3		芝罘、天津、济南、厦门警署长	
坂本瑞男	东京市麻布区饭仓町	1897.3	东京帝国大学法学部政治科、高等试验外交科试验合格	奉天领事官补	
昌谷忠	东京市本乡区森川町	1887.9	东京帝国大学法学部法律科	奉天领事官补	青岛守备军民政部铁路事务官

续附录三（一）

姓　名	原　籍	生　年	学　历	曾任职及任职领事馆	备　注
鲑延信道	东京府北丰岛郡长崎村	1878.10	东京帝国大学法学部政治科、外交官及领事官试验合格	香港领事官补	
酒匂秀一	鹿儿岛县鹿儿岛市金生町	1887.2	东京高等商业学校专攻部、外交官及领事官试验合格	长春领事官补、牛庄任职	
泽田廉三	鸟取县岩美郡浦富村	1888.10	东京帝国大学法学部法律科、外交官及领事官试验合格	外交官补，任职中国	国联第一次会议代表、中国关税特别会议代表、华盛顿会议代表
泽田节藏	鸟取县岩美郡浦富村	1884.9	东京帝国大学法学部政治科、外交官及领事官试验合格	奉天领事官补	
三枝茂智	山梨县东山梨郡大藤村	1888.10	东京帝国大学法学部政治科、文官高等试验合格		青岛守备军事务官；国联第三、四、五、六次会议代表
清野长太郎	山形县南村山郡上山町	1884.1	东洋协会专门学校	珲春分馆、间岛外务通译生	
柴崎白尾	东京市芝区爱宕町	1884.7		吉林、福州、辽阳、牛庄、铁岭、间岛外务通译生	
柴田市太郎	广岛县广岛市小纲町	1884.1	中央大学法律科、外务省书记生试验合格	重庆、香港、广东外务书记生	
芝崎路可	东京市神田区西小川町	1883.1	东京外国语学校韩语科	局子街领事分馆、新民府外务通译生	
澁泽信一	埼玉县大里郡八基村	1898.10	东京帝国大学经济部经济科、高等试验外交科试验合格	奉天领事官补	
币原喜重郎（男爵）	大阪府北河内郡门真村	1872.8	东京帝国大学法学部法律科、外交官及领事官试验合格		外务省调查局长

续附录三（一）

姓　名	原　籍	生　年	学　历	曾任职及任职领事馆	备　注
重松宜雄	鸟取县鸟取市御弓町	1896.11	东京帝国大学经济部经济科、高等试验外交科试验合格	奉天领事官补	
重光葵	大分郡东国东町南安岐村	1887.7	东京帝国大学法学部政治科、外交官及领事官试验合格	驻华公使馆一等书记官	中国关税特别会议代表、中国治外法权会议代表
岛田正靖	高知县土佐郡一宫村	1884.7	东京外国语学校俄语科本科		关东都督府外务通译生
岛田滋	高知县长冈部国府村	1885.6	东京外国语学校俄语科本科、外务省书记生试验合格	奉天、牛庄外务书记生	
清水亨	茨城县水户市	1891.11	东亚同文书院商务科	广东副领事	
清水芳次郎	栃木县下都贺郡栃木町	1884.1	东亚同文书院政治科、外务省书记生试验合格	牛庄、上海、汉口外务书记生	
盐崎观三	兵库县神户市三宫町	1894.4	外交官及领事官试验合格、东京高等商业学校专攻部	上海领事官补	中国关税特别会议代表、中国治外法权会议代表
白井康	栃木县下都贺郡栃木町	1892.4	东亚同文书院政治科	哈尔滨、长沙、九江外务书记生；天津副领事	
白鸟敏夫	千叶县长生郡茂原町	1887.6	东京帝国大学法学部经济科、外交官及领事官试验合格	奉天领事官补	
祥瑞专一	德岛县那贺郡富冈町	1894.10	东京外国语学校本科英语学科、东京帝国大学政治学科	天津领事官补	
末松吉次	山形县西田川郡鹤冈町	1879.11	陆军教导团骑兵科	外务省警视、间岛警署	
铃木六郎	静冈县田方郡伊东町	1899.3	东京帝国大学政治科中途退学、高等试验外交科试验合格	天津领事官补	

续附录三（一）

姓　　名	原　　籍	生　年	学　历	曾任职及任职领事馆	备　注
铃木要太郎	静冈县引佐郡东滨名村	1875.9	东京专门学校英语政治科、文官高等试验合格	辽阳副领事、间岛总领事	
太刀川英雄	东京市京桥区	1896.8	东京帝国大学法学部法律科、高等试验外交科试验合格	天津、哈尔滨领事官补	
高尾亨	东京市京桥区筑地	1876.11		牛庄外务通译生；成都、汉口总领事	
高冈祯一郎	新泻县中蒲原郡十全村	1895.6	东京帝国大学法学部政治科、高等试验外交科试验合格	奉天领事官补	
高濑真一	福岛县若松市七日町	1894.11	东京帝国大学法学部政治科、高等试验外交科试验合格	广东领事官补	
高岛伊吉	熊本县玉名郡玉名村	1870.5	大藏省普通文官试验合格	外交官补，任职中国	国联第三次会议代表
高津富雄	东京府荏原郡	1894.7	东京帝国大学文科部	吉林领事官补	
武富敏彦	佐贺县佐贺郡神野村	1884.12	东京帝国大学法学部政治科、外交官及领事官试验合格	长春领事官补	
泷山靖次郎	长崎县下县郡严原町	1884.1	东京外国语学校韩语科	间岛外务书记生、安东副领事	
竹内静卫	东京市麻布区饭仓片町	1874.6	关西法律学校、裁判所登用试验合格	间岛警察署长	关东都督府地方法院书记
玉木胜次郎	德岛县名东郡加茂村	1885.10	东京高等商业学校附设商业教员养成所、外交官及领事官试验合格	长春领事官补	
玉木鹤弥	大阪市北区旅笼町	1885.5	大阪高等商业学校		国联第三、六次会议代表
田村真吾	长野县东筑摩郡里山边村	1877.6	裁判所登用试验合格	上海、济南外务书记生	对支文化事务官

续附录三（一）

姓 名	原 籍	生 年	学 历	曾任职及任职领事馆	备 注
田村贞治郎	滋贺县爱知郡稻枝村	1886.12	美国华盛顿大学政治经济科	外交官补，任职中国	山东悬案谈判代表
田中文一郎	长野县东筑摩郡今井村	1885.1	东京外国语学校俄语本科、外务省留学生试验合格	哈尔滨副领事	
田中义造	兵库县神户市山本通	1898.4	东京帝国大学法学部政治科、高等试验外交科试验合格	奉天副领事	
田中正一	山梨县西八代郡高田村	1888.12	日本大学法律科半途退学、外务省留学生试验合格	农安分馆外务书记生	
田中庄太郎	山梨县东由梨郡春日居村	1874.7	东亚同文书院政治科	奉天、厦门、上海、汕头外务通译生	
田岛昶	埼玉县北埼玉镇广田村	1887.3	东亚同文书院、外务省书记生试验合格	齐齐哈尔外务书记生；上海、天津副领事	
田尻爱义	岛根县籔川郡田仪村	1896.11	东京高等商业学校附设商业教员养成所、高等试验外交科试验合格	汉口领事官补	
田代重德	东京市下谷区	1896.5	东京帝国大学法学部德法科、高等试验外交科试验合格	牛庄领事官补	
谷正之	熊本县上益城郡饭野村	1889.2	东京帝国大学法学部政治科、外交官及领事官试验合格、文官高等试验合格	广东领事官补	国联第一、三次会议代表；对支文化调查会干事
东乡茂德	鹿儿岛县鹿儿岛市西千石町	1882.12	东京帝国大学、外交官及领事官试验合格	奉天领事官补	
德川家正	东京府丰多摩郡	1884.3	东京帝国大学法学部政治科、外交官及领事官试验合格	驻华公使馆一等书记官	
富井周	东京市	1890.8	东京帝国大学法学部政治科、外交官及领事官试验合格	奉天领事官补	

续附录三（一）

姓　名	原　籍	生　年	学　历	曾任职及任职领事馆	备　注
远山峻	爱媛县北宇和郡宇和岛町	1880.9	东京外国语学校韩语本科	哈尔滨、铁岭、掏鹿、新民府、安东外务通译生	
土田丰	东京市本乡区	1898.1	东京帝国大学法学部法律科、高等试验外交科试验合格	广东领事官补	
鹤见宪	东京市曲町区下二番町	1895.4	东京帝国大学法学部法律学科、高等试验外交科试验合格	天津领事官补	
内田五郎	山形县西田郡大宝寺村	1888.8	递信官吏练习所外国邮便科、外务省书记生试验合格、高等试验外交科试验合格	上海外务书记生、汕头副领事	台湾总督府事务官
内山岩太郎	群马县前桥市天川原村	1890.2	东京外国语学校西语科本科中途退学、外务省留学生试验合格、外交官及领事官试验合格	外交官补，任职中国	
内山清	神奈川县镰仓郡户冢町	1887.8	横滨商业学校、外交官及领事官试验合格	奉天、南京、福州外务书记生	关东厅事务官
海本彻雄	山口县下关市唐户町	1890.12	县立丰浦中学校、外务省书记生试验合格	奉天外务书记生	
浦川昌义	长崎县西彼杵郡深堀村	1880.9	台湾协会学校	长春外务书记生；汉口、宜昌、天津副领事	
宇佐美六郎	山形县西田川郡鹤冈町	1892.8	东京帝国大学法学部法律科		中国治外法权会议代表
上村伸一	千叶县印幡郡佐仓町	1896.6	东京帝国大学法学部政治科、高等试验外交科试验合格	牛庄领事官补	
若杉要	熊本县熊本市寺原町	1883.7	东亚同文书院商务科	上海、哈尔滨、牛庄领事官补	
渡边信雄	东京府丰多摩郡中野町	1894.10	东京帝国大学政治科、高等试验外交科试验合格	汉口领事官补	

续附录三（一）

姓　名	原　籍	生　年	学　历	曾任职及任职领事馆	备　注
渡边知雄	静冈县田方郡三岛町	1882.7	早稻田大学政治经济科	广东副领事	
薮野义光	大阪府中河内郡松原村	1883.5	东京高等师范学校本科英语部、文官高等试验合格	辽阳领事	关东厅事务官
矢田七太郎	东京市本乡区西须贺町	1879.12	东京帝国大学法学部政治科、外交官及领事试验合格	广东、汉口领事官补；奉天领事	
矢田部保吉	山口县大岛郡小松志佐村	1881.5	东京高等商业学校专攻部、外交官及领事官试验合格	厦门领事官补、青岛领事	台湾总督府事务官
矢野真	福冈县朝仓郡甘木町	1884.8	东京帝国大学法学部政治科、外交官及领事官试验合格	驻华公使馆二等书记官	
八木元八	静冈县榛原郡相良町	1883.2	外务省留学生试验合格	留学厦门；厦门、长春、天津外务书记生；北京、天津、长沙副领事、青岛领事	
江户千太郎	福井县三方郡十村	1884.3	东京帝国大学史学科、高等试验外交科试验合格	奉天领事官补；九江、青岛领事	
山崎次郎	静冈县滨名郡滨松町	1880.1	东京帝国大学法学部法律科、外交官及领事官试验合格	牛庄领事官补	对支文化事务官
山崎馨一	神奈川县横滨市本町	1882.2	东京高等商业学校领事科、外交官及领事官试验合格	汉口领事官补	
山崎城一郎	高知县香美郡	1880.2	东亚同文书院商务科	局子街、间岛、头道沟通译生；齐齐哈尔领事	
山崎壮重	东京府丰多摩郡	1888.5	明治大学商务科半途退学、外务省书记生试验合格	奉天、长沙、上海外务书记生	
横竹平太郎	广岛县安佐郡原村	1876.4	东京高等商业学校	上海商务官	中国关税特别会议代表

续附录三（一）

姓　名	原　籍	生　年	学　历	曾任职及任职领事馆	备　注
横山洋	茨城县水户市下市仲町	1895.7	东京帝国大学法学部法律科、高等试验外交科试验合格	间岛领事官补	
横山正幸	东京府荏原郡大井町	1892.3	东京帝国大学法学部、文官高等试验合格		巴黎万国电信会议日本委员、国际鸦片会议日本委员
米垣兴业	东京市京桥区南小田原町	1899.1	丸龟中学校、外务省书记生试验合格、高等试验外交科试验合格	南京外务书记生	
米内山庸夫	青森县上北郡七户町	1888.5	东亚同文书院商务科	留学北京；广东、天津、济南外务书记生；济南副领事	
吉田伊三郎	京都市下鸭松木町	1878.1	东京帝国大学法学部法律科、外交官及领事官试验合格	香港领事官补	山东悬案谈判代表
吉田茂	东京府丰多摩郡	1878.9	东京帝国大学法学部政治科、外交官及领事官试验合格	天津总领事、济南领事、奉天任职	青岛守备军民政部事务官
吉田丹一郎	栃木县宇都宫市寺町	1891.12	庆应义塾财科、外务省书记生试验合格、高等试验外交科试验合格	福州外务书记生	
吉泽清次郎	长野胰松本市北深志	1893.2	东京帝国大学法学部经济科、外交官及领事官试验合格	济南、福州领事	台湾总督府事务官
芳泽谦吉	新泻县中颈城郡诹访村	1874.1	东京帝国大学英文科、外交官及领事官试验合格	厦门、上海领事官补；香港领事、汉口总领事	驻华特命全权公使
雪泽千代治	长崎县西彼杵郡雪浦村	1889.4	东京帝国大学法学部法律科	外务省警视，任职上海	亚细亚局第二课事务官

资料来源：〔日〕外务省大臣官房人事课编《外务省年鉴》大正2年（外务省职员略历），クレス株式会社，1999年影印版，第107～319页；〔日〕外务省大臣官房人事课《外务省年鉴》大正15年（外务省职员略历），クレス株式会社，1999年影印版，第1～247页。

二 大正年间日本驻华领事官判任官表（1913～1926）

姓　　名	原　　籍	生　年	学　　历	曾任职及任职地	备　　注
阿部又重郎	冈山县上房郡巨濑村	1871.12		奉天、通化外务书记生	关东都督府巡查
阿南正生	大分县大野郡东大野村	1900.6	大分县立农学校农科	奉天外务通译生	
赤地泰重	山梨县西八代郡古兰村	1879.2		局子街、间岛警署	陆军宪兵伍长
赤司库太	福冈县远贺郡代八幡町	1888.3		外务省警部，间岛、济南领事馆警署任职	陆军炮兵伍长
赤平良一	青森县弘前市坂本町	1884.3	弘前中学校	头道沟、齐齐哈尔、天津、上海警察署长	
芥川长治	爱媛县周桑郡庄内村	1888.1	周桑农业学校	间岛警署	
安鸥威彦	山形县北村山郡尾花泽町	1890.4	私立青山学院中学部	重庆、芜湖外务省书记生	
安藤菊太郎	鸟取县东伯郡小鹿村	1889.10	中央大学经济科专门部	安东、张家口、奉天外务书记生	
青木猪次郎	广岛县御调郡立花村	1900.2	私立专修大学经济科专门部	奉天外务书记生	
青山延正	茨城县水户市	1882.11	庆应义塾大学预科	上海外务书记生	
荒木正明	熊本县饱托郡花园村	1902.9	熊本县县立中学	安东、芝罘、长沙外务书记生	
荒木都一	熊本县玉名郡花簇村	1887.12	陆军士官学校	安东、广东外务书记生	
有久直忠	福冈县早良郡	1900.6	东亚同文书院	重庆外务通译生、广东外务书记生	
朝日五十四	茨城县稻敷郡大宫村	1897.1	外务省书记生试验合格	上海外务书记生	
朝比奈贞治郎	茨城县稻敷郡八原村	1899.10	东亚同文书院	留学北京、上海外务书记生	中国关税特别会议代表
浅羽传六	静冈县小笠郡横须贺町	1887.7		局子街警署	外务省巡查

续附录三（二）

姓　名	原　籍	生年	学　历	曾任职及任职地	备　注
浅贺正美	静冈县贺茂郡宇久须村	1892.1	正则预备校	云南外务通译生、南京书记生	
足羽宪太郎	鸟取县东伯郡上北条村	1889.9	东京外国语学校专修科英语部	赤峰、广东外务书记生	
千田清三郎	宫城县本吉郡御缶村	1880.3		南京、哈尔滨、吉林警察署长；天津警署任职	
陈新座	台中州大甲郡龙井庄	1897.11	东亚同文书院商务科	重庆、汉口外务通译生	
赵昌镐	朝鲜咸镜道北道会宁郡会宁面一洞	1886.12		局子街警署	
道明辉	东京市芝区三田	1895.3	东京外国语学校支那语科	留学北京，汕头、福州、安东外务书记生	
藤井启二	富山县妇负郡细入村	1894.3	外务省书记生试验合格	重庆、九江、天津外务书记生	
藤田勘吉	岛根县那贺郡都野津町	1886.2		铁岭外务书记生	
藤田义业	福冈县系岛郡加布里村	1886.7	中央大学法学本科中途退学	奉天外务书记生	
福井爱吉	佐贺县佐贺郡巨势村	1883.9		头道沟警察署长、间岛总领事馆警察署分署长	
福井保光	京都府何鹿郡中上林村	1902.11	柏原中学校	留学上海，中国任职，外务书记生	
福土尧行	青森县弘前市代官町	1880.7	东京邮便电信学校	厦门外务书记生	
福岛升	山梨县西山梨郡大宫村	1902.5	甲府中学校	赤峰、长沙外务书记生	

附录三　大正年间（1913~1926）日本驻华领事官表

续附录三（二）

姓　名	原　籍	生　年	学　历	曾任职及任职地	备　注
福山三霍	熊本县玉名郡神尾村	1881.9		济南、青岛警署	
古见梅次郎	神奈川县横滨市西户部町	1892.9	横滨私立簿记专修学校	厦门、奉天外务书记生	
古屋克正	东京市下谷区上根岸町	1891.10	私立公玉社中学校	外交官补，任职中国	中国关税特别会议代表
古山又之丞	山形县东置赐郡和田村	1878.9	关东都督府警部特别任用试验合格	哈尔滨、齐齐哈尔、汉口、厦门、济南、间岛警察署长	
五步一恒三	兵库县出石郡出石町	1895.6	税务官吏任用试验合格	厦门、汕头外务书记生	
滨田源太	鹿儿岛县萨摩郡西水引村	1892.10	鹿儿岛县立立川中学校	奉天外务书记生	
原田英雄	山口县佐波郡串村	1896.3	广岛明道中学校	青岛外务书记生	
原田庆藏	兵库县姬路市西绀屋町	1896.5	外务省书记生试验合格	牛庄、厦门外务书记生	
原田龙一	神奈川县中郡大矶町	1892.1	留学北京	任职中国，外务通译生	中国关税特别会议代表
长谷川清	新潟县岩船郡村上本町	1891.4	新潟县立村上中学校	外务省警部，间岛、珲春警署	
桥本正康	兵库县津名郡州本町	1894.7	兵库县立中学校	留学北京，郑家屯、吉林、长春外务书记生	
波多野龟太郎	岛根县美浓郡丰田村	1874.5	台湾总督府警察官及司狱官练习所	外务省警部补，天津总领事馆警察署北京分署长	
服部恒雄	冈山县冈山市七日市	1897.3	冈山中学校、外务省书记生试验合格	吉林、奉天外务书记生	
早崎真一	滋贺县伊香郡北富永村	1897.10	外务省书记生试验合格	牛庄外务书记生	
林顺三	石川县金泽市味噌藏町	1882.7	金泽邮便局通信技术传习所	外务省警部补，头道沟分馆警署；珲春分馆、间岛外务书记生	
林忠	福井县福井市清川上町	1902.11	福井中学校	安东外务书记生	

续附录三（二）

姓 名	原 籍	生 年	学 历	曾任职及任职地	备 注
本田定太郎	长崎县北高来郡小江村	1883.11	长崎中学校	外务省警部补，间岛警署	
本间幸次郎	东京市神田区小川町	1894.2	农商务省水产讲习所养殖科	安东、广东外务书记生	
堀内孝	东京府西多摩郡青梅町	1886.10		广东、芜湖、济南外务通译生	
堀内正名	山梨县山梨郡日川村	1901.2	东京外国语学校支那语部	赤峰外务通译生	
星田弘	东京市下谷区谷中坂町	1899.8	市冈中学校、外务省书记生试验合格	赤峰、香港外务书记生	
市川修三	栃木县下都贺郡富山村	1900.11	栃木中学校、东亚同文书院	留学上海、芝罘外务书记生	
伊地知吉次	鹿儿岛县鹿儿岛市谷山村	1889.2	东亚同文书院	济南、广东、重庆、青岛外务省书记生	
伊势川实	大分县东国东郡来浦村	1887.8	裁判所书记登用试验合格	南京外务书记生	
伊藤佑治	富山县中新川郡东水桥町	1884.4	中央大学经济科		国联第一次会议代表，山东悬案谈判代表
伊藤孝利	神奈川县高座郡御所见村	1882.8	东京开成中学校	汉口外务书记生	
池田千嘉太	冈山县小田郡北川村	1899.12	矢挂中学校、东亚同文书院	留学北京；外务书记生，中国任职	
池田宪彰	广岛县双三郡三次町	1902.1	横滨第二中学校	奉天外务书记生	山东悬案谈判代表
池宫末吉	大阪府泉南郡岸和田町	1897.5	早稻田大学政治经济科	牛庄、香港外务书记生	
生田一雄	东京市木乡区春木町	1886.9	私立法政大学法律科	天津外务书记生	
饭田正英	福井县大野郡大野町	1897.2	大野中学校、外务省书记生试验合格	成都外务书记生	
今井贞治	奈良县生驹郡郡山町	1902.7	郡山中学校、东亚同文书院	郑家屯外务书记生	
今村吾朗	高知县高冈郡高冈村	1880.12		南京、长沙、汕头警察署长	

续附录三（二）

姓　名	原　籍	生　年	学　历	曾任职及任职地	备　注
井手喜惣次	佐贺县藤郡吉田村	1886.1		外务省警部补，济南警署、南京警察署长	
猪原幸四郎	广岛县比姿郡东城町	1894.6		哈尔滨警察署长	
猪俣富士雄	鹿儿岛县鹿儿岛郡谷山村	1884.3	东京外国语学校本科韩语科	安东外务通译生、奉天外务书记生	
乾重雄	石川县金泽市森町	1898.3	私立东京殖民贸易学校支那语高等科	牛庄、香港、宜昌外务书记生	
石出瑞穗	山口县玖珂郡贺见火田村	1899.11	岛根县杵筑中学校	外务书记生，中国任职	中国关税特别会议代表
石黑璋	岐阜县稻叶郡加纳町	1890.8	私立京都中学校、外务省书记生试验合格	铁岭外务书记生	
石井金吾	福岛县安达郡小滨町	1876.2		局子街、赤峰、九江警察署长	
石井省三	兵库县明石郡鱼住村	1900.10	福井县武生中学校、敦贺商业学校日俄贸易专修科	哈尔滨外务省书记生	
石塚邦器	东京市本乡区驹入神明町	1884.6	第二高等学校大学预科中途退学	厦门、安东外务书记生	
塚乔雄	茨城县猿岛郡七重村	1892.11		外务省警部补天津警署	
矶田教知	枥木县那须郡下江川村	1896.8	下野中学校	间岛外务书记生	
岩井英一	爱知县名古屋市中区东田町	1899.10	东亚同文书院	重庆、汕头外务通译生	
岩本嘉一	冈山县胜田郡北和气村	1880.4		局子街、百草沟警察分署长	

续附录三（二）

姓　　名	原　籍	生　年	学　历	曾任职及任职地	备　注
岩永启	佐贺县杵岛郡橘村	1888.8	香川县普通试验合格、中央大学经济科专门部	青岛外务书记生	
岩田清太	冈山县都洼郡三须村	1884.8		厦门、苏州警察署长	
岩田冷铁	千叶县安房郡南三原村	1901.7	东亚同文书院	重庆外务通译生、铁岭领事馆海龙分馆任职	
岩谷宗隆	兵库县河边郡小滨村	1879.9		九江外务书记生	
五百木元	爱媛县温泉郡	1897.2	外务省书记生试验合格	济南、辽阳、青岛外务书记生	
神保周三	东京府八王子市追分町	1899.4	正则英语学校补习科修业	上海外务书记生	
贺古常二	东京市芝区芝公园	1902.7	东京大仓商业学校	宜昌、上海外务书记生	
加贺叶农	冈山县赤磐郡西高月村	1897.10	东亚同文书院	长沙外务书记生	中国关税特别会议代表
加纳四郎	东京市麻布区	1890.2	鹿儿岛中学校、外务省书记生试验合格	吉林、长沙外务书记生	
加藤喜太郎	东京市赤坂区青山北町	1891.2	私立早稻田中学校、东京外国语学校专修科英语部	安东外务书记生	
加藤龙一	栃木县上都贺郡足尾町	1903.4	栃木县中学校、外务省书记生试验合格	重庆外务书记生	
加藤重治	福岛县西白河郡白河町	1889.3	中央大学专门部法学科	汉口外务书记生	

附录三 大正年间（1913~1926）日本驻华领事官表

续附录三（二）

姓 名	原 籍	生 年	学 历	曾任职及任职地	备 注
景山健治	冈山县赤磐郡布都美村	1900.10	日本国民英学会受验科	重庆外务书记生	
挂川岩	埼玉县大里郡太田村	1896.9	东亚同文书院	南京、间岛外务书记生	
龟田大吉	山梨县南都留郡禾生村	1905.1	都留中学校、外务省书记生试验合格	赤峰、间岛、珲春外务书记生	
金子丰治	东京府北丰岛郡岩渊町	1890.6	东京外国语学校英语科本科	铁岭领事馆掏鹿分馆外务书记生	
兼子为右卫门	山形县山形市小姓町	1901.4	山形县立中学校	牛庄外务书记生	
笠原次平	德岛县名西郡石井町	1886.12	税务官吏特别任用试验合格	青岛外务书记生	山东悬案谈判代表
笠原太郎	东京府丰多摩郡代幡町	1892.9	东京帝国大学法学部法律科	天津外务书记生	
樫村武雄	茨城县多贺郡枥形村	1878.10	东京外国语学校韩语科本科	海龙外务通译生	
片桐卓	宫城县仙台市东三番町	1886.5		汉口外务通译生；济南、牛庄外务书记生	
片冈长冬	富山县富山市西四十物町	1889.6	东京外国语学校俄语科	留学哈尔滨、哈尔滨外务书记生	
片柳德造	茨城县真壁郡上妻村	1877.5		九江警察署长；济南、青岛警署	
桂助吉	福冈县远贺郡若松町	1892.2	东京外国语学校半途退学	杭州、青岛、济南任职	
胜野敏夫	冈山县真庭郡胜山町	1891.3	私立关西大学法律科专科中途退学、外务省书记生试验合格	赤峰、哈尔滨、辽阳外务书记生	
川口秀俊	长野县松本市北深志	1884.7	大藏省文官普通试验合格		对支文化事业调查会书记

续附录三（二）

姓 名	原 籍	生 年	学 历	曾任职及任职地	备 注
川俣正直	茨城县新治郡志筑村	1895.6	东亚同文书院政治科	汕头外务书记生	
汾阳四郎	鹿儿岛县鹿儿岛市下町	1902.3	私立日本体育会荏原中学校、外务省书记生试验合格	重庆外务书记生	
木本修藏	广岛县佐伯郡观音村	1897.12	广岛修道中学校、外务省书记生试验合格	宜昌外务书记生	
木村觉善	奈良县高市郡高取町	1901.10	大阪外国语学校	成都、赤峰外务书记生	
木村诚	茨城县久慈郡天下野村	1884.3	早稻田大学商科、外务省书记生试验合格	辽阳、牛庄、青岛外务书记生	
木村三亩	鹿儿岛县鹿儿岛市常盘町	1886.10		青岛警察署、南京警察署长	
木村朝一	香川县木田郡	1898.5	高松中学校	牛庄外务书记生	
木村勇佑	福冈县福冈市春日町	1900.10		外务书记生，中国任职	中国关税特别会议代表
木内忠雄	东京府北丰岛郡高田町	1892.8	东京外国语学校朝鲜语本科	间岛外务通译生	
衣川水门	佐贺县东松浦郡鬼冢村	1886.9	唐津中学校	天津外务书记生	
岸元一	岐阜县稻叶郡南长森村	1886.12	早稻田大学文科哲学部	哈尔滨外务书记生	
北村国太郎	熊本县饱托郡池上村	1896.12	雄本中学校	赤峰外务通译生、奉天外务书记生	
北泽金藏	长野县长野市问御所町	1903.1	长野县中学校、外务省书记生试验合格	牛庄书记生	

续附录三（二）

姓　名	原　籍	生　年	学　历	曾任职及任职地	备　注
小林羲	茨城县西茨城郡笠间町	1898.12	递信通信生养成所、外务省书记生试验合格	安东书记生	
小林新作	新泻县长冈市观光院町	1896.5	早稻田大学专门部政治经济科、外务省书记生试验合格	牛庄书记生	
小林舜二	大阪市北区本庄浮田町	1892.1	私立桃山中学校	奉天外务书记生	
小森喜久寿	长崎县西彼杵郡茂木町	1896.4	东亚同文书院商务科	重庆、天津、济南外务通译生	
小谷定太郎	大阪府南河内郡大草村	1879.1		厦门警察署分署长	
是永喜好	宫崎县宫崎郡赤江村	1904.8	外务省书记生试验合格	重庆、广东书记生	
久保久壹	石川县河北郡浅川村	1889.8		间岛警察署、宜昌警察署长	
久保田十太郎	茨城县东茨城郡小川町	1877.6		重庆、间岛、珲春、汕头、赤峰警察署长	
久保田半三郎	福冈县八幡市前田	1890.9		间岛总领事馆头道沟分馆分署长	
久保田正信	东京府丰多摩郡	1887.2		奉天外务书记生	
功力千俊	长野县诹访郡境村	1896.6	长野县师范学校、外务省书记生试验合格	南京外务书记生	
仓持浅之介	茨城县鹿岛郡大谷村	1880.8		间岛警察署大拉子分署长、珲春、芜湖、济南警察署长	

续附录三（二）

姓　名	原　籍	生　年	学　历	曾任职及任职地	备　注
藏本英明	奈良县矶城郡织田村	1890.9	大阪实业学馆商业簿记科修业	汉口外务通译生、海龙领事分馆任职、南京领事馆副领事	1936年藏本失踪事件
栗本秀颢	和歌山县那贺郡中贵志村	1897.10	东亚同文书院商务科	青岛、福州外务书记生	
来栖宗一郎	茨城县新治郡柿冈町	1886.7	私立中央大学英语专修科高等科修业	上海、天津警察署；芝罘、广东警察署长	
吴橘幸次郎	石川县江沼郡大圣寺町	1885.3		间岛总领事馆、天宝山分署长	
草野松雄	山口县阿武郡嘉年村	1890.3	东亚同文书院商科	满洲里、长沙外务通译生	
町田万二郎	长野县北佐久郡中津村	1898.1	东京外国语学校支那语科	长沙、重庆外务通译生	
丸山实熙	鹿儿岛县日置郡伊集院町	1883.8		哈尔滨、张家口警察署长	
松原久义	爱媛县温泉郡御幸村	1897.9	东京外国语学校支那语科	苏州外务书记生	中国关税特别会议代表、中国治外法权会议代表
松井春一	福冈县小仓市绀屋町	1887.3		间岛任职	
松本益雄	福井县京都郡刈田村	1900.3	大连商业学校、外务省书记生试验合格	赤峰、杭州外务书记生	中国关税特别会议代表
松村雄藏	山口县丰浦郡长府町	1894.5	关东州旅顺中学校	苏州外务书记生	
松尾源一	佐贺县杵岛郡中通村	1888.7		天津警察署；百草沟、局子街、郑家屯警察署长	
松尾松一	佐贺县西松浦郡松浦村	1881.11		外务省警部补，间岛警署	
松浦兴	茨城县稻敷郡阿见村	1889.7	东亚同文书院政治科	牛庄外务通译生	
三村哲雄	长野县西筑摩郡福岛町	1892.6	东洋协会专门学校	济南外务书记生	
三井善吾	长野县北佐久郡小沼村	1883.4		间岛领事馆海龙分署长	

续附录三（二）

姓　名	原　籍	生　年	学　历	曾任职及任职地	备　注
宫城平兵卫	宫城县仙台市南町	1887.5	裁判所书记登用试验合格	奉天、厦门、济南外务通译生	
宫崎章一郎	东京府丰多摩郡涩谷町	1900.12	大仓商业学校专修科、外务省书记生试验合格	重庆、长春外务书记生	
水元恒八	熊本县玉名郡弥富村	1888.3	裁判所书记登用试验合格	厦门外务书记生	台湾总督府法院书记
水野长作	东京市日本桥区新材木町	1878.11		云南、广东警察署长	
望月纯一郎	东京市区町区上二番町	1880.10	东京善邻书院	哈尔滨外务通译生、掏鹿分馆任职	
茂木藤次郎	埼玉县大里郡明户村	1887.5		青岛外务书记生	
毛利此吉	福井县福井市松ケ枝町	1887.6	福井中学校	局子街、头道沟外务书记生	
牟田哲二	长崎县佐世保市港町	1890.4	东亚同文书院	重庆、哈尔滨外务通译生	
村上正明	京都府南桑田郡苇田野村	1896.1	京都第三中学校、外务省书记生试验合格	赤峰、广东外务书记生	
村上素志	熊本县饱托郡清水村	1893.1	私立明治大学法科专门部	牛庄外务书记生	
村冈直广	山形县最上郡新庄町	1889.1	新庄中学校	上海外务书记生	
村濑悌二	爱知县名古屋市东区西二叶町	1901.8	陆军士官学校中途退学、外务省书记生试验合格	赤峰、齐齐哈尔外务书记生	
村田龟八	东京府丰多摩郡	1890.1	枥木县师范学校本科二部	芜湖外务书记生	
村田久一	三重县桑名郡桑名町	1901.10	县立福田中学校、东亚同文书院	珲春外务书记生	
武藤贞喜	熊本县饱托郡画图村	1901.6	东京外国语学校支那语科	重庆外务通译生	
长岛隼人	东京府丰多摩郡涩谷町	1880.10		上海警察署	

续附录三（二）

姓　名	原　籍	生　年	学　历	曾任职及任职地	备　注
永村神辅	福冈县福冈市东中州町	1897.4	福冈商业学校、福冈商业学校清语科	福州外务书记生	
永濑壮策	长崎县下县郡	1885.3	北米南加大学宪法科	安东外务书记生	
永山正秋	宫崎县儿汤郡高涡町	1892.12	蚕丝专门学校养蚕科	汕头外务书记生	
中根直介	熊本县熊本市手取本町	1899.11	东京外国语学校蒙古语科	赤峰外务通译生	
中村禧	山梨县甲府市百石町	1900.2	东京外国语学校俄语专修科	哈尔滨外务书记生	
中村俊行	静冈县骏东郡沼津町	1888.6	沼津中学校	安东外务书记生	
中岛甚之介	茨城县久慈郡贺美村	1883.11		头道沟分馆分署长	
中岛新久郎	熊本县饱托郡春日町	1884.5		汕头、广东警察署长	
中田吉太郎	东京市浅草区千束町	1898.4	东京府立第三中学校、外务省留学生试验合格	哈尔滨外务书记生	
中田丰千代	山梨县北巨摩郡江草村	1901.1	甲府中学校、东亚同文书院	新民府外务书记生	
中谷良作	山梨县南都留郡谷村町	1880.6		局子街警察署长	
中富繁夫	福冈县久留米市原古贺町	1895.12	东京高等商业学校	香港外务书记生	
中山荣	香川县高松市四番町	1887.12		上海警察署	
中山基	茨城县结城郡玉村	1904.5	下妻中学校、外务省书记生试验合格	重庆、上海外务书记生	
仲内宪治	千叶县海上郡西铫子町	1902.1	铫子商业学校、外务省书记生试验合格	重庆、哈尔滨、铁岭外务书记生	
根井三郎	宫崎县宫崎郡广濑村	1902.3	大村中学校、外务省留学生试验合格	留学哈尔滨、哈尔滨外务书记生	
新居次郎	高知县安艺郡土居村	1895.9	高等学校退学、外务省留学生试验合格	齐齐哈尔外务书记生	
新坂狂也	宫崎县宫崎郡田野村	1882.12		重庆、厦门、汉口、济南、芜湖警察署长	外务省巡查

附录三 大正年间（1913~1926）日本驻华领事官表

续附录三（二）

姓　名	原　籍	生年	学　历	曾任职及任职地	备　注
锦田直次郎	和歌山县有田郡保田村	1889.11	京都市私立清和中学校	长春、济南外务书记生	
锦本实	山口县玖珂郡岩国町	1897.10	正则英语学校高等受验科		中国关税特别会议代表
西田长康	鸟取县气高郡大乡村	1895.9	东京外国语学校支那语科	九江外务通译生	
赞川善作	静冈县骏东郡清水村	1885.10	会津中学校	上海外务书记生	
野口芳雄	福井县敦贺市敦贺町	1904.2	敦贺商业学校俄语部	留学哈尔滨；哈尔滨、齐齐哈尔外务书记生	
野元三子雄	东京市芝区白金今里町	1900.8	私立芝中学校、外务省书记生试验合格	济南外务书记生	
野村忠义	石川县金泽市上本多町	1900.2	东京外国语学校支那语部贸易科	赤峰外务通译生	中国关税特别会议代表
能见英一	兵库县朝来郡生野町	1897.1	广岛高等师范学校关途退学、外务省书记生试验合格	南京外务书记生	
沼正记	新泻县三岛郡关原村	1891.3	长冈中学校、外务省书记生试验合格	吉林外务书记生	
小田武夫	新泻县高田市竖春日町	1900.7	东京外国语学校支那语部贸易科	杭州外务书记生	
小川德助	宫城县刈田郡白石村	1898.4	白石中学校	郑家屯外务书记生	
小川要之助	宫城县加美郡色麻村	1884.2		吉林、局子街、汉口警察署长	
小栗嘉治马	高知县幡多郡和田村	1879.9		齐齐哈尔警察署长	

续附录三（二）

姓　　名	原　籍	生年	学　历	曾任职及任职地	备　注
小野崎文磨	茨城县多贺郡丰浦町	1890.1		天津总领事馆、北京分署	
小坂部薀	东京府北丰岛郡巢鸭町	1890.7	东京外国语学校朝鲜语科	外务省警部，间岛警察署	
小岛七郎	栃木县芳贺郡久下田町	1893.2	麻布兽医学校	间岛警察署	
小泽元	山梨县北巨摩郡秋田村	1902.7	山梨县农林学校、外务省书记生试验合格	青岛、济南、奉天外务书记生	
小泽重则	山梨县北巨摩郡清启村	1903.7	甲府中学校、东亚同文书院	南京外务书记生	
大河原重范	山形县米泽市屋代町	1882.12		百草沟分署长、南京警察署长	
大石建男	东京市本乡区菊坂町	1879.4		间岛总领事馆警察署铜佛寺分署长	
大西理美	京都府南桑田郡本梅村	1895.2	东京外国语学校俄语科		中国关税特别会议代表
大野道造	茨城县东茨城郡上大野村	1900.5	茨城县立商业学校、外务省书记生试验合格	吉林外务书记生	
大泽重英	长野县西筑摩郡福岛町	1897.8	东京外国语学校支那语部贸易科	厦门外务书记生	
大竹三郎	新泻县中蒲原村松町	1899.4	新泻县立中学校、外务省书记生试验合格	宜昌、沙市、汉口外务书记生	
大槻敬藏	宫城县柴田郡大河原町	1881.4	裁判所书记登用试验合格	济南外务书记生	

附录三 大正年间（1913~1926）日本驻华领事官表

续附录三（二）

姓　名	原　籍	生　年	学　历	曾任职及任职地	备　注
大矢保	东京府北丰岛郡高田町	1899.6		间岛外务书记生	
冈政久	北海道上川郡	1888.2		外务省警部补，头道沟分署	
冈部计二	富山县东砺波郡城端町	1900.8	东京外国语学校支那语部贸易科	九江、芝罘外务通译生；青岛外务书记生	
冈田保之	富山县富山市西四十物町	1892.9	富山中学校、外务省书记生试验合格	重庆、长春外务书记生	
冈本久吉	京都府兴谢郡宫津町	1890.5	京都府立第四中学校、外务省书记生试验合格	安东、牛庄外务书记生	
冈村正文	广岛县安艺郡府中村	1900.10	广岛高等师范学校附属中学校、东亚同文书院	留学上海，外务书记生，中国任职	
冈谷英太郎	香川县大川都鸭左村	1897.12	高松中学校	留学哈尔滨；哈尔滨、长春外务书记生	
兴津良郎	东京府荏原郡大井町	1885.3		奉天、汉口外务通译生	
奥田乙次郎	奈良县生驹郡三乡村	1903.3	郡山中学校、东亚同文书院	外务书记生，中国任职	
奥村遗一郎	熊本县饱托郡内田村	1884.1		汉口警察署	
尾之上弘信	鹿儿岛县日置郡下伊集院村	1896.3	广岛县立第二中学校、外务省书记生试验合格	汉口、厦门外务书记生	
崔泰郁	朝鲜咸镜北道镜城郡梧村而梧上洞	1886.1		间岛警察署	
斋藤彬	冈山县苫田郡津山町	1885.1	庆应义塾大学本科理财科中途退学	牛庄外务书记生	
斋藤孙治	山形县西田川郡大泉村	1879.9		通化、局子街警察署长	

续附录三（二）

姓　名	原　籍	生　年	学　历	曾任职及任职地	备　注
斎藤三郎治	埼玉县北埼玉郡丰野村	1878.1	东京帝国大学农科大学实科林学科中途退学	间岛外务书记生	
坂下天迁	福井县今立郡国高村	1882.2		青岛警察署	
坂内弥代记	福岛县大沼郡高田町	1878.4	裁判所书记登用试验合格	奉天外务书记生	
三藤泰正	东京市神田区	1901.3	私立京北中学校、外务省书记生试验合格	安东、铁岭外务书记生	
佐佐木护邦	山形县东田郡	1882.2	早稻田大学文学科	天津外务书记生	
佐佐木高义	青森县弘前市富田新町	1886.3	东亚同文书院商务科外务省书记生试验合格	牛庄、辽阳外务书记生	
佐藤五郎	熊本县饱托郡河内村	1890.12		头道沟警察署	
佐藤由己	山梨县北都留郡上野原町	1890.5	正则英语学校高等科、外务省书记生试验合格	九江外务书记生	
篠本重吉	茨城县水户市上市	1872.11		百草沟、福州、重庆警察署长；吉林外务通译生	
泽田宽幸	爱媛县温泉郡桑原村	1894.10		头道沟分署长	
关根一之	千叶县市原郡	1884.8	私立顺天中学校	上海外务书记生	
志波嘉六	佐贺县佐贺郡川上村	1885.10		博山警察署	

续附录三（二）

姓 名	原 籍	生 年	学 历	曾任职及任职地	备 注
岛田才二郎	爱媛县喜多郡长滨村	1893.2	外务省留学生试验合格	上海外务书记生	对支文化事业调查会书记
岛田静夫	滋贺县大石村	1894.3	膳所中学校、外务省书记生试验合格		中国关税特别会议代表
清水忠藏	茨城县筑波郡小田村	1901.3	土浦中学校	留学赤峰，外务书记生，任职中国；满洲里书记生	
下田彦太	熊本县下益城郡丰福村	1884.7	熊本市立锦城学馆	厦门警察署长	
下村未郎	福冈县三池郡三川町	1896.4	东京外国语学校俄语科	哈尔滨外务书记生	
进畅	冈山县上房郡川面村	1895.6	东亚同文书院商务科	上海商务书记生、上海外务通译生	
白神荣松	冈山县浅口郡	1885.6		农安分署长	
城野繁太郎	佐贺县三养基郡南茂安村	1889.7		头道沟警察署长	
小路半三郎	福冈县企救郡企救村	1884.8		间岛总领事馆珲春分馆黑顶子分署长	
园部政助	和歌山县海草郡有功村	1888.1		赤峰、间岛、局子街外务书记生	
园田莞尔	熊本县阿苏郡宫地町	1889.4	长崎镇西学院中学部	头道沟分署长、青岛警署	
相马武治	秋田县鹿角郡尾去泽村	1898.12	明治大学高等专攻科	青岛外务书记生	
须藤喜右卫门	三重县鹿郡久间田村	1896.12	荏原中学校	南京外务书记生	
杉原千亩	岐阜县加茂郡八百津町	1900.1	爱知县立第五中学校、留学哈尔滨	哈尔滨任职、满洲里外务书记生	

续附录三（二）

姓　名	原　籍	生　年	学　历	曾任职及任职地	备　注
杉村政传	东京府丰多摩郡	1890.10		上海警察署	
末永金之助	鹿儿岛县鹿儿岛郡谷山村	1886.9		北京分署、杭州警察署长	
出纳功	大分县南海部郡上野村	1896.1	东京陆军中央幼年学校、外务省书记生试验合格	安东外务书记生	
角野义雄	岐阜县稻叶郡加纳町	1903.10	丰桥中学、外务省书记生试验合格	赤峰外务书记生	
住野银次郎	东京市京桥区新佃西町	1891.7	大仓商业学校英语高等科	外务书记生，中国任职	山东悬案谈判代表
铃木七郎	东京市麻布区我善坊町	1894.5	明治大学法科专门部、外务省书记生试验合格	牛庄外务书记生	
多贺谷靖	东京府北丰岛郡日暮里町	1899.5	东京外国语学校俄语部贸易科	上海外务通译生	
田畑渥美	宫崎县宫崎郡宫崎町	1881.3	东京外国语大学德法科半途退学	汕头外务书记生	
田中彦藏	鹿儿岛县女合良郡加治木町	1899.3	东京帝国大学政治科	外务书记生，任职中国	中国关税特别会议代表
田中小太郎	山形县西田川郡大山町	1888.11	法政大学法律科专门部	芝罘外务书记生	
田中繁三	东京市本乡区驹入东片町	1890.10	东亚同文书院工业科	海龙分馆任职长沙领事馆任职	
田中新八	滋贺县坂田郡北乡里村	1884.8		珲春分署长	

附录三 大正年间（1913~1926）日本驻华领事官表

续附录三（二）

姓　名	原　籍	生 年	学　历	曾任职及任职地	备　注
田中辰喜	熊本县宇土郡纲田村	1883.6		大拉子分署长、青岛警察署长	
田中利通	佐贺县佐贺市八幡小路	1888.12		大拉子分署长、长春警察署长	
田中作	东京市京桥区西河岸通	1885.11	东京大成中学校	重庆外务通译生、齐齐哈尔外务通译生	
田岛周平	长野县更级郡力石村	1884.3		哈尔滨警察署	
高木猛	东京府丰多摩郡户冢町	1887.7	麻布中学校	吉林外务书记生	
高桥茂	郡马县高崎市龙见町	1900.4	高崎中学校、外务省书记生试验合格	吉林、哈尔滨外务书记生	
高井末彦	岛根县簸川郡今市町	1895.1	东京外国语学校支那语本科	长春外务通译生、厦门外务书记生	
高石正平	东京府荏原郡大崎町	1893.2	富山中学校	铁岭外务书记生	
高野丰助	鹿儿岛县财部村	1886.8		珲春警察署	
高尾正夫	冈山县都洼郡菅生村	1902.3	外国语学校俄语部	哈尔滨外务书记生	
高田德藏	富山县东砺波郡山野村	1896.7	砺波中学校、早稻田大学专门部法律科	上海外务书记生	
高杉登	冈山县都洼郡三须村	1895.3	冈山商业学校	哈尔滨外务书记生	

续附录三（二）

姓　名	原　籍	生　年	学　历	曾任职及任职地	备　注
竹中三郎	岐阜县揖斐郡谷汲村	1904.3	大垣中学校、外务省书记生试验合格	成都外务书记生	
竹中末夫	长崎县北松浦郡平户村	1900.10	长崎县立中学校、外务省留学生试验合格	留学北京，珲春外务书记生	
棚谷亮藏	秋田县秋田市	1886.2	东亚同文书院商务科	奉天外务通译生	
寺冈信人	熊本县玉名郡八嘉村	1883.3	明治大学法学部本科	济南外务书记生	中国关税特别会议代表
户根木长之助	埼玉县大里郡熊谷町	1900.10	东亚同文书院	济南、张家口外务书记生	
德永文太	佐贺县小城郡东多久村	1889.9	明治大学法科	张家口外务书记生	
外山穰	熊本县球磨郡人吉町	1900.10	外务省书记生试验合格、东京外国语学校俄语部	重庆外务书记生	
土屋久司	静冈县小笠郡挂川町	1897.6	东京外国语学校西班牙语科	牛庄外务书记生	
土屋束	藤泽郡前泽町	1887.9	裁判所书记登用试验合格	间岛外务书记生	
土屋波平	山梨县东八代郡石廪村	1891.2	东京外国语学校支那语部贸易科	宜昌外务通译生；郑家屯、重庆外务书记生	
月川左门	长崎县南松浦郡富江村	1897.1	麻布中学校、外务省书记生试验合格	安东外务书记生	
鹤原太吉	大分县南海部郡切畑村	1894.9	东京郁文馆中学校、外务省书记生试验合格	安东外务书记生	

续附录三（二）

姓　名	原　籍	生　年	学　历	曾任职及任职地	备　注
鹤见良三	东京市曲町区下二番町	1894.1	私立立教中学校、外务省书记生试验合格	重庆外务书记生	
堤六三郎	茨城县真壁郡上野村	1902.1	东亚同文书院	重庆外务书记生	
浦部清治	佐贺县三养基郡旭村	1899.1	外务省书记生试验合格	赤峰外务书记生	
浦和四郎	爱媛县南宇和郡内海村	1882.12	爱媛县立松山中学校	汕头、长沙、牛庄外务书记生	
和田正胜	宫崎县北诸县郡庄内村	1882.12	都城中学校	留学北京，赤峰外务书记生	
和久井吉之助	山形县米泽市上花泽片町	1889.4		芜湖、福州警察署长；上海警署	
鹫津爱十郎	爱知县丹羽郡西成村	1898.5	外务省书记生试验合格	赤峰外务书记生	
渡边郁三郎	静冈县富士郡芝富村	1900.1	静冈县师范学校本科、外务省书记生试验合格	赤峰外务书记生	
渡边新一	山口县吉敷郡大内村	1893.5	中央大学法律科专门部	奉天外务书记生	
八ケ代义则	鹿儿岛县伊佐郡西太良村	1889.4	裁判所书记登用试验合格	辽阳外务书记生	
八谷实	广岛县甲奴郡田总村	1901.11	东亚同文书院	外务书记生中国任职	
山田伊三郎	东京市赤坂区青山南町	1894.12			山东悬案谈判代表、对支文化事务官

续附录三（二）

姓　名	原　籍	生　年	学　历	曾任职及任职地	备　注
山口治平	熊本县阿苏郡黑川村	1883.9		间岛领事馆头道沟分馆二道沟警察分署长	
山口繁太郎	广岛县广岛市	1894.1	广岛商业学校	青岛外务书记生	
山川喜平	富山县东砺波郡城端村	1894.10		外务省警部补，间岛警署	
山本喜一郎	东京市下谷区南稻荷町	1895.11	神田开成中学校、外务省书记生试验合格	牛庄外务书记生	
山水安三郎	岐阜县吉城郡上宝村	1878.11		济南、张店出张所任职	
山崎恒四郎	新泻县东蒲原郡津川町	1885.3	早稻田大学商科	长春、奉天外务书记生	
药师寺博	大分县北海部郡臼杵村	1884.5	私立日本大学法科专门部正科	外务书记生，任职中国	中国关税特别会议代表
柳原敏一	长崎县东彼杵郡大村町	1895.11	外务省书记生试验合格、东亚同文书院商务科	重庆外务书记生	
矢岛要八	广岛县广岛市	1880.3		局子街分署长	
矢崎光雄	长野县上诹访郡诹访町	1898.6	立教大学商科、外务省书记生试验合格	重庆外务书记生	
横田传四郎	群马县多野郡美原村	1879.10	早稻田大学高等师范部历史地理科	上海外务书记生	
米川元之助	三重县津市新东町	1900.7	私立日本大学高等师范部本科	外务书记生，任职中国	中国关税特别会议代表

续附录三（二）

姓　名	原　籍	生　年	学　历	曾任职及任职地	备　注
吉田梅次郎	富山县上新川郡大广田村	1894.12	富山县师范学校本科第一部		对支文化事务官
吉田信友	熊本县	1882.9	石川县第二中学校	牛庄、铁岭、安东外务书记生	
吉田耕造	东京市四谷区仲町	1882.6			关东都督府通信书记
吉井秀男	熊本县菊池郡隈附町	1889.11		吉林、福州外务通译生	
吉川三郎	富山县富山市	1879.2	东京法学院	百草沟、辽阳、间岛外务书记生	
吉冈武亮	岛根县能义郡安来町	1898.7	锦城中学校、外务省书记生试验合格	南京外务书记生	
吉竹贞治	兵库县冻上郡柏原町	1898.9	东京外国语学校支那语科	郑家屯、汉口外务通译生	
汤谷胜俊	鸟取县鸟取市茶町	1884.1	鸟取县立中学校、外务省书记生试验合格	安东、上海外务书记生	中国关税特别会议代表
弓野力男	茨城县东茨城郡饭富村	1890.5		天津领事馆警察署任职	

资料来源：〔日〕外务省大臣官房人事课编《外务省年鉴》大正2年（外务省职员略历），クレス株式会社，1999年影印版，第107~319页；〔日〕外务省大臣官房人事课编《外务省年鉴》大正15年（外务省职员略历），クレス株式会社，1999年影印版，第1~247页。

附录四　日本驻中国各地总领事表
（华中地区除外）

一　广州总领事馆（1909年10月升格）

任职时间	职务	姓名	备注
1909.10.1	总领事代理	濑川浅之进	领事
1910.6.8	总领事代理	堀义贵	领事官补
1910.9.27	总领事	濑川浅之进	
1912.4.27	总领事	赤塚正助	
1916.10.13	总领事代理	太田喜平	领事
1916.12.26	总领事	太田喜平	
1920.8.11	总领事代理	森冈正平	副领事
1920.10.14	总领事	藤田荣介	
1923.5.13	总领事	天羽英二	
1925.2.20	总领事代理	清水亨	副领事
1926.2.21	总领事	森田宽藏	
1926.8.7	总领事代理	清水亨	
1926.9.22	总领事	森田宽藏	
1928.7.30	总领事	矢野真	
1930.2.10	事务代理	宫城平兵卫	外务书记生
1930.3.12	总领事代理	须磨弥吉郎	领事
1932.7.15	总领事代理	吉田丹一郎	领事
1933.10.5	总领事	川越茂	
1934.8.2	总领事代理	服部恒雄	副领事
1934.11.24	总领事	河相达夫	
1936.7.15	总领事	中村丰一	
1936.8.21	总领事代理	吉竹贞治	副领事
1936.9.18	总领事	中村丰一	1937.8.16撤退
1938.10.30	总领事	冈崎胜男	
1939.8.14	总领事代理	松平忠久	领事
1939.9.4	总领事	冈崎胜男	
1939.10.2	总领事代理	松平忠久	领事
1939.10.4	总领事	喜多长雄	
1941.1.26	总领事	高津富雄	
1942.7.28	总领事代理	大关英达	领事
1942.8.25	总领事	高津富雄	
1942.11.24	总领事代理	大关英达	
1943.6	总领事代理	工藤敏次郎	领事
1945.3.2	总领事代理	户根木长之助	领事
1945.3.12	总领事	米垣兴业	1946年4月14日撤退

资料来源：〔日〕外务省外交史料馆、日本外交史辞典编纂委员会编《日本外交史辞典》，日本大藏省印刷局，1979，附录第374页。

二 间岛总领事馆

任职时间	职务	姓名	备注
1909.11.2	总领事	永滝久吉	
1910.7.26	总领事代理	大贺龟吉	副领事
1910.10.5	总领事	永滝久吉	
1912.1.13	总领事代理	速水一孔	副领事
1912.6.30	总领事代理	速水一孔	领事
1913.6.23	总领事代理	堺与三吉	领事
1914.8.15	总领事代理	铃木要太郎	领事
1918.6.1	事务代理	远藤鸿	外务书记生
1918.7.19	总领事代理	铃木要太郎	领事
1919.9.12	事务代理	远藤鸿	外务书记生
1919.9.30	总领事代理	堺与三吉	领事
1921.12.26	总领事	堺与三吉	
1922.8.20	总领事	铃木要太郎	
1928.8.21	总领事代理	柴崎白尾	副领事
1928.6.2	总领事	铃木要太郎	
1928.12.2	总领事代理	市川信也	副领事
1929.1.21	总领事	铃木要太郎	
1929.4.19	总领事代理	市川信也	副领事
1929.6.26	总领事	冈田兼一	
1930.7.24	总领事代理	滝山靖次郎	副领事
1930.8.16	总领事	冈田兼一	
1932.8.27	总领事代理	滝山靖次郎	领事
1932.10.2	总领事	永井清	
1936.1.14	总领事	川村博	1938.3.31闭锁

资料来源:〔日〕外务省外交史料馆、日本外交史辞典编纂委员会编《日本外交史辞典》,日本大藏省印刷局,1979,附录第374~375页。

三 吉林总领事馆(1919年5月升格)

任职时间	职务	姓名	备注
1919.5.31	总领事代理	森田宽藏	领事
1919.8.25	总领事	森田宽藏	
1922.10.12	总领事	堺与三吉	
1923.3.1	总领事代理	深沢暹	领事
1925.2.27	总领事代理	大谷和三郎	副领事
1925.6.9	总领事	川越茂	
1929.10.20	总领事	石射猪太郎	
1930.8.17	总领事代理	长冈半六	副领事
1930.9.4	总领事	石射猪太郎	
1932.7.24	总领事代理	森冈正平	领事
1933.12.20	总领事	森冈正平	
1937.3.25	总领事代理	中野高一	领事

续附录四（三）

任职时间	职　务	姓　名	备　注
1938.3.31	领事	中野高一	1938.3.31 降格为领事馆；1939.2.28 闭锁

资料来源：〔日〕外务省外交史料馆、日本外交史辞典编纂委员会编《日本外交史辞典》，日本大藏省印刷局，1979，附录第375页。

四　济南总领事馆（1919年5月升格）

任职时间	职　务	姓　名	备　注
1919.5.31	总领事代理	山田友一郎	领事官补
1919.7.30	总领事	森安三郎	
1922.12.10	总领事代理	庄子勇	领事官补
1922.12.28	总领事代理	藤井启之助	领事
1923.12.27	总领事	藤井启之助	
1924.5.31	总领事代理	吉泽清次郎	领事
1925.9.4	总领事代理	平塚信三	领事官补
1925.9.23	总领事	藤田荣介	
1926.9.26	总领事代理	米内山庸夫	副领事
1926.11.24	总领事	藤田荣介	
1928.1.22	总领事代理	米内山庸夫	副领事
1928.2.16	总领事代理	西田畊一	
1929.6.20	总领事代理	藤村俊房	副领事
1929.6.29	总领事代理	藤村俊房	领事
1929.9.8	总领事代理	西田畊一	领事
1929.12.28	总领事	西田畊一	
1933.10.9	总领事代理	服部恒雄	副领事
1934.3.1	总领事代理	西田畊一	
1936.6.10	总领事代理	桥本正康	副领事
1936.8.21	总领事	有野学	
1937.6.24	总领事代理	桥本正康	副领事
1937.7.2	总领事代理	望月静	副领事
1937.7.20	总领事	有野学	1937.8.17 因事变临时撤退
1938.1.14	总领事	有野学	
1938.3.23	总领事代理	藤井启二	副领事
1938.4.18	总领事	有野学	
1939.3.23	总领事代理	藤井启二	副领事
1939.4.15	总领事	有野学	
1940.4.9	总领事代理	胜野敏夫	副领事
1940.5.4	总领事	有野学	
1942.7.21	总领事代理	神保周三	副领事
1942.9.21	总领事	有野学	1946.3.19 撤退

资料来源：〔日〕外务省外交史料馆、日本外交史辞典编纂委员会编《日本外交史辞典》，日本大藏省印刷局，1979，附录第375页。

五　青岛总领事馆

任职时间	职　务	姓　名	备　注
1922.12.10	总领事	森安三郎	
1924.3.17	总领事	堀内谦介	
1925.1.4	总领事代理	八木元八	领事
1925.2.4	总领事	堀内谦介	
1925.12.14	总领事代理	江户千太郎	领事
1926.5.25	总领事	矢田部保吉	
1927.12.19	总领事代理	高濑真一	副领事
1928.1.23	总领事	藤田荣介	
1928.7.11	总领事代理	河相达夫	领事
1928.8.7	总领事	藤田荣介	
1929.11.30	总领事	川越茂	
1930.2.12	总领事代理	堀公一	副领事
1930.3.15	总领事	川越茂	
1931.4.28	总领事代理	堀公一	领事
1931.5.31	总领事	川越茂	
1931.8.10	总领事代理	堀公一	领事
1931.8.28	总领事	川越茂	
1932.8.13	总领事代理	堀公一	领事
1933.3.11	总领事	坂根準三	
1935.7.31	总领事代理	田尻爱义	领事
1936.2.4	总领事	西春彦	
1937.1.23	总领事代理	门胁季光	领事
1937.3.3	总领事	大鹰正次郎	1937.9.4 因事变临时撤退
1938.1.31	总领事	大鹰正次郎	
1938.2.4	总领事代理	门胁季光	领事
1938.5.25	总领事	大鹰正次郎	
1939.1.23	总领事	加藤伝次郎	
1939.4.6	总领事代理	石川实	领事
1939.4.23	总领事	加藤伝次郎	
1940.6.30	总领事代理	石川实	领事
1940.12.4	总领事	高冈祯一郎	
1942.1.9	总领事	高濑真一	
1942.11.19	总领事	喜多长雄	1946.4.18 撤退

资料来源:〔日〕外务省外交史料馆、日本外交史辞典编纂委员会编《日本外交史辞典》，日本大藏省印刷局，1979，附录第 378~379 页。

六 天津总领事馆（1902年1月升格）

任职时间	职务	姓名	备注
1902.1.10	总领事	伊集院彦吉	
1902.5.11	事务代理	矢田长之助	领事官补
1902.6.26	总领事	伊集院彦吉	
1906.4.5	事务代理	奥田竹松	领事官补
1906.7.26	总领事	伊集院彦吉	
1906.11.1	总领事	加藤本四郎	
1907.10.19	事务代理	山内四郎	领事官补
1908.3.20	总领事代理	小幡酉吉	领事
1909.3.20	总领事	小幡酉吉	
1911.5.23	总领事代理	高桥新吉	副领事
1911.9.23	总领事	小幡酉吉	
1913.9.13	总领事	窪田文三	
1914.7.23	总领事代理	吉田东作	领事官补
1914.8.22	总领事	松平恒雄	
1916.8.2	总领事代理	吉田东作	领事官补
1916.11.22	总领事	松平恒雄	
1918.5.13	总领事	沼野安太郎	
1919.2.11	总领事代理	龟吉贯一郎	领事官补
1919.6.13	总领事代理	船津辰一郎	副领事
1920.12.7	总领事代理	大鹰正次郎	领事官补
1921.1.31	总领事代理	船津辰一郎	领事
1921.12.6	总领事代理	八木元八	
1922.4.7	总领事代理	本野亨三	领事官补
1922.5.4	总领事	吉田茂	
1923.9.18	总领事代理	田岛昶	副领事
1923.10.22	总领事	吉田茂	
1925.5.30	总领事代理	冈本一策	副领事
1925.6.15	总领事	有田八郎	
1927.4.29	总领事	加藤外松	
1927.9.16	总领事代理	冈本一策	副领事
1927.10.9	总领事	加藤外松	

续附录四（六）

任职时间	职务	姓名	备注
1929.1.4	总领事代理	田代重德	领事
1929.5.17	总领事	冈本武三	
1930.5.3	总领事代理	田尻爱义	领事
1930.9.26	总领事	冈本武三	
1930.10.9	总领事代理	田尻爱义	领事
1931.2.27	总领事	桑岛主计	
1931.8.8	总领事代理	田尻爱义	领事
1931.10.11	总领事	桑岛主计	
1932.8.20	总领事代理	太田知庸	领事
1932.9.28	总领事	桑岛主计	
1933.7.15	总领事代理	田中庄太郎	领事
1933.9.1	总领事	栗原正	
1933.10.31	总领事代理	田中庄太郎	领事
1933.12.2	总领事	栗原正	
1934.8.1	总领事代理	田中庄太郎	领事
1934.10.20	总领事	川越茂	
1936.5.4	总领事代理	岸伟一	领事
1936.6.2	总领事代理	田尻爱义	领事
1936.9.9	总领事	堀内干城	
1937.1.6	总领事代理	岸伟一	领事
1937.2.4	总领事	堀内干城	
1938.4.9	总领事代理	堀公一	领事
1938.4.27	总领事	田代重德	
1939.9.30	总领事	武藤义雄	
1940.12.29	总领事代理	大隈涉	领事
1941.1.18	总领事	加藤三郎	
1942.8.19	总领事	太田知庸	1946.5.16 撤退

资料来源：〔日〕外务省外交史料馆、日本外交史辞典编纂委员会编《日本外交史辞典》，日本大藏省印刷局，1979，附录第379~380页。

七　哈尔滨总领事馆

任职时间	职务	姓名	备注
1907.3.4	总领事	川上俊彦	
1907.4.15	事务代理	太田喜平	副领事
1907.6.22	总领事	川上俊彦	
1908.10.7	事务代理	藤井实	领事官补
1908.11.22	总领事	川上俊彦	
1909.12.3	总领事代理	大野守卫	领事官补
1910.5.28	总领事	川上俊彦	
1912.4.30	总领事	本多熊太郎	
1913.7.9	总领事代理	川越茂	领事官补
1913.8.5	总领事	本多熊太郎	
1914.6.22	总领事代理	川越茂	领事官补
1914.12.7	总领事代理	佐藤尚武	领事
1915.6.12	总领事代理	川越茂	领事官补
1915.7.19	总领事代理	佐藤尚武	领事
1917.3.29	总领事代理	黑泽二郎	领事官补
1917.4.27	总领事代理	佐藤尚武	领事
1917.6.30	总领事	佐藤尚武	
1918.2.7	总领事代理	山内四郎	领事
1918.12.27	总领事代理	松岛肇	领事
1919.2.9	总领事	佐藤尚武	
1919.9.16	总领事代理	佐佐木静吾	领事
1920.1.22	总领事	松岛肇	
1921.6.14	总领事	山内四郎	
1921.8.14	总领事代理	丸田笃孝	领事官补
1925.2.14	总领事	山内四郎	
1925.5.3	总领事	天羽英二	
1925.8.5	总领事代理	郡司智麿	副领事
1925.9.2	总领事	天羽英二	
1927.9.12	总领事代理	木下武雄	副领事
1927.9.27	总领事	八木元八	
1931.3.30	总领事代理	中野高一	副领事
1931.5.1	总领事	八木元八	
1931.5.9	总领事代理	中野高一	副领事
1931.6.4	总领事	大桥忠一	
1932.2.15	总领事代理	长冈半六	副领事
1932.12.14	总领事	森岛守人	

续附录四（七）

任职时间	职务	姓名	备注
1934.12.30	总领事代理	长冈半六	副领事
1935.1.25	总领事	森岛守人	
1935.6.5	总领事	佐藤庄四郎	
1937.7.8	总领事代理	长冈半六	副领事
1937.8.13	总领事代理	鹤见宪	
1939.2.4	总领事	谷口卓	领事
1939.10.25	总领事	久保田贯一郎	
1942.10.16	总领事	塚本毅	
1944.3.21	总领事代理	太田日出雄	领事
1944.5.27	总领事	宫川船夫	1946.8.25撤退

资料来源：〔日〕外务省外交史料馆、日本外交史辞典编纂委员会编《日本外交史辞典》，日本大藏省印刷局，1979，附录第381~382页。

八　福州总领事馆（1919年5月升格）

任职时间	职务	姓名	备注
1919.5.31	总领事代理	森浩	副领事
1919.10.23	总领事代理	森浩	领事
1920.4.6	总领事代理	铃木连三	领事官补
1920.9.18	总领事	林久治郎	
1923.4.9	总领事代理	中野勇吉	副领事
1923.9.13	总领事代理	栗原正	领事
1925.9.22	总领事代理	吉泽清次郎	领事
1927.2.10	总领事	西泽义征	
1928.2.22	事务代理	岛田才二郎	外务书记生
1928.3.21	总领事	西泽义征	
1928.12.29	事务代理	冈部计二	外务书记生
1929.3.27	总领事	田村贞治郎	
1932.8.5	总领事	守屋和郎	
1934.2.23	总领事	宇佐见珍彦	
1935.5.2	事务代理	冈部计二	外务书记生
1935.6.17	总领事	中村丰一	
1936.7.12	事务代理	牟田哲二	外务书记生
1936.10.13	总领事	内田五郎	1937年8月1日因事变临时撤退

资料来源：〔日〕外务省外交史料馆、日本外交史辞典编纂委员会编《日本外交史辞典》，日本大藏省印刷局，1979，附录第383页。

九　奉天总领事馆

任职时间	职　务	姓　名	备　注
1906.5.26	总领事	萩原守一	
1907.4.10	事务代理	吉田茂	领事官补
1907.6.13	总领事	萩原守一	
1907.10.23	总领事	加藤本四郎	
1908.6.24	事务代理	吉田茂	领事官补
1908.9.5	总领事代理	冈部三郎	领事
1908.11.13	总领事	小池张造	
1910.4.5	总领事代理	有田八郎	领事官补
1910.5.14	总领事	小池张造	
1911.6.16	总领事代理	有田八郎	领事官补
1911.8.2	总领事	小池张造	
1911.11.14	总领事	落合谦太郎	
1912.9.2	总领事代理	天野恭太郎	领事
1912.10.10	总领事	落合谦太郎	
1913.7.2	总领事代理	井原真澄	领事
1913.8.25	总领事	落合谦太郎	
1915.9.27	总领事代理	矢田七太郎	领事
1917.1.9	总领事	赤塚正助	
1918.3.16	总领事代理	田村幸策	领事官补
1919.7.3	总领事	赤塚正助	
1920.6.12	总领事代理	大桥忠一	领事官补
1920.7.15	总领事	赤塚正助	
1921.5.9	总领事代理	吉原大藏	副领事
1921.7.18	总领事	赤塚正助	
1923.7.17	总领事代理	市川信也	副领事
1923.8.15	总领事	船津辰一郎	
1924.2.2	总领事代理	内山清	领事
1924.2.22	总领事	船津辰一郎	
1924.12.17	总领事代理	内山清	领事
1925.2.2	总领事	船津辰一郎	
1925.9.25	总领事代理	内山清	领事
1925.10.22	总领事	吉田茂	
1926.2.27	总领事代理	内山清	领事
1926.3.22	总领事	吉田茂	

续附录四（九）

任职时间	职务	姓名	备注
1926.11.17	总领事代理	蜂谷辉雄	领事
1927.1.16	总领事	吉田茂	
1927.6.15	总领事代理	蜂谷辉雄	领事
1927.7.7	总领事	吉田茂	
1927.12.30	总领事代理	蜂谷辉雄	领事
1928.4.25	总领事	林久治郎	
1928.9.4	总领事代理	森岛守人	领事
1928.9.27	总领事	林久治郎	
1929.3.22	总领事代理	森岛守人	领事
1929.5.11	总领事	林久治郎	
1929.11.27	总领事代理	森岛守人	领事
1930.1.9	总领事	林久治郎	
1930.7.21	总领事代理	森岛守人	领事
1930.9.30	总领事	林久治郎	
1931.6.24	总领事代理	森岛守人	领事
1931.7.12	总领事	林久治郎	
1931.11.13	总领事代理	森岛守人	领事
1931.12.13	总领事	林久治郎	
1931.12.25	总领事代理	森岛守人	领事
1932.10.11	总领事代理	中野高一	副领事
1932.11.8	总领事代理	森岛守人	领事
1932.12.12	总领事代理	中野高一	领事
1933.2.19	总领事	蜂谷辉雄	
1933.3.9	总领事代理	中野高一	副领事
1933.4.19	总领事	蜂谷辉雄	
1935.6.24	总领事	宇佐美珍彦	
1937.3.30	总领事	森冈正平	
1937.5.13	总领事代理	吉村男也	副领事
1937.6.10	总领事	森冈正平	
1938.1.31	总领事代理	吉村男也	副领事
1938.3.27	总领事	加藤伝次郎	
1939.1.20	总领事代理	吉村男也	副领事（1939年2月28日闭锁）

资料来源：〔日〕外务省外交史料馆、日本外交史辞典编纂委员会编《日本外交史辞典》，日本大藏省印刷局，1979，附录第383～384页。

十　香港总领事馆（1909年10月升格）

任职时间	职　务	姓　名	备　注
1909.10.1	总领事代理	船津辰一郎	
1912.2.27	总领事	今井忍郎	
1913.8.27	事务代理	田中庄太郎	外务书记生
1913.10.20	总领事	今井忍郎	
1916.6.15	总领事代理	高桥新治	领事（1917年5月23日在任所死去）
1917.5.24	总领事代理	加来美知雄	领事
1917.9.17	总领事	铃木荣作	
1920.8.14	总领事代理	大森元一郎	领事官补
1921.2.23	总领事	铃木荣作	
1921.7.10	总领事代理	大森元一郎	领事官补
1921.8.3	总领事代理	坪上贞二	领事
1922.4.5	总领事代理	郡司喜一	领事官补
1922.9.28	总领事	高桥清一	
1925.2.25	事务代理	山崎恒四郎	外务书记生
1925.5.22	总领事	村上义温	
1926.8.1	事务代理	池宫末吉	外务书记生
1926.11.6	总领事	村上义温	
1927.6.17	事务代理	野野村雅二	外务书记生
1927.9.9	总领事	村上义温	
1929.7.19	总领事代理	野野村雅二	外务书记生
1930.1.18	总领事代理	吉田丹一郎	领事
1932.7.13	总领事代理	桑折铁次郎	副领事
1932.12.26	总领事代理	芦野弘	领事
1934.9.3	总领事代理	桑折铁次郎	副领事
1935.2.15	总领事	水沢孝策	
1937.5.4	总领事代理	冈本久吉	副领事
1937.8.7	总领事	水沢孝策	
1937.12.14	总领事	中村丰一	
1938.7.25	总领事代理	早崎真一	领事
1938.12.2	总领事	田尻爱义	
1939.10.2	总领事	冈崎胜男	
1940.11.27	总领事	矢野征记	1942年2月20日闭锁

资料来源：〔日〕外务省外交史料馆、日本外交史辞典编纂委员会编《日本外交史辞典》，日本大藏省印刷局，1979，附录第385~386页。

附录五　日本驻华中领事馆警察署长历任表

一　上海总领事馆警察署长历任表

姓　名	官　职	就任年月	离任年月	备　注
荻原秀次郎	警部	1896.4	1897.8	
三宅新太郎	警部	1897.8.10	1904.7	
西村鈺象	警部	1904.7.7	1906.6	
山本传五郎	警部	1906.6.10	1907.11	
泷岛德郎	警部	1907.11.11	1910.10	
山本传五郎	署长·警部	1910.10	1915.10	
金子长次郎	署长·警部	1915.11.22	1916.11	1872年2月10日开馆。1932年至1939年设置警察部。
荻尾和市郎	署长·警部	1916.11.22	1918.3	
丰田岩尾	署长·警部	1918.3.30	1921.8	
木下乂介	署长·警视	1921.9.24	1923.9	
连修	署长·警视	1923.10.22	1925.10	
原二吉	署长代理·警部	1925.10.13	1926.5	
花里初太郎	署长·警视	1926.5.18	1935.1	
福山三霍	署长·警部	1935.1.29	1936.7	
田岛周平	署长·警视	1936.7.30	1937.12	

资料来源：〔日〕外务省外交史料馆藏《外务省警察史·支那之部（中支）：在上海总领事馆》第42卷，不二出版社，2001，第205~206页。

二　杭州领事馆警察署长历任表

在任期间		转任或归朝	官　职	姓　名	备　注
就任年月	离任年月				
1896.5.18	1898.3	归朝	警部	内藤知一	
1898.3	1899.10	牛庄	警部	筱原时爱	
1899.11.17	1909.10	归朝	警部	石原初太郎	1909年4月9日任署长
1910.2.4	1914.6	归朝	署长·警部	高桥为雄	
1914.7.24	1916.8	农安	署长·警部	柴沼一则	
1916.8.27	1918.2	重庆	署长·警部	久保田十太郎	

续附录五（二）

在任期间		转任或归朝	官　职	姓　名	备　注
就任年月	离任年月				
1918.2.24	1919.8	福州	署长·警部	江口善海	
1919.8.24	1921.2	归朝	署长·警部	德山孝禅	
1921.2.8	1922.2	归朝	署长·警部	门马秀次郎	
1922.3.8	1923.3	归朝	署长·警部补	佐土原勘次郎	
1923.5.2	1925.3	归朝	署长·警部	工藤琢藏	
1925.3.9	1926.5	归朝	署长·警部	坂垣吉次	
1926.5.11	1927.3	归朝	署长·警部	末永金之助	
1927.3.30	1929.6	归朝	署长·警部	中岛甚之介	
1929.6.19	1930.5	归朝	署长代理·巡查部长	西田宝	
1930.6.11	1932.2	上海	署长·警部	本村道德	
1933.11.9	1937.8	上海	署长代理·巡查部长	山北政一	1937年2月14日任警部补
备　考	1896年3月31日开馆				

资料来源：〔日〕外务省外交史料馆藏《外务省警察史·支那之部（中支）：在杭州领事馆》第48卷，不二出版社，2001，第54页。

三　苏州领事馆警察署长历任表

在任期间		转任或归朝	官　职	姓　名	备　注
就任年月	离任年月				
1896.5.30	1896.10	归朝	警部	内海重男	
1897.6.4	1898.12	归朝	警部	小仓知照	
1898.9	未赴任		警部	中西让一	
1898.11.30	1899.8	归朝	警部	石原初太郎	
1899.8.17	1899.12		署长代理·巡查部长	内田心吉	
1899.12.8	1903.12	归朝	警部	神谷清	
1903.12.23	1906.11	归朝	警部	丰田岩尾	
1907.10.27	1911.11	福州	警部	是枝幸吉郎	1909年4月任署长
1911.12.23	1912.5	汉口	署长·警部	天野健藏	
1912.5.3	1912.12	归朝	署长·警部	横尾勇太郎	
1912.12.24	1913.4	汉口	署长代理·巡查部长	田中仲之助	1913年4月任巡查部长
1915.9.7	1917.11	归朝	署长代理·巡查部长	田中仲之助	
1917.11.21	1919.1	间岛	署长代理·巡查部长	板垣吉次	1918年9月任警部补

续附录五（三）

在任期间		转任或归朝	官职	姓名	备注
就任年月	离任年月				
1919.1.6	1919.8	沙市	署长代理·巡查部长	中岛甚之介	
1919.8.19	1921.8	百草沟	署长·警部补	小栗嘉治马	
1921.10.18	1923.3	宜昌	署长·警部	板垣吉次	
1923.3.24	1923.10	临时代理	署长代理·巡查部长	加峰喜多雄	
1923.10.16	1925.3	归朝	署长·警部	武藤熊雄	
1925.3.22	1925.8	归朝	署长·警部补	栖野伊作	
1925.9.26	1930.8	芝罘	署长·警部补	岩田清太	1928年6月任警部
1930.8.29	1931.8	上海	署长·警部	木村三畎	
1931.8.30	1932.2	上海	署长·警部	园田莞尔	
1932.9.29	1933.2	天津	署长·警部补	太田德三郎	
1933.2.20	1935.10	归朝	署长·警部	丸山实	
1935.10.23	1937.8	上海	署长·警部补	真藤真美治	
备考		1896年3月30日领事馆开馆，1937年6月19日改为上海总领事馆分馆。			

资料来源：〔日〕外务省外交史料馆藏《外务省警察史·支那之部（中支）：在苏州领事馆》第47卷，不二出版社，2001，第340页。

四 芜湖领事馆警察署长历任表

在任期间		转任或归朝	官职	姓名	备注
就任年月	离任年月				
1921.12.19	1922.11	济南	署长·警部	和久井吉之助	
1923.1.20	1923.7	归朝	署长·警部	原田市二	
1923.9.8	1925.10	归朝	署长·警部	仓持浅之介	
1925.10.18	1927.4	广东	署长·警部	新坂狂也	
1927.4.2	1927.7	临时代理	署长代理·巡查部长	堤四郎	1922年1月14日领事馆开馆，1937年6月19日改为南京总领事馆芜湖分馆。
1927.7.13	1931.3	归朝	署长·警部	中岛新九郎	
1931.7.23	1932.2	青岛	署长·警部	田岛周平	
1932.6.26	1934.2	归朝	署长·警部	田中辰喜	
1934.2.21	1935.10	天津	署长·警部	小野崎文磨	
1935.10.29	1936.6	归朝	署长·警部	岩田清太	
1936.6.7	1937.3	临时代理	署长代理·巡查部长	岛村常雄	
1937.3.6	1937.8	上海	署长·警部补	的场太七郎	

资料来源：〔日〕外务省外交史料馆藏《外务省警察史·支那之部（中支）：在芜湖领事馆》第48卷，不二出版社，2001，第328页。

五 南京领事馆警察署长历任表

在任期间		转任或归朝	官职	姓名	备注
就任年月	离任年月				
1908.6.22	1909.5	天津	警部	小原甚五郎	1909年4月9日被任命为署长
1909.5.29	1912.6	归朝	署长·警部	铃木灸藏	
1912.8.24	1917.8	济南	署长·警部	丰田岩尾	
1917.8.20	1918.5	于任地病死	署长·警部	横尾勇太郎	
1918.6.12	1920.10	哈尔滨	署长·警部	千田清三郎	
1920.10.8	1921.12	归朝	署长·警部	永松喜平	
1921.12.2	1924.1	长沙	署长·警部	今村梧朗	
1924.2.24	1925.10	大拉子	署长·警部	大河原重范	
1925.11.16	1926.7	于任地病死	署长·警部	井手喜次	
1926.8.28	1927.3	归朝	署长·警部	木村三眠	
1927.3.28	1927.9	临时代理	署长代理·巡查部长	和田丰秋	
1927.9.22	1928.7	归朝	署长·警部	来栖宗一郎	
1928.7.25	1928.12	临时代理	署长代理·巡查部长	和田丰秋	
1928.12.14	1931.11	归朝	署长·警部	今村梧朗	
1931.12.12	1933.12	天津	署长·警部	志波嘉六	
1933.12.22	1935.6	上海	署长·警部	清水文炳	
1935.6.8	1937.8	上海	署长·警部	安田谦太郎	

资料来源：〔日〕外务省外交史料馆藏《外务省警察史·支那之部（中支）：在南京总领事馆》第48卷，不二出版社，2001，第264页。

六 汉口总领事馆警察署长历任表

姓名	官职	就任年月	离任年月	备注
松元鹤熊	警部	1898.11.9	1904.9	
松平福纲	警部	1904.9.28	1906.2	
中村善次郎	警部	1906.1.23	1909.6	
横尾勇太郎	署长·警部	1909.6.10	1912.4	
天野健藏	署长·警部	1912.5.13	1913.11	
西村銈象	署长·警部	1913.11.10	1915.6	
泷岛德郎	署长·警部	1915.8.10	1916.5	
今村梧朗	署长代理·巡查部长	1916.7	1917.4	1885年6月开馆，1909年10升格为总领事馆
岩本良哉	署长·警部	1917.9.4	1919.3	
古山又之丞	署长·警部	1919.4.15	1920.6	
川口由野	署长代理·巡查部长	1920.6.8	1920.6	
新坂狂也	署长·警部	1920.11.6	1924.6	
小川要之助	署长·警部	1924.8.16	1928.12	
原二吉	署长·警视	1928.12.15	1934.9	
新坂狂也	署长·警视	1934.10.5	1936.7	
下田彦太	署长·警视	1936.8.2	1937.3	
堤四郎	署长·警部	1937.3.13	1937.8	

资料来源：〔日〕外务省外交史料馆藏《外务省警察史·支那之部（中支）：在汉口总领事馆》第49卷，不二出版社，2001，第382页。

七 九江领事馆警察署长历任表

姓 名	官 职	就任年月	离任年月	备 注
久保田十太郎	署长代理·巡查部长	1915.11.18	1916.8	
小池运藏	署长代理·巡查部长	1916.9	1918.10	
武藤熊雄	署长代理·巡查部长	1918.10.22	1920.5	
外山元山郎	署长·警部补	1920.5.17	1921.6	
小池运藏	署长·警部补	1921.6.12	1921.10	
片柳德造	署长·警部	1921.12.15	1922.11	
石井金吾	署长·警部	1923.1.6	1927.10	1915年7月16日领事馆开馆
志波嘉六	署长·警部	1928.1.17	1930.10	
雨宫馨	署长·警部补	1930.10.19	1931.9	
高桥佐吉	署长·警部	1931.9.24	1933.6	
高野公尔	署长·警部补	1933.6.29	1934.11	
川崎专一	署长·警部	1934.11.1	1937.5	
松浦藤一郎	署长代理·巡查部长	1937.5.20	1937.8	

资料来源：〔日〕外务省外交史料馆藏《外务省警察史·支那之部（中支）：在九江领事馆》第49卷，不二出版社，2001，第382页。

八 宜昌领事馆警察署长历任表

姓 名	官 职	就任年月	离任年月	备 注
斋藤孙治	署长·警部	1919.9.7	1921.3	
小林武士	署长·警部	1921.4.14	1923.3	
板垣吉次	署长·警部	1923.4.5	1924.1	
熊本左六	署长·警部	1924.2.25	1925.3	
田中辰喜	署长·警部	1925.5.2	1926.1	
久保久喜	署长·警部补	1926.6.15	1927.6	1919年9月29日开馆
鹭山市之助	署长代理·巡查部长	1927.8.20	1929.6	
高野公尔	署长代理·巡查部长	1929.6.25	1932.9	
岩田实次	署长代理·巡查部长	1932.10.5	1934.6	
满武律太郎	署长代理·巡查部长	1934.6.9	1936.10	
笠井重雄	署长代理·巡查部长	1936.10.12	1937.8	

资料来源：〔日〕外务省外交史料馆藏《外务省警察史·支那之部（中支）：在宜昌领事馆》第50卷，不二出版社，2001，第232页。

九　沙市领事馆警察署长历任表

姓　名	官　职	就任年月	离任年月	备　注
松平福纲	警部	1896.7.5	1904.9	
萩尾和市郎	警部	1908.7.8	1912.8	
基治清	署长代理·巡查部长	1912.10	1915.8	
门马秀次郎	署长代理·巡查部长	1915.8	1916.8	
武藤熊雄	署长代理·巡查部长	1916.11.22	1918.10	
伊藤义助	署长代理·巡查部长	1918.10.7	1919.8	
中岛甚之介	署长代理·巡查部长	1919.9.14	1921.9	
志波嘉六	署长代理·巡查部长	1921.9.20	1922.2	
武藤熊雄	署长·警部	1922.2.27	1923.5	1896年3月29日开馆
榊彻	署长代理·巡查部长	1923.5.22	1923.12	
小池运藏	署长·警部	1924.8	1925.3	
加峰喜多雄	署长代理·巡查部长	1925.3.6	1926.11	
大保时男	署长代理·巡查部长	1926.12.28	1927.4	
山本安三郎	署长·警部补	1927.4.8	1928.8	
加藤力太郎	署长代理·巡查部长	1927.8.18	未赴任	
梅田新治郎	署长代理·巡查部长	1933.10.2	1933.12	
满武律太郎	署长代理·巡查部长	1933.12.26	1934.6	
岩田实次	署长代理·巡查部长	1934.6.12	1937.8	

资料来源：〔日〕外务省外交史料馆藏《外务省警察史·支那之部（中支）：在沙市领事馆》第50卷，不二出版社，2001，第288页。

十　重庆领事馆警察署长历任表

姓　名	官　职	就任年月	离任年月	备　注
石原初太郎	警部	1896.7.8	1898.11	
中村善次郎	警部	1899.1.26	1900.5	
内田新吉	警部	1900.5.8	1900.8	
内田新吉	警部	1900.11	1907.4	
坂口贤吉	警部	1908.6.29	1913.10	
堀内善九郎	署长·警部	1913.11.9	1915.9	
基治清	署长代理·巡查部长	1915.9.21	1916.8	
新坂狂也	署长·警部	1916.9	1917.10	
久保田十太郎	署长·警部	1918.4.15	1920.8	1896年5月22日开馆
田中仲之助	署长·警部	1920.8	1921.7	
德山孝禅	署长·警部	1921.6.29	1921.11	
小池运藏	署长·警部	1921.11.18	1924.5	
条本重吉	署长·警部	1924.4.11	1929.9	
中岛甚之介	署长·警部	1929.10.27	1931.9	
加峰喜多雄	署长·警部	1931.9.13	1931.11	
小崎一郎	署长代理·巡查部长	1935.3	1935.9	
志波嘉六	署长·警部	1935.9.18	1937.8	

资料来源：〔日〕外务省外交史料馆藏《外务省警察史·支那之部（中支）：在重庆领事馆》第50卷，不二出版社，2001，第372~373页。

十一 长沙领事馆警察署长历任表

姓　名	官　职	就任年月	离任年月	备　注
日吉又男	警部	1904.10.5	1910.11	
伊藤俊藏	署长代理·巡查部长	1910.11.3	1911.2	
上田专次	署长代理·巡查部长	1911.3.23	1912.10	
萩尾和市郎	署长·警部	1912.10.12	1914.7	
横尾勇太郎	署长·警部	1914.10.29	1915.9	
江口善海	署长·警部	1915.10.10	1916.6	
古川利吉	署长·警部	1916.7.31	1920.2	
原田市二	署长·警部	1920.7.12	1922.4	1904年11月23日，作为汉口领事馆分馆开馆。次年4月1日，升格为领事馆。
小泽辨作	署长·警部	1922.5.25	1924.2	
今村梧朗	署长·警部	1924.3.4	1925.9	
大森正行	署长代理·巡查部长	1925.9.3	1925.11	
田中利通	署长·警部	1925.11.2	1929.2	
中川俊助	署长代理·巡查部长	1929.2.12	1929.8	
久保久喜	署长·警部	1929.8.26	1931.3	
小谷定太郎	署长·警部	1931.3.4	1932.3	
寺尾兢	署长·警部补	1932.5.8	1933.4	
本村道德	署长·警部	1933.7.4	1935.5	
和田丰秋	署长·警部	1935.6.14	1937.8	

资料来源：〔日〕外务省外交史料馆藏《外务省警察史·支那之部（中支）：在长沙领事馆》第50卷，不二出版社，2001，第190~191页。

参考书目

日文部分

日本外务省外交史料馆档案。
日本防卫省战史研究室档案。
日本东洋文库汪伪政府驻日大使馆档案。
日本靖国神社偕行文库资料。
日本国立国会图书馆宪政资料室资料。
外务省通商局编纂《清国事情》第1、2卷，1907。
外务省编纂《日本外交文书》(清国事变、日俄战争、满洲事变、1913年第2册、1926年第2册下卷、昭和期Ⅰ第1部第1卷、昭和期Ⅱ第1部第1卷) 等。
植田捷雄著《在支列国权益概说》，东京岩松堂书店，1939。
英修道著《列国在中华民国的条约权益》，东京丸善株式会社，1939。
植田捷雄著《支那的租界研究》，东京岩松堂书店，1941。
南满洲铁道株式会社调查部上海事务所调查室编《中南支经济统计季报》，南满洲铁道株式会社调查部，1941。
臼井忠三编著《天津居留民团三十周年纪念志》，天津居留民团发行，1941。
外务省编《日本外交年表和外交文书 (1840~1945)》，1969。
外务省百年史编纂委员会编《外务省百年》，东京原书房，1969。
青江舜二郎著《大日本军宣抚官》，芙蓉书房，1970。
林久治郎著《满洲事变和奉天总领事》，原书房，1978。
东洋文库近代中国研究委员会编《明治以后日本人的中国旅行记》，东洋文库，1980。
井出季和太编《台湾治绩志》，成文出版社，1985。

井上久士编《华中宣抚工作资料》（十五年战争极秘资料集），不二出版社，1989。

藤原彰主编《外邦兵要地图整备志》，不二出版社，1992。

内田良平文书研究会编《黑龙会关系资料集》，柏书房株式会社，1992。

外务省编《东亚局执务报告》第1～6卷，クレス株式会社，1993。

栗田尚弥著《上海东亚同文书院》，新人物往来社，1993。

外务省大臣官房人事课编《外务省年鉴》（1913～1926），クレス株式会社，1999年影印版。

外务省编《外务省警察史·中支之部》，不二出版社，2001。

中文部分（含译著）

〔日〕樋口弘著《日本对华投资》，商务印书馆，1959。

〔日〕信夫清三郎编《日本外交史》，天津社科院日本问题研究所译，商务印书馆，1980。

〔日〕服部卓四郎著《大东亚战争全史》，张玉祥等译校，商务印书馆，1984。

〔日〕日本国际法学会编《国际法辞典》，外交学院国际法教研室校订，世界知识出版社，1985。

〔美〕L. T. 李著《领事法和领事实践》，傅铸译，商务印书馆，1975。

〔美〕约瑟夫·C. 格鲁著《使日十年》，蒋相泽译，商务印书馆，1983。

《奥本海国际法》，石蒂、陈健译，商务印书馆，1972。

《日本外交文书选译——关于辛亥革命》，邹念之译，中国社会科学出版社，1980。

姚之鹤编《华洋诉讼例案汇编》，商务印书馆，1915。

黄月波等编《中外条约汇编》，商务印书馆，1936。

王铁崖编《中外旧约章汇编》，三联书店，1957。

沈云龙主编《近代中国史料丛刊第16辑·清季中外使领年表》，文海出版社，1974年影印版。

顾维钧编《参与国际联合会调查委员会中国代表处说帖》，台湾文海出版社，1974年影印版。

直隶高等审判厅编《华洋诉讼判决录》,中国政法大学出版社,1997。

季啸风、沈友益主编《中华民国史史料外编——前日本末次研究所情报资料》,广西师范大学出版社,2000。

秦孝仪主编《革命文献》第72辑《抗战前国家建设史料——外交方面》,台湾中国国民党中央委员会党史委员会,1977。

台北"中央研究院"近代史研究所编《中日关系史料——通商与税务》,"中央研究院"近代史研究所,1976。

程道德等编《中华民国外交史资料选编》(1911～1919),北京大学出版社,1988。

上海市档案馆编《日本帝国主义侵略上海罪行史料汇编》,上海人民出版社,1997。

上海市档案馆编《日伪上海市政府》,档案出版社,1986。

上海社会科学院历史研究所编《"八一三"抗战史料选编》,上海人民出版社,1986。

林泉编《抗战期间废除不平等条约史料》,台北正中书局,1983。

中央档案馆、中国第二历史档案馆、吉林省社会科学院合编《伪满傀儡政权》,中华书局,1994。

中央档案馆、中国第二历史档案馆等编《伪满宪警统治》,中华书局,1993。

黄美真、张云编《汪伪政权资料选编·汪精卫集团投敌》,上海人民出版社,1984。

中国第二历史档案馆编《中华民国史档案资料汇编》第5辑第2编附录(上),江苏古籍出版社,1997。

复旦大学历史系日本史组编译《日本帝国主义对外侵略史料选编》(1931～1945),上海人民出版社,1975。

天津市地方志编修委员会办公室、天津市图书馆编《〈益世报〉·天津资料点校汇编》,天津社会科学院出版社,2001。

厦门市《政法志》编委会编《厦门政法史实》(晚清民国部分),鹭江出版社,1989。

政协武汉市委员会编《武汉文史资料文库·租界洋行卷》,武汉出版社,1999。

孙晓楼、赵颐年著《领事裁判权问题》,商务印书馆,1936。

吴颂皋著《治外法权》,商务印书馆,1929。

梁敬錞著《在华领事裁判权论》，商务印书馆，1930。
冯玉祥编《日本对在华外人之暴行》，三户图书印刷社，1938。
王芸生著《六十年来中国与日本》第 1～7 卷，三联书店，1979。
米庆余著《日本近代外交史》，南开大学出版社，1988。
米庆余著《日本百年外交论》，中国社会科学出版社，1998。
米庆余著《明治维新——日本资本主义的起步与形成》，求实出版社，1988。
俞辛焞著《辛亥革命时期中日外交史》，天津人民出版社，2000。
费成康著《中国租界史》，上海社会科学院出版社，1991。
张洪祥著《近代中国通商口岸与租界》，天津人民出版社，1993。
蒯世勋著《上海公共租界史稿》，上海人民出版社，1980。
郝立舆著《领事裁判权问题》，商务印书馆，1925。
蔡德金、李惠贤著《汪精卫伪国民政府纪事》，中国社会科学出版社，1982。
戚其章主编《中日战争》第 9 册，中华书局，1994。
吴孟雪著《美国在华领事裁判权百年史》，社会科学文献出版社，1992。
李广民著《准战争状态研究》，社会科学文献出版社，2003。
游国雄著《上海近代佛教简史》，华东师范大学出版社，1988。
周密著《中国刑法史》，群众出版社，1985。
吴承明著《帝国主义在旧中国的投资》，上海人民出版社，1995。
张晋藩主编《中国法律史》，法律出版社，1995。
刘泱泱主编《湖南通史·近代卷》，湖南出版社，1994。
《新中国领事实践》编写组编著《新中国领事实践》，世界知识出版社，1991。
天津编译中心编《日本帝国主义侵华人物》，中国文史出版社，1994。
《申报》。
《大公报》。
《东方杂志》。

后　　记

　　2002年，笔者在南开大学日本研究院做博士后期间，一度对日本在华居留民问题比较感兴趣，如居留民的人口及职业构成、居留民的组织及活动、居留民与侵华日军的关系等，研究发现，居留民的活动无一不与日本驻华领事有关，在米庆余先生的鼓励下，遂将目标转为日本在华领事制度研究。对于笔者来说，这是一个全新的领域，本书仅是研究的初步，日本领事制度在东北、华北及华南的运行，尚待进一步深入探讨。

　　在研究期间，本人曾得到南京大学导师崔之清教授、导师朱庆葆教授、张宪文教授、陈谦平教授、陈红民教授、张连红教授、张生教授、李玉教授、陈蕴茜教授、姜良琴教授等专家的指导与帮助。导师崔之清教授在结构设计、研究方法等方面提出了具体意见，并嘱一定要从国际法及国际政治的角度来考察，以提升课题的学理高度。

　　为完成本课题，笔者数次赴日，在东京的国立国会图书馆、外务省外交史料馆、东洋文库、防卫省战史研究室、靖国神社的偕行文库等处查阅资料。其间，得到北九州市立大学横山宏章教授、北海道大学松浦正孝教授、东京大学川岛真教授、名城大学稻叶千晴教授等专家的大力帮助。2007年，笔者作为日本大东文化大学国际关系学部的特聘研究员，在日进行相关研究，该校内田知行教授、柴田善雅教授等对笔者的课题，提供了大量资料和指导性意见。

　　本课题还得到国家社科基金处领导以及后期资助评审专家的指导和关心。

　　借拙著出版的机会，向帮助过我的学界前辈深表谢意。

曹大臣
2009年4月18日于南京大学

图书在版编目(CIP)数据

近代日本在华领事制度：以华中地区为中心/曹大臣著.
—北京：社会科学文献出版社，2009.9（2017.9重印）
（国家社科基金后期资助项目）
ISBN 978-7-5097-0687-9

Ⅰ.近…　Ⅱ.曹…　Ⅲ.①领事-制度-研究-日本-近代
②对华政策-研究-日本-近代　Ⅳ.D831.39

中国版本图书馆CIP数据核字（2009）第041312号

·国家社科基金后期资助项目·

近代日本在华领事制度
——以华中地区为中心

著　　者 /	曹大臣
出 版 人 /	谢寿光
项目统筹 /	宋月华
责任编辑 /	赵　薇　宋培军
出　　版 /	社会科学文献出版社·人文分社（010）59367215
	地址：北京市北三环中路甲29号院华龙大厦　邮编：100029
	网址：www.ssap.com.cn
发　　行 /	市场营销中心（010）59367081　59367018
印　　装 /	北京京华虎彩印刷有限公司
规　　格 /	开本：787mm×1092mm　1/16
	印张：25.25　插图印张：0.5　字数：451千字
版　　次 /	2009年9月第1版　2017年9月第2次印刷
书　　号 /	ISBN 978-7-5097-0687-9
定　　价 /	59.00元

本书如有印装质量问题，请与读者服务中心（010-59367028）联系

▲ 版权所有　翻印必究

N